JN409765

이계집

이 책은 2017~2019년도 정부(교육부)의 재원으로 한국고전번역원의 지원을 받아 수행된 '권역별거점연구소협동번역사업'의 결과물임.

This work was supported by Institute for the Translation of Korean Classics - Grant funded by the Korean Government.

한국고전번역원 한국문집번역총서/성균관대학교 대동문화연구원

이계집 4

耳溪集

홍양호 지음 이규필 옮김
洪良浩 임영걸

일러두기

1. 이 책의 번역 대본은 한국고전번역원에서 간행한 한국문집총간 241집 소재《이계집(耳溪集)》으로 하였다. 번역 대본의 원문 텍스트와 원문 이미지는 한국고전종합DB(http://db.itkc.or.kr)에서 확인할 수 있다.
2. 내용이 간단한 역주는 간주(間註)로, 긴 역주는 각주(脚註)로 처리하였다.
3. 한자는 필요한 경우 이해를 돕기 위하여 넣었으며, 운문(韻文)은 원문을 병기하였다.
4. 맞춤법과 띄어쓰기는 한글 맞춤법과 표준어 규정을 따랐다.
5. 이 책에서 사용한 부호는 다음과 같다.
   ( ) : 번역문과 음이 같은 한자를 묶는다.
   〔 〕: 번역문과 뜻은 같으나 음이 다른 한자를 묶는다.
   " " : 대화 등의 인용문을 묶는다.
   ' ' : " " 안의 재인용 또는 강조 문구를 묶는다.
   「 」: ' ' 안의 재인용을 묶는다.
   《 》: 책명 및 각주의 전거(典據)를 묶는다.
   〈 〉: 책의 편명 및 운문·산문의 제목을 묶는다.

차례

일러두기 • 4

이계집 제8권

시詩

한거록閒居錄

막내 아우 명한이 진사시에 합격하여 영묘하고 감회를 적다
계미년(1763, 영조39) 小弟鳴漢 中進士 榮墓志感 癸未 • 19

중제 정한의 묘에 곡하다 哭仲弟挺漢墓 • 21

익익재의 밤모임에서 삼가 족형 상공의 시에 차운하다
족형 상공은 홍봉한이다 翼翼齋夜集 謹次族兄相公 鳳漢 韻 • 23

또 '혼(昏)'자에 차운하여 2수 又次昏字 二首 • 25

또 '향(香)'자를 얻어 족형 익익재 상공께 올려 화운을 청하다
又得香字 呈翼齋乞和 • 29

또 '미(眉)'자에 차운하여 又次眉字 • 31

긴긴 여름의 유거 병술년(1766, 영조42) 長夏幽居 丙戌 • 33

여름날의 졸음 夏睡 • 34

임한정 臨漢亭 • 35

영공 정성종이 시를 구하기에 율시 한 수를 드리다 정성종은 정순검이다 鄭令公聖從 純儉 索詩 寄呈一律 • 37

청도 군수 이계진에게 보내며 아울러 시전지를 구하다 정해년(1767, 영조43). 이계진은 이장호이다 簡寄淸道守李季眞 章祜 兼求詩箋 丁亥 • 38

삼월 열엿새에 이여신·이치화·이선지와 함께 정릉으로 꽃놀이를 갔다. 여신의 아들이 당시에 침랑이었다. 이윤보 또한 약속하지 않았는데 참석하였다. 운을 뽑아 함께 읊다 2수. 이여신은 이휘중, 이치화는 이치중, 이선지는 이성원, 이여신의 아들은 이의봉, 이윤보는 이중해이다. 暮春旣望 同李汝愼 徽中 李穉和 致中 李善之 性源 賞花于貞陵 汝愼之胤 義鳳 時爲寢郎也 李潤甫 重海 亦不期而會 拈韻共賦 二首 • 40

늦봄에 성상께서 헌릉에 거둥하셨다. 용주를 타고 광나루를 건너실 때 학가가 뒤따랐다. 배와 깃발들이 강에 이어지고 하늘을 가득 메웠으며 구경하는 남녀노소가 산야에 넘쳐났다. 참으로 보기 드문 장관이었다. 삼가 율시 한 편을 지어 송축의 정성을 편다 무자년(1768, 영조44) 暮春上幸獻陵 御龍舟渡廣津 鶴駕從焉 舳艫旌旗 連江蔽空 士女耄倪 漫山溢野 誠希曠之宏觀也 謹構短律 以伸頌抃之忱 戊子 • 43

어가가 돌아올 때 배종하는 조관들은 뒤떨어져 오라는 명이 내려 제공들과 구호에 배를 띄웠다 回鑾時 有從官落後之命 與諸公泛鷗湖 • 45

앞의 운을 중첩해 써서 강한거사 황대경에게 드리다 疊前韻 呈江漢居士黃大卿 • 47

동산을 거닐며 涉園 • 50

벗 김혼연이 만나기로 약속하고 오지 않아 서운하여 짓는다 金友渾然 有約不來 悵然而題 • 51

혼연에게 부치다 寄渾然 • 52

수조의 관함을 띤 것이 우연히 옛 현인과 같기에 애오라지 스스로 기쁜 마음을 읊다 水曹官銜偶同昔賢 聊賦自喜之意 • 53

이 상국의 청교 별서에서 벽에 적힌 시에 차운하다 기축년(1769, 영조45). 이 상국은 이창의이다. 李相國 昌誼 淸郊別墅 次壁上韻 己丑 • 55

가을소리 秋聲 • 56

연원 승 채경홍 희범에게 드리다
贈連原丞蔡景洪希範 • 57

상개 서 상서 군수가 연경으로 가는 것을 보내며 3수
送上价徐尙書君受赴燕 三首 • 59

이 정언 윤보의 삼산교거에 부치다 5수
寄李正言潤甫三山僑居 五首 • 62

첨추 박경행이 흥해로 부임해 가는 것을 보내며
送朴僉樞敬行之任興海 • 65

제일에 장릉의 제관으로 차임되어 재실에서 수세하며 신묘년(1771 영조47)
除日 差祭長陵 守歲齋室 辛卯 • 66

단오일에 정릉 제관으로 차임되어 오 년 전의 시회를 추억하며 서글피 짓다 端陽日 差祭貞陵 憶曩歲詩會 悵然而題 • 68

〈시황기〉를 읽고 讀始皇紀 • 69

익익재의 회갑에서 삼가 노포 조 상서의 시에 차운하다 계사년(1773 영조49). 조 상서는 조명정이다. 翼齋回甲 謹次老圃趙尙書 明鼎 韻 癸巳 • 73

등준시 기사 절구 8수 ○ 갑오년(1774 영조50) 登俊試紀事 八絶○甲午 • 74

영소하며 감회를 적다 榮掃志感 • 79

시랑 조원옥의 시 〈일섭정〉에 차운하여 조원옥은 조종현이다.
次趙侍郎元玉 宗鉉 日涉亭韻 • 81

영공 이선지가 회양으로 부임해 가는 것을 보내며 이선지는 이성원이다.
奉贐李令公善之 性源 之任淮陽 • 83

홍 교리가 시재어사에 제수되어 제주로 부임하는 것을 보내다 4수.
홍 교리는 홍상성이다. 送洪校理 相聖 充試才御史 赴濟州 四首 • 85

학사 이성중이 북관에 종사하러 가는 것을 보내며 4수.
이성중은 이재학이다. 送李學士聖中 在學 從事北關 四首 • 89

영공 이덕이가 춘천으로 부임해 가는 것을 보내며 을미년(영조51 1775) ○ 3수. 이덕이는 이숭호이다. 奉贐李令公德而 崇祜 之任春川 乙未○三首 • 93

경흥으로 가려 할 때 이계에 들러 아들의 묘에 곡하고 이별하다 정유년(1776 영조21) ○ 5수 將之慶興 歷入耳溪 哭別子墓 丁酉○五首 • 96

부사 정 시랑 대재가 연경에 가는 것을 보내며 경자년(1780 정조4).
대재는 정원시이다. 送副价鄭侍郎大哉 元始 赴燕 庚子 • 100

시랑 이성호가 해서백으로 부임하는 것을 보내며 신축년(1781 정조5) ○ 2수. 이성호는 이경양이다. 送李侍郎聖浩 敬養 按海西伯 辛丑○二首 • 104

이랑 영익에게 주다 2수 贈李郎永翼 二首 • 106

연행에서 돌아오자마자 여호에 들어가 원형의 계정에 쓰다
계묘년(1783 정조7) 燕行初返 入驪湖 題元亨溪亭 癸卯 • 107

족대부 판서공의 치사첩에 추제하다 판서공은 홍중징이다.
追題族大父判書公 重徵 致仕帖 • 109

학성군은 선왕과 동갑인 갑술년생으로, 올해 91세이다. 상께서 선왕의 탄신일인 9월 13일에 특별히 궤장을 하사하시고 어제 칠언율시를 내리시

자 신하들이 경건히 화답하였다 갑진년(1784, 정조8). 학성군은 이유이다. 鶴城君 棆 以先朝同庚甲戌生 今年爲九十一 上於九月十三日 先朝誕辰 特賜几杖 下御製七律 諸臣敬和之 甲辰 • 111

만묘자 권성일이 보내준 시에 삼가 화답하다 을사년(1785, 정조9). 권성일은 권만형이다. 奉酬萬妙子權聖一 萬衡 寄示韻 乙巳 • 113

시랑 정시회가 그리워 배천의 임소에 부쳐 보내다 정시회는 정경순이다. 憶鄭侍郎時晦 景淳 寄呈白川行軒 • 116

지계 송덕문이 4운 고체시를 보내왔는데, 이것을 가지고 12운 시를 지을 만하여 수답하다 송덕문은 송재도이다. 芝溪宋德文 載道 寄古體四韻詩 仍足成十二韻以訓之 • 118

쌍호정에 지어서 남기다 경술년(1790, 정조14) 留題雙湖亭 庚戌 • 121

공조 정랑 신문초가 인제의 임지로 가는 것을 전송하다 送申水部文初之任麟蹄 • 122

동강으로 완전히 돌아가는 소영거사 홍성기를 송별하다 홍성기는 홍병철이다. 別小瀛居士洪聖幾 秉喆 大歸東江 • 124

만묘자 권성일이 백우선을 보내준 데 대해 삼가 수답하다 奉酬萬妙子權聖一贈白羽 • 126

동종 형인 정혜공에게 시호가 내려지던 날에 어제시에 경건히 차운하다 정혜공은 홍상한이다. 2수 敬次宗兄靖惠公 象漢 宣諡日 御製詩韻 二首 • 128

계축년 늦봄에 우리 집안의 기로소 당상 세 사람이 모여 축하연을 열다 계축년(1793, 정조17). 족숙인 봉조하 홍수보씨, 종질인 영의정 홍낙성이다. 一門三耆社 族叔奉朝賀秀輔氏 宗姪領議政樂性 近世罕有 時值癸丑暮春 倣蘭亭修禊 三家各設一會 以志壽域盛事 癸丑 • 130

수궁대장이 되어 밤에 대궐을 순찰하며 갑인년(1794, 정조18) 正月十二日 上詣顯隆園 命賤臣爲守宮大將 巡徼禁中 至十五日還宮 乃罷歸 每夜步月禁川橋 詩以識之 甲寅 • 133

닭이 모이를 쪼고 거위가 풀을 먹는 것을 구경하다 觀鷄啄粟鵝吃草 • 135

새가 나무를 쪼는 것을 보다 觀鳥啄木 • 138

밤에 〈송양소윤서〉를 듣다 소씨 두 사람의 일에 느낌이 일다 夜聽楊少尹序 感二疏事 • 140

기상서에게 부치다 寄紀尙書 • 142

선덕 황제의 벼루 宣德硯歌 • 144

옥여의 玉如意歌 • 150

종질인 영의정이 지금 나이가 만 80세가 되었다. 성상께서 국조의 고사에 따라 궤장을 하사하라고 명하고 시를 지어 아끼는 마음을 나타내셨는데, 경건한 마음으로 화운하였다 정사년(1797, 정조21). 영의정은 홍낙성이다. 宗姪領相 樂性 今年滿八十 命依國朝故事 賜几杖 詩以寵之 敬和其韻 丁巳 • 154

정사년 겨울에 기상서가 보낸 시에 화답하다 2수 丁巳冬 憲書賚官之回 曉嵐宗伯寄詩 步其韻答之 二首 • 156

효람 기상서에게 부치다 무오년(1798, 정조22). 2수 寄曉嵐紀尙書 二首 戊午 • 159

족숙인 봉조하가 아들 강원도 관찰사의 태태부에 봉양을 받으러 가는 것을 전송하다 봉조하의 맏아들 인호가 강원도 관찰사가 되었다. 봉조하는 홍수보이다. 送族叔奉賀 秀輔 就養兒觀察關東太太府 奉賀長子仁浩爲東伯 • 161

연경에 서장관으로 가는 학사 조석중을 전송하다 3수
送曹學士錫中以書狀赴燕 三首 • 164

연경에 가는 주청부사 이 시랑을 전송하다 경신년(1800, 정조24). 이시랑은 이집두이다. 送奏請副使李侍郎 集斗 赴燕 庚申 • 167

달밤에 정시회를 그리워하다 月夜有懷鄭時晦 • 171

병중에 꿈속에서 함련을 얻었는데, 느낌이 있어 완성해 볼 만하였다 신유년(1801, 순조1) 病中夢得頷聯 有感而足成 辛酉 • 173

봉조하 홍 지돈녕의 진사 회방 홍 지돈녕은 홍응진이다. 奉賀洪知敦寧 應辰 進士回榜 • 175

연경에 가는 정사 조 상서를 전송하다 조 상서는 조윤대이다. 送正使曹尙書 允大 赴燕 • 176

꿈속에서 손님에게 주다 夢中贈客 • 178

꿈속에서 매 그림에 적다 夢題畫鷹 • 179

이계록耳溪錄

중추철 밤 뒷산 기슭에 오르다 中秋夜 登後麓 • 180

아우가 정릉의 재소에서 만나러 와서 만경동을 유람하다 2수
舍弟自貞陵齋所來會 遊萬景洞 二首 • 182

가을 소리 秋聲 • 184

산길을 가며 부질없이 짓다 山行漫題 • 185

늦봄에 이계로 나와 길 위에서 짓다 暮春出耳溪途吟 • 186

온 산에 복사꽃과 오얏꽃이 흐드러지게 피어 겸산루에 적다
滿山桃李盛開 題兼山樓 • 187

즉석에서 짓다 卽事 • 188
사모봉에 올라 멀리 바라보다 2수 登紗帽峯遠眺 二首 • 189
밤에 작은 폭포 소리가 들리기에 잠이 안 와 부질없이 짓다
夜聽小瀑 無寐漫題 • 191
지는 꽃을 읊다 2수 落花吟 二首 • 192
누각 앞의 작은 시내에 돌을 쌓아 다리를 만들다
樓前小溪 築石成橋 • 194
휴가를 받아 호서의 산소를 살피고 다시 이계로 향하다
受暇省湖阡 轉向耳溪 • 195
늦봄 14일에 아들과 조카 및 예닐곱 젊은이와 구곡담을 유람하다
暮春少望 同子姪及六七少年 遊九曲潭 • 196
부질없이 짓다 漫題 • 198
예전에 돌 위에 쓴 글씨를 보고 장난삼아 적다
見石上舊書戲題 • 200
이계로 나오다 出耳溪 • 202
겸산루에 올라 왜철쭉이 만개한 것을 보다 登兼山樓 見倭紅盛開 • 204
병을 앓은 뒤에 이계로 나와 수재정에 오르다
病後出耳溪 登水哉亭 • 205
두 소년이 나란히 말을 타고 찾아왔기에 기뻐하며 적어주다
有二少年 聯轡來訪 喜而題贈 • 206
숙도와 희수 부자의 시에 차운하다 3수 菊月十三 出耳溪 聞樊川侄叔度樂任 熙叟 就榮 父子 來拜先墓 仍遊九曲洞天 留詩而去 辭工而情到 爲步其韻却寄 三首 • 207

계상과 희수와 함께 구곡에서 단풍 구경을 하다 少望 季常 樂倫 熙叟來訪于時楓色正酣 携入九曲 少憩月影潭 轉上玉鏡臺 煮菊飮酒 盤旋於紅流白石之上 薄曛乃歸 拈韻共賦 • 212

돌아가는 번천의 부자에게 화답하다 4수 樊川父子歸賦五七律各九首見贈藻彩絢爛 音節鏗鏘 不覺楓菊奪鮮 磵瀑增響 老夫三鼓氣竭 只和數篇以謝之四首 • 214

늦봄에 이계로 나오다 暮春出耳溪 • 219

돌아갈 때 지어서 남기다 將歸留題 • 220

이계집 제9권

시詩

갱재록賡載錄

희우시 칠언 십운 喜雨詩 七言十韻 • 223

한식날 동풍에 대궐의 버들 휘날리다 칠언 십운 계미년(1763, 영조39) 봄에 승지로서 응제하였다. 寒食東風御柳斜 七言十韻 癸未春 以承旨應製 • 227

문과 무를 함께 쓰는 것이 장구할 수 있는 방도이다 오언율시 文武兼用 長久之道 五言律詩 • 230

금원의 단풍 숲 잎마다 붉다 칠언 이십운 기축년(1769, 영조45) 가을에 승지로서 응제하였다. 禁苑楓林葉葉紅 七言二十韻 己丑秋 以承旨應製 • 233

보감을 찬집하는 신하들에게 보인 어제시의 운에 삼가 화답하다 賡和御製示寶鑑纂輯諸臣詩韻 • 238

태묘의 납향 때 지은 어제시의 운에 삼가 화답하다
賡和太廟臘享詩韻 • 241

이날 밤에 다시 연신들과 연구를 짓다 내각 직제학 정지검·서유방, 원임 직각 김희, 대교 이곤수, 검교대교 윤행임, 행 승정원 도승지 심풍지, 행 좌승지 박우원, 우부승지 이시수, 별운검 홍문관 제학 서유린, 보검 도총부 부총관 홍양호·김상집이다.
是夜復與筵臣聯句 內閣直提學鄭志儉徐有防 原任直閣金憙 待敎李崑秀 檢校待敎尹行恁 行承政院都承旨沈豐之 行左承旨朴祐源 右副承旨李時秀 別雲劍弘文館提學徐有隣 寶劍都摠府副摠管洪良浩金尙集 • 244

어가가 고양을 지날 때 지은 어제시의 운에 삼가 화답하다
賡和駕過高陽詩韻 • 248

어가가 고양의 군사에 머물렀을 때 지은 어제시의 운에 삼가 화답하다
賡和駕駐高陽郡舍詩韻 • 250

기임각의 시의 운에 삼가 화답하다 賡和祈稔閣詩韻 • 254

세검정의 시의 운에 삼가 화답하다 賡和洗劍亭詩韻 • 257

이 비를 보고 풍년이 들 것을 기뻐하여 옷깃을 풀어헤치고 오현금을 타다 칠언 이십운 對此欣登歲披襟弄五絃七言二十韻 • 259

세심대에서 꽃을 감상한 시의 운에 삼가 화답하다
賡和洗心臺賞花詩韻 • 266

내원의 난정회에서 응제하다 內苑蘭亭會應製 • 269

기로소의 신하들에게 내린 시의 운에 삼가 화답하다
賡和賜耆社諸臣詩韻 • 276

《인서록》에 대한 전문을 올린 날에 지은 연구
人瑞錄進箋日聯句 • 279

자궁의 환갑에 기쁨을 기록한 시의 운에 삼가 화답하다
賡和慈宮周甲誕辰 志喜詩韻 • 287

자를 나눠주며 지으신 시에 삼가 화답하다 賡和頒尺詩韻 • 290

화성행궁시에 삼가 화답하다 賡和華城行宮詩韻 • 294

어가가 훈련원에 임하였을 때 지으신 시에 삼가 화답하다
賡和駕臨訓鍊院詩韻 • 298

강가의 정자를 유람하는 영중추부사 홍낙성에게 내린 시의 운에
삼가 화답하다 賡和贈領府事洪樂性江亭之遊詩韻 • 308

손수 권점하신 책들에 제한 시의 운에 삼가 화답하다
賡和題手圈諸書詩韻 • 311

성상께서 경봉각에 제하신 시의 운에 삼가 화답하다
賡和謹題敬奉閣詩韻 • 319

헌릉을 배알하려고 할 적에 새벽에 배다리에 머무르며 예전 무자년의
시에 보운하여 지은 시의 운에 삼가 화답하다 賡和將拜獻陵 曉次舟橋
步戊子前韻詩韻 • 324

공경히 헌릉의 재실에 적으신 시의 운에 삼가 화답하다
賡和敬題獻陵齋室詩韻 • 329

애만록哀輓錄

정성왕후의 만사 정축년(1757, 영조33) 貞聖王后輓詞 丁丑 • 332

인원왕후의 만사 정축년(1757, 영조33). 6수 仁元王后輓詞 六首 丁丑 • 341

영종대왕의 만사 병신년(1776, 영조52). 10수 英宗大王輓詞 十首 丙申 • 351

또 지은 영종 대왕의 만사 7수 대신 지었다. 又七首 代作 • 366

문효세자의 만사 병오년(1786, 정조10). 5수 文孝世子輓詞 五首 丙午 • 377
정종대왕의 만사 경신년(1800, 정조24). 10수 正宗大王輓詞 十首 庚申 • 384
여암 신 승지를 애도하다 신승지는 신경준이다. 哀旅菴申承旨 景濬 • 399
월암 이 참봉을 애도하다 이 참봉은 이광려이다. 哀月巖李參奉 匡呂 • 406
강한 황 태사를 애도하다 황 태사는 황경원이다. 哀江漢黃太史 景源 • 409
간옹 이 경윤을 애도하다 이 경윤은 이헌경이다. 哀艮翁李京尹 獻慶 • 420
지계 송 처사를 애도하다 송 처사는 송재도이다. 哀芝溪宋處士 載道 • 428
소영 홍 진사를 애도하다 홍 진사는 홍병철이다. 哀小瀛洪進士 秉哲 • 434
수정 정 상서를 애도하다 정 상서는 정경순이다. 哀修井鄭尙書 景淳 • 441
진택 신 승지를 애도하다 신 승지는 신광하이다. 哀震澤申承旨 光河 • 451
100세 노인 이 지사의 만사 8수. 이지사는 이박이다.
百歲老人李知事 墣 輓 八首 • 459
승지 정성종의 만사 정성종은 정순검이다. 鄭承旨聖從 純儉 輓 • 464
정 여주의 만사 4수. 정 여주는 정하언이다. 鄭驪州 夏彦 輓 四首 • 466
이 진사의 만사 이 진사는 이돈항이다. 李進士 敦恒 輓 • 468
이 찰방의 만사 3수. 이 찰방은 이영봉이다. 李察訪 榮鳳 輓 三首 • 473
헌납 이윤보의 만사 4수 李獻納潤甫輓 四首 • 475
활산 남 참봉의 만사 남 참봉은 남용만이다. 活山南參奉 龍萬 輓 • 478
족제 구고처사 사량의 만사 사량은 홍유호이다.
族弟九皐處士士良 儒浩 輓 • 484
장성 부사 홍재여의 만사 홍재여는 홍경후이다. 洪長城載汝 景厚 輓 • 489

이계집

제8권

詩시

막내 아우 명한이 진사시에 합격하여 영묘하고 감회를 적다[1] 계미년(1763, 영조39)

小弟鳴漢 中進士 榮墓志感 癸未

송백 늘어선 황량한 무덤에 눈물 흘린 지[2] 松柏荒原淚
어느덧 열일곱 해 지났네[3] 星霜十七朞

1 막내……적다 : 이계는 1763년 3월 10일에 대사간에서 삭직되고 6월 24일에 의주부윤에 제수되었는데, 이 시는 그사이에 조정에서 물러나 있으면서 지은 작품이다. 막내아우 명한(鳴漢)은 홍명호(洪明浩, 1736~1819)이다. 명한은 그의 초명이고, 자는 공서(公舒)이다. 이해에 진사가 되었고, 1771년 정시문과 병과에 급제하여 1779년에 동지사 서장관으로 연경에 다녀왔다. 글씨에 뛰어나 수원 〈지지대비(遲遲臺碑)〉의 전액을 썼다. 영묘(榮墓)는 돌아가신 어버이의 묘소를 찾아 제사를 지내며 과거 급제의 영광을 고해 올리는 것을 말하는데, 흔히 영분(榮墳)이라고도 한다. 막내 아우가 과거에 합격하여 선영에 고하고 그 감회를 읊었다. 평성 '지(支)'운의 측기식 오언율시이다.

2 송백……지 : 아버지가 돌아가셨다는 말인데, 진(晉)나라 왕부(王裒)의 고사를 전거에 둔 표현이다. 부친이 사마소(司馬昭)에게 죽임을 당하자 왕부가 무덤 옆에 여막을 짓고 아침저녁으로 무덤에 엎드려 절을 하고는 무덤 곁의 잣나무에 매달려 울부짖었는데, 잣나무가 눈물에 젖어 말라 죽었다고 한다.〔廬于墓側, 旦夕常至墓所拜跪, 攀柏悲號, 涕淚着樹, 樹爲之枯.〕《晉書 卷88 王裒列傳》

3 열일곱 해 지났네 : 홍명호가 진사시에 급제한 1763년과 부친 홍진보(洪鎭輔)가

아우가 진사 합격한 건 小哥成進士
여경이 고아에게 미친 것[4] 餘慶及孤兒
함께 푸른 옷깃 부여잡고 눈물 흘리니[5] 共把青衫泣
어이하면 색동옷 차림으로 재롱부릴까[6] 那將彩服嬉
아득해라 불기의 애통함이여[7] 悠悠不洎痛
기쁜 일 만날 때마다 슬프네 逢喜每成悲

세상을 떠난 1746년과는 17년 차이가 난다.

4 여경(餘慶)이……것 : 아우가 진사시에 합격한 것은 모두 선친의 음덕이 끼친 경사라는 의미이다. 《주역》 〈곤괘(坤卦) 문언(文言)〉에 "덕행을 쌓은 집안은 자손에까지 경사가 미친다.〔積善之家, 必有餘慶.〕"라고 한 말에 전거를 둔 표현이다.

5 함께……흘리니 : 푸른 옷깃은 벼슬하지 않은 선비가 입는 옷이다. 이계 자신은 이해 3월에 대사간으로 있다가 송명흠(宋明欽)의 일로 소명(召命)을 어겼다는 이유로 삭직되어 조정에서 물러나 있던 상황이고, 아우는 진사시에 막 급제하여 아직 벼슬에 진출하지 않았기 때문에 이렇게 말한 것이다.

6 어이하면……재롱부릴까 : 어버이가 돌아가시고 계시지 않으므로 어버이 마음을 기쁘게 해드리고 싶어도 그럴 수가 없다는 말이다. 나이 일흔에 색동옷을 입고 부모 앞에서 재롱을 떨었던 초(楚)나라 은사 노래자(老萊子)의 고사를 인용한 표현이다.

7 불기(不洎)의 애통함이여 : 벼슬에 올라 부모를 봉양할 수 있는 처지가 되었으나 부모는 이미 돌아가시어 봉양할 방법이 없으므로 애통하다는 뜻이다. 증자(曾子)가 "내가 부모가 살아 계실 때 한 벼슬은 삼부의 녹봉만 받았어도 마음이 즐거웠는데, 그 뒤에 한 벼슬은 삼천 종의 녹봉을 받았으나 부모에게 봉양할 수 없어 내 마음이 슬펐다.〔吾及親仕, 三釜而心樂, 後仕三千鍾而不洎親, 吾心悲.〕"라고 한 말에 전거를 둔 표현이다. 《莊子 寓言》

중제 정한의 묘에 곡하다[8]

哭仲弟挺漢墓

우리 형제 중 백미[9]가 누구더뇨	吾家兄弟白眉誰
소년에 성균관 입학한 중제가 최고였지[10]	英妙登庠仲最奇
몽택에 날씨 추워지면 끊어진 그림자에 놀라고[11]	夢澤天寒驚斷影
지당에 봄 저물도록 새로운 시 짓기를 폐했네[12]	池塘春盡廢新詩

8 중제……곡하다 : 1763년(영조39)에 지은 작품이다. 홍정한(洪挺漢, 1731~1758)은 이계의 첫째 아우로, 광주 목사(光州牧使) 이광회(李匡會)의 사위이다. 자는 자허(子許)로, 이계보다 일곱 살이 적다. 어려서부터 문학에 뛰어나 20세에 사마시에 합격하여 성균관에 들어갔다. 24세에 남유용(南有容)이 지공거를 맡았던 증광시에 응시하여 문장에 호평을 받았으나 규식을 어겼다는 이유로 낙방하였다. 28세에 요절하였다. 막내아우의 합격 소식을 선영에 고할 때 문득 앞서 세상을 떠난 첫째 아우가 그리워 읊은 시이다. 평성 '지(支)'운의 평기식 칠언율시이다.

9 백미(白眉) : 형제 가운데 가장 뛰어난 인물을 말한다. 삼국 시대 촉(蜀)나라 마량(馬良)의 형제 다섯이 모두 재명(才名)이 있었다. 그 가운데에서 마량이 가장 뛰어났는데, 마량의 눈썹이 희었으므로, 사람들이 "마씨의 오상 가운데 백미가 가장 뛰어나다.〔馬氏五常, 白眉最良.〕"라고 하였다. 《三國志 卷39 蜀書 馬良傳》

10 소년에……최고였지 : 이계는 《이계집》 권32 〈중제성균생원묘지명(仲弟成均生員墓誌銘)〉에서 "15세 무렵에 이경과 사서에 능통하고 문사가 용솟음쳐서 붓을 대기만 하면 문장을 이루어, 누차 상서에 문명을 떨쳤고, 20세에 사마시에 등과하였다.〔甫成童, 能通二經四書, 文辭湧發, 下筆成章, 屢鳴於庠序. 年二十, 登司馬試.〕"라고 하였다.

11 몽택에……놀라고 : 가을이 되면 아우의 모습이 보이지 않는 것이 새삼 슬프다는 말이다. 홍정한이 음력 8월 23일에 세상을 떠났기 때문에 이렇게 말한 것이다. 그림자가 끊어졌다는 것은 안영단(雁影斷)에서 온 말로, 형제의 죽음을 뜻한다.

12 지당(池塘)에……폐했네 : 홍정한은 문장에 뛰어나 이계 자신이 시를 짓는 데 도

세 형제 안탑에 이름 적었더니[13] 三哥雁塔題名日
여섯 해를 영원에 형제 잃고 슬퍼했네[14] 六載鴒原失侶悲
적막한 심산에 준재를 묻고나니 寂寞深山埋俊骨
몇 마디 새 울음[15]에 석양이 더디네 數聲啼鳥夕陽遲

움을 주는 아우인데, 그 아우를 잃어 봄이 다 가도록 더 이상 새 시를 짓지 못하였다는 뜻이다. 남조의 시인 사영운(謝靈運)이 시상이 떠오르지 않아 고민하다가 꿈에 족제 사혜련(謝惠連)을 만나보고 '지당생춘초(池塘生春草)'라는 명구(名句)를 얻은 뒤에 "이 시구는 신령이 도와준 덕분에 나온 것이지 나의 말이 아니다.〔此語有神功, 非吾語也.〕"라고 술회한 고사를 인용하여 아우를 잃은 슬픔을 읊은 표현이다.《南史 卷19 謝惠連列傳》

13 세……적었더니 : 이계의 삼형제가 모두 과거에 급제했다는 뜻이다. 당나라 때 진사과에 합격한 사람들이 자은사(慈恩寺)의 대안탑(大雁塔) 아래에 자신의 이름을 기록해 넣은 고사에 전거를 둔 표현이다. 홍정한과 홍명한의 과거 합격 사실은 앞의 주8 참조.

14 여섯……슬퍼했네 : 6년 전에 아우를 잃었다는 말이다. 영원(鴒原)은 할미새가 노는 언덕이라는 말인데, 전하여 형제의 우애를 상징하는 시어가 되었다.《시경》〈소아(小雅) 상체(常棣)〉의 "저 할미새 들판에서 꼬리 흔드니, 형제들끼리 위급한 때 서로 돕는 법이라오. 항상 좋은 벗이 있다고 해도, 그저 길게 탄식만을 늘어놓을 뿐이라오.〔鶺鴒在原, 兄弟急難. 每有良朋, 況也永歎.〕"라는 말에서 유래한 것이다.

15 몇……울음 : 당나라 위장(韋莊)의 시에 "문을 여니 해가 높아 봄날은 적막한데, 몇 마디 새 소리가 꽃가지 위에 들려오네.〔開戶日高春寂寂, 數聲啼鳥上花枝.〕"라고 한 것에 전거를 둔 표현이다.

익익재의 밤모임에서 삼가 족형 상공의 시에 차운하다[16] 족형 상공은 홍봉한이다

翼翼齋夜集 謹次族兄相公 鳳漢 韻

높은 누정에 불 밝히고 가인들 초대한 건	高樓華燭喚佳人
비단 소매에 펄펄 하얀 눈이 내리던 날	羅袂飄然雪白辰
두곡은 황랑이 옛 악보 전하였고[17]	杜曲黃娘傳舊譜
교가는 벽옥이 곧 전신이었다네[18]	喬家碧玉是前身

16 익익재의……차운하다 : 1763년(영조39)에 홍봉한(洪鳳漢, 1713～1778)의 익익재(翼翼齋)에 이계와 홍봉한의 3종 이내 형제들이 모여 연회를 열 때 지은 작품으로 추정된다. 익익재는 홍봉한의 호로, 당시 홍봉한이 사랑하던 서재 이름이었던 것으로 보인다. 이계와 홍봉한은 모두 홍주원(洪柱元, 1606～1672)의 현손으로, 8촌 형제간이다. 수련의 말로 보아 밤의 연회가 있던 계절이 늦겨울에서 초봄 사이였던 것으로 짐작된다. 평성 '진(眞)' 운의 평기식 칠언율시이다.

17 두곡(杜曲)은……전하였고 : 두곡은 두보(杜甫)의 노래이다. 황랑(黃娘)은 황사랑(黃四娘)의 약칭으로, 마을의 어떤 노파를 일컫는 말이다. 두보의 시 〈강반독보심화칠절구(江畔獨步尋花七絶句)〉에 "황사랑의 집에는 꽃이 길에 그득하니, 천 송이 만 송이가 가지를 눌러 드리워졌네.〔黃四娘家花滿蹊, 千朶萬朶壓枝低.〕"라고 한 것에 전거를 둔 표현이다. 평양 기생 황옥(黃玉)이 와서 노래하였기 때문에 황랑이라 말한 것이다. 이 시의 원주 참조.

18 교가(喬家)는……전신이었다네 : 교가는 국가와 명운을 같이하는 세신(世臣)의 집안, 곧 교목세가(喬木世家)를 말한다. 벽옥(碧玉)은 순절한 충신열사를 비유한 말이다. 주 경왕(周敬王) 때에 대부 장홍(萇弘)이 충간을 하다가 참소를 당하여 촉(蜀)으로 쫓겨나 자살하였는데, 그 피가 맺혀 3년 만에 벽옥으로 변했다고 한다.《莊子 外物》 홍주원이 정명공주(貞明公主)의 부마이고 홍봉한이 사도세자의 장인이므로 이렇게 말한 것이다.

양관에 달이 뜰 제 작은 비파 가져왔고[19] 携來短瑟陽關月
한양에 봄 오자 이른 매화 다 떨어졌네 落盡寒梅漢水春
평생의 많은 한을 이야기하려 할진댄 欲說平生多少恨
패강의 안개와 버들이 몇 번이나 바뀔는지 浿江煙柳幾番新

기성(箕城)의 기녀 황옥(黃玉)이 마침 와서 노래 부르며 흥을 돋우었다. 이 때문에 함련과 경련에서 언급하였다.

19 양관(陽關)에……가져왔고 : 양관은 변방으로 나가는 관문으로 이별의 고장을 뜻하기도 하는데, 여기서는 평양을 가리키는 듯하다. 당나라 왕유(王維)의 시 〈송원이사안서(送元二使安西)〉에 "위성의 아침 비 가벼운 먼지 적시니, 객사에는 푸릇푸릇 버들빛도 싱그럽네. 그대에게 권하노니 다시 한 잔 드시오. 서쪽으로 양관을 나서면 친구가 없다오.〔渭城朝雨浥輕塵, 客舍青青柳色新. 勸君更進一杯酒, 西出陽關無故人.〕"라고 하였다.

또 '혼(昏)'자에 차운하여 2수

又次昏字 二首

1수[20]

높은 버들 모래 둑에 눈 내리려 날 흐린데	高柳沙堤雪意昏
성근 종소리 어두운 달빛에 손이 찾아오셨네	疏鍾微月客敲門
등불 앞에 마주하여 따사로운 낯빛으로	燈前眉睫溫溫色
세모에 마음 터놓고 다정히 이야기했네	歲暮心期款款言
형제들 모여 화수회 단란하고[21]	花樹團欒兄及弟
조손간에 《시》《서》와 청백 전하네[22]	詩書淸白祖傳孫

20 1수 : 1763년(영조39)에 익익재의 연회에서 '혼(昏)'자로 운을 뽑아 지은 작품이다. 전편에 삼종 형제들의 우애와 풍산 홍문에 대한 자부심을 담았다. 평성 '원(元)'운의 측기식 칠언율시이다.

21 형제들……단란하고 : 홍봉한과 이계는 3종 형제인데, 이 항렬의 형제들이 모두 높은 벼슬에 오른 데다 우애가 좋았기 때문에 이렇게 말한 것이다. 당(唐)나라 때 망족(望族)이었던 위씨(韋氏) 가문의 형제들이 꽃나무 아래 모여 화목하게 술을 마신 고사가 있는데, 이를 두고 잠삼(岑參)이 〈위원외가화수가(韋員外家花樹歌)〉라는 시에서 "그대의 집안 형제 훌륭하구나, 경도 있고 어사도 있고 상서랑도 있도다. 조회에서 돌아오면 꽃 아래에 늘 객이 모이니, 꽃이 옥항아리에 사운댈 제 봄 술이 향기롭구나.〔君家兄弟不可當, 列卿御史尙書郎. 朝回花底恒會客, 花撲玉缸春酒香.〕"라고 하였다.

22 조손간에……전하네 : 고조부 대로부터 학문과 청렴의 정신을 물려받았다는 뜻이다. 시례(詩禮)는 공자가 홀로 계실 때 아들 이(鯉)가 뜰 앞을 총총걸음으로 지나갔다. 공자가 "시를 배웠느냐?〔學詩乎〕"라고 묻자, 이가 "배우지 못했습니다.〔未也〕" 하니, 공자가 "시를 배우지 않으면 말을 할 수가 없는 것이다.〔不學詩, 無以言.〕" 하여, 이가 물러가서 시를 배웠다. 또 후일에 공자가 "예를 배웠느냐?〔學禮乎〕"라고 묻자,

백년 동안 덕을 쌓아 유풍이 멀리 전해져　　百年種德風猷遠
원씨의 붉은 수레가 온 마을에 엄연하네[23]　　袁氏朱輪儼一村

2수[24]

인정의 냉난은 아침저녁으로 변하고　　人情冷暖變朝昏
세로의 험함은 맹문산처럼 극심하네[25]　　世路偏陂劇孟門
헐떡임을 물은 건 단지 대체를 보존하려 함이고[26]　　問喘直須存大體

이가 "배우지 못했습니다."라고 하니, 공자가 "예를 배우지 않으면 설 수가 없는 것이다.〔不學禮, 無以立.〕"라고 하여 이가 물러가서 예를 배웠다는 데서 온 말이다. 《論語 季氏》

23 원씨(袁氏)의……엄연하네 : 홍주원 이래 홍봉한과 홍인한(洪麟漢, 1722~1776)에 이르기까지 4대 100여 년에 이르는 동안 풍산 홍문(豐山洪門)이 계속하여 고관대작을 배출하여 그 위세가 온 고을에 퍼져 있음을 말한 구절이다. 동한(東漢) 때 원안(袁安)과 아들 원창(袁敞), 손자 원탕(袁湯), 증손자 원봉(袁逢)과 원외(袁隗) 형제가 모두 높은 벼슬을 하여, 오공(五公)의 집안이라 일컬어졌다. 이 때문에 《후한서(後漢書)》 권74상 〈원소유표열전(袁紹劉表列傳)〉에 "원씨(袁氏)는 사대에 걸쳐 은혜를 심었기 때문에 그 문하의 학생과 속하인 늙은 아전들이 천하에 두루 퍼져 있다." 하였다.

24 2수 : 수련과 함련에서는 험난하고 변덕 심한 세상에서 재상의 직무를 잘 수행한 홍봉한을 칭송하였고, 경련에서는 나랏일에 마음을 다한 모습과 청렴한 생활을 칭송하였다. 미련에서는 자신을 돌보아준 것에 대한 감사의 마음을 담았다. 평성 '원(元)'운의 평기식 칠언율시이다.

25 세로(世路)의……극심하네 : 맹문산(孟門山)은 황하의 상류에 있는 산 이름이다. 이곳까지는 평지를 흐르던 황하가 맹문산을 만나 흐르지 못하자 우 임금이 도끼로 쪼아 물길을 틔웠다는 전설이 전할 만큼 험하기로 유명하다. 흔히 세로의 험난함을 비유하는 대명사로 쓰인다.

26 헐떡임을……함이고 : 홍봉한의 정치에 다소 의아한 면이 있어 보이지만, 지나고

생선 삶는 것은 원래 많은 말에 있지 않네[27] 烹鮮元不在多言
몇 가닥 백발은 나라 걱정 때문이거니와 數莖白髮緣憂國
한 장의 청전은 자손들 덮어줄 수 있겠네[28] 一片青氈可庇孫
세상의 묵은 빚은 언제 다 갚으려나[29] 宿債塵間何日了
오각건 쓰고 동쪽으로 수운촌으로 나가네[30] 角巾東出水雲村

보면 재상의 대체를 알아 훌륭해 수행해내려 노력한 것이었다는 뜻이다. 한 선제(漢宣帝) 때의 재상 병길(丙吉)은 인품이 관대하고 예의가 정중하여 명성이 높았다. 그는 길에서 사람이 서로 싸우다가 죽었음에도 그 까닭을 묻지 않더니, 소가 더워서 헐떡거리는 것을 보자 그 이유를 자세히 물었다. 이에 수행하던 관리가 왜 그렇게 다르게 대처하는지 묻자, 병길은 "싸우다가 죽은 사건은 장안령(長安令)이나 경조윤(京兆尹)의 소관이지만, 더위가 오기도 전에 소가 헐떡거리는 것〔牛喘〕은 기후가 조화를 잃은 것이니, 음양을 조화해야 하는 재상의 직임에 걱정하는 것이 마땅하다."라고 대답했다. 이를 두고 당시 사람들은 그가 대체(大體)를 아는 재상이라고 평가했다고 한다.《漢書 卷74 丙吉傳》

27 생선……않네 : 홍봉한이 언변에 뛰어나지는 않았으나 국정 운영에는 뛰어난 역량을 발휘했다는 뜻이다.《노자(老子)》에 "큰 나라를 다스리는 자는 마치 작은 생선을 삶듯이 해야 한다.〔治大國者, 若烹小鮮.〕"라고 한 것에 전거를 둔 말이다. 생선을 삶을 때에 조심스레 다루어야 온전한 모양을 유지할 수 있듯이 백성을 다스리는 것도 신중히 해야 한다는 뜻이다. 홍봉한이 음보(蔭補)로 출사한 데다 문장력이 높지 못했기 때문에 이렇게 우회적으로 예찬한 것이다.

28 한……있겠네 : 홍봉한의 청렴함이 그 자손들에게 음덕을 끼칠 수 있으리라는 말이다. 진(晉)나라 왕헌지(王獻之)의 집에 좀도둑이 들었다. 다른 물건에 손을 댈 때에는 왕헌지가 모르는 체하고 누워 있다가, 도둑이 탑상(榻牀)에 올라 모포에 손을 대려 하자, "도둑아, 푸른 모포는 우리 집안의 유물이니, 그것만은 놓고 가는 것이 좋겠다.〔偸兒, 青氈我家舊物, 可特置之.〕"라고 하였다.《晉書 卷80 王獻之列傳》

29 세상의……갚으려나 : 이계가 삭직당할 때 홍봉한이 영의정으로서 많이 보호해주었기 때문에 이렇게 말한 것이다.

30 오각건(烏角巾)……나가네 : 오각건은 은자가 쓰는 검은 건이다. 두보의 시 〈남린

(南隣)〉에 "금리 선생은 오각건을 쓰고서, 전원에서 토란 밤 거두니 가난하지만은 않구나.〔錦里先生烏角巾, 園收芋栗不全貧.〕"라고 하였다. 수운향(水雲鄕)은 물이 흐르고 구름이 한가로운 곳을 말하는 것으로, 전하여 은자(隱者)가 사는 곳을 말한다. 당시에 이계가 환로에서 물러나 있었기 때문에 이렇게 말한 것이다.

또 '향(香)'자를 얻어 족형 익익재 상공께 올려 화운을 청하다[31]

又得香字 呈翼齋乞和

정승께서 여가 많아 태평성세 즐기시며 黃扉多暇樂時康

달빛 좋은 날 동합에 사람 머물게 하네[32] 東閤留人趁月光

회나무 그림자가 뜰에 그득하고 꽃과 나무들 어울리며[33] 槐影滿庭花樹映

31 또……청하다 : 1763년(영조39)에 익익재의 연회에서 '향(香)'자 운을 받아 지은 작품이다. 수련에서는 밤모임에 초대해준 데 대한 감사를, 함련에서는 고관에 오른 형제들의 화목한 모임을 읊었다. 경련은 화로 숯불로 홍봉한의 따뜻한 환대를 비유했고, 시의 율령으로 형제간 모임의 엄격한 법도를 비유했다. 미련은 자신이 도저히 미칠 수 없는 홍봉한의 문장 재주를 칭송하였다. 평성 '양(陽)'운의 평기식 칠언율시이다.

32 달빛……하네 : 삼종 간 형제들의 연회를 밤에 열었고, 또 홍봉한이 영의정이었기 때문에 이렇게 말한 것이다. 동합(東閤)은 동쪽으로 열린 쪽문이라는 뜻으로, 재상이 빈객을 예우하며 초치(招致)하는 것을 비유한 말이다. 한(漢)나라 공손홍(公孫弘)이 재상이 된 뒤에 "객관을 세우고 동쪽 쪽문을 열어서 현인을 맞이하였다.〔起客館, 開東閤以延賢人.〕"라는 고사에서 유래한 것이다. 동각(東閣)이라고도 한다. 《漢書 卷58 公孫弘傳》

33 회나무……어울리며 : 홍봉한이 재상으로 있고 삼종 간의 형제들이 모두 고관에 오른 데다가 화목하기 때문에 이렇게 말한 것이다. 원문의 '괴(槐)'는 회나무인데, 주(周)나라 때 삼공(三公)이 궁정(宮庭)의 회나무 세 그루를 정면으로 향한 위치에서 조회하였으므로 삼괴(三槐)가 삼공(三公)의 대명사로 쓰이게 되었다. 꽃과 나무가 어울린다는 것은 형제들이 모여 화목하게 연회를 한다는 말이다. 25쪽 주21 참조.

매화 꽃술이 떨어져 서안에 스치고 솥과 방석이 향기롭네[34] 梅鬚拂几鼎茵香
화로 숯불은 삼춘의 기운처럼 따사롭고 爐薰煖似三春氣
시의 율령은 새벽의 서리보다 엄정하네 詩令嚴於五夜霜
혜련에게 부끄럽게도 시상 더욱 졸렬하니[35] 却愧惠連思更拙
참으로 적식이 허겁지겁 쫓아가는 꼴일세[36] 眞成籍湜走還僵

34 매화……향기롭네 : 원문의 '정인(鼎茵)'은 열정루인(列鼎累茵)의 줄임말로, 고관대작이 솥을 여러 개 늘어놓고 먹으며 자리를 여러 개 포개어 앉는다는 뜻이다. 익익재에 모인 삼종 간의 형제들이 모두 고관이기 때문에 그 자리를 이렇게 표현한 것이다. 《孔子家語 致思》

35 혜련(惠連)에게……졸렬하니 : 족형 홍봉한을 남조(南朝) 송(宋)의 시인 사영운(謝靈運)에, 자신을 사영운의 족제 사혜련에 견준 표현이다. 곧 사혜련은 사영운에게 도움을 주는 훌륭한 시인이었는데, 자신은 사혜련에게 부끄럽게도 족형 홍봉한에게 도움이 되는 아우가 되지 못한다는 뜻이다. 사영운과 사혜련의 고사는 21쪽 주12 참조.

36 참으로……꼴일세 : 적식(籍湜)은 당나라 한유의 제자인 장적(張籍)과 황보식(皇甫湜)을 병칭한 말이다. 소식(蘇軾)의 〈조주한문공묘비(潮州韓文公廟碑)〉에서 한유의 문장을 예찬하며 "장적과 황보식은 땀을 뻘뻘 흘리며 자빠질 듯 쫓아가도, 지는 해 그림자를 바라볼 수 없었네.〔汗流籍湜走且僵, 滅沒倒景不得望.〕"라고 한 것을 인용한 표현이다.

또 '미(眉)'자에 차운하여[37]

又次眉字

매화 아래 서로 만나 활짝 웃으며　梅下逢迎展笑眉
달 돋는 저녁이면 시단에 늘 함께 하였지　詩壇月夕鎭相隨
청련의 민첩함은 대적할 이 없으니[38]　青蓮敏捷人無敵
황견의 재사는 내가 조금 더뎠었지[39]　黃絹才思我較遲
문장은 교졸을 논할 것 없거니와　不必文章論巧拙

37 또……차운하여 : 1763년(영조39)에 익익재의 연회에서 '미(眉)'자 운을 받아 지은 홍봉한의 시에 차운한 작품이다. 수련에서는 홍봉한과 자주 익익재에서 시회를 열었음을 말하였고, 함련에서는 홍봉한의 시재를 이태백에 비겨 칭찬하였다. 경련에서는 홍봉한의 시재도 시재려니와 국가의 안위를 걸머진 훈업이 대단한 것이라고 예찬하였으며, 미련에서는 보잘것없는 자신을 시회에 참석하게 해준 데 대한 감사의 마음을 담아 미무리하였다. 평성 '시(支)'운의 측기식 칠언율시이다.

38 청련(青蓮)의……없으니 : 홍봉한의 민첩한 시재를 당나라 시호 이백(李白)에 견준 찬사이다. 청련은 이백의 호이다.

39 황견(黃絹)의……더뎠었지 : 절묘한 시구를 뽑아내고 알아내는 솜씨가 홍봉한에 비해 늘 이계 자신이 한참이나 뒤졌다는 겸사이다. 동한(東漢)의 채옹(蔡邕)이 〈조아비(曹娥碑)〉의 뒤에 "황견유부외손제구(黃絹幼婦外孫齏臼)"라고 써두었다. 뒤에 삼국시대 조조(曹操)가 이 문장을 보고 주부(主簿) 양수(楊修)에게 "그 뜻을 알겠느냐?"라고 묻자, 양수가 "알겠습니다."라고 하였다. 조조가 "아직 말하지 말게." 하더니, 30리 가량을 더 가서야 겨우 뜻을 알아차리고 양수에게 "말해보라."라고 하였다. 양수가 파자(破字)하여 "황견은 색이 있는 실〔色絲〕이므로 '절(絶)'자가 되고, 유부는 소녀(少女)이므로 '묘(妙)'자가 되고, 외손은 딸의 아들〔女子〕이므로 '호(好)'자가 되고, 제구는 매운 것을 받아들이는 채소〔受辛〕이므로 '사(辭)'자가 됩니다. 따라서 '절묘호사(絶妙好辭)' 즉 절묘하게 좋은 문장이란 뜻이 됩니다."라고 하였다. 《世說新語 捷語》

훈업은 안위 책임진 것 볼지어다 須看勳業佩安危
못난 이 몸이 외람되이 망년교 맺었으니 疏慵猥托忘年契
갈대가 옥지에 기댄 것과 무어 다르리오[40] 何異蒹葭倚玉枝

40 갈대가……다르리오 : 위 명제(魏明帝)가 황후의 동생인 모증(毛曾)과 황문 시랑(黃門侍郎) 하후현(夏侯玄)을 같은 자리에 앉게 하였다. 하후현이 자신의 초라함을 매우 부끄러워하자, 당시 사람들이 이를 두고 "갈대가 옥나무에 기대었다.〔蒹葭倚玉樹〕"라고 평했다는 고사가 있다.《世說新語 容止》 홍봉한이 혜경궁의 부친이요 사도세자의 장인으로서 자신과 함께 연회의 자리에 있기 때문에 이 고사를 인용하여 지체가 현격히 다름을 나타낸 것이다.

긴긴 여름의 유거[41] 병술년(1766, 영조42)

長夏幽居 丙戌

집 주위로는 무수한 꽃　　遶屋花無數
온 마당엔 풀빛 싱그럽네　　盈庭草欲齊
문을 닫고 지내노라니 해가 길고　　閉門知日永
베개를 높이 베니 산자락 보이네　　高枕見山低
잠에서 깨니 구름 아직 떠 있고　　睡罷雲猶在
시가 이루어지자 새가 다시 우네　　詩成鳥復啼
선계가 무어 별세계랴　　仙源非別界
저자 또한 은자의 거처일세　　城市亦幽棲

41 긴긴 여름의 유거 : 이계가 43세 되던 1766년(영조42) 여름에 지은 작품이다. 1764년 가을 7월에 홍주 목사(洪州牧使)로 부임하였다가 이듬해 늦봄에 돌아온 이래 1767년 10월 대사간에 제수되기 전까지 국고문헌에서 이계의 행적을 추적할 수 없다. 이 기간에 관직에서 잠시 물러나 있었던 것으로 보인다. 한거의 이유는 정확히 알 수 없다. 하지만 《이계삼편전서(耳溪三編全書)》에는 이 무렵 지은 〈휴관(休官)〉이란 시가 실려 있는데, 그 시에 "몸이 아파 벼슬에서 떠나고자 하니, 마음이 세상과 멀어진 것은 아닐세.〔病欲休官去, 心非與世疏.〕"라고 한 것으로 보아 건강 상태가 좋지 않았던 것으로 보이기도 한다.

이 시는 이 무렵 짧은 한거기의 여름 풍경과 한가한 심회를 읊은 것이다. 평성 '제(齊)'운의 측기식 오언율시이다.

여름날의 졸음[42]

夏睡

흰 구름 처마 끝에 서리니	白雲下簷際
그윽한 흥이 어찌 그리 넉넉한지	幽興一何長
아침비 갤 제 책 뒤적이다	散帙收朝雨
석양 아래 거문고 타네	橫琴帶夕陽
외로운 소나무는 석장[43]을 의지하고	孤松依石丈
나비 떼는 화왕[44]을 호위하네	群蝶護花王
고요히 앉아 상쾌한 기운 머물게 하니	靜坐留爽氣
더운 날씨에도 또한 절로 서늘하구나	炎天也自涼

42 여름날의 졸음 : 이계가 43세 되던 1766년(영조42) 여름에 지은 작품이다. 여름 낮에 졸다 깨어 보는 풍경과 한가한 자신의 일상을 읊었다. 참고로 《이계삼편전서》에는 이 시가 〈하청(夏晴)〉이란 제목으로 실려 있다. 평성 '양(陽)'운의 평기식 오언율시이다.

43 석장(石丈) : '돌 어른'이란 말로 바위를 뜻한다. 송나라 서화가 미불(米芾, 1051~1107)이 기암괴석을 좋아하였다. 그는 보기 드문 기이한 돌을 대하면 뜰 아래로 내려와서 절을 하며 '돌어른〔石丈〕'이라 칭하였으며, 한 번은 "내가 돌 존형 뵙기를 바란 지가 20년 되었소.〔吾欲見石兄, 二十年矣.〕"라고 하였다. 《梁溪漫志》《石林燕語》 또 명나라 때 서예가이자 수석가 미만종(米萬鍾, 1570~1628)은 돌을 존경하여 늘 '돌어른〔石丈〕'이라 하였다고 한다.

44 화왕(花王) : '꽃 중의 왕'이란 말로 모란꽃을 가리킨다. 당나라 시인 피일휴(皮日休)의 시 〈모란(牡丹)〉에 "온갖 꽃 다 진 뒤에 비로소 꽃을 피우니, 아름다운 그 이름은 백화왕이라네.〔落盡殘紅始吐芳, 佳名喚作百花王.〕"라고 하였다. 참고로 모란을 화왕이라 하고, 작약을 화상(花相)이라 한다.

임한정[45]

臨漢亭

45 임한정 : 이계가 43세 되던 1766년(영조42) 초가을에 지은 작품이다. 임한정(臨漢亭)은 홍주원의 손자 홍중기(洪重箕, 1650~1706)가 한강의 동호(東湖)에 세운 정자 이름이다. 홍중기는 홍상한(洪象漢, 1701~1769)의 조부이며, 이계에게는 재종조부가 된다. 홍봉한 역시 홍중기의 손자로, 홍상한과 홍봉한은 4촌이다. 홍상한이 조부 홍중기와 부친 홍석보(洪錫輔)의 유업을 계승해 임한정을 중수하여 1749년에 숙몽정(夙夢亭)을 완성하였다. 시를 지은 연대로 보아 이계가 방문한 것은 홍상한의 숙몽정인데, 재종부 이래로 내려온 이름을 그대로 쓴 듯하다. 뒤에 홍상한의 증손자 홍현주(洪顯周)가 이곳에서 수백 보 떨어진 거리에 새로 정자를 세웠을 때도 정자 이름은 그대로 임한정이었다.

수련은 임한정이 선 주변의 지리적 배경을 읊었다. 함련은 임한정에서 바라보는 한강의 풍경을 읊었다. 경련은 가을에 임한정을 방문하여 모임을 한 일을 읊었고, 미련

그림 1 겸재 정선의 압구정. 임한정은 이 근처에 있었다.

종남산 아래 한강이 흐르는 곳에	終南山下大江流
높은 정자 평평히 임해 잔잔한 수면 위에 떴네	高閣平臨鏡面浮
비 개자 강 안개가 자리맡에 서리고	雨歇汀烟生席上
해질녘 돛 그림자 난간 어귀에 뵈네	日斜帆影在欄頭
고택에는 푸른 회나무[46]가 맑은 복을 전하고	青槐故宅傳淸福
초가을에 흰 배[47] 타고 아름다운 놀이 열었네	白舫新秋敞勝遊
뒷날 오각건 쓰고 함께 노닐자 약속하였으니[48]	他日角巾携手約
달빛 아래 낚시 할 제 경쾌한 갈매기 있겠지[49]	一竿明月有輕鷗

에서는 뒷날 세상의 모든 미련을 버리고 함께 이곳에 은거하자고 약속하는 마음을 담아 마무리하였다. 평성 '우(尤)'운의 평기식 칠언율시이다.

46 푸른 회나무 : 홍주원 이래 홍상한까지 대를 이어 고관이 배출되었으며, 또 홍상한이 판서에 있기 때문에 이렇게 말한 것이다. 회나무에 대해서는 29쪽 주33 참조.

47 흰 배 : 화려하게 치장을 하지 않은 배를 말한다. 두보가 익주(益州)의 막부로 부임하는 자를 전송하며 지은 시에 "푸른 발의 흰 배 하나 익주에서 왔나니, 천지가 뒤집힐 듯한 무협의 가을 파도로세.〔青簾白舫益州來, 巫峽秋濤天地廻.〕"라고 한 것에 전거를 둔 표현이다. 《杜少陵詩集 卷19 送李八祕書赴杜相公幕》

48 뒷날……약속하였으니 : 벼슬에서 물러나 함께 이곳에서 지내자고 약속했다는 말이다. 오각건은 27쪽 주30 참조.

49 달빛……있겠지 : 세상사에 기심을 버리고 수국에 은거하므로, 갈매기들이 의심하지 않고 함께 노닐 것이라는 말이다. 당(唐)나라 대복고(戴復古)의 시 〈조대(釣臺)〉에서 "만사에 마음 비우고 낚싯대 하나 잡았으니, 삼공 벼슬 준다 해도 이 강산과 바꾸지 않으리.〔萬事無心一釣竿, 三公不換此江山.〕"라고 하였다. 갈매기는 《열자(列子)》의 기심 고사를 인용한 표현이다. 임한정이 한강가 압구정 근처에 있기 때문에 이 고사를 인용한 것이다.

영공 정성종이 시를 구하기에 율시 한 수를 드리다[50] 정성종은 정순검이다

鄭令公聖從 純儉 索詩 寄呈一律

정공의 귀밑머리 다 쇠었으니	鄭公鬢如絲
세상에 버려진 건 예부터 슬퍼했네[51]	樗散古來悲
낮은 관직은 뛰어난 기상에 못 미쳤고	薄宦餘奇氣
높은 재주는 젊은 시절부터 노련했네	高才老盛時
눈 속에 끼니 자주 굶었고	雪中無宿爨
매화 아래 시 새로 지었지	梅下有新詩
지음이 없음을 한탄치 말고	莫歎知音寡
부디 한평생을 기약합시다	須將百世期

50 영공……드리다 : 이계가 43세 되던 1766년(영조42) 가을에 지은 작품이다. 정순검(鄭純儉, 1710~1767)의 본관은 동래이고, 성종(聖從)은 그의 자이다. 당시 대사간으로 있었다. 평성 '지(支)'운의 평기식 오언율시이다.

51 정공(鄭公)의……슬퍼했네 : 수련 제2구의 저산(樗散)은 '저력산목(樗櫟散木)'의 줄임말로, 가죽나무와 상수리나무처럼 쓸모없는 나무라는 뜻이다. 전하여 산관(散官)에 오래 재직한 사람을 가리키기도 한다. 수련은 당나라 두보의 시 〈송정십팔건폄태주사호(送鄭十八虔貶台州司戶)〉에 "정공은 산관으로 지내며 귀밑머리 쇠어버렸으니, 술취한 뒤 으레 늙은 화공이라 부르네.〔鄭公樗散鬢成絲, 酒後常稱老畫師.〕"라고 한 것을 인용한 표현인데, 정순검이 정건(鄭虔)과 마찬가지로 정씨(鄭氏)인데다 낮은 관직을 전전하여 가난하게 살았기 때문이다. 대사간이 낮은 벼슬은 아니나 정순검의 나이나 역량에 비추어볼 때 말직이나 다름없다는 위로의 표현이다.

청도 군수 이계진에게 보내며 아울러 시전지를 구하다[52]

정해년(1767, 영조43). 이계진은 이장호이다

簡寄淸道守李季眞 章祜 兼求詩箋 丁亥

52 청도……구하다 : 이계가 44세 되던 1767년 봄에 지은 작품이다. 이해 10월에 대사간에 제수되어 관직에 다시 나가기 전까지 이계는 계속 한거하던 상황이었다. 이장호(李章祜)는 본관이 용인(龍仁)으로, 이인좌(李麟佐)의 난을 평정해 분무공신(奮武功臣)에 오른 인평군(仁平君) 이보혁(李普赫, 1684~1762)의 4남이다. 음보로 출사하여 청도 군수와 선산 부사 등을 역임하였다. 아우 홍정한에게 출계한 이계의 둘째 아들 홍낙준(洪樂浚)의 처가 이장호의 딸로, 곧 이계와 이장우는 벗이자 사돈지간이다.

수련과 함련에서는 영남에 수령으로 내려간 이장호를 그리워하는 마음을 읊었다. 경련에서는 가을이 온 서울 풍경을 읊었다. 미련에서는 나에게 종이가 전혀 없는 것은 아니지만, 귀한 시를 베낄 만한 좋은 시전지를 보내달라는 부탁을 담아 마무리하였다. 평성 '가(歌)'운의 평기식 칠언율시이다.

그림 2 시전지. 19세기. 조선

구름과 물 아스라이 영남의 길 머니	雲水蒼茫嶺路賖
한밤에 그대 그리워 한바탕 노래하네	相思中夜一高歌
젊은 날의 벗이라곤 오직 그대 남았으니	少時故舊惟君在
천리의 이별을 늙은 몸이 어이 견디랴	千里分離奈老何
가을 깊은 남산에 늦은 국화 피었고	紫閣秋深霜菊晚
잎이 진 한강에 여러 산은 저물었네	滄江木落暮山多
기러기에게 편지 보낼 종이 없는 것 아니지만	非無尺素憑歸雁
오히려 글씨를 쓸 계등지 기다리네[53]	猶待溪藤拭嫩鵝

53 오히려……기다리네 : 계등지(溪藤紙)는 중국 종이의 산지 섬계(剡溪)에서 나는 등나무로 만든 종이이다. 원문의 '식(拭)'은 글씨를 쓰는 행위이다. 원문의 '눈아(嫩鵝)'는 흰 거위로 글씨를 뜻하는데, 진(晉)나라 왕희지(王羲之) 고사를 인용한 표현이다. 왕희지가 천성이 소탈하여 거위를 좋아하였는데, 거위를 잘 기르던 산음(山陰)의 도사(道士)가 왕희지더러 자신에게 《도덕경(道德經)》을 써주면 거위를 주겠다고 약속하였다. 이에 왕희지가 도덕경을 써주고 거위를 바꿔왔다. 뒤에 이백(李白)이 하지장(賀知章)을 송별한 시에 "산음 도사와 서로 만난다면, 응당 황정경 써주고 거위와 바꾸리.〔山陰道士相見, 應寫黃庭換白鵝.〕"라고 하였다. 《晉書 卷80 王羲之傳》

삼월 열엿새에 이여신·이치화·이선지과 함께 정릉으로 꽃놀이를 갔다. 여신의 아들이 당시에 침랑이었다. 이윤보 또한 약속하지 않았는데 참석하였다. 운을 뽑아 함께 읊다[54] 2수. 이여신은 이휘중, 이치화는 이치중, 이선지는 이성원, 이여신의 아들은 이의봉, 이윤보는 이중해이다.

暮春旣望 同李汝愼 徽中 李穉和 致中 李善之 性源 賞花于貞陵 汝愼之胤 義鳳 時爲寢郞也 李潤甫 重海 亦不期而會 拈韻共賦 二首

1수[55]

층층의 성곽 첩첩의 산 푸르게 솟은 곳　　層城疊嶂碧嵯峩

54 삼월……읊다 : 이 시는 이계가 44세 되던 1767년(영조43) 3월 16일에 지은 작품이다. 이휘중(李徽中, 1715～1786)은 본관은 전주이고, 여신(汝愼)은 그의 자이다. 1761년에 삼절연공사(三節年貢使) 서장관으로 연경에 다녀왔다. 이 무렵에는 세자 시강원 문학(世子侍講院文學)으로 있었다. 이치중(李致中, 1726～1802)은 이휘중의 사촌 아우로, 다른 문헌에는 자가 치화(稚和)로 되어 있다. 1761년 식년 문과에 장원으로 급제하였고, 이 무렵에는 홍문관 교리로 있었다. 이의봉(李義鳳, 1733～1801)은 이휘중의 아들로, 자는 백상(伯祥)이고 호는 나은(懶隱)이다. 언어에 밝아 《고금석림(古今釋林)》을 저술하였다. 당시 정릉 참봉으로 있었다. 이성원(李性源, 1725～1790)은 본관은 연안, 호는 호은(湖隱)이고 선지(善之)는 그의 자이다. 1766년에 문신중시에서 장원급제하였으며, 이 무렵은 승정원 승지로 있었다. 이중해(李重海, 1717～?)는 본관은 전주이고, 윤보는 그의 자이다. 이 무렵 홍문관 수찬으로 있었다.

이 작품은 본집에는 정해년에 지은 시에 편차되어 있다. 하지만 《이계삼편전서》의 편차를 고려할 때 정해년의 시는 〈동야독좌(冬夜獨坐)〉에서 끝나고, 이 시는 무자년, 곧 1768년 봄(3월)의 작품일 가능성이 높다. 뒷날의 고찰을 기다린다.

55 1수 : 혜화문을 나가 정릉으로 간 듯하다. 수련과 함련은 정릉으로 가는 길의 산세와 풍경을 읊었다. 함련과 미련에서는 반가운 벗들과 시회를 여는 즐거움을 노래하였다.

산 개울에 말 세우자 가랑비 지나가네 立馬山蹊細雨過
거닐며 작은 다리 건너노라니 들꽃 난만하고 行度小橋芳草遍
앉아서 물소리 듣노라니 지는 꽃잎 분분해라 坐聽流水落花多
자리 그득 좋은 벗들은 모두 반가운 얼굴이요 佳朋繞席皆青眼
동이 가득 맛난 술엔 절로 푸른빛이 감도네 旨酒盈樽自綠波
늙은 나이의 풍류가 도리어 얕지 않으니 白首風流還不淺
한 자락 〈양춘곡〉[56]을 그대 위해 부른다오 陽春一曲爲君歌

2수[57]

노래하고 휘파람 불며 앞 개울 건너 長歌短嘯過前川
종일토록 산자락과 천변에 노니노라 盡日山崖與水邊
저녁놀 숲에 물들어 비단보다 더 붉고 返照入林紅勝錦
맑은 바람 들풀 스치자 안개처럼 푸르네[58] 光風轉蕙綠如烟

평성 '가(歌)'운의 평기식 칠언율시이다.

56 양춘곡(陽春曲) : 벗들의 시가 수준이 높으므로, 자신도 그에 걸맞은 시로 화답하겠다는 뜻으로 인용한 표현이다. 송옥(宋玉)의 〈대초왕문(對楚王問)〉에 〈양춘백설가(陽春白雪歌)〉가 나온다. 어떤 사람이 영중(郢中)에서 처음에 〈하리파인(下里巴人)〉이란 노래를 부르자 그 소리를 알아듣고 화답하는 사람이 수천 명이었고, 다음으로 〈양아해로(陽阿薤露)〉를 부르자 화답하는 사람이 수백 명으로 줄었고, 다음으로 〈양춘백설가〉를 부르자 화답하는 사람이 수십 명으로 줄었던 바, 곡조가 더 높을수록 그에 화답하는 사람이 더욱 적었다 한다. 《文選 卷45》

57 2수 : 수련에서는 정릉으로 꽃놀이를 가서 종일토록 노는 정황을 읊었고, 함련에서는 해질 무렵 정릉의 아름다운 풍광을 읊었다. 경련에서는 나이가 들어 흥이 예전 같지 못함을 읊었고, 미련에서는 자신은 취해도 봄날의 정경은 변함이 없음을 말하여 마무리하였다. 평성 '선(先)'운의 평기식 칠언율시이다.

한껏 마셔 가절을 즐겨야 하겠지만	直須痛飮酬佳節
젊음이 예년과 다른 것을 어이하랴	爭奈韶光異去年
거나하게 취해 동구를 나서다 문득 돌아보니	醉出洞門却回首
지는 꽃잎 우는 새들 모두 그대로구나	落花啼鳥共依然

58 맑은……푸르네 : 전국 시대 송옥(宋玉)의 〈초혼(招魂)〉에 "맑은 바람이 혜초를 흔들자, 한 떨기 난초에 꽃향기 넘치어라.〔光風轉蕙, 氾崇蘭些.〕"라고 한 것을 인용한 표현이다. 《文選 卷33》

늦봄에 성상께서 헌릉에 거둥하셨다. 용주를 타고 광나루를 건너실 때 학가가 뒤따랐다. 배와 깃발들이 강에 이어지고 하늘을 가득 메웠으며 구경하는 남녀노소가 산야에 넘쳐났다. 참으로 보기 드문 장관이었다. 삼가 율시 한 편을 지어 송축의 정성을 편다[59]

무자년(1768, 영조44)

暮春上幸獻陵 御龍舟渡廣津 鶴駕從焉 舳艫旌旗 連江蔽空 士女耊倪 漫山溢野 誠希曠之宏觀也 謹構短律 以伸頌抃之忱 戊子

궐문이 새벽에 열리고 북소리 둥둥 울리더니	金門曉闢鼓鼕鼕
임금의 의장이 봄에 움직여 서기가 자욱하네	仙仗春移瑞氣濃
등촉이 하늘 찌를 때 인산인해 이루었고	燈燭薰天人似海
풍운이 좌석 두를 때 용주가 성대했어라[60]	風雲繞座舟如龍

59 늦봄에……편다 : 이 시는 이계가 45세 되던 1768년 봄에 영조의 헌릉 행차를 호종하며 지은 작품이다. 이해 5월에 이계는 승지가 되어 궁궐에 있었는데, 그 직전의 한거기에 이 시를 지은 것으로 보인다. 헌릉은 태종과 원경왕후(元敬王后) 민씨(閔氏)를 모신 능묘이다. 학가(鶴駕)는 태자의 수레를 가리킨다. 주 영왕(周靈王)의 태자 진(晉)이 숭산(嵩山)에서 도를 배웠는데, 30년이 지난 후에 하얀 학을 타고 날아와서 후씨산(候氏山)에 머물다가 떠났다는 고사에서 유래한 말이다. 《영조실록》 44년 3월 21일 기사에 "임금이 헌릉에 나아가는데, 왕세손이 수행하였다.〔上詣獻陵, 王世孫隨駕.〕"라고 하였다.

수련에서는 어가가 새벽에 창덕궁을 나서는 모습을, 함련에서는 도성을 지나 광나루를 건너는 모습을 읊었다. 경련에서는 임금의 화려한 행차 주위를 천관과 기병이 호위하며 뒤따라가는 모습을 노래했으며, 미련에서는 태자가 어가를 뒤따르는 모습과 팔도 백성이 송축하는 모습을 읊어 마무리하였다. 평성 '동(冬)'운의 평기식 칠언율시이다.

화변에 검과 옥을 찬 천관들이 옹위하고[61] 花邊劍佩千官擁
일하에 창과 깃발 세운 만기가 뒤따르네[62] 日下戈旌萬騎從
전성이 북두 따르는 것 다시 보나니[63] 更覩前星隨北斗
팔도에서 노래하여 송축이 자자하네 謳歌八域頌重重

60 풍운(風雲)이……성대했어라 : 풍운은 영조의 영릉 행차 당시 실경을 노래한 것이기도 하지만 풍운제회(風雲際會)의 의미를 띠고 있기도 하다. 용주에 대해서는《영조실록》44년 3월 21일 기사에 "먼저 창덕궁(昌德宮)에 나아가 진전(眞殿)에 예를 거행하고 나서 용주(龍舟)를 타고 광진(廣津)을 건넜다."라고 한 것을 참조할 수 있다.

61 화변(花邊)에……옹위하고 : 잠삼(岑參)의 시의 〈봉화중서사인가지조조대명궁(奉和中書捨人賈至早朝大明宮)〉에 "궁궐의 새벽종에 만 가호 열리더니, 옥계의 임금 의장을 천관이 옹위하네. 꽃이 검과 옥을 찬 신하들 맞을 때 새벽별 막 스러지고, 버들가지 깃발에 스치울 때 이슬 아직 마르지 않았어라.〔金闕曉鐘開萬戶, 玉階仙仗擁千官. 花迎劍佩星初落, 柳拂旌旗露乾.〕"라고 한 것을 원용한 표현이다.

62 일하(日下)에……뒤따르네 : 임금의 거둥을 일만 기병이 호위한다는 말이다. 일하는 임금 또는 임금이 살고 있는 도성을 뜻한다.

63 전성(前星)이……보나니 : 왕세자가 영조의 행차를 따라 헌릉에 갔기 때문에 이렇게 말한 것이다. 전성은 왕세자를 가리킨다.《진서(晉書)》권11 〈천문지(天文志)〉에 "심(心)이란 별이 있는데, 중간 별〔中星〕은 천자(天子)를, 앞 별〔前星〕은 태자(太子)를, 뒤의 별〔後星〕은 서자(庶子)를 가리킨다."라고 하였다.

어가가 돌아올 때 배종하는 조관들은 뒤떨어져 오라는 명이 내려 제공들과 구호에 배를 띄웠다[64]

回鑾時 有從官落後之命 與諸公泛鷗湖

64 어가가……띄웠다 : 이 시는 이계가 45세 되던 1768년(영조44) 봄, 영조의 헌릉 행차 호종을 마치고 광나루에서 구호(鷗湖)까지 뱃놀이를 하며 지은 작품이다. 《이계전서》에는 이 시의 소서(小序)가 제목으로 되어 있는데, 당시 이계가 공조 참의(工曹參議)로, 황경원(黃景源, 1709~1787)이 한성부 좌윤(漢城府左尹)으로, 홍명한(洪名漢, 1724~1774)이 형조 참판으로, 정희천(鄭希天)이 군직(軍職)으로 호종하였다는 사실이 첨기되어 있다. 구호는 압구정과 옥수동 사이의 한강을 말한다. 광나루에서 배를 타고 하류로 내려오며 뚝섬을 지나 구호에 이르도록 놀다가, 한강과 중랑천이 만나는 두모포 곧 이수포(二水浦 두뭇개)에 배를 대고 도성으로 들어갔던 것이다.

수련에서는 헌릉 행차를 호종하였다가 뱃놀이를 한 사연을 읊었고, 함련에서는 배 위에서 본 산과 강의 모습을, 경련에서는 구호 일대의 풍경과 모래섬들을 노래했고, 미련에서는 성은을 찬송하여 마무리하였다. 평성 '우(尤)'운의 평기식 오언율시이다.

그림 3 광나루. 겸재 정선

어가가 헌릉에 이르렀다. 다음 날 돌아올 때 배종하여 광진에 이르렀을 때 "배종하는 조관들은 뒤떨어져 천천히 오라."라는 명이 내렸다. 드디어 대감 황대경(黃大卿) – 경원(景源) –, 족형 홍군평(洪君平) – 명한(名漢) –, 정 영감(鄭令監) – 희천(希天) – 등 여러 공과 배를 타고 한강을 따라 내려왔다. 물길로 수십 리를 내려가 뚝섬〔纛島〕을 지나 구호에 배를 띄우고 노닐다가 이수포(二水浦 두뭇개)에 배를 대고 뭍에 올라 도성에 들어갔다. 이번 행차에 고생스러운 육로를 버리고 편안한 수로를 택한 것과 한창 바쁜 때에 청광한 유람을 누린 것은 참으로 하나의 기이한 일이니 기록하지 않을 수 없다. 황대경 대감이 시를 창수하고, '주(舟)'자의 운을 가지고 함께 읊도록 하였다.

우뚝한 헌릉에 성상의 의장 호종하여　喬陵隨彩仗
맑은 한강에 작은 배 띄우고 노닐었네　清漢泛輕舟
물결 치자 여러 산이 일렁이고　水拍群山動
하늘 잠겨 삼라만상이 비쳤네　天涵萬象浮
갈매기 주변 꽃은 언덕에 가득하고[65]　鷗邊花滿岸
돛 너머로 풀은 모래섬에 이어졌네　帆外草連洲
성상께서 내려주신 은혜 아니었더라면　不有君恩借
오늘 이 놀이를 어찌 누릴 수 있었으랴　那成此日遊

65 갈매기……가득하고 : 구호 일대에 봄꽃이 핀 광경을 표현하되 '범(帆)'과 짝을 맞추느라 이렇게 표현한 것이다.

앞의 운을 중첩해 써서 강한거사 황대경에게 드리다[66]

疊前韻 呈江漢居士黃大卿

파릉의 술에 반쯤 취하여[67] 半醉巴陵酒

함께 원례의 배에 올랐네[68] 同登元禮舟

문장은 강한처럼 장대하건만 文章江漢大

헌면은 운수처럼 덧없이 여겼네[69] 軒冕水雲浮

66 앞의……드리다 : 이 시는 이계가 45세 되던 1768년(영조44) 봄, 영조의 헌릉 행차 호종을 마치고 뱃놀이를 할 때 지은 작품이다. 영조의 거둥을 호종한 신하들 가운데 직급이 가장 높고 나이가 가장 많은 인물이 황경원이었다. 황경원은 당시 노론 문단의 영수로 학문과 문장을 좌우하던 인물이었는데, 이때의 뱃놀이 역시 황경원의 주도하에 이루어진 듯하다. 수련과 함련은 황경원에 대한 찬사이다. 경련은 한강에서 노닐다 이수포에서 내린 정황을 읊었다. 미련에서는 놀이에 참석한 모든 조관이 자랑하여 늘어놓는 모습을 담아 다시 황경원을 추켜세웠다. 평성 '우(尤)'운의 측기식 오언율시이다.

67 파릉(巴陵)의……취하여 : 당나라 이백(李白)의 시에 "파릉에서 한없이 술을 마시고, 동정호의 가을에 흠뻑 취한다.〔巴陵無限酒, 醉殺洞庭秋.〕"라는 구절에 전거를 둔 표현이다. 《全唐詩 卷179 陪侍郎叔遊洞庭醉後三首》

68 함께……올랐네 : 원례(元禮)는 후한(後漢) 이응(李膺)의 자이다. 이응은 낙양(洛陽)의 명사로서 당시 태학생들이 그를 '천하의 모범은 이원례'라고 칭찬하였고, 그와 노닌 이들을 두고 '용문(龍門)에 올랐다.'라고 일컬었다. 곽태(郭泰)는 가난하고 미천한 사람으로 학식이 해박하여 이응에게 인정받았다. 황경원을 원례에 비기고, 자신을 곽태에 비겨, 황경원을 모시고 뱃놀이를 할 수 있게 되어 영광이란 뜻으로 한 말이다. 《後漢書 卷68 郭泰列傳》

69 문장은……여겼네 : 황경원의 문장이 강수(江水)와 한수(漢水)처럼 도도하지만, 관직에는 크게 마음이 없었다는 뜻이다. 황경원의 호가 강한(江漢)이기 때문에 이렇게

짧은 노를 맑은 날 저어 短棹搖晴日
크게 노래하며 저문 나루에 내렸네[70] 高歌下晩洲
몸에 여전히 검과 패옥 찬 조관들 身邊猶劍佩
서로 웃으며 기이한 놀이 자랑하네 相笑詑奇遊

말한 것이다. 《시경》 〈대아 강한(江漢)〉에 "강수와 한수가 출렁이네.〔江漢湯湯〕"라고 하였다. 헌면(軒冕)은 수레와 면류관이라는 말로, 관작과 봉록 등 높은 벼슬을 뜻하는데, 《장자》 〈선성(善性)〉에 "헌면이 몸에 있는 것은 본래 성명처럼 내 몸에 있는 것이 아니고, 외물(外物)이 뜻밖에 우연히 와서 잠시 붙어 있는 것이다.〔軒冕在身, 非性命也, 物之儻來寄也.〕"라고 하였다.

70 크게……내렸네 : 이수포(二水浦)를 '두모주(豆毛洲)'라고도 하기 때문에 이렇게 표현한 것이다.

그림 4 강한(江漢) 황경원(黃景源)

동산을 거닐며[71]

涉園

병 나으니 봄 저물어 가기에	病起春將盡
막대 짚고 작은 동산에 쉬네	扶笻憩小園
지는 꽃잎은 짧은 살쩍에 나부끼고	落花侵短鬢
우는 새는 맑은 술동이 가까이 오네	啼鳥近淸樽
책 들고 그대로 깜박 졸거나	把卷仍成睡
바둑 보다 문득 말을 잊기도	看碁忽忘言
한가한 중의 무한한 흥취를	閒中無限趣
쓸쓸히 앉아 뉘와 말할꼬	悄坐與誰論

71 동산을 거닐며 : 이 시는 이계가 45세 되던 1768년(영조44) 봄에 한거하며 지은 작품이다. 이계는 이해 봄에 영조 헌릉 행차를 배종하였지만, 건강이 좋지 않아 대체로 집에서 한거한 듯하다. 시 전편에 한거의 한가한 일상과 그윽한 홍을 담았다. 평성 '원(元)'운의 측기식 오언율시이다.

벗 김혼연이 만나기로 약속하고 오지 않아 서운하여 짓는다[72]

金友渾然 有約不來 悵然而題

십 년 동안 병이 많아 폭삭 늙어버렸는데	十年多病已成翁
경물에서 비로소 정관(靜觀)의 공 알겠어라[73]	觀物方知靜有功
종일토록 문 닫고 지내니 봄날은 적적하고	終日閉門春寂寂
낙화가 연못에 그득하니 비가 부슬거리네	落花滿地雨濛濛
거울 속 얼굴이 쇠었음을 탄식하지 말아라	莫嗟鏡裏顔非昔
술동이에 술 아직 남았으니 외려 기쁘네	猶喜樽中酒不空
서운하게도 벗님께서 약속을 어겼으니	怊悵故人違好約
밝은 등 맑은 달을 뉘와 함께 즐길꼬	華燈霽月與誰同

72 벗……짓는다 : 이 시는 이계가 45세 되던 1768년(영조44) 봄에 한거하며 지은 작품이다. 혼연(渾然)은 벗 김사혼(金思渾)의 호이다. 김사혼이 이계에게 오기로 약속하고 오지 않아, 봄날의 홍취를 즐기며 함께 술잔을 기울일 수 없는 서운함을 시에 담았다. 평성 '동(東)'운의 평기식 칠언율시이다.

73 경물에서……알겠어라 : 북송의 학자 명도(明道) 정호(程顥)의 시 〈춘일우성(春日偶成)〉에 "만물을 조용히 살펴봄에 모두가 자득하여, 사계절의 아름다운 홍취가 사람과 똑같구나.〔萬物靜觀, 皆自得, 四時佳興與人同.〕"라고 한 구절에 전거를 둔 표현이다.

혼연에게 부치다[74]

寄渾然

늙을수록 드는 시름을 뉘와 달랠까　老去愁來誰與寬
가절에 맑은 술로 억지로 즐겨보네　清樽佳節强成歡
살쩍에 내린 눈은 봄빛에도 녹지 않거니와　春光不到鬢邊雪
거울 속의 홍안은 술의 힘이렷다　酒力能回鏡裏丹
백 년 인생은 하마 꼭 반이 지나갔고　百歲平分嗟已半
계절은 괴롭게도 쉼 없이 흘러가네　四時推轉苦無端
아픈 몸으로 벗님이 속절없이 그리워　故人臥病空相憶
초승달 지는 꽃 아래 홀로 난간에 기대네　微月殘花獨倚欄

74 혼연에게 부치다 : 이 시는 이계가 45세 되던 1768년(영조44) 봄에 한거하며 지은 작품이다. 《이계삼편전서》에는 이 작품 앞에 〈와병(臥病)〉이란 제목의 시가 있어, 이 무렵 이계가 계속 건강이 좋지 않았음을 알 수 있다. 아무도 찾아오지 않는 병상에서 김사혼의 방문을 기다리는 이계의 무료함과 쓸쓸함이 미련에 잘 담겨 있다. 평성 '한(寒)'운의 측기식 칠언율시이다.

수조의 관함을 띤 것이 우연히 옛 현인과 같기에 애오라지 스스로 기쁜 마음을 읊다[75]

水曹官銜偶同昔賢 聊賦自喜之意

늘그막의 공명이 두보 하손[76]과 같으니 遲暮功名似杜何
청함이 부끄러우면서도 또한 자랑스럽네[77] 淸銜堪愧亦堪誇

75 수조의……읊다 : 이 시는 이계가 45세 되던 1768년(영조44) 봄에 지은 작품이다. 수조(水曹)는 수부(水部)와 같은 말로 공부(工部)에 해당한다. 이계는 이때 공조 참의(工曹參議)로 있었다. 옛 현인은 하손(何遜)과 두보를 말한다. 남조(南朝) 양(梁)나라의 시인 하손이 건안왕(建安王)의 수조랑(水曹郎)으로 양주(楊州)에 있을 때 관청 뜰에 매화 한 그루가 있어서 매일같이 그 나무 아래서 시를 읊곤 하였다. 뒤에 낙양(洛陽)에 돌아갔다가 그 매화가 그리워서 다시 양주로 발령해주길 청하여 당도하니, 매화가 한창 피었기에 매화나무 아래서 종일토록 서성거렸다는 고사가 있다. 두보 역시 공부 원외랑(工部員外郎)을 역임하여 흔히 '두 공부(杜工部)'라고 불리는데, 그의 시 〈화배적등촉주동정송객봉조매상억견기(和裴迪登蜀州東亭送客逢早梅相憶見記)〉에 "동각의 관매가 시흥을 움직이니, 도리어 하손이 양주에 있을 때 같구나.〔東閣官梅動詩興, 還如何遜在楊州.〕"라고 하였다.

이계가 공조 참의를 지낸 기간이 비록 짧고 또 주로 건강이 좋지 않아 집에서 지냈다고는 하지만, 어찌되었건 이계가 이 기간에 관직에 있었던 것은 분명한 사실이다. 그런데 이 시기에 지은 시를 〈한거록〉에 넣은 것은 이계가 공조 참의 벼슬에 있는 기간을 한거기와 다름없이 생각하고 있었다는 뜻이다. 그만큼 작품 전편에 자신이 공조 참의로 있는 것에 만족스러워하지 못하는 마음이 깔려 있다. 다만 수련과 미련에서 자신을 하손과 두보에 비겨 불만스러운 마음을 달래는 한편 자신의 시재를 은근히 자부하고 있다. 평성 '마(麻)'운의 측기식 칠언율시이다.

【교】《이계삼편전서》에는 이 아래 '문단의 여러 벗에게 보이다〔示詞林諸益〕'라는 다섯 글자가 더 있다.

76 두보(杜甫) 하손(何遜) : 앞의 주75 참조.

반열은 홀로 삼조의 아래 차지했고[78]	班行獨占三曹下
공무는 때때로 닷새의 관아 열었네[79]	公事時開五日衙
병든 몸 억지로 일으켜 분성으로 달려가고[80]	强策病軀趨粉署
백발이 부끄러워 오사모를 썼네	羞將華髮戴烏紗
시정은 관서와 달리 썰렁하지 않으니[81]	詩情不與官俱冷
꽃과 새만은 봄 이래 집에 가득하구나	花鳥春來自滿家

77 청함(淸銜)이……자랑스럽네 : 아무런 실권도 실리도 없는 한직인 공조의 참의로 있는 것이 부끄럽지만, 한편으로는 대시인 하손 및 두보와 같은 부서의 관직을 맡았다는 것이 자랑스럽다는 말이다.

78 반열은……차지했고 : 조선시대 육조의 위상이 이조, 병조, 호조, 형조, 예조, 공조 순서였으므로 이렇게 말한 것이다. 공조 참의의 관직이 불만스러움을 나타내는 자조적인 표현이다.

79 공무는……열었네 : 닷새에 한 번 관아를 열어 공무를 본다는 뜻이다. 육조 가운데 공조가 가장 일이 적고 위상이 낮아 이렇게 말한 것이다. 다소 자조적인 표현이다.

80 병든……달려가고 : 원문의 '분서(粉署)'는 분성(粉省)과 같은 뜻으로, 상서성(尙書省)의 별칭이다. 벽에 분가루로 현인(賢人)·열사(列士)를 그렸으므로 이렇게 부른 것이다. 상서성에서 행하는 여러 행사의 의장(儀仗)과 기용(器用) 등을 공조에서 공급하였기 때문에 아픈 몸임에도 불구하고 공조 참의로서 툭하면 상서성의 행사에 달려갔다는 말인데, 역시 자조적인 표현이다.

81 시정(詩情)은……않으니 : 관직은 가장 한직(寒職)인 공조의 벼슬을 맡아 있지만 시흥만은 하손과 두보 못지않다는 말이다.

이 상국의 청교 별서에서 벽에 적힌 시에 차운하다[82]

기축년(1769, 영조45). 이 상국은 이창의이다.

李相國 昌誼 淸郊別墅 次壁上韻 己丑

모래둑에 풀 푸르고 들의 보리 누른데	草綠沙堤野麥黃
한가로운 꽃 날리고 연회자리 향기롭네	閒花飛繞鼎茵香
청산이 솟아 주렴 앞의 물색 수려하고	當簾秀色靑山聳
해가 길어 서안에 기댄 정취 그윽해라	隱几幽情白日長
조정과 임천에서 공은 자득하셨고	廊廟林泉公自得
강호와 어조(魚鳥)를 나는 잊어버렸네	江湖魚鳥我相忘
다정히 조금의 술로 나를 잡으시는데	慇懃小酒停歸轄
고개 돌리니 서산에 땅거미 더욱 짙네	回首西峰暝更蒼

82 상국……차운하다 : 이 시는 이계가 46세 되던 1769년 늦봄에 지은 작품이다. 이창의(李昌誼, 1704~1772)는 본관은 전주, 자는 성방(聖方)으로, 영해군(寧海君) 이당(李瑭)의 9대손이다. 1735년 증광문과에 급제한 후 경기도 관찰사와 이조 판서 등을 두루 역임하고, 1768년 2월 예조 판서로서 헌릉을 봉심하였고, 3월에 우의정에 올랐다. 이창의의 신도비명과 시장을 서명응(徐命膺)이 썼다.

이창의의 교외 별장에 노닐다가 벽상의 시운을 따서 지은 시이다. 수련은 계절적 배경과 연회장의 모습을, 함련은 별장 주변의 정경과 한정(閒情)을 읊었다. 경련에서는 조정과 강호에서 생활에 모두 여유로운 이창의의 삶을 칭송하였고, 미련에서는 자신에 대한 이창의의 은근한 정을 묘사하여 감사함을 표했다. 평성 '양(陽)'운의 측기식 칠언율시이다.

가을소리[83]

秋聲

적막한 서재에 밤이 들어	寂歷寒齋夜
숲에는 잎새마다 바람이 부네	林間葉葉風
가을소리는 나무에 있는 것이 아니니[84]	秋聲非在樹
자연의 소리는 하늘에서 절로 생기네[85]	天籟自生空
쓸쓸한 소리 어디서부터 오느뇨	蕭瑟從何處
처량한 소리 들어도 끝이 없네	悲涼聽未窮
무궁한 한이 다시 더해지니	更添無限恨
구름 너머 외로운 기러기 우네	雲外叫孤鴻

83 가을소리 : 이 시는 이계가 46세 되던 1769년(영조45) 가을에 지은 작품이다. 낙엽이 진 숲의 쓸쓸한 소리에 기러기 소리까지 더해 한층 외로움이 이는 가을의 정회를 담았다. 평성 '동(冬)'운의 측기식 오언율시이다.

84 가을소리는……아니니 : 북송의 문호 구양수(歐陽脩)의 〈추성부(秋聲賦)〉에 "사방에 사람 소리는 없고, 가을소리가 나무 사이에 있습니다.〔四無人聲, 聲在樹間.〕"라고 한 것을 두고, '가을소리는 나무에서 나는 것이 아니다.'라는 의미로 말한 것이다.

85 자연의……생기네 : 《장자》〈제물론〉에 "천뢰라는 것은 바람이 불어올 때 갖가지로 다양하게 반응하며 소리를 낸다. 그런데 이는 자기가 스스로 원인이 되어 모두 자초하는 것들이다.〔夫天籟者, 吹萬不同, 而使其自己也, 咸其自取.〕"라고 한 것에 전거를 둔 표현이다.

연원 승 채경홍 희범에게 드리다[86]

贈連原丞蔡景洪希範

집안은 가정[87]의 옛 가문이요	名閥柯亭舊
시맥은 오랜 연원 계승하였네[88]	詞源挹遠瀾
높은 재주로 아쉽게도 늙어버렸고	高才憐短髮

86 연원……드리다 : 이 시는 이계가 46세 되던 1769년(영조45) 가을에 지은 작품이다. 채희범(蔡希範, 1704~?)은 본관이 인천이고, 희범은 자이다. 1759년 문과 식년에 급제하였다. 1767년 봉상시 주부를 거쳐 이때 연원 승으로 있었다. 서얼 문인으로, 이봉환(李鳳煥, ?~1770), 남옥(南玉, 1722~1770) 등과 교유하며 매사(梅社)를 결성하였다.

수련에서는 채홍경의 성씨와 그가 이은 시맥을 추켜세워주었고, 함련에서는 서얼이라는 출신의 한계와 굽히지 않는 천성 때문에 말직을 전전하며 늙어버린 것을 위로하였나. 경련에서는 시재(詩才)가 영달을 가져다주지는 못한 것을 아쉬워하고, 그를 이끌어줄 사람이 없었던 점을 안타까워하였다. 미련에서는 정시회(鄭時晦)가 자리에 참여한 것을 읊어 마무리하였다. 평성 '한(寒)'운의 측기식 칠언율시이다.

【교】《이계전서》에는 이 시가 〈가을소리〔秋聲〕〉 앞에 있다.

87 가정(柯亭) : 절강성(浙江省) 소흥현(紹興縣) 서남쪽에 있는 정자 이름이다. 후한(後漢) 때의 문인 채옹(蔡邕)이 일찍이 회계(會稽)로 피난을 가던 도중 가정에서 묵다가, 그 정자의 서까래로 얹은 대나무에서 뛰어난 소리가 날 것을 알고는 그것을 깎아 젓대를 만들었더니 천하의 보배가 되었다고 한다. 여기서는 채희범의 성이 채옹과 같으므로 끌어다 쓴 것이다. 《後漢書 卷60下 蔡邕列傳》

88 시맥은……계승하였네 : 채희범은 조재호(趙載浩, 1702~1762)의 매사에도 참여하는 등 당시 문단에서 시명이 높았다. 특히 이봉환은 1763년 계미통신사행의 제술관과 서기에 채희범과 남옥이 뽑히지 않은 것을 안타까워했는데, 이러한 점 등에서 채희범의 시재를 짐작할 수 있다. 《매사오영(梅社五詠)》에 칠언율시와 오언율시 20수를 남겼다.

도도한 기질로 말직을 전전하였네	傲骨寄微官
글을 아는 것이 일신에 무슨 보탬 되랴	識字身何補
마음 통하는 벗은 예부터 만나기 어렵지	知音古所難
중원에 풍류가 많아	中原多鼓吹
문채가 강기슭을 비추네	文彩照江干

정시회(鄭時晦)가 당시에 막 충주 목사(忠州牧使)가 되어 함께 수창하였다고 한다. 이 때문에 미련(尾句)에 이와 같이 읊었다. 중원(中原)은 충주의 별호이다.

상개 서 상서 군수가 연경으로 가는 것을 보내며[89] 3수

送上价徐尙書君受赴燕 三首

1수[90]

중국으로 사신 보내는 날 천기가 침울하여 　 送客西天氣沈澇
이별하는 정자에 쓸쓸하게 단풍잎이 지네 　 離亭紅葉下蕭蕭
삼한의 학사 이제 백발이 되었거늘 　 三韓學士今華髮
십 년 만에 어이하여 다시 요수 건너시나[91] 　 十載如何再度遼

2수[92]

89 상개(上价)……보내며 : 이 시는 이계가 46세 되던 1769년(영조45) 가을에 지은 작품이다. 군수(君受)는 보만재(保晩齋) 서명응(徐命膺, 1716~1787)의 자이다. 서명응은 1769년 4월에 형소 참판이 되었으며, 5월에 충청 수사로 출보(黜補)되었다가, 6월 25일에 승진하여 동지정사(冬至正使)가 되었다. 8월 21일에 홍문관 제학이 되었고, 10월 5일에 형조 판서가 되었는데, 동지사가 10월 초에 출발하는 점을 감안해보면 형조 판서로서 동지사 임무를 띠고 연경에 갔던 것으로 보인다. 상개(上价)는 사행단의 정사(正使)를 말한다.

90 1수 : 기구와 승구에서는 이별의 서운함을 날씨와 낙엽에 담아 읊었다. 전구와 결구에서는 노년에 북경으로 가는 긴 사행 여정을 감당해야 하는 서명응에 대한 염려하는 마음을 담았다. 평성 '소(蕭)'운의 칠언절구이다.

91 삼한의……건너시나 : 이해 서명응은 54세였다. 서명응은 40세 되던 1755년(영조31) 8월에 진하 겸 사은사(陳賀兼謝恩使)의 서장관(書狀官)이 되어 북경에 다녀온 일이 있다.

92 2수 : 기구와 승구에서는 한겨울에 요서(遼西)의 벌판을 가야 하는 고생스러움에 대한 염려를 담았다. 서명응이 선천역(先天易)에 정통하여 《선천사연(先天四演)》을

높디높은 대릉하 소릉하엔 눈이 쌓였으리니　積雪峨峨大小凌
사신 행차 만 리 길에 얼음 먹으며 가시겠지[93]　行人萬里去餐氷
가슴속에 선천역 지니고 계심을 아노니　胸中知有先天易
땅속에서 울리는 우레 소리 들어보시기를[94]　試聽潛雷地底騰

3수[95]

한 점 모두가 오랫동안 빛을 감추었는데　旄頭一點久韜輝
고로들이 전하길 자미성으로 들어갔다 하네[96]　故老相傳入紫微

저술하였기에 전구와 결구에서 언급하였다. 평성 '미(微)'운의 칠언절구이다. 서명응의 선천역에 대한 자세한 내용은《조희영, 서명응의 선천역학 정립과 시대적 의의, 철학연구98집, 2012》참조.

93 사신……가시겠지 : 원문의 '찬빙(餐氷)'은 찬설(餐雪)과 음빙(吟冰)의 고사를 함께 인용하여 조합한 어휘이다. 찬설은 소무(蘇武)의 고사이다. 그는 한 무제(漢武帝) 때의 장군인데, 흉노(匈奴)에 사신으로 갔다가 구금되었다. 흉노의 선우(單于)가 항복하라고 회유하고 협박하였으나 끝내 굴하지 않자, 선우가 마침내 소무를 큰 움〔大窖〕 속에 가두고 음식을 주지 못하게 하였다. 허기와 갈증에 시달리던 소무는 내리는 눈과 얼어붙은 얼음 조각을 떼어 먹으며 끝까지 절개를 지켰다고 한다.《漢書 卷54 蘇武傳》 음빙은 사행(使行)을 뜻하는데,《장자》〈인간세(人間世)〉에 "내가 오늘 아침에 사신의 명을 받고서 저녁에 얼음물을 찾기 시작했다.〔今吾朝受命而夕飮氷〕"라고 한 것에 전거를 둔 말이다.

94 땅속에서……들어보시기를 :《주역》에서는 동지(冬至)를 두고 음(陰)이 다하고 일양(一陽)이 돌아오는〈지뢰(地雷) 복(復 ䷗)〉으로 보기 때문에, 동지사로 가는 서명응을 향해 동지가 다가오므로 땅속에서 우는 우레 소리를 들어보라고 한 것이다.

95 3수 : 청나라가 중원을 차지하고 있음을 말하여 야만의 이민족에 조공의 예를 다해야 하는 현실에 대한 개탄의 마음을 담았다. 평성 '미(微)'운의 칠언절구이다.

96 한……하네 : 모두(旄頭)는 묘수(昴宿)의 다른 이름으로 호성(胡星)이며, 오랑캐를 상징한다고 한다. 자미는 천제좌(天帝座)인 자미성(紫微星)으로 대궐을 뜻한다.

아무리 자리 잘 잡았다 한들 끝내 객성이거늘　　縱好居停終是客
백년토록 무슨 일로 돌아갈 생각 않는지　　百年何事不思歸

그림 5 보만재 서명응

청나라가 흑해 일대에서 떠나 북경으로 들어가 중원을 차지하고 있다는 뜻이다.

이 정언 윤보의 삼산교거에 부치다[97] 5수

寄李正言潤甫三山僑居 五首

1수[98]

북쪽 거리 남쪽 개울의 집을 서로 오가며　　北陌南溪互往還
언덕 단풍 울타리 국화 보며 함께 웃었네　　岸楓籬菊與開顏
가을바람 불 때 한 번 헤어진 뒤 멀리 떨어져　　秋風一別雲山隔
계수나무숲 그윽한 향을 꿈속에 찾아갔지　　叢桂幽香夢裏攀

2수[99]

사람들은 말하길 윤보가 기남이라　　人言潤甫是奇男
술 마신 뒤 호탕히 손뼉치며 담소한다지만　　酒後昂然抵掌談

97 이정언……부치다 : 이 시는 이계가 46세 되던 1769년(영조45) 가을에 지은 작품이다. 윤보는 이중해(李重海)의 자이다. 정희량(鄭希亮)의 난에 연루된 이시번(李時蕃)의 문족이라는 이유로 벼슬길이 막혔다가 서용되어 정언이 되었다. 더 자세한 사항은 이충익(李忠翊)의 《초원유고(椒園遺藁)》 2책 〈사간원헌납 이공 소전(司諫院獻納李公小傳)〉을 참고할 수 있다. 삼산(三山)의 위치는 제3수와 제5수의 내용으로 보아 홍주의 바닷가에 있었던 지명으로 보이는데, 자세한 사항은 미상이다.

98 1수 : 기구와 승구는 한양에서 서로 어울려 다닐 때의 모습을 회상한 것이고, 전구와 결구는 멀리 떨어져 있으며 느끼는 그리움을 읊은 것이다. 평성 '산(刪)'운의 칠언절구이다.

99 2수 : 이충익은 〈사간원헌납 이공 소전〉에서 이중해의 모습을 '방달한 기질로 예의에 구속됨이 없고, 술을 무척이나 즐겼으며, 권세에 붙좇지 않았고, 고금의 경서와 시문에 해박해 담론이 거침없는' 인물로 묘사하였다. 평성 '담(覃)'운의 칠언절구이다.

유독 나는 부럽다네 그의 문장과 박학함 외에　獨我憐渠文史外
솔의 기상과 산의 기운이 미간에 서린 것이　眉間松翠與山嵐

3수[100]

연전에 금학을 벗 삼아 홍주에 누웠을 제[101]　前年琴鶴臥洪州
매양 가벼운 배로 해상에서 노닒을 기뻐했네　每喜輕舟海上遊
삼산에 썰물 빠지고 달이 밝은 밤이면　潮落三山明月夜
몇 곡조 고기잡이배의 피리소리 중류에서 들려왔지　數聲漁笛在中流

4수[102]

남아가 말직에 종사함이 어찌 생계 도모해서랴만　男兒拙宦豈謀生
멀리 떠나버림도 본디 세상 싫어서가 아니네　長往元非薄世情
서안에 거문고만 있고 벽만 덩그렇겠지만　床有尺琴家四壁
골짝의 용은 응당 글 읽는 소리에 화답하리[103]　洞龍應和讀書聲

100 3수 : 이계는 41세가 되던 1764년(영조40) 가을에 홍주 목사(洪州牧使)로 부임한 일이 있는데, 그때 삼산에서 이중해와 함께 노닌 일을 회상하여 벗에 대한 그리움을 읊었다. 평성 '우(尤)'운의 칠언절구이다.

101 연전에……제 : 금학(琴鶴)은 지방관으로 부임하였다는 말이다. 송(宋)나라 조변(趙抃)은 철면어사(鐵面御史)라는 별명이 있었는데, 지방관으로 부임하면서 거문고 하나와 학 한 마리만을 가지고 갔다는 고사에서 유래한 표현이다. 자신이 41세에 홍주 목사로 부임한 일을 이렇게 말한 것이다. 그 당시 지은 시를 모은 것이 《호서록(湖西錄)》이다.

102 4수 : 외직에 나가 있는 것이 생계를 꾸리기 위함이 아니라는 말로 이중해를 위로하였다. 평성 '경(庚)'운의 칠언절구이다.

103 골짝의……화답하리 : 왕양명(王陽明)이 어린 시절 금산사(金山寺)에 놀러 가서

5수[104]

세모의 슬픈 노래를 견딜 수 없으니　歲暮悲歌不自聊
그대 계신 창해를 생각하매 길이 아득하구나　憶君滄海路迢迢
벗이여 홀로 삼동의 눈 속에 누웠으니　故人獨臥三冬雪
시사의 풍류가 적막해진 지 오래겠지　詩社風流久寂寥

지은 시에 "묘고대의 저 달빛에 취해 기대 섰노라니, 어디선가 옥피리소리 골짜기 용의 잠을 깨울 듯.〔醉倚妙高臺上月, 玉簫吹徹洞龍眠.〕"이라고 한 구절을 인용하여, 이중해의 글 읽는 소리가 용을 깨우고, 그 용이 일어나 독서 소리에 화답을 할 것이라고 한 것이다.

104 5수 : 벗들과 떨어져 멀리 바닷가 고장에 홀로 있는 이중해를 위로하였다. 평성 '소(蕭)'운의 칠언절구이다.

첨추 박경행이 흥해로 부임해 가는 것을 보내며[105]

送朴僉樞敬行之任興海

신라의 악부는 연원이 오래되었으니[106]	徐羅樂府有追蠡
만만파파식적의 고사 기이하네	萬萬波波玉笛奇
천 년 전에 고운이 악곡을 남기시었으니	千載孤雲留製作
그대가 다시 새 악곡 지을 것 기다리네	待君應復續新詞

서라(徐羅)는 곧 신라(新羅)의 고호이다. 신라 시대에 동해에서 옥적(玉笛)을 얻었는데, 이 피리를 불면 풍파가 절로 그쳤으므로 '만만파파식적(萬萬波波息笛)'이라 하였다. 최고운(崔孤雲)이 사곡(詞曲)을 지어 세상에 전하였다.[107]

105 첨추……보내며 : 이 시는 이계가 46세 되던 1769년(영조45) 가을에 지은 작품이다. 박경행(朴敬行, 1710～?)은 본관은 무안(務安), 자는 인칙(仁則), 호는 구헌(矩軒)이다. 문학에 뛰어났으나 서얼이라는 신분적 한계로 환로에서 어려움을 많이 겪었다. 1748년 무진통신사행(戊辰通信使行)에 이봉환과 함께 제술관으로 따라갔다. 1769년에 흥해 부사(興海府使)로 부임하였으나, 이듬해인 1770년에 이봉환의 역모에 연루되어 흥해 임소에서 체포되었으며, 국문을 받고 단천으로 유배되었다. 최치원을 이어 신라의 악부곡을 지으라는 격려를 한 내용인데, 박경행을 두고 최치원을 이을 인물로 본 것에서 박경행의 문재를 짐작할 수 있다. 평성 '지(支)'운의 칠언절구이다.

【교】《이계삼편전서》에는 모두 3수가 실려 있는데, 이 시는 그중 셋째 수이다.

106 연원이 오래되었으니 : 원문의 '퇴려(追蠡)'는 종(鐘)의 끈이 많이 닳아서 곧 끊어지려는 상태를 말한다. 전국 시대에 고자(高子)가 "우(禹) 임금의 음악이 문왕(文王)의 음악보다 훌륭하다."라고 하자, 맹자가 이유를 물었다. 고자가 "종을 매단 끈이 닳아서 너덜너덜하기 때문이다.〔以追蠡〕"라고 하였는데, 맹자는 그것은 역사가 오래된 때문이라고 말해주었다. 《孟子 盡心下》

107 최고운(崔孤雲)이……전하였다 : 최치원이 만파식적을 소재로 사곡을 지은 것에 대해서는 확인되지 않는다. 뒷날의 고찰을 기다린다.

제일에 장릉의 제관으로 차임되어 재실에서 수세하며[108]

신묘년(1771 영조47)

除日 差祭長陵 守歲齋室 辛卯

홀로 술 마시며 섣달 보내노라니 밤은 이슥한데	孤樽殘臘夜依依
산재에 눈보라 몰아치고 촛불 그림자 희미하네	風雪山齋燭影微
도령은 처음 돌아올 때 옳음을 깨달았고[109]	陶令初歸方覺是
거공은 늙어가며 비로소 잘못임을 알았네[110]	蘧公將老始知非
해서에서 삼도의 꿈[111]이 구름에 가로막혔거니와	海西雲隔三刀夢

108 제일(除日)에……수세(守歲)하며 : 이 시는 이계가 47세인 1770년(영조46) 섣달 그믐밤에 지은 작품이다. 수세는 그믐밤을 지새며 지키는 것이다. 따라서 1770년 섣달에 수세하면서 이듬해 정월 초하루에 벽에 쓴 것이기 때문에 신묘년은 신묘년 섣달 그믐을 가리키는 것이 아니라 신묘년 정월 초하루를 가리킨다. 장릉은 인조와 인열왕후(仁烈王后)의 무덤으로, 지금의 파주시 탄현면 갈현리에 있다. 환로에서 잠깐의 좌절을 겪으며 느낀 귀거래의 바람과 회포를 담았다. 평성 '미(微)'운의 평기식 칠언율시이다.

109 도령(陶令)은……깨달았고 : 벼슬을 버리고 은거하는 것이 옳은 선택이었다는 말이다. 도령은 진(晉)나라의 도잠(陶潛)이다. 그는 〈귀거래사(歸去來辭)〉에서 "지나간 일은 어쩔 수 없거니와 앞길을 잘 가야지. 길을 잃은 것이 멀지 않으니, 지금의 판단이 옳고 지난날의 선택이 틀렸음을 알겠노라.〔悟已往之不諫, 知來者之可追. 實迷塗其未遠, 覺今是而昨非.〕"라고 읊었다.

110 거공(蘧公)은……알았네 : 늙어서야 비로소 환로에 진출한 것이 잘못인 줄을 알았다는 말이다. 거공은 춘추시대 위(衛)나라의 현대부(賢大夫) 거백옥(蘧伯玉)이다. 《회남자(淮南子)》〈원도훈(原道訓)〉에 "나이 쉰에 사십구 년 동안의 잘못을 깨달았다.〔年五十而知四十九年非〕"라고 하였고, 《장자》〈칙양(則陽)〉에 "거백옥은 나이 예순에 예순의 변화를 하였다.〔蘧伯玉行年六十而六十化〕"라고 하였다.

강상에는 한 낚시 바위에 봄이 돌아왔네 江上春回一釣磯
해는 성큼성큼 저물어 지금 쉰이 되었건만[112] 歲色堂堂今半百
흰머리에 서글프게도 마음과 어긋나네 白頭怊悵寸心違

111 삼도(三刀)의 꿈 : 벼슬아치의 승진을 비유하는 말이다. 진(晉)나라 왕준(王濬)이 대들보 위에 칼 세 자루〔三刀〕가 걸리고 얼마 뒤에 다시 한 자루가 더 걸리는 꿈을 꾸고 나서 매우 불쾌하게 여기자, 주부(主簿) 이의(李毅)가 축하하며 말하기를 "칼 세 자루는 주(州)를 뜻하고 거기에 한 자루가 덧붙여졌으니, 익주 자사(益州刺史)로 승진해서 나갈 것이 분명하다."라고 해몽하였는데, 과연 그 뒤에 그 말대로 되었다고 한다. 《晉書 卷42 王濬列傳》

112 해는……되었건만 : 당(唐)나라 설능(薛能)의 시에 "청춘은 날 저버리고 성큼성큼 가버리고, 흰머리는 날 속이며 자꾸자꾸 돋는구나.〔青春背我堂堂去, 白髮欺人故故生.〕"라고 한 시구를 원용한 표현이다. 《全唐詩 卷559 春日使府寓懷二首》

단오일에 정릉 제관으로 차임되어 오 년 전의 시회를 추억하며 서글피 짓다[113]

端陽日 差祭貞陵 憶曩歲詩會 悵然而題

오 년 만에 동계를 다시 건널 때	五載東溪再渡時
흥건히 취했던 풍류 아직 기억나네	風流尙憶醉淋漓
창연한 바위엔 물이 시 적은 먹을 씻어내고	蒼巖水齧題詩墨
푸른 나무엔 그늘이 말 묶은 가지에 짙어라	綠樹陰濃繫馬枝
옛 벗들 이제는 새벽별처럼 스러지고 없어	舊伴卽今星落落
외로운 재실에 홀로 누웠자니 해는 더디네	孤齋獨臥日遲遲
꽃을 보며 돌에 앉았노라니 도리어 서글픈데	看花跂石還怊悵
오직 숲의 앵무새가 작은 술잔 권하네	惟有林鶯勸小巵

113 단오일에……짓다 : 이 시는 이계가 48세 되던 1771년(영조47) 단오에 지은 작품이다. '오 년 전의 시회'란 44세 되던 1767년 3월 16일에 이휘중, 이치중 등과 정릉에서 시회를 연 것을 가리킨다.

수련에서는 제관으로 정릉에 가며 예전 시사의 풍류를 회상하였고, 함련에서는 그때의 추억이 담긴 시내와 숲을 읊었다. 경련에서는 벗들이 흩어져 자신만 남은 상황을 말하였고, 미련에서는 술로 쓸쓸함을 달래는 자신의 모습을 담았다. 평성 '지(支)'운의 측기식 칠언율시이다.

〈시황기〉를 읽고[114]

讀始皇紀

114 시황기를 읽고 : 이 시는 이계가 48세 되던 1771년(영조47) 단오에 지은 작품이다. 〈시황기(始皇紀)〉는 《사기》 권6에 실린 〈진시황본기(秦始皇本紀)〉를 말한다. 영원한 제국을 세우려 했으나 2대를 전하지 못한 진 왕실의 허무함을 읊어 문치와 덕치의 중요성을 드러냈다. 평성 '지(支)'운의 측기식 칠언율시이다.

그림 6 진시황

책 태우고 무기 녹인 계책 엉성하지 않아[115]	焚籍銷兵計不疏
아방궁을 만세토록 황궁으로 쓰려 했었지[116]	阿房萬世擬皇居
연못 둑의 참사검을 거두기도 전에[117]	未收澤畔斬蛇劍
문득 다리 아래에 타리서를 흘렸네[118]	却漏橋邊墮履書

115 책……않아 : 자신의 생각대로 주도면밀하게 정치를 시행했다는 뜻이다. '책을 태웠다'는 것은 분서갱유(焚書坑儒)를 말한 것으로, "이에 선왕의 도를 폐하고 백가의 말을 불태워 백성을 바보로 만들었다.〔於是廢先王之道, 焚百家之言, 以愚黔首.〕"라고 하였다. 무기를 녹였다는 것은 "천하의 병기를 수집하여 함양에 모아놓고, 이를 녹여 종거(鍾鐻)와 천석 무게가 나가는 금인을 12개 만들어 궁중에 두었다.〔收天下兵, 聚之咸陽, 銷以爲鍾鐻, 金人十二, 重各千石, 置廷宮中.〕"라고 한 것을 가리킨다.《史記 卷6 秦始皇本紀》

116 아방궁(阿房宮)을……했었지 : 함양(咸陽)의 궁전이 작다고 여긴 진시황은 섬서성 서안 북쪽의 아방(阿房)에다 1만 명이 앉을 수 있는 규모의 궁전을 조성하도록 하였다. 또 시호를 추서하는 법을 없애고, "짐은 최초로 황제가 되었으므로 시황제라 칭하라. 후세에는 수를 세어 이세(二世), 삼세(三世)라고 하여 만세(萬世)에 이르도록 길이 전하라."라고 하였다.《史記 卷8 高祖本紀》

117 연못……전에 : 진나라가 망할 조짐이 나타났다는 뜻이다. 한 고조(漢高祖)가 사상정장(泗上亭長)이란 말직을 버리고 떠나 풍서(豐西)라는 곳에 유숙하여 술을 마셨다. 밤에 술에 취하여 택중(澤中)을 지나가다가 큰 뱀이 길을 막고 있는 것을 보고 칼을 뽑아서 그 뱀을 죽였는데〔夜徑澤中, 大蛇當徑, 拔劍擊斬蛇〕 한 노파가 출현하여 "내 아들은 백제자(白帝子)인데 지금 적제자(赤帝子)가 내 아들을 베어 죽였다."라고 하며 울었다. 여산은 바로 진시황이 묻힌 곳이고, 진나라가 서쪽에 있기 때문에 진시황은 백제자가 된다. 곧 진나라가 멸망하고 한나라가 새로 일어날 것을 의미한 말이다.《史記 卷8 高祖本紀》

118 문득……흘렸네 : 진나라를 멸망시킬 비서(祕書)와 그 비서를 익힐 인물이 세상에 출현하였다는 뜻이다. 장량(張良)이 일찍이 하비(下邳)의 다리 위에서 황석공(黃石公) 노인을 만났는데, 그 노인이 곧장 자신의 신을 다리 밑으로 떨어뜨리고는〔直墮其履圯下〕 장량에게 가서 주워오라고 하였다. 장량이 내려가서 신을 주워오자, 그 노인은

동녀들은 떠나간 뒤 왕이 있는 곳에 돌아오지 않았으며[119]

童女不來止王處

어리석은 아이는 오랑캐 대비하는 사이에 이미 성장했네[120]

癡兒已長備胡餘

삼십육 군으로 나눈 많은 고을 중에[121] 三十六郡瓜分地

십(十)은 옛날에 평성으로 사용했다.[122]

그 신을 자기 발에 신기라고 하였다. 장량이 공손하게 꿇어앉아 그 신을 신겨주었더니, 그 노인이 "아이를 가르칠 만하다."라고 하고 닷새를 시험한 뒤 장량에게 《태공병법(太公兵法)》 한 책을 주었다. 장량이 이 책을 읽고 한 고조를 보좌하여 천하를 통일하였다. 《史記 卷55 留侯世家》

119 동녀(童女)들은……않았으며 : 진시황이 천하를 통일하고 명산에 비석을 세우자 제(齊)나라 사람 서불(徐市)이 동남동녀를 수천 명 선발하여 삼신산(三神山)에 사는 선인(仙人)들을 찾아오게 할 것을 청하였다. 그러나 선인을 찾으러 간 동남동녀들은 돌아오지 않았고, 뒤에 노생(盧生)과 후생(侯生) 역시 불사약을 찾으러 간다며 수만 금을 받은 뒤 떠나서 돌아오지 않았다. 《史記 卷6 秦始皇本紀》

120 어리석은……성장했네 : 노생(盧生)이 귀신을 섬겨 참서를 올려서 "진나라를 멸망시키는 것은 호.〔亡秦者胡也〕"라고 하였다. 이 때문에 진시황은 몽염(蒙恬) 장군에게 정병 30만을 선발하여 북쪽으로 오랑캐를 정벌하게 하여 하남(河南) 지방을 탈취하였다. 그러나 뒤에 정작 진나라를 멸망시킨 것은 그의 아들 호해(胡亥)였다. 《史記 卷6 秦始皇本紀》

121 삼십육……중에 : 천하를 통일한 진시황은 전쟁이 멈추지 않아 천하가 고통을 받는 이유를 제후가 있기 때문이라고 진단하고, 제후국을 두는 것은 다시 전쟁을 일으키는 것이라고 하였다. 이에 따라 천하를 36개 군으로 나누고, 천하의 병기를 수집하여 함양(咸陽)에 모아 녹인 뒤 종거(鍾鐻)와 12개의 동인상(銅人象)을 만들었다. 《史記 卷6 秦始皇本紀》

122 십(十)은……사용했다 : 송나라 육유(陸游)의 《노학암필기(老學庵筆記)》에서 십(十)이 평성으로 발음날 때에는 심(諶)이라고 하였다. 백거이(白居易)의 시 〈정월삼일한행(正月三日閑行)〉에 "푸른 물결 일렁이는 동서남북의 길, 붉은 난간 아름다운

손자 영의 낡은 집 하나 얻지 못했네[123] 未做孫嬰一弊廬

삼백구십 다리.〔綠浪東西南北路, 紅欄三百九十橋.〕"라고 한 것과 송문안공(宋文安公)의 〈궁사(宮詞)〉에 "서른여섯 곳의 춘궁관에 하나하나 향풍이 관현악을 실어보내네.〔三十六所春宮館, 一一香風送管絃.〕"라고 한 것 등을 예로 들고 있다.

123 손자……못했네 : 영(嬰)은 진시황의 손자이자 호해의 아들 자영(子嬰)이다. 조고(趙高)가 호해를 죽이고 자영을 세웠으나, 조고를 불신한 자영은 도리어 재궁(齋宮)에서 조고를 척살하고 함양에서 조고의 삼족을 멸하였다. 자영이 진왕이 된 지 46일 만에 초나라 패공(沛公) 항우가 진격하자, 자영은 천자의 옥새와 부절을 들고 항복하였다. 하지만 항우는 한 달 남짓 지나 자영을 죽이고 진나라를 멸망시켜버렸다. 이 때문에 사신(史臣)은 "자영은 외톨이로서 친족이 없었으며, 유약함에도 보필하는 자가 없었다."라고 하였다. 《史記 卷6 秦始皇本紀》

익익재의 회갑에서 삼가 노포 조 상서의 시에 차운하다[124]

계사년(1773 영조49). 조 상서는 조명정이다.

翼齋回甲 謹次老圃趙尙書 明鼎 韻 癸巳

어려운 때든 편안한 때든 조행이 한결같았으니　　夷險從容素履同
강호에서 한가로이 지내시는 예순의 어른이라오　　江湖閒臥六旬翁
인간의 오복을 모두 누리셨고　　人間五福兼幷際
천하의 삼달존을 사양하셨네[125]　　天下三尊退讓中
관직은 근래 토개처럼 여기셨으니　　軒冕爾來輕土芥
선경이 하필 영주 봉래에만 있으랴　　神仙何必在瀛蓬
비로소 알겠어라 성상께서 다스리신 교화가　　始知聖主陶勻化
우리 조선 백세의 풍화를 성취하신 줄을　　成就吾宗百世風

124 익익재의……차운하다 : 이 시는 이계가 50세 되던 1773년에 지은 작품이다. 조명정(趙明鼎, 1709~1779)은 본관은 임천(林川), 자는 화숙(和叔)이고, 노포는 그의 호이다. 이조 판서를 지냈기 때문에 상서라고 한 것이다. 조명정이 홍봉한에게 준 회갑 축수시의 운자를 따서 이계 역시 홍봉한에게 회갑을 축하하여 준 시이다. 평성 '동(東)' 운의 측기식 칠언율시이다.

125 천하의 삼달존(三達尊)을 사양하셨네 : 삼달존은 천하에 두루 통하는 세 가지 존귀한 것으로, 마을에서의 나이〔齒〕, 조정에서의 벼슬〔爵〕, 세상을 돕고 백성을 기를 때의 덕〔德〕을 말한다. 홍봉한이 이 셋을 모두 지녔지만 자처하지 않았다는 말이다. 《孟子 公孫丑下》

등준시 기사[126] 절구 8수 ○ 갑오년(1774 영조50)

登俊試紀事 八絶○甲午

1수[127]

헌함에 임해 준걸 등용한 것 언제 시작되었나	臨軒登俊起何年
태평시대의 찬란했던 성사가 전하네	昭代彬彬盛事傳
삼백구 년 만에 지금 다시 거행하니	三百九年今再擧
성문이 응당 다시 규수 자리에 동하리	星文應復動奎躔

2수[128]

금상 갑오년 정월 대보름날	春王正月上元晨

126 등준시 기사 : 이 시는 이계가 51세 되던 1774년에 지은 작품이다. 등준시(登俊試)는 세조 때 현직 관리, 종실(宗室), 부마(駙馬) 등을 대상으로 치러졌던 과거이다. 세종 때의 친시와 비슷하다. 《임하필기(林下筆記)》 권23 〈문헌지장편(文獻指掌編) 등준시〉에 "세조조(世祖朝)에 공경(公卿)·재보(宰輔)로부터 아래로 유품 문관(流品文官)에 이르기까지 모두 대궐 안에 모이게 하여 임금이 친히 책제(策題)를 짓고서 이름을 등준시(登俊試)라고 하였다."라 하였다. 1774년 1월 15일, 이계가 등준시에 을과로 합격하자 이를 기념하여 칠언절구 8수를 남겼다.

127 1수 : 기승구에서 등준시가 임금이 직접 과장에 임하여 치러졌음을 말하였고, 전구에서 1466년(세조12) 이후 309년 만에 치러진 것임을 말하였고, 결구에서 세조 때의 문명성세가 영조 때에 다시 재현될 것이라는 기대를 노래하였다. 참고로 1466년 등준시에 합격한 대표적 인물로 강희맹(姜希孟, 1424~1483)이 있다. 평성 '선(先)'운의 칠언절구이다.

128 2수 : 이날 등준시는 경복궁 근정전(勤政殿)의 옛터에서 치러졌다. 《영조실록》 이날 기사에 "임금이 근정전 옛터에 나아가 등준과를 설시하니, 대개 광묘 병술년 고사

옛 궁궐에 친림하시자 상서로운 햇살 새로웠네　舊闕天臨瑞日新
뜰에 가득한 금옥의 신하들 모두 붓을 잡고　金玉盈庭皆握管
의연히 부를 바친 영광스러운 날이었네　依然獻賦明光辰

3수[129]

붉은 노을 비칠 때 천문에서 창방한 뒤　天門唱榜映彤霞
금대와 붉은 도포를 차례로 시상하셨네　金帶緋袍次第加
머리 위엔 무단히 계수나무 생기어　頭上無端生桂樹
스물세 해 만에 다시 꽃을 피웠네　廿三年內再開花

4수[130]

선관이 명을 전하여 신래[131]를 부르시어　仙官傳命喚新來
서른세 사람을 전궐에 오르라 재촉하셨네　三十三人上殿催
문무의 신하들이 좌우로 나뉘어 앞장서서[132]　左龍右虎分前隊

를 따른 것이었다." 하였다. 평성 '진(眞)'운의 칠언절구이다.

129 3수 : 《영조실록》 이날 기사에 "문과에 조덕성(趙德成) 등 15인을 뽑고, 무과에는 이춘기(李春琦) 등 18인을 뽑았다. 모두 화상(畫像)을 그려 도첩(圖牒)을 만들고, 문과는 예조에 간수하고 무과는 병조에 간수하라고 명하였다." 하였고, 또 "장원을 한 조덕성은 우윤(右尹)에 승진시켜 제수하고, 문과·무과 33인에게는 각각 안팎 옷감〔表裏〕 한 벌을 하사하였다." 하였다. 평성 '마(麻)'운의 칠언절구이다.

130 4수 : 승구의 서른세 사람은 앞의 주129 참조. 평성 '마(麻)'운의 칠언절구이다.

131 신래(新來) : 과거에 새로 합격한 자 또는 문과에 합격하여 관직에 처음 진출한 자를 말한다. 여기서는 이해 등준시에 합격한 문신들을 가리킨다.

132 문무(文武)의……앞장서서 : 원문의 '용(龍)'은 문과, '호(虎)'는 무과를 이른다. 심언광(沈彦光, 1487~1540)이 조선시대 때 문과와 무과를 함께 설행하는 과거 시험을

어가에 성대하게 솔방하고 돌아오네[133] 王輦葳蕤率榜廻

5수[134]

풍운이 경현당을 겹겹이 감싸고 있는데[135] 風雲繚繞景賢堂
담로의 화려한 자리에 법온이 향기롭네[136] 湛露華筵法醞香
열 글자의 규장과 옷 한 벌 내리시어 十字奎章衣一襲
급제자들 저마다 온몸에 성은 입었네 人人遍體被龍光

'용호방(龍虎榜)'으로 칭하게 된 어원에 대해 "용은 신성한 동물이므로 사람에게 문에 해당하고, 범은 맹수이므로 사람에게 무에 해당한다. 그렇다면 용과 범으로 문과 무를 빗대는 것은 타당하다.〔夫龍, 神物也, 於人爲文, 虎, 猛獸也, 於人爲武, 則以龍虎譬文武固宜.〕"라고 하였다. 《漁村集 卷9 龍虎榜賦》

133 어가(御駕)에……돌아오네 : 원문의 '솔방(率榜)'은 솔방하(率榜下)의 줄임말로, 생진과(生進科)나 문무과(文武科)의 방방(放榜)이 행해진 뒤에 각 과의 장원이 함께 입격하거나 급제한 자들을 각각 거느리고서 임금을 알현하는 것을 말한다. 《日省錄 正祖 6年 3月 10日, 14年 9月 13日》《英祖實錄 38年 3月 9日》

134 5수 : 영조가 급제자들에게 연회를 베풀고 표리(表裏)를 하사한 것에 대해 감격스러운 마음을 읊었다. 표리를 하사한 것은 앞의 주129 참조. 평성 '양(陽)'운의 칠언절구이다.

135 풍운(風雲)이……있는데 : 풍운은 문무의 현신을 비유한 표현이다. 《주역》 〈건괘 문언〉의 "구름은 용을 따르고 바람은 범을 좇는다.〔雲從龍, 風從虎.〕"라는 말에서 유래하였다.

136 담로(湛露)의……향기롭네 : 담로는 천자(天子)가 제후(諸侯)들에게 베푼 연회 자리를 의미하는데, 여기서는 급제자를 위해 마련한 축하연을 뜻한다. 《시경》 〈소아 담로(湛露)〉에 "맑은 이슬 내렸는데 태양이 아니면 말리지 못하네. 밤새도록 진탕 마시니, 취하지 않고는 돌아가지 않으리.〔湛湛露斯, 匪陽不晞. 厭厭夜飮, 不醉無歸.〕"라고 한 데서 온 말이다. 법온(法醞)은 임금이 하사한 술이다.

6수[137]

연회 마치고 대궐 하직할 시간이 되자　　九霄仙漏下丹梯
연촉에 빛을 나눠주시어 길이 환하였네[138]　　蓮燭分光路不迷
도성 거리에 달빛은 대낮처럼 밝은데　　天街月色明如晝
보마의 벽옥 발굽이 쌍으로 번득이네[139]　　寶馬雙翻碧玉蹄

7수[140]

다음 날 아침 일제히 사은전을 올릴 제　　翼朝齊進謝恩箋
'천'자의 홍패가 엄연히 앞에서 인도했네[141]　　川字紅牌儼導前
꽃 꽂은 이 가운데 또한 수레 탄 자도 있으니[142]　　簪花亦有乘軒者

137 6수 : 연회가 파하고 급제자들이 돌아가는 모습을 읊었다. 평성 '제(齊)'운의 평기식 칠언절구이다.

138 연촉(蓮燭)에……환하였네 : 연촉은 황금 연꽃 모양의 촉등(燭燈)으로, 신하에 대한 왕의 특별 예우를 표현할 때 곧잘 쓰이는 말이다. 당나라 영호도(令狐綯)가 궁궐에서 밤늦게까지 황제와 대화를 나누다가 돌아갈 무렵에 촛불이 거의 다 꺼지자 황제가 자신의 수레와 황금 연촉을 주어 보냈는데, 관리들이 이것을 보고는 황제의 행차로 여겼다는 고사에서 온 말이다. 《新唐書 卷166 令狐綯列傳》

139 보마(寶馬)의……번득이네 : 새로 급제한 이들이 타고 가는 말의 화려함을 나타낸 구절이다. 이백의 시 〈자류마〉에 "자류마가 달리며 울부짖으니, 벽옥의 두 발굽이 나란히 번득이네.〔紫騮行且嘶, 雙翻碧玉蹄.〕"라고 한 것을 인용한 표현이다.

140 7수 : 등준시를 치른 다음 날인 1월 16일에 영조가 숭정전(崇政殿) 동월대(東月臺)에 나아가 새로 방방(放榜)된 사람들에게서 사은(謝恩)을 받고 연회를 연 모습을 읊었다. 평성 '선(先)'운의 칠언절구이다.

141 천(川)자의……인도했네 : 등준시 합격자들을 석 줄로 세워 나란히 입궐하였기 때문에 이렇게 표현한 것이다. 홍패(紅牌)는 과거 시험에 합격한 사람에게 발급(發給)하던 교지(敎旨)이다. 붉은 종이에 합격한 사람의 성명과 등급 등을 쓴다.

우스워라 도성 사람들 신선처럼 바라보네　　堪笑都人望若仙

8수[143]

인대의 도서는 본디 공을 기록한 것이거니와　　圖畫麟臺本紀功
남궁에선 무슨 일로 또 단청을 하였던가[144]　　丹青何事又南宮
태평시대 장식하려는 성상의 뜻 알지만　　賁飾太平知聖意
못난 재주라 성덕에 보답할 계책 없네　　疏才無計答熙隆

142 꽃……있으니 : 등준시에 합격한 이 가운데 당상관 이상의 고관도 있다는 말이다. '꽃을 꽂았다'는 것은 급제자들이 방방연(放榜燕)에 참가할 때 관에 어사화를 꽂는 것을 말하고, '수레를 탄 자'란 종2품 이상으로서 초헌(軺軒)을 타는 자를 말한다. 참고로 기로소에 있던 안집(安㙀) 등이 참방(參榜)하여 가자(加資)의 은전을 입었다.

143 8수 : 등준시 합격자들을 초상으로 그려 갈무리한 것에 대한 감격의 뜻을 담았다. 평성 '동(東)'운의 칠언절구이다.

144 인대(麟臺)의……하였던가 : 방목에 이름을 올린 것만도 영광인데, 초상화를 그려 갈무리하니 더더욱 영광이라는 의미이다. 인대는 한 무제 때 세워 선제에 이르기까지 공신의 초상을 걸어놓은 기린각(麒麟閣)을 말한다. 남궁(南宮)은 후한 명제(後漢明帝) 때에 앞 시대의 공신들을 추모하기 위하여 낙양(洛陽)의 남궁 운대(雲臺)에 등우(鄧禹) 등 장수 28인의 초상화를 그려서 걸어놓고 기념한 것을 말한다. 단청(丹青)은 초상화를 그리는 것을 말한다. 등준시 합격자 33인에 대해 영조가 모두 화상을 그려 도첩을 만들어서 예조와 병조에 갈무리하라고 하였기 때문에 이렇게 말한 것이다. 앞의 주129 참조.

영소하며 감회를 적다[145]

榮掃志感

서른 해 희비애환 겪으며 중년을 넘겨　悲歡卅載過中身
희대의 영광을 입어 준신에 참여했네[146]　稀世榮光忝俊臣
특별한 은총으로 다시금 머리 위에 계수나무 가지 꽂았고[147]
殊寵再簪頭上桂
부질없는 명성으로 오늘날에 그림 속의 사람 되었네[148]
虛名今作畫中人
청명이 지나 무덤엔 풀이 푸른데　蓬科草綠清明過
봄 돌아온 선산에 성은이 새롭네[149]　梓里春回雨露新

145 영소하며 감회를 적다 : 이 시는 이계가 51세 되던 1774년(영조50) 봄에 지은 작품이다. 영소(榮掃)는 자기나 또는 아들이 과거나 벼슬 등 경사로운 일이 있을 때, 선조의 무덤에 고하고 제사 지내는 일을 말한다. 영(榮)은 영광, 소(掃)는 소분(掃墳)의 뜻이다. 등준시에 합격한 영광을 조상께 고하기 위해 선영을 찾아 그 감회를 읊은 것이다. 평성 '진(眞)'운의 평기식 칠언율시이다.

146 서른……참여했네 : 이계가 24세에 진사시에 급제하고 29세에 문과정시 병과에 급제하였으며, 51세에 등준시에 합격했기 때문에 30년 가까운 세월 동안 환로에서 희비를 겪다가 근래에 등준시 합격 반열에 참여하는 영광을 입었기에 이렇게 노래한 것이다.

147 특별한……꽂았고 : 29세에 문과에 합격하고, 51세에 다시 등준시에 합격하였기 때문에 이렇게 말한 것이다.

148 부질없는……되었네 : 등준시에 합격한 사람들을 화상으로 그려 갈무리하였기 때문에 이렇게 말한 것이다. 75쪽 주129 참조.

149 봄……새롭네 : 원문의 '재리(梓里)'는 가래나무가 서 있는 마을로, 고리(故里) 또는 선산을 말한다. 여기서는 영소하러 온 길이기에 선산이라고 번역하였다. 《시경》

시례를 전해 내려온 가문의 남은 복이니[150]	詩禮傳家餘慶是
매양 성은 입을 때마다 수건 더욱 적시네	每叨恩渥益沾巾

〈소아 소변(小弁)〉에 "어버이가 심어놓으신 뽕나무와 가래나무도, 반드시 공경해야 하는 법이다. 그런데 하물며 우러러뵐 분으로는 아버지 말고 다른 사람이 없으며, 의지할 분으로는 어머니 말고 다른 사람이 없는 데야 더 말해 무엇 하겠는가.〔維桑與梓, 必恭敬止. 靡瞻匪父, 靡依匪母.〕"라고 하였다. 이계의 조부 홍중성(洪重聖)의 묘는 우이동에 있고, 부친 홍진보(洪鎭輔)의 묘는 우이동에 임시로 조성했다가 1747년(영조 23)에 충청북도 진천군(鎭川郡) 문방면(文方面) 호암산(虎巖山)으로 옮겼다. 여기서 말하는 재리는 조부의 묘소가 있고, 조부 이래 3대가 터를 일구어온 우이동 세거지로 보인다.

150 시례(詩禮)를……복이니 : 자신의 등준시 합격은 《시(詩)》와 예(禮)를 가학으로 삼아 대대로 학문을 전수해온 자기 집안의 남은 복이라는 의미이다. 공자가 아들 백어(伯魚)에게 "《시》를 배우지 않으면 말을 할 수 없다.〔不學詩, 無以言.〕"라고 하고, "예를 배우지 않으면 몸을 세울 수 없다.〔不學禮, 無以立.〕"라고 하여, 백어가 물러나 《시》와 예를 배웠다는 고사에서 유래한 말이다. 《論語 季氏》

시랑 조원옥의 시 〈일섭정〉에 차운하여[151]

조원옥은 조종현이다.

次趙侍郎元玉 宗鉉 日涉亭韻

그대 집 서강 정자는 대로 울타리 삼았고	君家江榭竹爲欄
아스라이 허공에 솟아 지세가 시원하네	縹緲凌虛面勢寬
압도의 돛배가 헌함 앞을 지나가고[152]	鴨島帆檣猺檻過
관산의 안개가 주렴 너머로 보이네	冠山烟霧隔簾看

151 시랑……차운하여 : 이 시는 이계가 51세 되던 1774년(영조50) 여름에 지은 작품이다. 조종현(趙宗鉉, 1731～1800)은 본관은 양주(楊州), 자는 원옥(元玉), 호는 천은(天隱)이다. 1768년 식년문과에 병과로 급제하여 사간·정언 등을 거쳐 이 무렵에는 예방 승지(禮房承旨)로 있었다. 이후 대사간·대사성·대사헌을 거쳐 1789년 동지사(冬至使)의 부사로 정사 이성원(李性源)과 함께 청나라에 다녀왔다. 문장·시·서에 뛰어났으며, 저서에 《천은난고(天隱亂稿)》가 있다.

조종현이 자신의 선대 이래의 정자에 거처하며 지은 시 〈일섭정〉에 이계가 차운한 것이다. 수련은 일섭정의 모습과 지세를 읊었고, 함련은 일섭정에서 바라뵈는 압도(鴨島)와 관악산(冠岳山) 풍경을 읊었다. 경련은 일섭정에서 글씨를 쓰고 바둑을 두며 한거하는 조종현의 모습을 상상하여 읊었고, 미련에서는 그곳을 찾아가 노닐고 싶다는 자신의 바람을 담아 마무리하였다. 평성 '한(寒)'운의 평기식 칠언율시이다.

152 압도(鴨島)의……지나가고 : 압도는 옛 고양(高陽)이요 지금의 서울시 마포구 상암동에 있던 섬으로, 물 위에 떠 있는 오리와 같다고 해서 붙여진 이름이다. 선공감(繕工監)이 갈대를 채취하던 곳이었다. 일섭정(日涉亭)은 조종현의 부친으로 이조 판서를 지낸 조운규(趙雲逵, 1714～1774)가 서강 앞에 세운 정자이다. 도잠(陶潛)의 〈귀거래사(歸去來辭)〉에 "전원을 날마다 거닐어 취미를 이루고, 문은 비록 달아놓았으나 늘 닫혀 있다.〔園日涉以成趣, 門雖設而常關.〕"라고 한 것에서 의미를 취한 이름이다. 본집 권13에 〈일섭정기(日涉亭記)〉가 실려 있어 참고할 수 있다.

마루에 기대어 글씨 쓸 때 금린이 도약하고[153]　　憑軒落筆金鱗躍
물을 굽어보며 바둑 둘 때 옥돌이 차가우리　　臨水彈碁玉子寒
어느 날에야 흥에 겨워 조각배 타고 나가　　何日扁舟乘興出
밝은 달 아래 술 마시며 즐겁게 놀아볼까　　芳樽皓月躡淸歡

153 마루에……도약하고 : 조종현이 글씨에 뛰어났기 때문에 이렇게 말한 것이다. 조종현의 글씨로 화엄사 원통전(圓通殿)과 명부전(冥府殿) 등의 편액이 남아 있고, 〈기성대사비(箕城大師碑)〉의 전액이 남아 있다.

그림 7 원통전, 조종현의 글씨

영공 이선지가 회양으로 부임해 가는 것을 보내며[154]

이선지는 이성원이다.

奉贐李令公善之 性源 之任淮陽

우스워라 풍진 세상 훌쩍 떠나지 못해 自笑塵埃未拂衣
언제나 아련히 꿈속에 선향 그리워했지 仙丘夢想每依依
일만이천봉 금강산으로 그대 보내며 送君萬二千峰裏
나의 마흔아홉 해 그릇되었음을 아노라[155] 知我四十九歲非
검은 인끈은 맑은 날 붉은 숲으로 흔들리며 사라지고 墨綬晴搖紅樹去
우는 말은 새벽에 흰 구름 속으로 들어가 급히 멀어지네 鳴騶曉入白雲飛

154 영공……보내며 : 이 시는 이계가 51세 되던 1774년(영조50) 가을에 지은 작품이다. 이성원(李性源, 1725～1790)은 본관이 연안(延安)으로 이정귀(李廷龜)의 6대손이요 이봉조(李鳳朝)의 증손이다. 선지는 그의 자이다. 대사간, 승지, 이조 참의(吏曹參議) 등을 거쳐 이해 가을에 회양 부사(淮陽府使)로 나갔다. 그의 신도비명을 이계가 썼는데, 본집 권26에 실려 있다. 미련의 중향성(衆香城)은 금강산의 봉우리 이름 가운데 하나인데, 절경으로 유명하다.

수련은 벼슬을 그만두고 진외(塵外)로 가고 싶은 자신의 마음을 담고, 함련은 금강산의 고장으로 떠나는 이성원이 부럽다는 말을 하여 벗을 위로하였다. 경련은 이성원이 떠나는 모습을 읊었고, 미련에서는 다시 만날 약속을 하여 자신의 마음을 담았다. 평성 '미(微)'운의 평기식 칠언율시이다.

155 나의……아노라 : 조정을 떠나지 못하고 있는 자신의 삶이 그릇되었음을 안다는 말이다. 66쪽 주110 참조.

중향성 위에서 서로 기다린다면	衆香城上如相待
철쭉이 필 때를 부디 놓치지 맙시다	躑躅開時庶莫違

홍 교리가 시재어사에 제수되어 제주로 부임하는 것을 보내다[156] 4수. 홍 교리는 홍상성이다.

送洪校理 相聖 充試才御史 赴濟州 四首

1수[157]

팔월의 신선 뗏목을 좇을 수 없었으니 八月仙槎不可攀

156 교리(校理)……보내다 : 이 시는 이계가 51세 되던 1774년(영조50) 가을에 지은 작품이다. 홍상성(洪相聖, 1734~?)은 본관이 남양(南陽)으로, 홍계희(洪啓禧)의 문족이다. 자는 경회(景會)이다. 홍상성은 이해 가을에 시재어사 겸 순무어사(巡撫御史)로 제주에 가서 강봉서(姜鳳瑞), 김경회(金慶會), 장한철(張漢喆) 등 3명을 시취하고 사제(賜第)하였다. 그런데 홍상성은 제주도로 들어가는 길에 기생과 함께 배를 타고 갔기 때문에 뒤에 삭탈관직을 당하고 해남에 귀양 갔다. 칠언절구 4수이다.

【교】《이계삼편전서》에는 5수이다.

157 1수 : 기구와 승구는 장건의 고사를 인용하여 홍상성이 사명(使命)을 받아 제주도로 갔음을 읊은 것이다. 한나라 무제(武帝) 때 장건이 사명을 받들고 서역에 나가는 길에 뗏목을 타고 황하의 근원을 찾아 한없이 거슬러 올라가다가 한 성시(城市)에 이르러 보니, 한 여인은 방 안에서 베를 짜고 한 남자는 소를 끌고 은하(銀河)의 물을 먹이고 있었다. 그래서 그들에게 "여기가 어느 곳인가?"라고 묻자, 그 여인이 지기석(支機石) 하나를 장건에게 주면서 말하기를 "성도(成都)의 엄군평(嚴君平)에게 가서 물어보라."라고 하였다. 과연 그가 돌아와서 엄군평을 찾아가 지기석을 보이자, 엄군평이 말하기를 "이것은 직녀(織女)의 지기석이다. 아무 연월일(年月日)에 객성(客星)이 견우(牽牛), 직녀를 범했는데, 지금 헤아려보니 그때가 바로 이 사람이 은하에 당도한 때였도다."라고 하였다. 《博物志 卷3》 전구와 결구는 험한 해로에 무사히 다녀오라는 말을 우회적으로 표현한 것이다. 남극노인성(南極老人星)은 목숨을 관장하는 별이기 때문에 일명 수성(壽星)이라고도 한다. 《열양세시기(洌陽歲時記)》에 "제주 한라산과 경상남도 남해 금산은 모두 춘분과 추분에 노인성(老人星)이 보이는 곳이다."라고 하였다. 평성 '산(山)'운을 사용하였다.

긴 바람 타고 곧장 한라산으로 향했네 長風直指漢挐山
이 행차는 더구나 추분 뒤에 떠났으니 此行況値秋分後
남극노인성을 보기에 참으로 좋을시고 南極老人正好看

2수[158]

맑은 날 소주를 보면 점점의 안개 같고[159] 晴見蘇州點點煙
월나라 상인들은 와서 구슬 채굴해 온 배를 정박시키지[160] 越商來泊採珠船
다투어 말하길 삼한의 경계 건너기 좋으니 爭言好涉三韓界
동해에 파도가 잦아든 지 쉰 해라고들 하네[161] 東海無波五十年

158 2수 : 기구와 승구에서는 제주도가 바다 한 가운데 있으며 그로 인해 남국의 상인들이 왕래함을 읊었고, 전구와 결구에서는 영조의 정치가 남방의 끝 제주도까지 미친 것을 읊었다. 평성 '선(先)'운을 사용한 칠언절구이다.

159 점점의 안개 같고 : 원문의 '점점의 안개 같다〔點點煙〕'는 말은 당나라 이하(李賀)의 시 〈몽천(夢天)〉에 "중국을 멀리 바라보니 아홉 점의 안개〔遙望齊州九點煙〕"라는 시구에 전거를 둔 표현이다.

160 월나라……정박시키지 : 베트남 상선들이 보석, 또는 진주를 채굴해 와서 교역하는 것을 두고 읊은 것이다.

161 동해(東海)에……하네 : 성인이 조선을 다스린 지 50년이 되었다는 뜻이다. 주(周)나라 성왕(成王) 때에 주공(周公)이 섭정하여 천하가 태평해지자, 월상씨(越裳氏)가 와서 주공에게 흰 꿩〔白雉〕을 바치며 "우리나라 노인들이 말하기를 '하늘에 풍우가 거세지 않고 바다에 해일이 일지 않은 지 지금 3년이 되었다. 아마도 중국에 성인이 계신 듯한데, 어찌하여 가서 조회하지 않는가.〔天之不迅風疾雨也, 海不波溢也, 三年於玆矣. 意者中國殆有聖人, 盍往朝之?〕'라고 하기에 조공을 바치러 왔다."라고 하였다. 이해가 영조가 등극한 지 50년이 되는 해이기 때문에 이렇게 표현한 것이다. 《韓詩外傳 卷5》

3수[162]

탐라의 젊은이들 능히 경전에 통달하여	耽羅子弟解通經
문채가 자못 바다 비린내 씻을 수 있으리	文彩頗能洗海腥
성세엔 일찍이 그물 성근 적이 없으니[163]	聖代不曾疏結網
귀한 구슬 몇 개가 바다를 건너올는지[164]	明珠幾箇渡滄溟

4수[165]

귤숲 세상에서 때때로 생황소리 들려오면	笙歌時向橘林天
호중의 천 일 동안의 잠에 깜짝 놀라 깨리[166]	驚破壺中千日眠

162 3수 : 조정의 훌륭한 정치로 제주에도 시례의 교화가 깊이 무젖어들었으므로, 이번 홍상성의 행차에서 좋은 인재들을 발굴할 수 있으리라는 기대를 담았다. 평성 '청(靑)'운을 사용하였다.

163 성세(聖世)엔……없으니 : 지금은 태평성대이므로 재주를 지니고서도 재야에 버려지는 인재가 없을 것이라는 말이다. 당나라 진도(陳陶)가 여상(呂尙)을 주제로 지은 시에 "성주를 한 번 돌보고도 힘이 남아서, 흰 구름과 한가히 오계에서 고기를 낚았다네. 중원에 기린과 봉황이 없다고 말하지 마오, 원래 황가의 그물망은 성글기만 하다오.〔一顧成周力有餘, 白雲閑釣五溪魚. 中原莫道無麟鳳, 自是皇家結網疏.〕"라고 한 것에 전거를 둔 말이다.《全唐詩 卷746 閑居雜興2》

164 귀한……건너올는지 : 시재어사 취재시(取材試)에 합격할 사람이 나올 것이라는 말이다. 홍상성은 이해 3명의 시권을 조정에 올렸으며, 이듬해 1월 조정에서는 홍문관 제학 이담(李潭)에게 명하여 제주 도과(濟州道科) 시권의 성적을 매기게 하고 모두 급제를 내려주었다.《영조실록》 51년 1월 30일 기사 참조. 합격자 이름은 앞의 주156 참조.

165 4수 : 귤림은 흔히 신선 세계로 비유된다. 홍상성이 제주의 선경과 풍물을 맘껏 즐기기를 바라는 마음을 담았다. 평성 '선(先)'운을 사용한 칠언절구이다.

166 귤숲……깨리 : 홍상성이 제주의 귤숲에서 열리는 연회에서 술을 마시고 흠뻑 취하였다가 깰 것이라는 말이다. 천 일 동안의 잠은 적희(狄希)가 천일주(千日酒)를

홍애의 소식을 물을 것 같으면　　洪崖消息如相問
지금 인간 세상에 백발 신선되었노라 말해주오[167]　　今作人間白髮仙

마시고 잠든 고사를 인용한 표현이다. 고대 중산(中山) 사람 적희가 천일주를 만들었는데, 이 술을 마시면 취해 천 일 동안 잠든다고 한다. 이 고을에 유현석(劉玄石)이라는 이가 이 술을 마시고 집에 돌아온 후 취하여 골아떨어지자, 가족들은 그가 죽은 줄 알고 장사를 치렀다. 3년이 지난 뒤 적희가 "이제 깰 때가 되었다."라고 하고 유현석의 집에 가서 무덤을 파고 관을 열게 하니, 유현석이 잠에서 막 깨어나 "해가 얼마나 높이 떴는가?"라고 하였다고 한다. 《博物志 卷10》《搜神記 卷19》

167 홍애(洪崖)의……말해주오 : 홍상성이 꿈속에 귤림의 신선을 만났을 때 귤림의 신선이 홍상성에게 홍애의 소식을 물어온다면, 인간 세상에서 백발 신선이 되었다고 전해달라는 말이다. 홍애는 황제(黃帝)의 신하로서 신선이 되었다고 전해지는 영륜(伶倫)이라는 인물의 호인데, 요 임금 때에 이미 삼천 세였다고 한다. 여기서는 이계 자신을 가리키는 의미로 인용하였는데, 자신의 성씨가 홍씨이기 때문이다.

학사 이성중이 북관에 종사하러 가는 것을 보내며[168] 4수. 이성중은 이재학이다.

送李學士聖中 在學 從事北關 四首

1수[169]

팔백의 건아들 자류마를 타고 八百健兒騎紫騮

허리에 금복고[170] 차고 머리에 은투구 쓰고서 腰橫金僕戴銀鍪

맑은 가을 짐승 잡으러 장유[171]로 갈 제 淸秋擊獸長楡去

168 학사……보내며 : 이 시는 이계가 51세 되던 1774년(영조50) 겨울에 지은 작품이다. 이재학(李在學, 1745~1806)의 본관은 용인(龍仁), 호는 지포(芝浦)이고, 성중은 그의 자이다. 형조와 예조의 판서를 지낸 이숭호(李崇祜, 1723~1789)의 아들이다. 1770년(영조46) 정시 문과에 급제하여, 이해 북평사(北評事)가 되어 함경도 북병영으로 나갔다. 이숭호와 이계는 친분이 두터운 벗이었으므로, 그 아들 이재학 역시 이계와 관계가 매우 두터운 사이였음을 짐작할 수 있다. 칠언절구 4수이다.

169 1수 : 기승구에서는 북병영의 씩씩한 기병들의 모습을 읊었고, 전결구에서는 문관으로서 북관 무사들을 이끌고 사냥을 나가는 이재학의 모습을 상상하여 읊었다. 평성 '우(尤)'운을 사용하였다.

170 금복고(金僕姑) : 좋은 화살을 가리킨다. 《춘추좌씨전》 장공(莊公) 11년에 "승구의 전쟁 때에 장공이 금복고로 송(宋)나라 대부 남궁장만을 쏘아 맞혔다.〔乘丘之役, 公以金僕姑射南宮長萬.〕"라고 하였는데, 그 주석에 "금복고는 화살 이름이다." 하였다.

171 장유(長楡) : 청나라와 조선의 경계에 있는 두만강 일대 북방 변경지역을 말한다. 본래 요동에서 만리장성 지역의 일대를 가리키는 말로, 진나라 몽염이 느릅나무를 많이 심었기 때문에 유관(楡關)이라 부른 것에서 유래하였다. 김창협(金昌協)은 〈경성(鏡城)〉에서 "적사 서북이 장유이다.〔磧沙西北是長楡〕"라고 하였는데, 적사도 본래는 고비사막을 뜻하지만, 김창협의 시에서는 함경도 경성 이북 일대의 황야를 뜻하는 말로 쓰였다. 여기서도 김창협의 시에서 말하는 지역과 같은 지역을 가리킨다고 할 수 있다.

백면서생으로서 제일 앞자리 차지하리　白面書生居上頭

2수[172]

분수령 어귀에 선 조그마한 비석[173]　分水嶺頭一片碑
누가 여기에다 화이의 경계 정했나　何人於此界華夷
근거 없이 비옥한 토지 할양해주어　無端割與膏腴地
천 리에 종횡으로 사냥말 달리게 하네　千里縱橫獵騎馳

3수[174]

외로운 오국성에서 슬해 지역 다스릴 제[175]　五國孤城瑟海邊

172 2수 : 분수령 이북의 땅도 본디 조선 땅이었는데, 백두산정계비(白頭山定界碑)를 세운 이후부터 청나라 땅이 된 것을 안타까워하는 마음을 읊었다. 또 전구의 '근거 없다.〔無端〕'라는 말에서 정계비 설정이 분명한 근거에 기초한 것이 아니라 청나라의 억지에 의한 것이라 생각하는 당시 조선 지식인들의 인식을 살펴볼 수 있다. 평성 '지(支)'운을 사용하였다.

173 분수령(分水嶺)……비석 : 청나라와 조선의 잦은 월경 범법 분쟁으로 1712년 당시 청나라 오라총관(烏喇摠管) 목극등(穆克登)과 조선 측 참핵사(參覈使) 이의복(李義復) 등의 공동 답사 이후 세워진 백두산정계비를 말한다.

174 3수 : 기승구에서는 이재학이 북평사로서 옛 육진(六鎭)을 다스리는 모습을 상상해 읊었고, 전결구에서는 북관 지역의 경물과 습속을 상상해 읊었다. 평성 '선(先)'운을 사용하였다.

175 외로운……다스릴 제 : 오국성(五國城)은 송화강(松花江)과 흑룡강(黑龍江) 일대인 상경(上京) 회령부(會寧府)라고 하는 설과 우리나라 함경도 회령부라고 하는 설이 있다. 유득공(柳得恭)은 《고운당필기(古芸堂筆記)》에서 《고려사》 지리지와 《대금국지(大金國志)》를 바탕으로 함경도 회령부라고 하였는데, 이계 역시 회령, 단천 일대를 가리켜 오국이라 한 것으로 보인다. 슬해(瑟海)는 함경도 경성 앞 오갈암(烏曷巖)

기러기 자취 끊기고 차가운 연기 일겠지 塞鴻飛斷起寒烟
산새들은 밤마다 시신총[176]에서 울고 山鳥夜啼侍臣塚
야인들은 때때로 선화전[177]을 주우리 野人時拾宣和錢

4수[178]

변문에 호시 연 지 백여 년이니[179] 邊門互市百年餘

일대 바다를 부르는 이름이다. 참고로 《경성군읍지(鏡城郡邑誌)》에 "슬해(瑟海)는 바다에 쌓인 모래가 해마다 그 위치를 옮겨서 그 심천(深淺)의 차이가 매우 심한, 특이한 바다이다."라고 하였다.

176 시신총(侍臣塚) : 전설에 송나라 천회(天會) 8년(1130)에 휘종(徽宗)과 흠종(欽宗) 부자가 금나라에 끌려가 오국성에 구금되었다가 그곳에서 죽어 묻혔다고 한다. 회령부의 보을하진(甫乙下鎭) 서쪽에 큰 무덤이 있어 예부터 황제총(皇帝塚)이라 하고, 그 곁에 작은 무덤이 100여 개 있는데 이를 시신총이라고 한다. 《古芸堂筆記》

177 선화전(宣和錢) : 송나라 휘종 선화 연간에 발행한 동전이다. 실제로 이 지역 백성들이 밭을 갈다가 종종 송나라 동전을 줍는 일이 있었다. 참고로 이 시를 지은 시점보다 뒤의 일이지만, 이계는 54세 되던 1777년(정조1) 10월에 경흥 부사(慶興府使)로 나갔을 때 지역민들에게 부탁하여 동전을 4개 입수하였다. 동전은 황송통보(皇宋通寶)·경덕원보(景德元寶)·원풍통보(元豐通寶)·원우통보(元祐通寶)였다. 둘레가 두툼하고 예쁘기가 옛날 오수전(五銖錢)과 같았으며, 전서로 쓰기도 하고 예서로 쓰기도 하였는데 자획을 모두 분별할 수 있었다고 한다. 《耳溪集 卷14 宋錢記》

178 4수 : 기승구에서는 국경 무역에 융통성을 두는 청나라 정책을 칭찬하였고, 전결구에서는 홍경이 조선과 멀지 않은 곳에 있음을 말하여 강한 대결의식을 드러내었다. 평성 '어(魚)'운을 사용하였다.

179 변문(邊門)에……년이니 : 호시(互市)는 국경 무역을 가리키는 말이다. 태종 6년(1406)에 경성(鏡城)과 경원(慶源)에 무역소가 설치되어 여진과 교역을 행하였으며, 청나라가 들어서고 1637년(인조15)에 강화한 뒤로부터는 회령개시(會寧開市), 경원개시(慶源開市), 중강개시(中江開市) 등이 열렸다.

약국에 대한 교린책이 훌륭하다 弱國交隣計不疎
한 줄기 두만강은 뛰어넘을 수 있나니 一帶豆江超可越
홍경의 소식이여 물어보자 어떠하뇨[180] 興京消息問何如

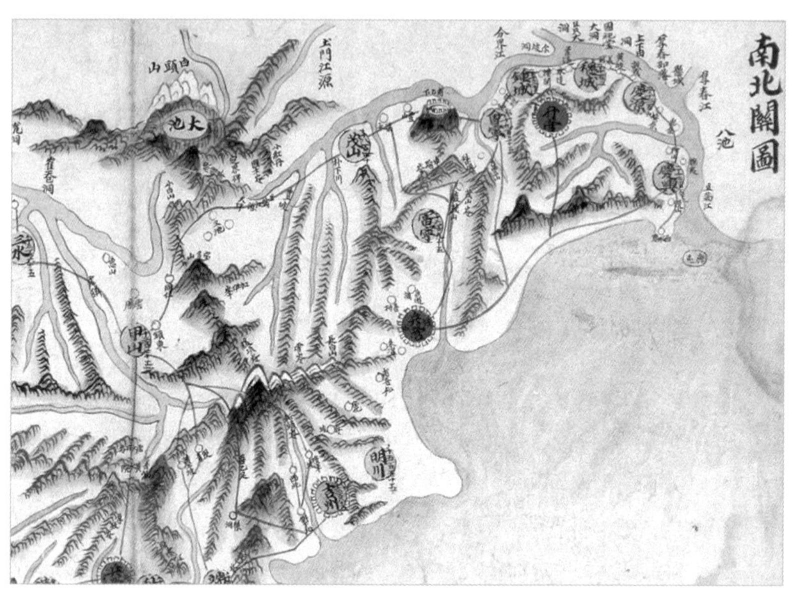

그림 8 북병영과 남북관

180 홍경(興京)의……어떠하뇨 : 홍경은 지금 요령성 동북쪽에 있는 도시인데, 청나라가 흥기한 곳이다. 조선에서 두만강을 넘어 홍경까지의 거리가 실로 가까우니, 마음만 먹으면 곧장 홍경까지 다다를 수 있다는 말이다.

영공 이덕이가 춘천으로 부임해 가는 것을 보내며[181]

을미년(영조51 1775) ○ 3수. 이덕이는 이숭호이다.

奉贐李令公德而 崇祜 之任春川 乙未○三首

1수[182]

첩첩 산골 옛 맥국의 땅에　　複峽蓁蓁古貊墟
벗이 부절 차고 부임하네　　故人腰下垂銅魚
산촌 백성들 문명에 교화된 지 오래라　　山氓久染文明化
판자벽에 솔불 켜고 모두들 글을 읽네　　板壁松燈盡讀書

2수[183]

소양강의 물결은 안개처럼 푸른데　　昭陽江水綠如烟

181 영공……보내며 : 이 시는 이계가 52세 되던 1775년(영조51) 겨울에 지은 작품이다. 이숭호(李崇祜, 1723～1789)는 본관은 용인이고, 덕이는 그의 자이며, 이재학의 부친이다. 1761년에 정시문과에 급제하고, 이해 봄에 승정원 동부승지(同副承旨)와 우승지(右承旨), 병조 참의 등을 거쳐 겨울에 춘천 부사(春川府使)로 나갔다. 이후 1780년과 1781년 두 차례 연경에 사행을 다녀왔으며, 대사헌과 한성부 판윤을 역임하였다. 칠언절구 3수이다.

182 1수 : 춘천은 옛날 맥국의 고장이라고 전해온다. 《삼국유사》 권1 〈기이(紀異) 마한(馬韓)〉에 《삼국사》의 기록을 인용하여 "춘주(春州)는 옛 우수주〔古牛首州〕이고 옛 맥국〔古貊國〕"이라고 하였다. 첩첩산중까지 문명의 교화가 무젖었다는 말로 궁벽한 고장에 수령이 되어가는 벗을 위로하였다. 평성 '어(魚)'운을 사용하였다.

183 2수 : 소양강의 고장 춘천의 관아에서 신선처럼 우아하게 지내는 이숭호의 모습을 상상하여 읊었다. 결구의 산삼은 춘천의 토산이다. 소양강창(昭陽江倉)에서 채집했

강가에 누대 섰고 누대 위에 신선 있으리　　上有高樓樓上仙
학창의 입고 《황정경》 찬찬히 읽노라면[184]　　手閱黃庭衣鶴氅
문 앞에 때때로 산삼 채집선 정박하리　　門前時泊採蔘船

3수[185]

아름답고 붉은 영지 산 위에 많기에　　燁燁紫芝山上多
그대 송별하며 〈자지가〉[186]를 짓노라　　送君仍作紫芝歌

기 때문에 이렇게 말한 것이다. 평성 '선(先)'운을 사용하였다.

184 학창의(鶴氅衣)……읽노라면 : 학창의는 신선이 입는 옷이다. 《진서(晉書)》 권84 〈왕공열전(王恭列傳)〉에, 왕공이 학창의(鶴氅衣)를 입고 거닐 때 마침 눈이 내렸는데, 맹창(孟昶)이 이를 엿보고는 "참으로 신선 세계 속의 사람이다.〔此眞神仙中人也〕"라고 찬탄했다는 일화가 나온다. 《황정경(黃庭經)》은 신선이 읽는 책이다. 소식(蘇軾)의 〈부용성(芙蓉城)〉 시에 "삼세를 왕래하며 공연히 형체만 단련하더니, 끝내 《황정경》을 잘못 읽고 말았네.〔往來三世空鍊形, 竟坐誤讀黃庭經.〕"라고 하였다. 그 주(註)에 "옛날 신선이 《황정경》을 잘못 읽어서 하계(下界)로 귀양 왔다."라고 하였다. 요컨대 학창의와 《황정경》은 모두 이승호의 풍모를 신선에 비기기 위해 인용한 소재이다.

185 3수 : 궁벽한 산촌의 고을을 맡나 나가는 벗에게, 그곳이 신선처럼 살기에 좋은 곳이라고 말하여 위로하였다. 평성 '가(歌)'운을 사용하였다.

186 자지가(紫芝歌) : 은거의 노래를 뜻한다. 진(秦)과 한(漢)의 교체기에 상산사호(商山四皓) 즉 동원공(東園公), 하황공(夏黃公), 녹리선생(甪里先生), 기리계(綺里季)가 남전산(藍田山)에 은거하여 피세(避世)의 뜻을 담아 〈자지가〉를 지어 부르기를 "높고 높은 산에 깊은 골짝 뻗어 있네. 붉은 영지가 주림을 달랠 만하도다. 요순의 시대 아득하니, 내 장차 어디로 돌아갈까? 사마가 끄는 높은 수레는 그 근심 매우 크나니, 부귀 누리며 남을 두려워하느니 빈천할지언정 내 뜻대로 살리라.〔莫莫高山, 深谷逶迤. 燁燁紫芝, 可以療饑. 唐虞世遠, 吾將何歸. 駟馬高蓋, 其憂甚大. 富貴之畏人, 不如貧賤之肆志.〕"라고 하였다. 《高士傳 卷上 四皓》 외직으로 나가는 벗에게 겉보기에 으리으리한 내직보다 춘천 부사가 훨씬 안전하고 마음 편한 자리라는 말로 위로하는

한 해에 세 번 돋는 영지를 캐기 좋으니[187]　　一年三秀芳堪採
따라가고 싶지만 병들었음에야 어이하리　　欲往從之奈病何

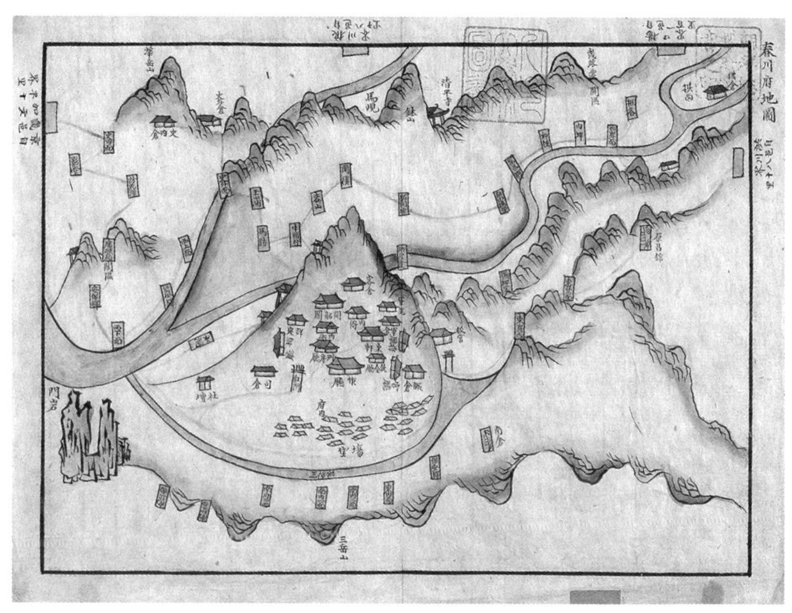

그림 9 춘천부지도(春川府地圖)

것이다.

187 한……좋으니 : 영지는 한 해에 세 번을 돋아 흔히 삼수(三秀)라고 한다. 장형(張衡)의 〈사현부(思玄賦)〉에 "한 해에 세 번 돋기를 기다렸더니, 이에 흰 이슬이 서리가 되었네.〔冀一年之三秀兮, 遒白露之爲霜.〕"라고 하였고, 혜강(嵇康)의 〈유분(幽憤)〉에 "빛나는 영지여, 한 해에 세 번이나 돋는도다. 나는 홀로 무얼 했나, 뜻을 이루지 못했구나.〔煌煌靈芝, 一年三秀. 予獨何爲, 有志不就.〕"라고 하였다.

경흥으로 가려 할 때 이계에 들러 아들의 묘에 곡하고 이별하다[188] 정유년(1776 영조21) ○ 5수

將之慶興 歷入耳溪 哭別子墓 丁酉○五首

1수[189]

네가 떠난 뒤	自汝之亡矣
청산에 풀 거듭 시들었구나	靑山草再黃
차가운 서리 네 얼굴을 덮고	嚴霜覆汝面
비통한 바람 내 애를 끊는다	悲風裂我腸
애 끊어지는 것이야 애석할 것 없다만	腸裂不足惜
훤칠한 네 모습 어디서 보겠느냐	何處見淸揚
세월은 속절없이 흘러가고	日月空去去
천지는 끝내 아득하구나	天地竟茫茫

188 경흥으로……이별하다 : 이 시는 이계가 53세 되던 1776년(영조52) 10월에 지은 작품이다. 이계는 이 전해인 1775년 여름에 맏아들을 잃었다. 6월 12일에 아들을 묻으며 제문을 지었는데, 본집 권24에 〈곡망아문(哭亡兒文)〉이란 제목으로 실려 있다. 나이 서른에 얻은 늦둥이 아들인 데다 문학에 재능이 있어 사랑이 각별했으며, 1775년 봄에 한시(漢試)에 급제하여 통덕랑이 된 터라 이계의 슬픔은 한층 더했다. 이계는 이해 10월에 경흥 부사로 부임하면서 우이동 아들의 묘에 들렀던 것이다. 오언고시 5수이다.

189 1수 : 아들을 잃고 두 번째 서리 내리는 가을을 맞아 느끼는 비통함을 읊었다. 평성 '양(陽)'운을 사용하였다.

2수[190]

네 아이 말을 이미 하는데　汝兒已能言
엄마 할머니란 말만 할 줄 안단다　但呼母與祖
네 아이 글을 배우기 시작하면　汝兒始學字
아비 '부'자 차마 가르치지 못하겠지　不忍教以父
조금 자라 아버지를 찾는다면　稍長若有問
그땐 무슨 말로 일러준단 말이냐　將以何語瞽
아이 음성 차차 네 음성 닮아가면　兒音漸似父
내 마음 달래어질까 더욱 슬플까　我心慰不慰

3수[191]

이계가에 지은 나의 집　我築溪上屋
그 오른편에 너의 무덤　汝墓在其右
예전 네가 날 따라와　昔汝從我來
작은 집 지으라 권했었지　勸我起小構

190 2수 : 이계의 맏아들 홍낙원(洪樂源)이 20대 초반의 나이로 죽을 때 돌이 조금 지난 아들이 있었다. 〈곡망아문〉에서 "너의 아들이 나이는 비록 세 살이지만 개월 수로는 돌이 조금 지났다. 그 아이를 길러 성장시킬 생각을 하니 아득하기만 하구나.〔汝之一子, 齒雖三歲, 生月廑周, 撫養成立, 思之杳然.〕"라고 하였다. 아비 없이 자랄 손자를 생각하며 느끼는 슬픔과 그 손자를 보며 아들을 떠올릴 비통함을 읊었다. 이 손자가 홍경모(洪敬謨, 1774~1851)이다. 수련과 함련은 상성 '우(虞)'운을 사용하였고, 경련과 미련은 거성 '치(寘)'운과 '미(未)'운을 협운하였다.

191 3수 : 아들과의 추억이 서린 이계의 집을 차마 떠나지 못하는 심정을 읊었다. 수련과 함련은 거성 '유(宥)'운을 사용하였고, 경련과 미련은 평성 '지(支)'운과 '어(魚)'운을 협운하였다.

집은 지어졌건만 너는 어디 있느냐 屋成汝不在
늙은 나만 홀로 와서 살고 있구나 老我獨來居
너의 마음 여기 와 머물 텐데 汝心想有依
떠나는 내 심정 어떠하겠느냐 我懷當何如

4수[192]

나는 삼천리 길을 떠나 我徂三千里
아득히 동해가로 간다 迢迢靑海傍
네 아우들 모두 와서 나를 송별하고 汝弟皆來送
향리 사람들도 또한 날 멀리 보낸다 鄕里亦遠將
술잔 들고 차마 마시지 못하고 把酒不能飮
모두들 참담히 말이 없구나 四座慘無言
묘에 가서 통곡하고 싶지만 上山欲一慟
너의 넋 슬프게 할까 두렵구나 更恐戚汝魂

5수[193]

192 4수 : 이계가 경흥으로 떠날 때 아들들이 모두 와서 송별하였는데, 그 자리에 맏아들이 없음을 슬퍼하여 읊은 것이다. 이계는 4남을 두었는데, 둘째가 홍낙준(洪樂浚)이고, 홍낙문(洪樂汶)과 홍낙제(洪樂濟)는 측실에서 난 서자이다. 수련과 함련은 평성 '양(陽)'운을 사용하였고, 경련과 미련은 평성 '원(元)'운을 사용하였다.

193 5수 : 맏아들 홍낙원은 문장과 글씨에 모두 뛰어나 이계가 시를 지으면 홍낙원이 비평을 해주기도 하고, 대신 베껴 쓰기도 했기에 그때의 일을 추억하며 슬픔을 읊은 것이다. 〈곡망아문〉에서 "문장이 일찍 숙성하여 성취가 매우 빨랐으니, 시와 고문에 모두 문로를 얻었다.……내가 만년에 오직 시문으로 즐겼는데, 무릇 시를 지은 것이 있으면 네가 비평을 하였고, 편장을 지어서 줄 때에는 너에게 대신 베껴 쓰게 하였지.〔文

어렸을 때 시 짓기 좋아하고	汝少喜爲詩
글씨도 매우 잘 썼기에	汝又工於寫
내가 지은 시 있으면	凡我有述作
너를 시켜 적거나 화운하게 하였지	使汝書且和
네가 떠난 뒤로	自汝之亡矣
차마 다시 시를 짓지 못하였다	不忍更吟詩
이제 너를 이별하는 시 지었거늘	今作別汝辭
날 위해 써줄 이 그 누구 있겠느냐	爲我寫者誰

藝夙茂, 步武甚長, 詩騷古文, 皆得門路.……余於晚年, 惟以筆研自娛. 凡有述作, 與汝評騭, 篇章題贈, 使汝替寫.〕"라고 회고하였다. 평성 '지(支)'운을 사용하였다.

부사 정 시랑 대재가 연경에 가는 것을 보내며[194]

경자년(1780 정조4). 대재는 정원시이다.

送副价鄭侍郞大哉 元始 赴燕 庚子

나의 아우 지난달에 연경에서 왔고[195]	吾弟前月自燕山
그대는 오늘 이제 용만으로 떠나네	之子今日向龍灣
일 년에 사신이 두 차례 요수 건너며	一年冠蓋再度遼
어찌 허둥지둥 노고를 마다 않는가	胡爲屑屑不憚勞

194 부사……보내며 : 이 시는 이계가 57세 되던 1780년 여름에 지은 작품이다. 정원시(鄭元始, 1735~1782)의 본관은 온양(溫陽), 대재는 그의 자이다. 이해 8월 13일에 건륭제의 칠순을 맞아 진하겸사은정사(進賀兼謝恩正使)를 파견하였는데, 박명원(朴明源)이 정사였고, 정원시가 부사였으며, 한광근(韓光近)이 서장관이었다. 박지원(朴趾源)은 이 사행을 따라 다녀와서 《열하일기》를 남겼는데, 6월 24일에 압록강을 건넜다고 하였고, 정원시가 돌아와 올린 장계에 "8월 1일에 북경에 도착하여 예부에 표문과 자문을 올렸다."라고 한 것으로 보아, 사행단은 6월 중순에 서울을 떠났을 것이고, 따라서 이 글은 그 이전 어느 시기 곧 5월에서 6월 초 무렵에 작성되었을 것으로 추정된다. 《正祖實錄 4年 9月 17日》

사행의 먼 길을 떠나는 이에 대한 위로, 건륭제가 남경으로 순행을 간 일, 천추절 조회에서 이국 사신들의 모습을 읊었으며, 선조 정렴(鄭磏, 1506~1549)의 일을 말하여 정원시의 집안을 높이는 한편 험난한 사행을 격려하였다. 30구의 칠언절구인데, 특이하게도 한 연의 내외구에 모두 압운하여 연마다 환운하였다. 운자는 산(山), 소(蕭), 마(麻), 가(歌), 진(眞), 지(紙), 증(蒸), 질(質), 지(紙), 진(眞), 동(東), 진(眞), 질(質), 원(元) 자이다.

195 나의……왔고 : 이계의 막내 아우 홍명호(洪明浩)가 동지겸사은사(冬至兼謝恩使)의 서장관이 되어 이 전해 10월 29일에 시폐(辭陛)하고 서울을 출발하여 북경을 갔다가 이해 4월에 돌아왔다. 《正祖實錄 4年 4月 22日》

대국에 붙어 있어 예가 더욱 지극한 것이니　密邇强鄰禮有加
약국의 사행(使行)이 탄식할 만하네　弱國皮幣堪咨嗟
더구나 더운 날씨에 능하를 건너니　況復炎天涉淩河
수레바퀴가 뻘에 빠짐을 또 어이하랴[196]　車輪沒泥將奈何
황제가 금년에 칠순을 맞아　皇帝今年滿七旬
육룡을 내달려 남쪽으로 순행했네[197]　六龍駓駓南出巡
금릉의 석두성[198]은 이천 리 길이니　金陵石頭二千里
겨울에서 여름까지 집안처럼 순시하리[199]　寒往暑來庭戶視
한 무제와 당 현종도 하지 못한 일인데　武帝明皇所未曾
오히려 말을 타고 매가 날듯 내달렸네　尙能騎馬如鷹騰

196 더구나……어이하랴 : 대릉하(大淩河)와 소릉하(小淩河) 일대가 모두 진흙 펄이기 때문에 이렇게 말한 것이다. 참고로 《연원직지》 3월 9일 기록에 "능하 이후로는 길이 매우 미끄러워 빨리 걷지 못한다.〔自淩河以後, 路甚泥濘, 不能速行.〕"라고 하였다. 대영자(大營子)를 지나야 비로소 긴 진흙길에서 벗어난다.

197 황제가……순행했네 : 건륭제(乾隆帝)는 6차에 걸쳐 남순(南巡)을 행했는데, 제5차 순행이 1780년에 있었다. 1월 12일에 북경을 출발하여 5월 9일에 돌아왔는데, 건륭제가 이 긴 순행의 길에 남경을 들렀던 것이다.

198 금릉(金陵)의 석두성(石頭城) : 금릉은 남경의 고호이다. 석두성은 남경의 청량산(淸凉山)에 있는 산성이다. 본디는 초(楚)나라의 금릉성(金陵城)이었는데, 오(吳)나라의 손권(孫權)이 증축하고서 이름을 석두성으로 고쳤다. 석수성(石首城)이라고도 한다. 이백(李白)의 〈금릉가(金陵歌)〉에 "석두성의 바윗돌은 범이 웅크린 듯한데, 푸른 강은 넘실대며 지나가려 하는구나.〔石頭巉巖如虎踞, 淩波欲過滄江去.〕"라고 하였다.

199 겨울에서……순시하리 : 이계가 이 글을 쓸 무렵에는 황제가 남경에 머물고 있다는 소식을 들었기에, '1월에 출발해 계절이 바뀌고 여름이 올 때까지 황제는 남쪽 천하를 집안 살피듯 순시할 것이다.'라고 한 것이다.

팔 월 십삼 일 천추절엔　八月十三千秋節

만국의 사신 회동하여 조공 바칠 때　萬國會同旅庭實

이면과 털옷[200]이 얼마나 궤이할 것인가　𠢐面毳服何詭異

주리와 임매[201]가 분분히 귀에 따가우리　侏𠐊任昧紛聒耳

우리나라 사람만 단위와 장거 차림이니[202]　端委長裾獨我人

늘어선 타국의 사신들 비웃고 찡그리리　鵠立班行群笑顰

그대의 선조 북창옹께서　君之先祖北窓翁

가정 연간에 명나라에 가셨을 때　嘉靖年間觀皇風

사흘을 황성 거리에 홀로 서서　三晝獨立九街中

각국의 말을 모두 환히 아셨다지[203]　四夷方音皆默通

200 이면(𠢐面)과 털옷 : 청나라 조관 및 여러 외방에서 온 사신들의 낯선 차림새를 말한다. 이면은 칼로 얼굴에 자국을 낸다는 뜻이다. 고대에 흉노(匈奴), 여진이나 위구르 등 북녘 지방의 종족들은 큰 우환이나 초상을 당하면 칼로 얼굴에 자국을 내어 그 비통함을 표시했다고 한다. 털옷은 유목민족 국가들이 입는 모피옷을 말한다.

201 주리(侏𠐊)와 임매(任昧) : 청나라 말 및 여러 외방의 말을 말한다. 《주례(周禮)》〈춘관(春官) 제루씨(鞮鞻氏)〉에 실린 정현(鄭玄)의 주에 "사이(四夷)의 음악은, 동방의 음악은 매(韎)라고 하고, 남방의 음악은 임(任)이라 하고, 서방의 음악은 주리(株離)라고 하고, 북방의 음악은 금(禁)이라고 한다.〔東方曰韎, 南方曰任, 西方曰株離, 北方曰禁.〕"라고 하였고, 《예기》〈명당위〉에 "매(昧)는 동이의 음악이고, 임(任)은 남만의 음악이다.〔昧東夷之樂也, 任南蠻之樂也.〕"라고 하였다.

202 우리나라……차림이니 : 중화의 예교와 문화를 간직한 복장을 입은 것은 우리나라 사신밖에 없다는 말이다. 단위(端委)는 주(周)나라 때 조정에서 관리가 입던 현단복(玄端服)과 위모관(委貌冠)을 일컫는 말이다. 곧 관리의 관복(冠服)을 뜻한다. 장거(長裾)는 소매나 옷자락이 긴 도포 또는 관복이다.

203 그대의……아셨다지 : 정원시는 정순붕(鄭順朋, 1484～1548)과 그 아들 북창(北窓) 정렴의 후손이다. 정순붕이 명나라 사신을 갈 때 정렴이 자제군관으로 따라갔

당시 목격자들이 이인이라 탄식하였으니	當時見者嘆異人
지금까지 전설이 전해지리	至今風聲應未湮
아! 오늘의 중화는 옛 중화 아니니	嗚呼今之中華非昔日
문물과 풍속을 뉘에게 다시 물으리	文物謠俗更誰質
만약 명나라 유민 만난다면 많은 말 말고	若逢遺民無多言
그저 '나는 북창의 후손이오.'라고만 하오	但道我是北窓孫

다. 허목(許穆)의 《기언(記言)》 권11 〈정북창〉에 "14세에 중국을 유람하였는데, 기이한 기운을 보고서 이곳에 온 유구(琉球) 사람이 선생을 뵙고는 재배하며 '제가 운명을 점쳐 보니, 점괘에 「모년 모월 모일에 중국에 가면 진인(眞人)을 만날 것이다.」라고 나왔었습니다. 당신이 참으로 그분이십니다.'라고 말한 다음 배우기를 청하였다. 이에 중국에 온 여러 오랑캐가 그 소식을 듣고 모두 앞 다퉈 달려와 선생을 뵈었는데, 선생이 사방 오랑캐의 여러 언어로 능숙하게 응답하자, 모두들 크게 놀라고 경이로워하며 '천인(天人)'이라고 칭송하였다."라고 하였다.

시랑 이성호가 해서백으로 부임하는 것을 보내며[204]

신축년(1781 정조5) ○ 2수. 이성호는 이경양이다.

送李侍郎聖浩 敬養 按海西伯 辛丑○二首

천관의 존귀함이 아닐진댄	不旣天官貴
무엇이 자사의 영예만 하랴[205]	爭如刺史榮
직책은 웅대하여 한 지방 나누어 다스리고	職雄分一面
은혜는 무거워 전성의 봉양을 할 수 있네[206]	恩重養專城
나라에 보답함은 특별한 방법 없고	報國無他術
오직 집안에 내려오는 청렴함일세	傳家只箇淸

204 시랑……보내며 : 이 시는 이계가 58세 되던 1781년 9월 말에서 10월 초엽에 지은 작품이다. 이경양(李敬養, 1734~1790)은 본관은 경주, 호는 가와(可窩)이고, 성호는 그의 자이다. 1772년(영조48) 정시(庭試)에 합격하였으며, 승정원 승지, 사간원 대사간, 이조 참의, 성균관 대사성 등을 거쳐 이해 6월에는 이조 참판이 되었으며, 9월 29일에 황해도 관찰사에 제수되었다.

첫수는 외직으로 떠나는 이경양을 위로하는 내용이다. 평성 '경(庚)'운을 사용한 오언율시이다. 둘째 수는 이계 자신이 47세 되던 1770년에 황해도 관찰사로 부임했을 때의 일을 회상하여 그리며 이경양에게 말해주는 내용이다. 평성 '양(陽)'운의 오언율시이다.

205 천관(天官)의……하랴 : 천관은 이조를 말한다. 자사는 지방관인데 조선으로 말하면 관찰사에 해당한다. 이경양이 이조 참판으로 있다가 황해도 관찰사가 되었으므로 이렇게 말하여 위로한 것이다.

206 은혜는……있네 : 외직으로 나가는 것은 부모님께 봉양할 기회를 준 임금의 은혜라는 뜻의 위로이다. 전성(專城)은 자식이 고을 수령이 되어서 부모를 봉양하는 것을 말한다.

못난 재주로 일찍이 녹만 축내었기에　　疏才曾素食
그대 보내며 시 드림에 더욱 부끄럽네　　還愧贈君行

벽성은 어디가 좋은가　　碧城何處好
청정하고 빼어난 하당이라네[207]　　淸絶一荷堂
학은 원문 대하여 고요하고　　鶴對轅門靜
꽃은 화극에 더해 향기로웠지[208]　　花添畫戟香
누대의 주위에는 노랫소리 퍼지고　　歌聲樓上下
물의 중앙에는 춤 그림자 어리었지　　舞影水中央
십 년 전의 일이 혼연이 꿈과 같으니　　十載渾如夢
그대 보내며 그리움 더욱 길도다　　送君思更長

207 벽성(碧城)은……하당(荷堂)이라네 : 벽성은 황해도 해주(海州)의 고호이다. 하당은 해주부 객관 서쪽에 있는 부용당(芙蓉堂)을 가리키는 듯하다. 부용당에 정현(鄭礥, 1562~?)의 시가 걸려 있는데, "연꽃향과 달빛이 맑은 밤에 제격인데, 여기에 또 누구인지 옥퉁소를 불어주네. 열두 굽이 난간에서 잠들지 못하니, 벽성의 가을 상념이 정녕 아득하여라.〔荷香月色可淸宵, 更有何人弄玉簫. 十二曲欄無夢寐, 碧城秋思正迢迢.〕"라고 하였다. 이는 당(唐)나라 이상은(李商隱)의 시 〈벽성〉에 "벽성의 열두 굽이 난간〔碧城十二曲欄干〕"이라는 시구를 차용한 것이다. 해주를 벽성으로 부르게 된 것은 여기에서 유래했다고 한다. 참고로 해주는 1616년(광해군8) 10월 27일에 벽성군으로 강등이 된 적이 있다.

208 학(鶴)은……향기로웠지 : 해주 감영의 청빈하고 아름다우면서도 위엄있는 모습을 회상하며 비유하여 읊은 것이다. 학은 촉주 자사(蜀州刺使)로 부임하면서 거문고 하나와 학 한 마리를 데리고 간 송나라 조변(趙卞)의 고사를 인용한 것이다. 원문(轅門)은 수레의 끌채를 마주 세워 만든 문으로 곧 병영(兵營)을 가리킨다. 화극(畫戟)은 채색을 하여 병영에 세우는 의장용 창이다. 그런데 아래 시 제1수의 전구를 보건대, 당시 황해 감영에는 실제로 학이 살고 있었고 연못에는 꽃이 피어 있었던 것으로 짐작된다. 함련의 내용이 실경을 노래한 것이라는 말이다.

이랑 영익에게 주다[209] 2수

贈李郎永翼 二首

고개 돌려보니 해서에서 지낸 지 십일 년	回首西遊十一年
벽성의 산색이 꿈에도 선연하네	碧城山色夢依然
연못 꽃 원우 학은 응당 탈이 없을 터인데	池花院鶴應無恙
늙은 나는 오늘 머리 위에 눈이 그득하네	老我如今雪滿顚

맑은 벽란나루[210] 거듭 건너는 그대 보내노라니	送君重渡碧瀾淸
문득 당시에 옥 같은 용모 맞이하던 일 생각나네	却憶當時玉貌迎
처가에 묵다 오늘 그대 집으로 돌아가니	甥舘卽今還子舍
시동이 응당 글 읽는 소리 익숙히 듣겠지	侍童應慣讀書聲

209 이랑(李郎) 영익(永翼)에게 주다 : 이 시는 이계가 58세 되던 1781년(정조5) 10월 이후에 지은 작품이다. 이영익(李永翼, 1757~1805)은 이계의 둘째 사위이다. 이때까지 아직 포의로 있었던 듯하다. 뒤에 1789년에 진사시에 합격하였다. 본관은 경주, 자는 공려(公勵)이다. 9월에 황해도 관찰사로 부임한 이경양의 둘째 아들이다.

첫수는 1770년 47세의 나이로 황해도 관찰사에 부임했을 때를 회상하며 자신의 늙음을 한탄하였다. 둘째 수의 승구에서 읊은 정황으로 보아 그 당시 13세의 소년 재사였던 이영익이 부친 이경양의 동당(同黨) 선배였던 이계를 찾아간 일이 있는 듯하다. 평성 '선(先)'운을 사용한 칠언절구이다. 둘째 수는 부친 이경양을 따라 황해 감영으로 가는 사위 이영익을 보내며 '시동(侍童)이 글 읽는 소리 익숙히 들을 것'이라 말하여 부친이 계신 곳에 가서 부지런히 독서하라는 격려를 은근히 담아 읊었다. 평성 '경(庚)'운을 사용한 칠언절구이다.

210 벽란나루 : 경기도 개풍군 예성강 하류의 나루이다. 이영익이 황해도 감영으로 가기 때문에 말한 것이다.

연행에서 돌아오자마자 여호에 들어가 원형의 계정에 쓰다[211] 계묘년(1783 정조7)

燕行初返 入驪湖 題元亨溪亭 癸卯

아득한 여강의 전토에 봄 부들 새로 자라	江田漠漠長新蒲
막대 짚고 모래사장에서 목욕하는 오리 보네	倚杖沙頭見浴鳧
만 리의 장유는 갈석에 다녀왔거니와	萬里奇遊臨碣石
십 년의 한가한 꿈은 여호에 있다네	十年閒夢在驪湖
구양수는 늙기 전에 영주를 그리워했고[212]	歐陽未老猶思潁
장한은 가을바람 만나자 오중으로 돌아갔네[213]	張翰逢秋卽返吳

211 연행에서……쓰다 : 이 시는 이계가 60세 되던 1783년 3월에서 4월 사이에 지은 자품이다. 이계는 이전 해인 1782년 10월에 동지 겸 사은사 부사로 연경으로 가서 이해 3월에 돌아왔다. 여호는 경기도 여주(驪州)이고, 원형(元亨)은 원형리(元亨里 지금의 점동면 원부리)이다. 원형리에 있던 계정에 대해서는 미상이다. 시의 전반적인 내용으로 보아 이계는 이 무렵을 전후로 여주 일대에 전장을 경영했던 것으로 보인다. 다만 구체적 정황은 고찰을 요한다. 봄이 온 정자에서 잠시 쉬며 벼슬에서 물러나 강호에 은거하고 싶은 회포를 읊었다. 평성 '우(虞)'운을 사용한 칠언율시이다.

212 구양수(歐陽脩)는……그리워했고 : 영주(潁州)는 지금의 안휘성 부양시(阜陽市) 일대에 있던 옛 고을 이름이다. 송대의 문장가 구양수가 1049년 무렵 영주 자사(潁州刺史)가 되어 8년 동안 지내고 돌아온 뒤 그곳의 서호(西湖)를 그리워하여 자주 시로 읊었으며, 만년에 태자소사(太子少師)로서 치사하고 다시 영주에 돌아가 은거하였기 때문에 이렇게 말한 것이다.

213 장한(張翰)은……돌아갔네 : 장한은 진(晉)나라 강동(江東) 오군(吳郡) 사람으로 자가 계응(季鷹)이다. 낙양(洛陽)에 들어가 제왕(齊王)의 동조연(東曹掾) 벼슬을 하다가, 가을바람이 불어오자 고향인 오중(吳中) 지방의 순채국과 농어회〔鱸魚膾〕가

몇 칸의 낡은 집 그럭저럭 마련되면[214] 破屋數間如苟合
낚싯대 하나로 끝내 옛 어부 벗하리 一竿終伴舊漁徒

생각나 곧장 사직하고 돌아갔다고 한다. 이 고사를 빌려 여강가에 은거하고 싶은 자신의 바람을 읊었다. 《晉書 卷92 張翰列傳》

214 몇……마련되면 : 원문의 '구합(苟合)'은 전장이 조금 마련되는 것을 말한다. 《논어》〈자로(子路)〉에 "공자가 위나라의 공자 형이 살림을 잘한다고 말씀하셨다. 처음 소유하게 되자 그는 '그럭저럭 모았다.'라 하였고, 조금 늘자 그는 '그럭저럭 갖추었다.'라고 하였다.〔子謂衛公子荊, 善居室. 始有, 曰: "苟合矣.", 少有, 曰: "苟完矣."〕"라고 한 데서 유래한 말이다.

족대부 판서공의 치사첩에 추제하다[215]

판서공은 홍중징이다.

追題族大父判書公 重徵 致仕帖

운한[216]의 영광이 옷자락에 감도니 雲漢榮光動袖間

화고[217]를 손에 받들어 고운 얼굴 짝했네 手擎華誥伴韶顔

215 족대부……추제(追題)하다 : 이 시는 이계가 60세 되던 1783년(정조7) 4월 이후에 지은 작품이다. 홍중징(洪重徵, 1682~1761)의 자는 석여(錫餘), 호는 오천(梧泉), 초명은 중흠(重欽)이다. 홍이상(洪履祥)-홍탁(洪霔)-홍주천(洪柱文) 계로 홍만조(洪萬朝)의 3남이며, 당색은 남인이다. 1713년 증광시 문과에 급제하여 병조 참지, 형조 참판 등을 거쳐 1754년에 공조 판서로서 기로소에 들어갔다. 이후 1760년(영조36) 1월 20일에 홍중징이 기사 당상으로 입시하여 "선신(先臣)이 누차 휴치(休致)의 글을 올렸으나 유허를 받지 못하였는데, 신이 아버지의 뜻을 계승하는 길은 오직 치사에 있습니다."라고 하거늘, 영조가 치사를 윤허하고 손수 글을 써서 포장하였다. 이것이 치사첩이다.《英祖實錄 36年 1月 20日》

수련에서는 어제 치사첩을 높이 받든 홍중징의 모습을 읊었고, 함련에서는 홍만조와 홍중징 부자의 치덕과 조행을 읊었다. 경련에서는 기로사에 든 영광과 가문의 단란함을 노래하였고, 미련에서는 치사연의 성대함을 읊어 마무리하였다. 평성 '산(刪)'운의 측기식 칠언율시이다.

216 운한(雲漢) :《시경》〈대아(大雅) 운한(雲漢)〉에 "저 높은 은하여, 밝은 빛으로 하늘에 감도누나.〔倬彼雲漢, 昭回于天.〕"라고 하고, 〈역박(棫樸)〉에 "찬란한 저 은하수여, 밤하늘을 수놓았네.〔倬彼雲漢, 爲章于天.〕"라고 한 데서 유래한 말로, 임금이 지은 시문을 뜻하는 성어가 되었다. 홍중징이 치사할 때 영조가 손수 글을 써서 내렸기 때문에 이렇게 말한 것이다.

217 화고(華誥) : 임금이 내리는 교지나 직첩 등을 두루 일컫는 말인데, 여기서는 홍중징에게 내린 치사첩을 말한다.

구주의 치덕은 본래 다 갖기 어렵거늘　九疇齒德元難竝
양세의 행장은 이렇듯 나란하네[218]　兩世行藏若是班
낙사의 거문고와 술동이엔 기색이 더하고[219]　洛社琴樽添氣色
위원의 꽃과 나무에는 청한함이 곱절 되었네[220]　韋園花樹倍淸閒
도성 문에 차일을 얼마나 많이 쳤는지　都門供帳知多少
하늘 끝 지친 새 돌아옴을 무심히 바라보네　天末空瞻倦鳥還

218 구주(九疇)의……나란하네 : 장수를 누리기 쉽지 않은데 홍만조(洪萬朝, 1645~1725)와 홍중징 부자(父子) 양대(兩代)가 모두 장수를 누렸으며, 또한 모두 직접 치사(致仕)하여 진퇴와 출처의 조행에 모범을 보였다는 말이다. 구주의 치덕(齒德)이란 '〈주서(周書) 홍범(洪範)〉에서 말하는 장수'라는 의미이다. 홍만조는 1718년 우참찬을 지낸 뒤 기로소에 들어갔으며, 판의금부사와 좌참찬을 거쳐 판돈녕부사에 이르렀다. 1724년 이후 1725년 12월 2일 눈을 감을 때까지 줄곧 체직과 치사를 청하는 상소를 올렸다. 《영조실록》과 《승정원일기》에는 치사를 윤허받은 내용이 나오지 않지만, 홍만조가 만년에 끊임없이 치사를 청하였기 때문에 이렇게 말한 듯하다.

219 낙사(洛社)의……더하고 : 낙사는 송(宋)나라 신종(神宗) 원풍(元豐) 연간에 문언박(文彦博)이 주도하여 결성한 낙양기영회(洛陽耆英會)를 말한다. 기영회 고사를 인용하여 홍중징 부자가 모두 기로사(耆老社)에 들어가 그 연회에 참여하였음을 말한 것이다.

220 위원(韋園)의……되었네 : 위원은 당(唐)나라 때 섬서성(陝西省) 장안현(長安縣)의 명문가 위씨(韋氏) 집안 사람들이 화수회(花樹會)를 결성한 것을 말한다. 홍중징 부자의 영화를 바탕으로 풍산 홍씨 일문이 화목하고 번성하게 되었다고 말한 것이다. 참고로 당나라 잠삼(岑參)의 시 〈위원외화수가(韋員外花樹歌)〉에 "그대의 집 형제를 당할 수 없나니, 열경과 어사 상서랑이 즐비하구나. 조회에서 돌아와서는 늘 꽃나무 아래 모이나니, 꽃이 옥항아리에 떨어져 봄술이 향기로워라.〔唐家兄弟不可當, 列卿御使尙書郎. 朝回花底恒會客, 花撲玉缸春酒香.〕"라고 하였다.

학성군은 선왕과 동갑인 갑술년생으로, 올해 91세이다. 상께서 선왕의 탄신일인 9월 13일에 특별히 궤장을 하사하시고 어제 칠언율시를 내리시자 신하들이 경건히 화답하였다[221] 갑진년(1784, 정조8). 학성군은 이유이다.

鶴城君 檢 以先朝同庚甲戌生 今年爲九十一 上於九月十三日 先朝誕辰 特賜几杖 下御製七律 諸臣敬和之 甲辰

남극성의 노인[222]	南極星官有老人
지금은 왕족으로 귀양 온 몸이라네[223]	璿潢今作謫來身
백 년에 삼천 일을 채우지 못했고	百年未滿三千日
잎새 하나에 구십 년 봄을 먼저 더했네[224]	一葉先添九十春

221 학성군은……화답하였다 : 정조(正祖)가 학성군(鶴城君) 이유(李檢, 1694~1785)에게 궤장을 내리며 지은 어제시(御製詩)에 화답한 시이다. 이 작품의 제목에서는 영조의 생일인 9월 13에 궤장을 하사했다고 되어 있는데, 《일성록(日省錄)》의 기록은 조금 달라서 9월 6일에 이 일에 대한 기록이 보인다. 정조는 선정전(宣政殿)에서 이유를 만나보고 그에게 궤장을 내렸는데, 그가 선대왕(先大王)과 같은 해에 태어났기 때문에 그를 볼 때마다 선대왕을 사모하는 마음을 금할 수 없기에 총애하는 마음을 나타내기 위해 서문(序文)과 율시 2수를 내린다며 신하들에게 화운하도록 명하였다. 《日省錄 正祖 8年 9月 6日》 평성 '진(眞)'운의 측기식 수구용운체 칠언율시이다.

222 남극성(南極星)의 노인 : 고대에 남극성은 사람의 수명을 관장하는 별이라고 여겨져서 노인을 지칭하는 말로도 쓰였다. 여기에서 이유를 남극성의 노인이라고 한 이유는 이유가 91세로 장수하고 있기 때문이다.

223 지금은……몸이라네 : 원문의 '선황(璿潢)'은 '선원(璿源)'과 같은 말로 왕족을 의미한다. 여기에서는 이유가 종실(宗室)이기 때문에 이렇게 말한 것이다.

224 잎새……더했네 : 이유가 91세가 되었다는 의미이다. 원문의 '춘(春)'은 연(年)

좋은 운수에 활 건 것은 똑같은 갑술년이었고[225] 景運懸弧曾竝甲

단문[226]에서 검을 차고 선 것은 다시 돌아온 갑진년이라네 端門帶劒又回辰

휘황찬란한 궤장 성상의 은총 서렸으니 輝煌杖几紆天寵

예부터 이 영광 누가 짝할까 從古斯榮更孰倫

학성군(鶴城君)은 선왕께서 갑진년(1724, 영조 즉위년)에 등극하실 때 총관(摠管)으로서 시위(侍衛)하였다. 올해가 그로부터 회갑이 되는 해인데 상께서 임문(臨門)하여 조참(朝參)할 때 또 총관으로서 입시(入侍)하였으므로 이 은혜로운 하교를 받들었다.

과 같은 의미로 평성 '순(諄)'운을 맞추기 위해 사용한 것이고, 원문의 '엽(葉)'은 '춘'자에 의미를 맞추기 위해 사용한 글자이다.

225 좋은……갑술년이었고 : 원문의 '현호(縣弧)'는 사내아이의 탄생을 말하는데, 고대 중국에서 사내아이가 태어나면 문 왼편에 활을 걸어놓던 풍습에서 유래한 말이다. 여기에서 갑술년에 똑같이 활을 걸었다는 것은 이유와 영조가 모두 갑술년인 1694년에 태어났다는 의미이다.

226 단문(端門) : 대궐 남쪽에 있는 정문이다.

만묘자 권성일이 보내준 시에 삼가 화답하다[227] 을사년(1785, 정조9). 권성일은 권만형이다.

奉酬萬妙子權聖一 萬衡 寄示韻 乙巳

옛날에 내가 약관으로 글공부할 제 昔我弱冠治文辭
그대는 꽃다운 나이로 와서 뒤따랐지 君以妙齡來追隨
명마의 빠른 걸음 절로 출중하여 名驥步驟自出群
이미 드높이 구름을 밟으려는 듯한 모습이었네 昂昂已有籋雲姿
서릿빛 발굽[228] 큰길을 달리는 것을 보려 했건만 霜蹄將看騁高衢
세상사란 황당하여 기약할 수 없는 것 世事謬悠不可期
나는 지금 백발로 속세의 멍에에 시달리고 我今白首困塵韁
그대는 동호(東湖)를 향해 낚싯줄을 손질하지 君向東湖理釣絲

227 만묘자……화답하다 : 이계가 벗인 권만형(權萬衡, 1727~1793)이 보내준 시에 화답한 시이다. 이 작품에서 이계는 권만형과의 만남과 그 첫인상, 젊은 시절의 이별과 재회, 그가 보내온 시의 훌륭함 등을 서술하고, 자신의 별장이 있는 우이동(牛耳洞)으로 놀러올 것을 촉구함으로써 끝맺는다. 권만형은 본관은 안동(安東), 자는 성일(聖一), 호는 만묘거사(萬妙居士)이다. 1759년(영조35)에 식년 진사시에 합격하였으나 문과에 응시하지 않고 사군(四郡), 묘향산(妙香山), 금강산(金剛山) 등 명승지를 유람하며 시와 바둑으로 생애를 보냈다. 이계는 그가 죽었을 때 묘지명(墓誌銘)을 지었을 정도로 각별한 사이였다. 그의 행적은 본집 권34 〈만묘거사 권공 묘지명(萬妙居士權公墓誌銘)〉에 자세하다. 평성 '지(支)'운의 16운 칠언고시이다.

228 서릿빛 발굽 : 원문은 '상제(霜蹄)'로 준마의 발굽을 가리킨다. 준마가 달릴 때 갈기가 날리는 모습이 비와 같고 말발굽의 색깔이 서리같이 하얀 데에서 유래한 말이다. 여기에서는 권만형의 뛰어난 재주를 가리킨다.

중간에 만나고 헤어지길 수십 년　中間聚散數十年
술 마실 때 꽃 볼 때 때로는 꿈에서도 그리워했네　對酒看花時夢思
지난해 서울에서 한 번 방문했을 때　去歲洛下一相訪
손을 맞잡으니 소년 시절처럼 기뻤어라　握手歡如少年時
조용히 마주앉은 쇠한 노인 두 사람　蕭然對坐兩衰翁
검은 머리 새어 백발 드리운 것에 문득 놀랐네　玄首翻驚素髮垂
옛날에 놀던 벗 몇이나 남았나　昔日朋遊餘幾人
이별 앞두고 도타운 정으로 깊은 술잔 들었지　臨別慇懃把深巵
올해 낙타봉(駱駝峯)에서 온 편지　今年尺素自駝峯
내게 먹과 백운시를 보내주었네　投我墨卿百韻詩
호당학사들과 시재(詩才)를 마주 겨루면[229]　湖堂學士對壁壘
뛰어난 글솜씨 광채가 번쩍번쩍　詞鋒筆花光陸離
늙은이 기가 질려 용기를 다 잃어　老夫氣慴無餘勇
90리 물러나 북과 깃발 바라보네　却立三舍觀鼓旗
하룻저녁 가을바람 교외 빈터에 부니　秋風一夕動郊墟
한 마리 나귀 타고 동계(東溪)로 돌아가리　疋驢言歸東溪湄
천관봉(天冠峯)과 탁영암(濯纓巖)　天冠之峯濯纓臺
맑은 물 아홉 굽이[230] 가는 대로　清流九曲恣所之

229 호당학사(湖堂學士)들과……겨루면 : 호당학사는 사가독서(賜暇讀書)를 하는 문신들을 뜻하는 말로, 주로 문재(文才)가 있고 장래가 유망한 젊은 문신들이 선발되었다. 원문의 '대루(對壘)'는 성벽이나 군진(軍陣)끼리 대치한다는 뜻으로 맞서서 겨룸을 의미한다.

230 천관봉(天冠峯)……굽이 : 천관봉과 탁영암은 모두 이계의 별장이 있던 우이동의 지명이다. 아홉 굽이는 이계가 자신의 전장이 있는 우이동 계곡에 명명한 아홉 승경

산야의 집 적적하게 구름과 소나무에 가렸으니	山扉寂寂掩雲松
나무하는 아이만 찾아와서 바둑을 구경할 뿐	惟有樵童來看碁
어떻게 하면 이곳에 벗이 찾아와서	此中安得故人來
산꼭대기 깊은 골짝 승경을 다 찾을 수 있을까	絶頂邃壑窮探奇
언덕의 단풍 물들고 국화가 노랗게 피려 하거든	岸楓欲丹山菊黃
대지팡이 짚신 갖춰 꾸물대지 말고 오시게	芒鞋竹杖莫遲遲

으로, 만경폭포〔萬景瀑〕·적취병(積翠屛)·찬운봉(攢雲峰)·진의강(振衣崗)·세묵지(洗墨池)·월영담(月影潭)·탁영암(濯纓巖)·수재정(水哉亭)·재간정(在澗亭)이다. 이계는 권13의 〈우이동구곡기(牛耳洞九曲記)〉에서 이들 승경의 수려한 경관을 묘사한 바 있다.

시랑 정시회가 그리워 배천의 임소에 부쳐 보내다[231]

정시회는 정경순이다.

憶鄭侍郎時晦 景淳 寄呈白川行軒

가을바람 불 때 한 번 이별한 뒤로 해가 또 바뀌었는데
一別秋風歲又更

벗은 물과 구름 맑은 곳에 편안히 누웠네 故人高臥水雲淸

은천[232]의 수령 되니 온 성으로 하는 봉양[233] 넉넉하고
專城養侈銀川守

231 시랑……보내다 : 이계가 벗 정경순(鄭景淳, 1721~1795)을 그리워하여 그의 부임지인 배천에 보낸 작품으로, 배천으로 부임하여 부모님을 봉양하며 여유롭게 지내는 그에 대한 부러움과 늘그막에도 벼슬길에서 물러나지 못하는 자신의 처지에 대한 안타까움을 드러내고 있다. 이계는 16세경에 과거 공부를 할 때 그를 만나 교분을 맺었는데, 당시 함께 노닐던 사람들 중 장수한 사람이 그를 제외하면 없다시피 했기 때문에 종종 그에 대한 각별한 마음을 작품에 드러냈다. 이 작품 외에도 그와 관련된 작품으로 본집 본권에 〈달밤에 정시회를 그리워하다〔月夜有懷鄭時晦〕〉, 권9에 〈수정 정 상서를 애도하다〔哀修井鄭尙書〕〉, 권10에 〈주갑을 맞은 정 시랑 시회에게 준 서문〔鄭侍郎時晦周甲序〕〉이 수록되어 있다. 정경순은 본관은 동래(東萊), 자는 시회(時晦), 호는 수정(修井)이다. 영의정 정태화(鄭太和)의 후손으로 1744년(영조20)에 진사시에 합격하였으나 문과에는 급제하지 못한 채 음직으로 양주 목사(楊州牧使)·홍주 목사(洪州牧使)·회양 부사(淮陽府使) 등을 전전하였는데, 가는 곳마다 치적을 쌓았고 결국 능력을 인정받아 벼슬이 공조 판서(工曹判書)에 이르렀다. 평성 '경(庚)'운의 측기식 수구용체 칠언율시이다.

232 은천(銀川) : 배천(白川)의 별칭이다.

233 온……봉양 : 원문은 '전성양(專城養)'으로, 지방 수령이 부임지에 부모를 모시고

수부의 경이 되니 작질 높여준 은혜 융륭해라[234] 晉秩恩隆水部卿
병이 많았던 것은 본래 세상을 업신여긴 것이 아니거니와 多病元來非傲世
벼슬을 쉰 것이 어찌 영화를 꾀해서였겠는가 休官何事反媒榮
나는 안타깝게도 백발의 몸으로 돌아갈 기약 없이 自憐白首無歸日
부질없이 하늘 끝을 바라보며 기러기 울음소리 듣노라 空向天邊聽雁聲

가서 봉양하는 것을 말한다.

234 수부(水部)의……융륭해라 : 수부는 공조(工曹)의 별칭이고, 경(卿)은 정경(正卿)과 아경(亞卿)으로 즉 조선의 판서(判書)와 참판(參判) 벼슬에 해당한다. 정경순은 1787년(정조11) 1월 17일의 정사(政事)에서 공조 참판에 임명되었다. 《承政院日記 正祖 11年 1月 17日》

지계 송덕문이 4운 고체시를 보내왔는데, 이것을 가지고 12운 시를 지을 만하여 수답하다[235] 송덕문은 송재도이다.

芝溪宋德文 載道 寄古體四韻詩 仍足成十二韻以詶之

아득한 천 년 아래에서 渺渺千載下
마음은 태초를 노니네 遊心在太初
옛사람이 남긴 찌꺼기에서 古人餘糟粕
뜻을 얻으면 곧 책을 잊네[236] 得意便忘書
나를 알아주는 벗 참으로 만나기 어려우니 知音誠難遇
세상과는 절로 소원해졌네 與世自相疎

235 지계……수답하다 : 이계가 벗 송재도(宋載道, 1727~1793)가 보내온 시에 화답하여 지은 고체시이다. 이계는 송재도에게 자신이 있는 우이동으로 찾아와 담론하고 음악을 즐길 것을 권하고 있다. 송재도는 본관은 은진(恩津), 자는 덕문(德文), 호는 지계(芝溪)이다. 관직에 나가지 않고 시서(詩書), 거문고, 바둑 등을 즐기며 생애를 보냈으며, 특히 바둑과 서예에 일가견이 있었다. 자지동(紫芝洞)에서 살며 이계, 홍병철(洪秉喆, 1727~?), 홍경후(洪景厚, 1734~1798) 등과 자각시사(紫閣詩社)를 결성하여 활동하기도 했다. 문집으로 《지계집(芝溪集)》이 있다. 평성 '어(魚)'운의 12운 오언고시이다.

236 옛사람이……잊네 : 옛사람이 남긴 찌꺼기란 책을 말한다. 《장자(莊子)》 〈천도(天道)〉에 수레바퀴 장인인 윤편(輪扁)과 제 환공(齊桓公)의 우화가 실려 있다. 윤편은 제 환공에게 자신의 바퀴를 깎는 기술을 말로 아들에게 완벽하게 전수해줄 수 없는 것처럼 사람들이 성인의 말이라면서 귀하게 여기는 책도 성인의 뜻[意]을 다 담아내지 못한 찌꺼기에 불과하다고 말했다. 언어와 문자의 불완전성과 자득(自得)의 중요성을 역설한 우화이다. 여기에서 뜻을 얻으면 책을 잊는다는 것은 이계가 독서를 하며 옛사람의 참뜻을 파악하려고 노력하고 자구(字句)나 책 자체에 집착하지 않았음을 뜻한다.

누구랴 자지곡[237] 부르며　誰歟歌紫芝
나 사는 곳 눈부신 모습으로 찾아올 이여　賁然來我居
소영의 고상한 선비[238]와　小瀛有高士
경쾌한 걸음으로 함께 오시게　翩翩共連裾
뜰에는 장인석[239]이 늘어서 있고　庭列丈人石
문에는 현달한 이의 수레 오지 않네　門無顯者車
상아 찌 가득 찬 서가에 꽂으며　牙籤揷盈架
그 가운데에서 한가로이 지내네　偃仰其中於
훌륭한 손님 어떻게 즐겁게 해드릴까　何以娛嘉賓
시골 막걸리에 뒷동산 채소를 뜯어와야지　村醪擷園蔬
이치에 대한 담론은 실낱같이 미세한 것도 분석하고　談理劈絲毫
사물의 변증은 벌레와 물고기 같은 미물에까지 미치네　辨物及蟲魚

237 자지곡(紫芝曲) : 자지가(紫芝歌)라고도 한다. 진(秦)나라 말기에 상산(商山)으로 은거한 사호(四皓), 즉 동원공(東園公)・기리계(綺里季)・하황공(夏黃公)・녹리선생(甪里先生)이 불렀다는 노래로, 은사들의 지취(志趣)를 담은 노래이다. 여기에서는 특히 송재도가 자지동(紫芝洞)에 은거하고 있기 때문에 이렇게 말한 것이기도 하다.

238 소영(小瀛)의 고상한 선비 : 홍병철을 가리킨다. 홍병철은 본관은 남양(南陽). 자는 성기(聖幾) 혹은 보량(保良), 호는 소영거사(小瀛居士)이며, 《사마방목(司馬榜目)》 등의 문헌에는 이름이 상철(相喆)로 되어 있는 곳도 있다. 1759년(영조35)에 진사시에 합격하였으나 50세가 넘도록 문과에 급제하지 못하여 귀향하였다. 권만형・송재도와 더불어 이계와 친분이 깊었다.

239 장인석(丈人石) : 석장인(石丈人)으로, 원림에 있는 바위나 절벽을 뜻한다. 송(宋)나라의 문인이자 화가인 미불(米芾)이 무위군(無爲軍)을 맡게 되었을 때 관사 안에 있던 기석(奇石)을 보고 석장(石丈)이라고 높여 부른 데에서 유래한 말이다.

거문고 타며 흐르는 물 생각하니[240] 彈琴按流水
음조가 빨라졌다 느려졌다 音調有疾徐
다시 〈보허사〉[241]로 전환하자 仍翻步虛曲
산 구름 걷혔다 다시 펴지네 山雲卷復舒
종일토록 편안하여 돌아가길 잊으니 終日憺忘歸
우리의 도 끝내 어떠한가 吾道竟何如

240 거문고……생각하니 : 옛날에 백아(伯牙)는 거문고를 잘 타고 벗 종자기(鍾子期)는 거문고를 잘 감상하였는데, 백아가 높은 산을 생각하고 연주하면 종자기는 대번에 "좋구나! 우뚝하기가 태산 같도다!〔善哉, 峨峨兮若泰山.〕" 하며 감탄하였고, 흐르는 물을 생각하고 연주하면 "좋구나! 넘실대는 것이 강하와 같도다.〔善哉, 洋洋兮若江河.〕"라고 감탄할 정도로 백아의 마음을 잘 이해하였다. 뒤에 종자기가 죽자 백아는 자기의 연주를 이해할 사람이 없다며 더 이상 거문고를 연주하지 않았다고 한다.《列子 湯問》

241 보허사(步虛詞) : 신선을 소재로 지은 시를 말하며, 중국 북주(北周) 유신(庾信)과 당(唐)나라 고병(高駢)의 〈보허사〉가 대표적이다. 여기에서는 자신들이 은거지에서 즐기는 흥취를 신선들에게 비기기 위해 사용한 시어이다.

쌍호정에 지어서 남기다[242] 경술년(1790, 정조14)

留題雙湖亭 庚戌

홍진 세상 열 해 남짓 바삐 다니다가 塵埃奔走十年餘
필마로 서호에 와 늙은 어부 짝하네 疋馬西湖伴老漁
강가에 가득한 안개비에 도롱이 걸치고 서니 滿江煙雨披蓑立
전날의 이조 판서라고 누가 말하랴 誰道天官舊判書

242 쌍호정에 지어서 남기다 : 이계는 1789년(정조13) 11월에 처음 이조 판서가 되었다가 이듬해 4월에 역적 조시위(趙時偉)의 제자 고응관(高應觀)을 장령(掌令)에 의망(擬望)한 일을 변명하고 죄를 청하는 상소를 재차 올린 끝에 체차되었다.《正祖實錄 14年 4月 23日·24日》이 시는 이때 용호(龍湖)에 있는 쌍호정에 와서 지은 작품이다. 이계는 전구(轉句)와 결구(結句)에서 도롱이 쓴 초라한 행색으로 비를 맞고 있는 자신을 전(前) 이조 판서라고 알아볼 이 없으리라고 자조하는데, 타의에 의해 얻은 것이긴 하지만 한가롭고 여유로운 마음과 체차된 데 대한 착잡한 심정이 동시에 드러난다. 본집 권13의 〈쌍호정기(雙湖亭記)〉에서도 이때 이계의 심경을 살필 수 있다. 평성 '어(魚)'운의 칠언절구이다.

공조 정랑 신문초가 인제의 임지로 가는 것을 전송하다[243]

送申水部文初之任麟蹄

거문고와 학이 어찌 쌀과 소금에 대해 물을 것 있으랴[244] 琴鶴何須問米鹽

문장과 산수는 참으로 겸하기 어려운 것이거늘[245] 文章山水苦難兼

벼슬은 공조를 따르니 깨끗하기가 두보와 같고[246] 官從水部淸如杜

243 공조……전송하다 : 시우(詩友)인 신광하(申光河, 1729~1796)가 인제 현감(麟蹄縣監)으로 부임할 때 지어준 시이다. 신광하는 1790년(정조14) 10월 13일의 정사(政事)에서 인제 현감에 제수되었는데, 이때의 정사에 이계는 이조 판서로서 참여했다. 《日省錄 正祖 14年 10月 13日》 작품 전반부에서는 현감으로 부임하는 신광하의 고상한 품성과 임무의 중대함에 대해 이야기하였고, 후반부에는 부임해서 즐기게 될 인제의 승경과 풍류를 이야기한 뒤에 벗들과 차례로 이별하여 혼자 남게 된 자신의 아쉬운 마음을 토로하였다. 평성 '염(鹽)'운의 측기식 수구용운체 칠언율시이다.

244 거문고와……있으랴 : 거문고와 학〔琴鶴〕은 예부터 고사(高士)들이 애호했던 것들로, 고결함과 청렴함의 상징이다. 쌀과 소금〔米鹽〕은 생존에 반드시 필요한 식품으로, 생계를 유지하는 데 필요한 자질구레한 일들을 비유한다.

245 문장과……것이거늘 : 문장력이 훌륭한 사람이라고 꼭 수려한 산수를 구경할 기회를 얻지는 못하고, 모처럼 수려한 산수를 구경할 기회를 얻은 사람이라고 꼭 문장력이 좋은 것은 아니라는 말이다. 즉 신광하는 뛰어난 문장력과 자연 경관이 훌륭한 고을의 지방관으로 부임하는 행운을 동시에 누리게 되었음을 말한 것이다.

246 벼슬은……같고 : 원문의 '수부(水部)'는 공조의 별칭으로, 신광하는 공조 정랑을 역임한 적이 있다. 여기에서 깨끗하기가 두보와 같다고 한 것은, 두보도 공부 원외랑(工部員外郎)을 역임한 적이 있기 때문이다.

땅은 설악산에 가까워 무게가 절로 두려워라　　地近雪山重自嚴
풍악산에 단풍 붉게 물들면 마음껏 구경할 것이요 楓嶽葉紅應騁目
한계[247]에 달 밝게 뜨면 수염 치키기 좋으리　　寒溪月白好掀髯
유독 가련해라 늙은 나만 문우(文友)들과 떨어졌으니
獨憐老我違同社
뉘와 함께 매화 아래서 깊은 잔에 술을 더 부으랴 梅下深杯誰與添

247 한계(寒溪) : 현재의 강원도 인제군 북면의 한계리(寒溪里)이다. 신라 진덕여왕(眞德女王) 때 자장율사(慈藏律師)가 창건했다고 전해지는 고찰인 한계사(寒溪寺)가 있어 명승지로도 유명하다.

동강으로 완전히 돌아가는 소영거사 홍성기를 송별하다[248] 홍성기는 홍병철이다.

別小瀛居士洪聖幾 秉喆 大歸東江

슬프고도 참담하건만 悽悽復惻惻
그대는 떠나서 어디로 가는가 之子去何之

기구(起句)에서 두보가 이백(李白)에게 준 시의 말을 인용하였다.[249]

허깨비 같은 세상 여러 인연 끊어지고 幻界諸緣斷
떠돌이 같은 삶[250] 하나의 그림자만 따라올 뿐 浮家隻影隨

248 동강으로……송별하다 : 이계가 자각시사에서 교유했던 홍병철이 동강으로 돌아가는 것을 전송하며 지은 시이다. 홍병철은 50세가 되도록 문과에 급제하지 못해 생계가 막막하였기 때문에 귀향을 결심하였는데, 이계는 이 시를 통해 귀향길에 올라 외롭고 풀이 죽어 있을 홍병철에게 고향에 내려가 지내면서도 선비의 원대한 기상을 잘 간직하라고 당부하고 있다. 이 시는 본집 권11의 〈남양으로 돌아가는 홍 상사 성기에게 주는 서문〔贈洪上舍聖幾歸南陽序〕〉과 함께 봄 직한데, 이 작품에서 이계는 궁달(窮達)은 하늘이 정해주는 것이며 선비의 인생은 전반에 운이 막혔다 후반에 트이기도 하고 곤궁함 속에서 명성이 이루어지기도 한다며 홍병철을 위로하였다. 평성 '지(支)'운의 평기식 수구불용운체 오언율시이다.

249 기구(起句)에서……인용하였다 : 여기에서는 두보가 이백에게 준 시의 시어를 인용하였다고 했으나, 두보의 〈증이백(贈李白)〉에는 보이지 않는다. 해당 시구는 왕유(王維)의 〈송양장사부과주(送楊長史赴果州)〉에 보인다. 이 시의 수련(首聯)에, "포사(褒斜) 골짜기는 휘장 친 수레 받아들이지 않거늘 그대는 떠나 어디로 가는가.〔褒斜不容幰, 之子去何之?〕"라고 하였다.

250 떠돌이 같은 삶 : 원문인 '부가(浮家)'는 '부가범택(浮家泛宅)' 혹은 '범택부가(泛宅浮家)'의 준말로 배를 집 삼아 떠돌이 생활을 하는 것을 말한다.

바람 속의 소나무는 부질없이 홀로 읊조리는데　風松空自韻
서리 맞은 국화는 끝내 아무 시도 외지 않네　霜菊遂無詩
다하지 않은 청하의 기상[251]　不盡靑霞氣
천금처럼 잘 간직하시게　千金善護持

251 청하(靑霞)의 기상 : 고원한 뜻을 의미한다. 강엄(江淹)의 〈한부(恨賦)〉에서 혜강(嵇康)을 두고 "무성했던 청하의 기이한 뜻이 햇빛 없는 긴 밤으로 접어들었다.〔鬱靑霞之奇意, 入修夜之不暘.〕"라고 한 데에서 유래하였다.

만묘자 권성일이 백우선을 보내준 데 대해 삼가 수답하다[252]

奉酬萬妙子權聖一贈白羽

섬강가에 멀리 떨어져 있는 벗을	故人遙隔蟾江湄
세밑에 한가로이 지내며 그리워하였더니	歲暮閑居有所思
홀연히 백우선을 내 앞에 떨궈주고	忽然白羽落我前
새로 지은 시 적은 편지도 함께 주었네	伴以尺素帶新詩
백설같이 함치르르한 그 깃	其羽翯翯如雪白
벗이 나에게 주다니 어쩌면 그리도 기이한가	故人相贈一何奇
낭원[253]의 백의 신선이	疑是閬苑縞衣仙
천 년 만에 한 번 벗은 허물의 반쪽인가	千年一蛻餘半規
속태를 한 번에 쓸어주니	使我一掃塵俗累
문득 홍진의 때 벗어나 홀로 선 듯	翛然獨立絶染緇
청풍명월에 가지고 다니기 좋고	淸風明月好相携

252 만묘자……수답하다 : 권만형이 백우선(白羽扇)과 함께 보내준 시에 수창하여 지은 시이다. 이 작품은 내용상 다섯 부분으로 나뉜다. 첫 부분에서는 백우선을 선물 받게 된 경위를, 둘째 부분에서는 백우선의 기이한 모양을, 셋째 부분에서는 백우선을 부치자 드는 상쾌하고 신비로운 느낌을, 넷째 부분에서는 백우선을 쥐고 군대를 지휘하던 제갈량(諸葛亮)의 고사를, 마지막 부분에서는 자신의 거취에 대한 소신과 제갈량에 대한 흠모의 마음을 말하였다. 통운이 되는 평성 '지(支)'운과 평성 '미(微)'운을 환운해 가면서 지은 칠언고시이다.

253 낭원(閬苑) : 신선 세계를 말한다. 곤륜산(崑崙山) 꼭대기에 낭풍잠(閬風岑)이라는 봉우리가 있는데 이곳에 온갖 기화요초가 피어 있으며 신선들이 산다는 전설이 있다.

청산녹수 어디에나 마땅해라 綠水青山無不宜
내 생각해보니 옛사람 중에 누가 먼저 얻었던가 我思古人誰先獲
융중의 처사가 일찍이 손에 쥐었지[254] 隆中處士曾手持
삼군에 한 번 휘두르니 호령을 듣고 一麾三軍聽號令
형주와 익주[255] 차지하여 다스리니 지휘를 따르네 宰割荊益隨指揮
다만 나는 늘그막에 다른 생각 없다오 顧我白首無他念
접음과 폄 씀과 버림 때에만 맞으면 될 뿐이라네[256] 卷舒用捨惟適時
만고에 드높은 하늘[257]은 우러러볼수록 더욱 높으니 雲霄萬古仰彌高
이 사람 없다면 내 뉘와 함께 돌아갈꼬 微斯人吾誰與歸

254 융중(隆中)의……쥐었지 : 융중은 현재의 호북성(湖北省) 양번시(襄樊市) 근처로, 융중의 처사는 이곳에 은거한 바 있는 촉한(蜀漢)의 승상(丞相) 제갈량을 가리킨다. 백우선은 흰 깃털로 만든 모선(毛扇)이다. 동진(東晉)의 배계(裵啓)가 저술한 《어림(語林)》에 조위(曹魏)가 촉한과 위수(渭水)에서 전투를 할 때 융복(戎服)을 입고 군대를 지휘하던 사마의가 제갈량이 소여(素輿) 위에서 갈건(葛巾) 차림에 모선(毛扇)을 가지고 군대를 지휘하고 있다는 보고를 받고 "명사(名士)라고 할 만하다.〔可謂名士〕"라고 감탄했다는 일화가 실려 있다. 이 일화로 백우선은 제갈량을 상징하는 물건이 되었다.

255 형주(荊州)와 익주(益州) : 형주는 현재의 호북성 일대이고 익주는 현재의 사천성(四川省) 일대이다. 두 지역은 삼국시대 촉한의 근거지였다.

256 접음과……뿐이라네 : 이 구절은 일차적으로 자신이 제갈량과는 달리 백우선을 그저 때에 맞게 더위를 피하는 용도로 쓰면 된다는 의미이나, 이계 자신의 진퇴와 출처에 대한 관념을 투영한 것이기도 하여 제갈량처럼 죽을 때까지 위대한 업적을 쌓고자 노력할 것 없이 제때에 벼슬에서 물러나면 만족한다는 뜻도 담겨 있다.

257 만고에 드높은 하늘 : 원문은 '운소만고(雲霄萬古)'로 제갈량의 높은 위상을 형용한 말이다. 두보(杜甫)의 〈영회고적(詠懷古跡)〉 5수 중 제갈량에 대해 읊은 제5수에 "천하를 셋으로 할거함에 계책이 얽혔고 만고의 높은 하늘에 한 마리 새 깃털이었네.〔三分割據紆籌策, 萬古雲霄一羽毛.〕" 하였다.

동종 형인 정혜공에게 시호가 내려지던 날에 어제시에 경건히 차운하다[258] 정혜공은 홍상한이다. 2수

敬次宗兄靖惠公 象漢 宣謚日 御製詩韻 二首

궁궐의 화고 붉은 놀이 서렸으니[259]　　九天華誥帶彤霞

가을날 회화나무 그늘 세가(世家)에 가득하네[260]　　秋日槐陰滿故家

258 동종……차운하다 : 이계가 종형(宗兄)인 홍상한(洪象漢, 1701~1769)이 시호를 받을 때 정조가 지은 어제시에 화답한 시이다. 제1수에서는 정조가 내려준 은전(恩典)의 영광스러움을, 제2수에서는 홍상한의 집안 대대로 이어지는 어진 품성과 이로써 복록이 자자손손 이어질 것임을 말하였다. 홍상한은 본관은 풍산(豐山), 자는 운장(雲章), 시호는 정혜(靖惠)이다. 1734년(영조4) 진사시, 1735년(영조5) 문과에 합격하여 강원도 암행어사·대사간·대사헌·도승지·이조 참판·형조 판서·병조 판서·판돈녕부사 등을 역임하였으며, 사후에 영의정에 추증되었다. 1792년(정조16) 9월 15일에 정조는 홍상한에게 시호를 내렸는데, 승지 홍의영(洪義榮, 1750~1815) 및 사관(史官)을 보내어 연시(延諡) 때 사제(賜祭)하고 사악(賜樂)하는 한편, 어제시 칠언율시 2수를 각신을 통해 홍상한의 아들 홍낙성(洪樂性, 1718~1798)에게 전달하게 하였다. 《日省錄 正祖 16年 9月 15日》 이때 정조가 내린 어제시는《홍재전서(弘齋全書)》 권6에 〈정명귀주택 설정혜공연시 시이총지 명내각신 재시주인영돈녕(貞明貴主宅 設靖惠公延諡 詩以寵之 命內閣臣 齎示主人領敦寧)〉이라는 제목으로 수록되어 있다. 제1수는 평성 '마(麻)'운의 칠언절구이고 제2수는 평성 '지(支)'운의 칠언절구이다.

259 궁궐의……서렸으니 : 원문의 '구천(九天)'은 궁궐을 말하고, '화고(華誥)'는 일반적으로 임금이 내리는 고신첩(告身帖)이나 교지(敎旨) 등을 의미하는데 여기에서는 홍상한에게 내려진 시호교지(諡號敎旨)를 가리킨다. 붉은 놀이 서렸다고 한 것은 시호교지를 으레 붉은 종이에 작성하였기 때문이다.

260 가을날……가득하네 : 회화나무〔槐〕는 주(周)나라 때 외조(外朝)의 둘레에 심었기 때문에 전통적으로 삼정승을 상징한다. 여기서 회화나무의 녹음이 가득하다고 한 것은 홍상한이 영의정에 추증되었고, 그의 아들인 홍낙성도 영의정을 역임하였기

은하수 같은 은혜 밝게 감돌아 법악이 따라오니[261] 雲漢昭回隨法樂
특별한 영광 비단 위에 꽃을 더한 격이네 榮光特地錦生花

처음에 어려움을 겪을 때 덕을 심고 厥初種德履艱時
공손함과 검소함을 집안 대대로 전하여 얻었도다[262] 恭儉傳家以得之
대를 이은 공경 집안 시호[263]를 받으니 奕世公卿膺節惠
무성한 복록 자자손손 받음이 마땅하리 振振餘慶子孫宜

때문이다.

261 은하수……따라오니 : 원문의 '운한소회(雲漢昭回)'는《시경》〈대아(大雅) 운한(雲漢)〉의 "높은 저 은하수 하늘에 밝게 감도는도다.〔卓彼雲漢, 昭回于天.〕"라는 구절에서 유래하였다. 이 구절은 임금이 가뭄을 걱정하여 밤새 은하수의 운행을 살피며 한 말로, 뒤에 임금이 백성을 아끼고 보듬어주는 은혜를 가리키는 말로 쓰이게 되었다. 법악(法樂)은 국가에서 공식 행사에서 의식과 제도에 맞게 연주하는 정악(正樂)을 말하는데, 여기에서 법악이 따라왔다고 한 것은 정조가 홍상한에게 시호를 내릴 때 법온(法醞)과 법악(法樂)을 아울러 내렸기 때문이다.《日省錄 正祖 16年 9月 15日》

262 공손함과……얻었도다 : 홍상한이 살아서 높은 관직에 올라 정치에 참여하고 죽어서 시호를 받은 것이 권력에 대한 욕심으로 아득바득해서 얻은 것이 아니라 집안 대대로 이어지는 어진 품성으로 말미암아 자연스럽게 얻은 것임을 말한다. 이 구절은《논어》〈학이(學而)〉에 자금(子禽)이 자공(子貢)에게 공자(孔子)가 어느 나라에 가면 반드시 그 나라의 정치에 대해 듣는데 이것이 공자가 듣기를 요구한 것인지 그 나라에서 자연스레 들려주는 것인지를 묻자 자공이 "선생님께서는 온화하고 선량하고 공손하고 검소하고 겸양함으로써 얻었으니, 선생님께서 구하신 것은 다른 사람이 구한 방법과는 다를 것이다.〔夫子溫良恭儉讓以得之, 夫子之求之也, 其諸異乎人之求之與.〕"라고 한 것에서 자구를 따 와서 쓴 것이다.

263 시호 : 원문은 '절혜(節惠)'이다.《예기》〈표기(標記)〉의 "선왕이 시호를 내려 명성을 높여주되 한가지 선으로 요약하는 것은 명성이 실제 행동보다 과장되는 것을 부끄럽게 여기기 때문이다.〔先王諡以尊名, 節以壹惠, 恥名之浮於行也.〕"라는 구절에서 나온 말로, 시호를 의미한다.

계축년 늦봄에 우리 집안의 기로소 당상 세 사람이 모여 축하연을 열다[264] 계축년(1793, 정조17). 족숙인 봉조하 홍수보씨, 종질인 영의정 홍낙성이다.

一門三耆社 族叔奉朝賀秀輔氏 宗姪領議政樂性 近世罕有 時値癸丑暮春 倣蘭亭修稧 三家各設一會 以志壽域盛事 癸丑

한 집안에 기로소 당상이 셋인 것은 근래 드문 일이다. 이때가 마침 계축년 늦봄이기에 난정의 수계를 본받아[265] 세 집안에서 각각 한 번씩 모임을 만들어 수역(壽域)[266]의 성대한 일을 기록하였다.

264 계축년……열다 : 이계와 홍수보(洪秀輔, 1723~1800), 홍낙성(洪樂性, 1718~1798)은 각각 1793년, 1792년(정조16), 1787년(정조11)에 기로소(耆老所)에 들어갔다. 한 집안에서 동시대에 세 사람이나 기로소에 드는 것은 드문 경사였으므로 세 사람의 자제들이 번갈아서 한 번씩 축하연을 베풀기로 하였는데, 이 소식을 들은 정조는 특별히 사악(賜樂)하여 축하했다고 한다.《冠巖全書 冊2 三耆慶壽宴敬次席上韻》이 작품에서 이계는 이 작품에서 기로소에 든 것의 영광스러움, 잔치의 흥겨운 모습 등을 말하고 아울러 임금의 은혜를 찬미하고 있다. 제1수는 평성 '원(元)'운의 평기식 수구용운체 칠언율시이고, 제2수는 평성 '선(先)'운의 측기식 수구용운체 칠언율시이다.

265 이때가……본받아 : 진(晉)나라의 왕희지(王羲之)는 계축년인 353년 3월 3일에 회계(會稽) 산음현(山陰縣)의 난정(蘭亭)에 벗들과 모여 계제사(禊祭祀)를 지내고 잔치를 하며 시와 술을 즐겼다.《晉書 卷80 王羲之列傳》

266 수역(壽域) : '인수지역(仁壽之域)'의 준말로 태평성대가 이루어져 모든 사람이 천수를 누릴 수 있는 지역을 뜻한다.《한서(漢書)》 권22 〈예악지(禮樂志)〉에 "옛날의 예법을 찬술하고 왕의 제도를 밝혀서 온 세상의 백성들을 몰아 인수 지역에 오르게 하면, 풍속이 어찌 주나라 성왕과 강왕 때와 같지 않겠으며 수명이 어찌 은나라 고종과 같지 않겠습니까.〔述舊禮明王制, 驅一世之民, 躋之仁壽之域, 則俗何以不若成康, 壽何以不若高宗?〕"라고 한 데에서 유래한 말이다.

밝은 시대에 기로(耆老)[267]들 우리 집안에 모이니 明時耆壽萃吾門

삼대가 잇달아 높은 나이와 벼슬에 올랐네 三世聯登齒爵尊

영수각[268]의 명부는 한 시대에 드문 영광이요 希代光榮靈閣牒

모당[269]의 후손은 집안에 청렴함과 신중함 전해 받았네 傳家淸愼慕堂孫

태평성대에 함께 바람과 구름의 만남[270]을 맞이하였고 昇平共際風雲會

길러주심에 똑같이 단비와 이슬 같은 은택에 무젖었네 陶鑄均涵雨露恩

267 기로(耆老) : 기로소 당상(耆老所堂上)을 말한다. 조선시대에 노신(老臣)을 예우하기 위해 기로소라는 관청을 두고 정2품 이상의 문과 출신 문관으로서 70세가 넘은 사람을 기로소 당상으로 등록하여 친목을 도모하며 설이나 동지, 나라에 경사가 있을 때 하례하거나 왕의 자문에 응하게 하였다. 기로소는 왕도 참여하여 서열상 최고의 관부였고, 당시 관료들은 기로소에 들어가는 것을 최고의 영광으로 여겼다.

268 영수각(靈壽閣) : 숙종(肅宗)이 1719년(숙종45)에 기로소(耆老所)에 들며 기로소 안에 설치한 누각으로, 어첩(御帖)을 보관하는 용도로 사용되었다.

269 모당(慕堂) : 홍이상(洪履祥, 1549~1615)의 호이다. 본관은 풍산(豐山), 자는 군서(君瑞) 혹은 원례(元禮), 시호는 문경(文敬)으로, 이계에게는 6대조가 된다. 1573년(선조6) 사마시, 1579년(선조12) 식년문과의 장원을 거쳐 관계에 진출하였으며, 예조 참의・병조 참의・대사성・대사헌 등을 역임하였고, 광해군 때 이이첨(李爾瞻) 일파가 집권하자 개성유후사 유후(開城留後司留侯)로 좌천되어 그곳에서 죽었다. 문집으로 《모당유고(慕堂遺稿)》가 있다.

270 바람과 구름의 만남 : 원문은 '풍운회(風雲會)'인데, '풍운제회(風雲際會)'의 준말로 성군(聖君)과 현신(賢臣)이 만나 의기투합하는 것을 말한다. 《주역》〈건괘(乾卦) 문언(文言)〉에 "구름은 용을 따르고 바람은 범을 따른다.〔雲從龍, 風從虎.〕"라고 한 데에서 유래하였다.

위곡에 지금 낙사가 이루어지니[271] 韋曲如今成洛社
평상 앞의 관복과 홀 아름다운 술동이에 비치네 床前袍笏映花樽

날을 정해 못가 정자에 축수연 열었는데 分日池臺敞壽筵
성긴 재주로 기로의 모임에 끼기 부끄럽네 疎才堪媿厠高年
좋은 날은 계축년의 늦봄이 이것이요 良辰癸丑三春是
성대한 일로는 향산의 아홉 노인이 전해지네[272] 盛事香山九老傳
학발로 큰 술잔에 술 따르는 것 다투어 보고 鶴髮爭看斟大斗
연모[273]로 맑은 음악 연주를 애오라지 즐기네 燕毛聊喜奏淸絃
성스러운 시대의 큰 은혜 무엇으로 갚을까 洪恩聖代將何報
우리 노인들의 나이를 가지고 임금께 축수를 드리고자 하네 願把群齡獻日邊

271 위곡(韋曲)에……이루어지니 : 위곡은 당(唐)나라 장안(長安) 남쪽 교외의 위씨(韋氏)들이 모여 살던 집성촌이다. 낙사(洛社)는 낙양기영회(洛陽耆英會)의 준말로, 송(宋)나라의 문언박(文彦博)·부필(富弼)·사마광(司馬光) 등 낙양의 원로 13인이 풍류를 즐기기 위해 결성한 모임이다.《宋史 卷313 文彦博列傳》 여기에서 위곡에 낙사가 이루어졌다고 한 것은 이계와 홍수보·홍낙성의 모임이 풍산 홍씨 친족 모임인 동시에 조정 원로들의 모임이기도 함을 말한 것이다.

272 향산(香山)의……전해지네 : 향산의 아홉 노인이란 당나라 백거이(白居易)의 향산구로회(香山九老會)를 가리킨다. 백거이는 형부 상서로 은퇴한 뒤 향산거사(香山居士)라고 호를 짓고 벗 여덟 명과 왕래하며 풍류를 즐겼다.《舊唐書 卷166 白居易列傳》

273 연모(燕毛) : 모발과 수염이라는 뜻인데, 특히 고대의 잔치에서 사람들의 모발과 수염의 색깔에 따라 나이의 순서를 정하여 배석하였던 것을 가리킨다.《중용장구(中庸章句)》 19장에 "잔치를 할 때 머리와 수염의 색깔에 따라 차례를 정하는 것은 나이의 서열을 정하는 것이다.〔燕毛, 所以序齒也.〕"라고 하였다.

수궁대장이 되어 밤에 대궐을 순찰하며[274]

갑인년(1794, 정조18)

正月十二日 上詣顯隆園 命賤臣爲守宮大將 巡徼禁中 至十五日還宮 乃罷歸 每夜步月禁川橋 詩以識之 甲寅

정월 12일에 상께서 현륭원에 나아갈 때 천신에게 수궁대장(守宮大將)이 되어 대궐 안을 순찰하도록 명하셨으니, 15일에 환궁하시고서야 임무를 마치고 돌아왔다. 밤마다 달빛 아래에서 금천교를 걸으며 시를 지어 기록하였다.

임금의 수레[275] 샛별 아래서 선원[276]으로 향하니　　六飛星駕向仙園
부절 가지고 주려에 있으며[277] 새벽이 밝아오는 것을 알리네
符節周廬警曉曛

274 수궁대장이……순찰하며 : 정조는 1794년 1월 13일에 사도세자(思悼世子)의 무덤인 현륭원(顯隆園)에 제사를 지내기 위해 12일에 출발하였는데, 이보다 앞서 9일에 이계를 수궁대장으로 임명하였다.《日省錄 正祖 18年 1月 9日·12日》이 시는 그때 이계가 궁궐의 야간 순찰을 하며 지은 작품으로, 한밤중 궁궐의 고요하고 정적인 분위기가 잘 드러난다. 평성 '문(文)'운의 평기식 수구불용운체 칠언율시이다.

275 임금의 수레 : 원문은 '육비(六飛)'로, 제왕의 수레나 행차를 말한다. 고대의 황제가 여섯 마리 준마가 끄는 수레를 탄 데에서 유래하였다.

276 선원(仙園) : 신선들이 사는 동산이라는 뜻인데, 여기서는 사도세자의 무덤인 현륭원을 가리킨다.

277 부절(符節)……있으며 : 부절은 왕명을 받은 사신이나 지방관 등이 부임할 때 임금이 내어주던 신표(信標)이다. 여기에서 신표를 잡고 있다는 것은 이계가 수궁대장

궁정에서 거듭 대보름달을 보고 紫籞重看上元月
금마문에는 도리어 대장군이 있게 되었네[278] 金門還有大將軍
홍교의 달 그림자 사흘 밤을 이어 밟았고[279] 虹橋踏影連三夜
규전의 소리 오색구름으로부터 들려오네[280] 虯箭傳聲自五雲
칼 차고 늘어서서 어가를 맞이하니 劒佩成行迎玉輅
대궐의 아름다운 기운 배나 무성하네 禁城佳氣倍氤氳

이 되어 궁궐에서 숙직하고 있음을 말한 것이다. 주려(周廬)는 본래 한(漢)나라 때 대궐 주위에 세웠던 숙위군(宿衛軍)들의 여사(廬舍)로, 궁궐을 지키는 군사가 숙직하던 곳이다.

278 궁정에서……되었네 : 원문의 '자어(紫籞)'는 '자원(紫苑)'과 같은 말로 본래 수(隨)나라 때 낙양에 조성한 정원인 서원(西苑)을 당나라 때 부르던 말인데, 궁원(宮苑)이나 궁정을 가리키는 말로 쓰인다. 궁정에서 거듭 대보름달을 보았다는 것은 이계가 정월 대보름 즈음에 연속으로 숙직하여 밤마다 대보름달을 보았다는 의미이다. 금마문(金馬門)은 한(漢)나라 때 궁궐의 문 이름으로 학사(學士)들이 조서를 기다리던 곳인데, 뒤에 궐문(闕門)이나 대궐을 가리키는 말이 되었다. 금마문에 도리어 대장군이 있게 되었다는 것은 군영에 있어야 할 대장이 문신들이 있어야 할 궁궐을 지키고 있기 때문에 한 말이다.

279 홍교(虹橋)의……밟았고 : 홍교는 무지개모양의 다리인데, 여기에서는 금천교(禁川橋)를 가리킨다. 여기에서 홍교를 밟는 그림자가 사흘 밤에 이어졌다는 것은 이계가 수궁대장이 되어 1월 12일부터 1월 15일까지 사흘 동안 금천교를 건너다니며 순찰하였음을 말한 것이다.

280 규전(虯箭)의……들려오네 : 규전은 고대의 물시계에 쓰이던 규룡(虯龍)무늬의 화살로, 물통에 물이 가득 차면 화살이 나와 이것으로 시간을 계산할 수 있도록 만들어져 있었다. 여기에서는 조선 대궐에 있던 물시계, 즉 자격루(自擊漏)를 가리킨다. 원문의 '오운(五雲)'은 오색구름으로 제왕의 처소를 의미하는데, 여기에서는 대궐을 가리킨다.

닭이 모이를 쪼고 거위가 풀을 먹는 것을 구경하다[281]

觀鷄啄粟鵝吃草

천지간에 태어난 동물은	物生天地間
입이 있다면 모두 먹을 것을 탐하지	有口皆求食
새와 쥐는 벌레를 쪼고	鳥鼠啄蟲蟻
닭과 오리는 곡식을 다투며	鷄鶩爭豆粟
갈매기와 해오라기 물고기 잡아먹기 좋아하고	鷗鷺好攫魚
범과 이리는 마음껏 고기를 골라먹지	虎狼恣擇肉
탐욕스러우면 냄새나고 썩은 것도 달게 여기며	貪或甘臭腐
개결하면 흙이나 나무를 씹어 먹기도 한다네	潔或嚼土木
타고난 기운이 분분하여 일정치 않으니	受氣紛不齊
어찌 아름다운지 추한지를 따지랴	奚論美與惡
이 사람이란 존재는 신령함과 순수함을 타고나	斯人稟靈粹
온 세상이 식성이 똑같으니	四海同嗜欲
누군들 추환[282]을 좋아하지 않으며	孰不悅芻豢

281 닭이……구경하다 : 이계가 닭과 거위가 먹이를 먹는 모습을 보고 지은 작품이다. 이계는 닭과 거위가 각기 다른 먹이를 먹는 모습에서 동물들이 자연에서 부여받은 본성에 따라 살고 있음을 깨닫고, 만물의 영장인 인간으로서 본성을 어기고 식탐을 부려서는 안 된다고 경계하였다. 서로 통운이 되는 입성 '옥(屋)'·'각(覺)'·'옥(沃)'과 입성 '직(職)'·'맥(陌)'·'석(錫)'·'직(職)'을 환운해가며 지은 13운 오언고시이다.

282 추환(芻豢) : 풀을 먹는 짐승인 소와 양, 곡식을 먹는 짐승인 개와 돼지 등으로 고기가 가장 맛있는 짐승을 뜻한다.

누군들 더럽고 탁한 것을 싫어하지 않을까 　　執不惡穢濁
그런데 한 번 혹시라도 본성이 가려지게 되면 　　一或有障蔽
본래의 마음이 마침내 함닉되어 　　本心遂陷溺
오로지 고량진미를 배불리 먹을 것만 생각하고 　　惟思飽膏粱
거친 음식[283]을 편안히 여기려 하지 않지 　　不肯安藜藿
선택하고 버리는 데 조금만 실수하면 　　取舍失毫釐
거룩하고 미치기가 순 임금과 도척만큼 갈라지거늘[284] 　　聖狂判舜跖
다투고 빼앗는 데 질리지도 않고 　　爭奪旣無厭
재앙과 환난도 전혀 깨닫지 못하네 　　禍患懵不覺
보라 저 어리석은 동물조차 　　相彼蚩蚩物
오히려 해독[285]을 분간해낸다네 　　猶能辨荼毒
사람들[286]에게 말 전하노니 　　寄語含齒者

283 거친 음식 : 원문인 '여곽(藜藿)'은 명아주잎과 콩잎으로, 빈궁한 사람이 먹는 거친 음식을 뜻한다.

284 거룩하고……갈라지거늘 : 순(舜) 임금은 오제(五帝)의 한 사람인 우순(虞舜)으로 효자이자 성군(聖君)이며, 도척(盜跖)은 춘추시대 노(魯)나라의 대부 유하혜(柳下惠)의 동생으로 약탈과 살인, 식인을 일삼는 극악무도한 도적이었다. 이 두 사람은 성인과 악인의 양 극단으로 일컬어지는바, 《맹자》 〈진심 상(盡心上)〉에도 "닭이 울면 일어나서 부지런히 선행을 하는 자는 순 임금의 무리요, 닭이 울면 일어나서 부지런히 이익을 도모하는 자는 도척의 무리이다.〔鷄鳴而起, 孳孳爲善者, 舜之徒也. 鷄鳴而起, 孳孳爲利者, 跖之徒也.〕"라고 하였다.

285 해독(害毒) : 원문인 '도독(荼毒)'은 씀바귀의 독으로, 극심한 고통이나 해독을 의미하는 말로도 쓰인다. 《서경》 〈상서(商書) 탕고(湯誥)〉의 "흉사와 재해를 당하여 도독을 견디지 못한다.〔罹其凶害, 不忍荼毒.〕"라는 말에서 유래하였다.

286 사람들 : 원문은 '함치(含齒)'로, 흔히 '함치대발(含齒戴髮)'이라 하여 입에 이가 있고 머리에 털이 있는 존재 즉 사람을 가리키는 말로 쓰인다. 여기에서는 부리로 먹이

부디 구복[287]의 욕심만 따르지 마시게　　　　慎勿憑口腹

를 먹는 닭과 거위와 대비하여 쓴 표현이기도 하다.

287 구복(口腹) : 입으로 음식을 먹어 배를 채우는 일을 말한다.

새가 나무를 쪼는 것을 보다[288]

觀鳥啄木

나무를 쪼고 또 쪼니 啄木又啄木
벌레가 나무속에 들어가 숨어 있네 蟲入木中伏
나와 너는 아무 원한 없는데 我與汝無怨
어찌하여 와서 괴롭히느냐 胡爲來相虐
새가 말하길 너의 죄 크니 鳥言爾罪大
천지신명이 용서치 않을 것이다 神明所不釋
나무속에서 살고 있으면서 旣自木中活
도리어 나무속을 갉아먹지 反向木中食
밖에서는 껍질을 벗겨먹고 外而剝肌膚
안에서는 진액을 빨아먹어 內則咀膏液

288 새가……보다 : 이계가 벌레를 잡아먹기 위해 나무를 쪼아대는 새를 보고 지은 작품이다. 소재로 볼 때 앞의 〈닭이 모이를 쪼고 거위가 풀을 먹는 것을 구경하다〔觀鷄啄粟鵝吃草〕〉와 비슷해 보이지만 구성과 분위기는 전혀 다르다. 앞의 작품이 잠언(箴言)으로서의 성격이 강한 작품이라면 이 작품은 의인화한 벌레와 새의 대화를 가설한 희작으로서의 성격이 강하다. 작중에서 왜 자신을 괴롭히냐는 벌레의 물음에 새는 나무속에 교묘하게 숨어살며 성한 나무를 다 파먹는 너를 없애서 나무가 입는 피해를 없애야 한다고 대답한다. 이 대화는 16구(句)에 걸친 긴 분량이지만 실제로는 이계의 짧은 망상에 불과하여, 작품 서두에서 새가 나무를 쪼아 벌레를 발견하면서 시작된 망상 속의 대화는 벌레가 새를 발견하고 도망가버리면서 끝난다. 서로 통운이 되는 입성 '옥(屋)'·'약(藥)'·'각(覺)'운과 입성 '직(職)'·'맥(陌)'운을 환운해가며 지은 11운의 오언고시이다.

끝내는 아름다운 마룻대 될 재목을	遂令華棟材
덩그러니 빈 밑동만 남겨놓지	枵然餘空腹
형세는 쥐가 사당에 숨어든 것[289]과 같고	勢同鼠依社
걱정은 뱀이 지붕을 뚫는 것보다도 심하니	患甚蛇穿屋
몸을 맡김이 어찌도 그리 교묘한지	托身何深巧
주둥이 놀려 마음껏 배 채우며 즐기는구나	弄嘴恣飽樂
나는 나무에 입히는 해를 없애려는 것이지	我將除物害
네 살이 맛있어서가 아니니라	非是甘汝肉
우르르 피하는 모습 보이나 싶더니	乍見避戢戢
꽥꽥 우는 소리 들리는 듯	如聞鳴喩喩
나무는 이제야 천수를 누리게 되었고	木乃遂其壽
벌레도 가족을 보존하였네	蟲亦保其族

289 쥐가…… 것 : 손을 댈 수 없는 장소에 교묘하게 숨었다는 뜻이다. 제 경공(齊景公)이 안영(晏嬰)에게 나라를 다스림에서 근심거리가 무엇이냐고 묻자 안영은 "무릇 사당은 나무를 묶고 흙을 발라서 짓는데 쥐가 여기에 숨어들면 불을 때자니 그 나무가 타버릴까 걱정되고 물을 대자니 바른 흙이 무너질까 걱정되니, 이 쥐를 죽일 수 없는 것은 사당 때문입니다.〔夫社束木而塗之, 鼠因往託焉, 熏之則恐燒其木, 灌之則恐敗其塗, 此鼠所以不可得殺者, 以社故也.〕"라고 하여 권력자를 등에 업고 악행을 일삼는 사람들을 비유한 데에서 유래한 말이다. 《晏子春秋 內篇 問上》

밤에 〈송양소윤서〉를 듣다 소씨 두 사람의 일에 느낌이 일다[290]

夜聽楊少尹序 感二疏事

맑은 조정의 두 노인[291] 하루아침에 돌아가니	淸朝二老一朝歸
아득히 높은 기풍 백대에 드물어라	緬邈高風百世稀
부끄럽도다 팔순에도 돌아가지 못하여	自愧八旬歸未得
동림의 길든 학[292] 사람을 버리고 날아가네	東林馴鶴背人飛

290 밤에……일다 : 이계가 밤중에 누군가가 한유(韓愈)의 〈송양소윤서(送楊少尹序)〉를 듣고 느낌을 적은 작품이다. 〈송양소윤서〉는 벗인 양거원(楊巨源)이 일흔의 나이로 국자 사업(國子司業)을 치사(致仕)하고 고향인 하중부(河中府)의 소윤(少尹)이 되어 귀향하는 것을 전송한 글이다. 해당 작품에서 한유는 한(漢)나라 때 소광(疏廣)과 소수(疏受) 두 사람이 벼슬을 버리고 함께 고향으로 돌아간 일을 언급하고 양거원의 귀향을 여기에 비기며 찬미했다. 이계는 미련 없이 벼슬을 버리고 훌쩍 고향으로 돌아간 두 사람의 풍도를 찬미하는 한편, 여든이 되도록 벼슬을 버리고 고향으로 돌아가지 못하고 있는 자신의 처지를 한탄하고 있다. 평성 '미(微)'운의 칠언절구이다.

291 두 노인 : 소광과 소수를 가리킨다. 소광은 자가 중옹(仲翁)으로 동해(東海) 난릉(蘭陵) 사람이며 소수는 소광의 조카로 자가 공자(公子)인데, 각각 한 선제(漢宣帝) 때 태자태부(太子太傅)와 태자소부(太子少傅)를 지냈다. 관직에 있으면서 5년 동안 태자를 교육한 뒤에 소광이 소수에게 "내가 듣건대 만족할 줄을 알면 욕을 당하지 않고 그칠 줄을 알면 위태롭지 않다.〔吾聞知足不辱, 知止不殆.〕"라고 하여 숙질이 나란히 병을 핑계로 사직하고 고향으로 돌아갔는데, 황제와 태자는 그동안의 노고에 감사하여 황금을 내렸고 공경(公卿)과 대부(大夫), 벗들은 전별연을 베풀어 전송하며 그들의 귀향을 칭찬해 마지않았다.《漢書 卷71 雋疏于薛平彭傳 疏廣》

292 동림(東林)의 길든 학 : 학은 예부터 고사(高士)와 은자(隱者)가 애호하고 기르던 동물로, 고결함의 상징이다. 동림은 여산(廬山)의 동림사(東林寺) 곧 동진(東晉)의

고승(高僧) 혜원법사(慧遠法事)가 혜영(慧永), 유유민(劉遺民), 뇌차종(雷次宗) 등과 백련사(白蓮社)를 조직하여 강학하던 곳을 가리키는 듯한데, 길들인 학과의 관련성은 미상이다.《說郛 卷57下 東林蓮社十八高賢傳 慧遠法師》

기상서에게 부치다[293]

寄紀尚書

동정에서 옥백(玉帛) 들고 있던 신년을 기억하니[294] 彤庭執玉憶新年
천자의 조회에 동문(同文)으로 말석에 참여했지 王會同文厠末筵

293 기상서에게 부치다 : 기상서(紀尙書)는 기윤(紀昀, 1724~1805)이다. 자는 춘범(春汎) 또는 효람(曉嵐), 호는 석운(石雲) 또는 관혁도인(觀奕道人), 시호는 문달(文達)이다. 1754년(영조30)에 진사시에 급제하여 한림원 편수(翰林院編修)가 된 이래 예부 시랑(禮部侍郎)·병부 상서(兵部尙書)·예부 상서 협판대학사(禮部尙書協辦大學士)를 역임하였다. 1763년(영조39)부터 10년 동안 《사고전서(四庫全書)》의 편찬을 총지휘하였고, 《사고전서총목제요(四庫全書總目提要)》 200권을 저술하였다. 기윤은 예부 상서로 있을 때 각국의 사신을 접대하는 일을 맡았는데, 이때 조선의 사신들과도 많이 만나 친분을 맺기도 하였다.

이계는 1794년(정조18)에 동지정사(冬至正使)로 두 번째 중국에 갔을 때 기윤을 처음 만났으나, 두 사람은 이전부터 서로의 이름을 알고 있었다. 이계가 1782년(정조6)에 처음으로 중국에 갔을 때 교분을 맺은 제패련(齊佩蓮), 대구형(戴衢亨) 등을 통해 이계의 이름이 알려진 듯하다. 기윤은 이계를 오문(午門)에서 처음 만나 인사를 나눈 뒤에 이계의 아들 홍희준(洪羲俊)을 통해 이계의 시문을 볼 것을 청하였는데, 이계의 시집과 문집을 읽어본 기윤은 이계의 문학을 크게 칭찬하고 시집과 문집에 대해 각각 서문을 지어주었다. 이 시는 기윤에 대한 흠모의 마음을 드러낸 시로, 전반부에서는 기윤과 만난 경위를, 후반부에서는 만나고자 하나 만날 수 없는 데에서 오는 안타까움을 말하였다. 평성 '선(先)'운의 평기식 수구용운체 칠언율시이다.

294 동정(彤庭)에서……기억하니 : 동정은 대궐을 가리키는 말로, 한(漢)나라 때 대궐의 뜰에 붉은 칠을 한 데에서 유래하였다. 옥백(玉帛)은 고대 중국에서 회맹(會盟)이나 조빙(朝聘) 때 제후(諸侯)나 사신(使臣)이 예물로 바치던 속백(束帛)과 규장(圭璋)이다. 여기에서 동정에서 옥백을 잡고 있었다고 한 것은 이계가 사신으로 청나라에 가 있었음을 말한 것이다.

북두성의 광채를 동해 바깥에서 보았고	北斗光瞻東海外
봄바람의 기운을 오문 앞에서 접하였네[295]	春風氣接午門前
천금만큼 중한 짧은 말을 갑자기 받았고	片言遽荷千金重
만 리 밖으로 전할 짧은 편지 멀리 날리네	尺素遙飛萬里傳
정신이 비추는 곳을 알고자 하니	欲識精神相照處
외로운 달만 허공에 걸려 있을 뿐	一輪明月半空懸

295 북두성의……접하였네 : 북두성과 봄바람은 기윤의 명망과 인품을 은유한 말이다. 북두성은 학문의 권위자가 존경받는 사람을 뜻하는 말인 태산북두(泰山北斗)에서 가져온 것이고, 봄바람은 주광정(朱光庭)이 여주(汝州)에서 정호(程顥)를 만나고 온 뒤에 "내가 봄바람 속에서 한 달이나 앉아 있다 왔다.〔光庭在春風中, 坐了一個月.〕"라고 한 데에서 유래한 말이다.《二程外書 卷12》이계가 기윤을 오문에서 처음 만나본 경위는 본집 권18 〈태사씨 자서(太史氏自序)〉와《관암전서(冠巖全書)》권23 〈사의당지(四宜堂志)〉에 자세히 보인다. 이 두 작품의 기록에 따르면 이계는 오문에서 기윤이 주관하는 반상(頒賞)에 참여하였을 때 기윤과 서로 바라볼 뿐 자리를 벗어나 이야기할 수는 없었는데, 예식이 끝나자 기윤이 사람을 보내어 이계의 아들 홍희준을 초청하고 그를 통해 이계의 시집과 문집을 전달받았다고 한다.

선덕 황제의 벼루[296]

宣德硯歌

기공(紀公)이 시집(詩集)과 문집(文集)의 서문(序文) 두 편[297]을 주신 뒤 또 선덕(宣德)[298] 황제의 벼루 한 개와 옥여의(玉如意)[299] 한 개를 선물로 주셨다. 벼루는 네 모서리에 산수와 인물을 새겼고 관지(款識)는 '신(臣) 유송년(劉松年)[300]'이라고 썼다. 윗면에는 연지(硯池)를 팠

296 선덕 황제의 벼루 : 이계가 기윤에게 선물로 받은 명 선종(明宣宗)의 벼루를 소재로 지은 작품이다. 이 작품 전반에서는 이 벼루가 만들어지게 된 과정을 상상을 통해 그려냈고 중반에서는 이계가 기윤과 결교하였을 때 그로부터 이 벼루를 선물받은 경위를 서술하였으며, 후반부에서는 이 벼루의 훌륭한 기능성과 사용할 때 느껴지는 고양감을 노래한 뒤에 기윤에 대한 감사와 흠모의 마음을 드러냄으로써 끝맺었다. 이 벼루는 작중에서 기윤의 우의와 시문에 대한 허여의 상징으로 그려진다. 거성 '산(霰)'운의 20운 고체시이다.

297 시집(詩集)과……편 : 본집 권1의 〈이계시집 서문〔耳溪詩集序〕〉과 〈이계문집 서문〔耳溪文集序〕〉을 가리킨다.

298 선덕(宣德) : 명 선종 때의 연호로 1426~1435년이다.

299 옥여의(玉如意) : 여의(如意)는 범어(梵語) 아나율(阿那律 Aniruddha)의 한역(漢譯)으로, 고대에 뼈나 뿔, 옥, 대나무, 쇠 등으로 제작하던 등긁이이다. 등의 가려운 곳을 뜻대로 긁을 수 있다고 하여 붙은 이름이며, 화상(和尙)들이 설법을 할 때 지니고 그 위에 경문(經文)을 적어 잊어버리는 데 대비하기 위한 용도로 쓰이기도 했다.

300 유송년(劉松年) : ?~?. 남송(南宋)의 화가로 임안(臨安) 전당(錢塘) 사람이다. 청파문(淸波門)에 살아서 유청파(劉淸波)라고 불리었으며, 효종(孝宗)·광종(光宗) 연간에 화원(畫院)에서 활약하였다. 인물화와 산수화가 특기로 이당(李唐)·마원(馬遠)·하규(夏珪)와 함께 '남송산수화사대가'로 일컬어졌으며, 그의 작품은 조선에서도 애호되었다.

고 연순(硯脣 테두리)에는 구름과 달, 누운 소의 모습을 새겼다. 바닥을 파내서 '어전지인(御前之印)' 4글자[301]를 새겼고 아래에는 효람(曉嵐 기윤(紀昀))의 소지(小識)가 있는데 옛날 선덕 황제의 물건이라 일컬었으며,[302] 겉의 상자는 강진향(降眞香)[303]을 사용하였고 그 위에 누옥(鏤玉)[304]을 붙였다. 여의는 강진향으로 자루를 만들었는데 길이가 곱자〔矩〕로 2자이고 머리와 허리, 꼬리에 모두 조각한 옥을 붙였다. 이것들은 모두 문방(文房)의 보배였다. 이에 장편(長篇)을 지어 사례한다.

선덕 연간의 벼루여	宣德硯
흡주[305]의 검은 옥 한 조각 쪼갰네	歙州烏玉剖一片

301 어전지인(御前之印) 4글자 : 이계의 손자 홍경모의《관암전서(冠巖全書)》권23〈사의당지(四宜堂志)〉에는 '어부지인(御府之印)'으로 되어 있다.

302 아래에는……일컬었으며 :《관암전서》권23〈사의당지〉에는 기윤의 소지(小識) 전문이 실려 있는데, "이 벼루는 관지와 인기(印記)는 모두 교묘하게 모조한 솜씨이지만 옛날 선덕 황제 때의 벼루임은 의심할 나위가 없으니 이것을 가지고 진실을 가릴 수는 없을 것이다. 건륭 갑인년 5월에 효람이 쓰다.〔此硏款識印記, 皆黎邱之技, 然宣德舊石則亡疑, 不以是掩其眞也. 乾隆甲寅五月曉嵐記.〕" 하였다.

303 강진향(降眞香) : 꼭두서니과 식물로 자등향(紫藤香), 계골향(鷄骨香), 강향(降香)이라고도 하며, 학명은 *Acronychia pedunculata* (L.) Miquel.이다. 이 나무로 만든 향을 피우면 귀신이 강림한다고 여겼다. 재질이 치밀하고 단단하여 장식품을 만드는 데 사용하였고 뿌리와 속살은 약재로 썼다.

304 누옥(鏤玉) : 누공(鏤空) 기법으로 조탁한 옥이다. 누공이란 투조(透彫), 투화(透化)라고도 하는데 금속, 목재, 도자기, 돌, 유리, 가죽 등을 뒷면까지 완전히 도려내 무늬를 표현하는 기법이다. 중국에서 고래로 사용된 기법이지만 장식 미술이 발달한 명·청대에 더욱 유행하였다.

305 흡주(歙州) : 현재의 안휘성(安徽省) 황산시(黃山市) 흡현(歙縣)이다. 벼루의

명나라 융성할 때 공물로 바쳐　　有明盛時厥土貢
무지갯빛 은은한 옥 궁궐에 올렸네　　虹光隱約上金殿
내부의 솜씨 좋은 장인 연지를 파내니　　內府巧匠鑿墨池
초승달과 늙은 소 반은 감춰지고 반은 드러났네　　纖月老牛半藏現
일찍이 동관[306]을 따라 보탑에서 모시고　　曾隨彤管侍寶榻
매양 빙견[307]에 닦여 잔치자리에 올랐으리　　每拭氷繭登曲宴
곤명지의 석어는 재로 변해 사라졌고　　昆明石魚化劫灰
미앙궁의 금기와는 싸라기눈 되어 날아갔네[308]　　未央金瓦成飛霰

명산지로 이곳의 벼루는 '흡주연(歙州硯)'이라고 불리었다.

306 동관(彤管) : 고대 중국의 여사(女史)들이 주로 사용하던 붓으로 자루에 붉은 칠을 하였다. 여기에서는 붓과 벼루는 고대의 필수적인 필기구로서 항상 함께 사용되기 때문에 언급한 것이다.

307 빙견(氷繭) : 전설상의 동물인 빙잠(氷蠶)의 고치인데, 여기에서는 품질이 좋은 비단을 말한다. 원교산(員嶠山)에 빙잠이라는 검은 누에가 있는데 기린 같은 뿔이 있고 길이가 7치라고 한다. 고치가 되면 길이가 1자나 되고 아름다운 오색을 띠는데, 실을 뽑아서 비단을 짜면 젖지도 않고 타지도 않는다고 한다.《拾遺記 卷10》

308 곤명지(昆明池)의……날아갔네 : 곤명지는 중국 서남쪽에 있는 거대한 연못인데, 이곳에 옥돌을 물고기 모양으로 깎아 넣었더니 뇌우가 칠 때마다 울부짖고 수염이 꿈틀거렸다고 한다.《西京雜記 卷1》 원문의 '겁회(劫灰)'는 겁화(劫火)에 탄 재를 뜻한다. 한 무제(漢武帝) 때 곤명지를 팠는데 밑바닥에서 검은 재가 나왔다. 당시에 아무도 이것이 무엇인지 알지 못하였고 동방삭(東方朔)은 서역의 승려에게 물으면 알 수 있을 것이라 하였는데, 뒤에 명제(明帝) 때 낙양(洛陽)에 온 인도의 승려 축법란(竺法蘭)에게 물었더니 "이전 세계가 끝날 때 겁화가 모든 것을 태웠으니, 이 재가 그것이다.〔世界終盡 劫火洞燒, 此灰是也.〕"라고 대답했다고 한다.《高僧傳 卷1 漢洛陽白馬寺竺法蘭》 미앙궁(未央宮)은 한나라 때의 궁궐인데 궁궐을 가리키는 일반명사로도 쓰인다. 여기에서 곤명지의 석어가 재가 되고 미앙궁의 금기와가 싸라기눈이 되어 없어졌다는 것은 시대가 바뀌어 명나라가 멸망했음을 말한 것이다.

하간의 종백[309]이 옛 물건에 벽이 있어 河間宗伯癖於古
오래된 물건을 학사원에서 얻었네 舊物得自學士院
선덕 황제의 어보와 유송년의 그림 宣德御寶松年畫
전각이 분명하게 벼루 표면에 남아 있네 篆刻分明留石面
보배 보관하듯 열 겹으로 싸서 책상에 두고 什襲珍藏置文几
화씨벽(和氏璧)[310]보다도 더욱 애지중지했네 重之不啻連城卞
삼한의 사신 왕의 조회에 나아가 三韓使者赴王會
오문에서 한 번 만났을 때 나를 봐주셨네[311] 午門一接回英眄
문장으로 서로를 알아주는 것은 예부터 어려운데 文章契遇自古難
같은 기질끼리 서로를 구한 것이요 내가 재능을 과시해서가 아니었네 同氣相求非我衒
나의 문로를 정맥(正脈)에 가깝다 인정해주시니[312] 許我門路近正脈

309 하간(河間)의 종백(宗伯) : 기윤을 가리키는 말로, 기윤이 하간부(河間府) 사람이고 당시 예부 상서였기 때문에 이렇게 말한 것이다. 종백은 주(周)나라 때 춘관(春官)의 우두머리로 당시의 예부 상서를 말한다.

310 화씨벽(和氏璧) : 원문은 '연성변(連城卞)'으로, 전국시대의 보배 중 하나였던 화씨벽(和氏璧)을 가리킨다. 춘추시대에 변화(卞和)가 형산(荊山)에서 발견한 박옥(璞玉)을 조탁한 것으로, 조 혜문왕(趙惠文王)이 이것을 얻자 진 소왕(秦昭王)이 성 15개와 교환하기를 원하였다고 한다. 《史記 卷81 廉頗藺相如列傳》

311 오문(午門)에서……봐주셨네 : 143쪽 주295 참조.

312 나의……인정해주시니 : 기윤은 〈이계문집 서문〉에서 이계의 문장을 "가정(嘉靖)·융경(隆慶) 연간의 칠자(七子)들처럼 가짜 고문(古文)으로 진한(秦漢)을 모방하지 않았으며, 모곤(茅坤) 일파의 말류(末流)처럼 인위적인 성령(性靈)으로 당송팔가(唐宋八家)를 베끼는 짓도 하지 않아 스스로 법도를 만듦에 오직 뜻[意]이 가는 대로 하였다. 기탁(寄託)의 기이함은 원결(元結)·손초(孫樵)·유태(劉蛻)에 육박했고, 맑은 담론이 도도하기로는 미산 부자(眉山父子)의 경지에 드나들었으며, 또 한두

중국의 선비에게 이를 어떻게 얻었나 何以得此中州彦
천하가 동문세계라 안과 밖이 따로 없으니 四海同文無內外
말세의 번잡한 소리 거의 한 번 바뀌었네[313] 叔季繁音庶一變
홍농의 석우[314]를 다시 갖고 와서 주시니 弘農石友更持贈
우전과 주고 연찬하길 기약하네[315] 虞典周誥期鑽研
큰 옥 옮기듯 만 리를 조심조심 가져왔는데 携來萬里如拱璧
더구나 정성스레 글씨[316]를 손수 쓰셨음에랴 丁寧心畫況手揣

편의 소품으로 말하자면 공안파(公安派)나 경릉파(竟陵派)의 굴레를 벗어나 탁월하고 우뚝하게 또 하나의 새로운 격조를 홀로 울렸다."라고 평하였다. 본집 권1 〈이계문집서〉에 자세하다.

313 말세의……바뀌었네 : 말세의 번잡한 소리란 이계가 자신의 시문을 겸손하게 일컬은 말이다. 거의 한 번 바뀌었다는 것은 이계가 자신의 시문이 기윤과 만남으로써 전아해졌음을 말한 것이다.

314 홍농(弘農)의 석우(石友) : 홍농은 현재의 산서성(山西省) 위남현(渭南縣) 부근으로 예로부터 벼루의 명산지로 유명했다. 한유(韓愈)의 〈모영전(毛穎傳)〉에 붓, 먹, 벼루, 종이를 의인화하여 "모영은 강(降) 땅의 진현(陳玄), 홍농의 도홍(陶泓) 및 회계(會稽)의 저선생(楮先生)과 우애가 깊어 서로 끌어주고 밀어주며 반드시 진퇴를 함께 하였다. 임금이 모영을 부를 때 세 사람이 명을 기다리지 않고도 매번 함께 갔으나 임금이 이상하게 여긴 적이 없었다.〔穎與絳人陳玄弘農陶泓及會稽楮先生友善, 相推致, 其出處必偕. 上召穎, 三人者不待詔輒俱往, 上未嘗怪焉.〕"라고 하였다. 석우는 벼루를 뜻하는 말이다.

315 우전(虞典)과……기약하네 : 우전은 《서경》의 〈우서(虞書)〉이고, 주고(周誥)는 《서경》〈주서(周書)〉의 〈대고(大誥)〉·〈강고(康誥)〉·〈주고(酒誥)〉·〈소고(召誥)〉·〈낙고(洛誥)〉 등으로 모두 선진(先秦) 시대의 고문이자 한문 산문의 원류에 해당한다. 이들을 연찬하길 기약한다는 것은 기윤에게 선물로 받은 벼루를 써가며 이들을 전범으로 삼아 더욱 고문을 연마하겠다는 말이다.

316 글씨 : 원문은 '심화(心畫)'로 마음의 그림이라는 뜻인데, 글씨를 가리키는 말이

가르침은 거칢과 몽매함 깨뜨릴 만하고　　　　　鞭錘可以破荒蒙
바로잡아주심은 지나친 뜻과 편협함[317]을 재단할 만하네
　　　　　繩削可以裁狂狷
매끄러움은 먹을 막지 않고 껄끄러움으로써 붓을 잡지도 않으니
　　　　　滑不拒墨兮澁不留筆
명주 백 장 일필휘지 무엇이 어려우랴　　　　　一揮何難掃百絹
배 속에 응당 하늘의 정기 품었으리니　　　　　腹裏應抱天一精
한 구기의 물 열흘 지나도록 마르지 않네　　　　　勺水經旬猶餘濺
문사가 이로부터 함께 샘솟아　　　　　文思自此同泉湧
늙은이가 써봐도 기운이 지치질 않네　　　　　老夫用之氣不倦
기공이여 나에게 베푸신 은혜 어찌 이리도 정중한가
　　　　　公乎惠我何鄭重
밤중에 생각함에 마음만 이끌리네　　　　　中夜思之空嬋媛
오호라 천년의 지음을 지금 같은 시대에 만났건만
　　　　　嗚呼千載知音今竝世
산과 바다 아득하여 유독 만나지 못하다니　　　　　山海迢迢獨不見

다. 양웅(揚雄)의 《법언(法言)》 권5 〈문신(問神)〉에 "말은 마음의 소리요, 글씨는 마음의 그림이다. 소리와 그림이 나타남에 군자인지 소인인지 구분할 수 있다.〔言心聲也, 書心畫也, 聲畫形, 君子小人見矣.〕"라고 하였다.

317 지나친 뜻과 편협함 : 원문은 '광견(狂狷)'이다. 공자가 "행실이 중도에 맞는 선비를 얻어서 함께하지 못한다면 반드시 광자(狂者)와 견자(狷者)와 함께할 것이다. 광자는 진취적이고, 견자는 하지 않는 바가 있다.〔不得中行而與之, 必也狂狷乎. 狂者進取, 狷者有所不爲也.〕"라고 하였는데, 광자란 뜻이 매우 높으나 실천이 말을 따라가지 못하고, 견자는 지식이 부족하고 편협하나 자기 검속만은 철저한 사람을 말한다. 《論語 子路》

옥여의[318]

王如意歌

옥여의여 王如意
군자가 손에 쥐는 기물이로다 君子手中器
붉은 계수나무로 자루를 만들고 丹桂以爲柄
조각한 옥으로 고리를 만들었네 雕璧以爲珥
항상 패옥들을 따라 몸을 떠나지 않고 常隨雜佩不去身
좌우에 두어 지시하고 부리는 데 쓰지 置諸左右惟指使
효람 선생은 문장의 우두머리 曉嵐先生文章伯
손에 권형을 쥐고 강당에 나왔지 手握權衡臨講肆
한 대 수레로 멀리 성수해(星宿海)의 근원을 찾아갔고[319] 單車遠躡星宿源
척안[320]으로 석거각에 비장된 책 두루 살폈네[321] 隻眼遍窺石渠秘

318 옥여의 : 이계가 기윤에게 벼루와 함께 선물받은 옥여의를 소재로 지은 시인데, 옥여의의 모양이나 특성은 서두와 말미에서 짧게 언급하였을 뿐, 기윤의 업적과 위상, 그리고 자신과의 인연을 중심으로 서술하였다. 거성 '치(置)'운의 17운 고체시이다.

319 한……찾아갔고 : 성수해(星宿海)는 중국 청해성(青海省) 과락장족(果洛藏族) 자치구에 있는 호수로, 고대에는 여기에서 황하가 발원한다고 믿었다. 기윤은 1782년(정조6) 건륭제(乾隆帝)의 명을 받아 성수해를 탐사한 보고서인 《하원기략(河源紀略)》을 편찬하기 시작하여, 1784년(정조8)에 완성하였다.

320 척안(隻眼) : 남다른 감식안을 말한다. 불가에서 유래한 말로 육안(肉眼)이 아닌 진실한 정견(正見)을 갖춘 혜안(慧眼)을 의미하는데, 정문안(頂門眼) 또는 활안(活眼)이라고도 한다.

미친 물결 물리쳐서 범람을 막고 揮斥狂瀾障泛濫
바른 학맥 부지하여 음탕함과 편벽됨을 물리쳤네 扶持正脉辟淫詖
내가 동한으로부터 옥백을 잡고 갔을 때 我自東韓執玉帛
공께서 남궁[322]에서 옥 부신(符信)을 나눠줬지 公在南宮頒圭瑞
감히 자리를 벗어나 이야기를 나누지 못했으나 不敢越位交言語
그래도 다행히 사람을 통해 글을 질정할 수 있었네 猶幸因人質文字
두 편의 긴 글[323]로 칭찬[324]해주니 二篇長箋垂華衮
치켜세움이 실정보다 지나쳐 참으로 부끄러워라 推引過情良可媿
위로는 전모를 거슬러 올라가 본말을 탐구하고 上溯典謨探源委
아래로는 문호에 미쳐 진위를 가려주었네[325] 下逮門戶別眞僞

321 석거각(石渠閣)에……살폈네 : 석거각은 한나라 때의 황실 장서각(藏書閣)이다. 이곳의 서적을 살폈다는 것은 기윤이 사고전서(四庫全書)를 찬수하며 황실 장서각의 서적을 두루 열람하였음을 말한 것이다.

322 남궁(南宮) : 예부의 별칭이다. 기윤은 당시 예부 상서였다.

323 두……글 : 기윤이 이계의 문집과 시집에 써준 〈이계문집 서문〔耳溪文集序〕〉과 〈이계시집 서문〔耳溪詩集序〕〉을 가리킨다. 기윤은 이 두 글로 이계의 문학을 칭찬하였다.

324 칭찬 : 원문은 '화곤(華衮)'으로 귀족들이 입던 화려한 문양의 비단옷으로 지극한 영예를 의미하기도 하는데, 여기에서는 영예로운 칭찬이라는 의미로 쓰였다. 진(晉)나라의 범녕(范寧)이 지은 〈춘추곡량전서(春秋穀梁傳序)〉에, "한 글자의 칭찬은 비단옷을 내리는 것보다도 큰 상이고 한 마디의 비판은 시정과 조정에서 매질을 당하는 것보다도 큰 치욕이다.〔一字之褒, 寵踰華衮之贈, 片言之貶, 辱過市朝之撻.〕"라고 하였다.

325 위로는……가려주었네 : 기윤이 이계의 문장을 비평해주었음을 말한다. 전모(典謨)는 《서경》의 〈요전(堯典)〉·〈순전(舜典)〉과 〈대우모(大禹謨)〉·〈고요모(皐陶謨)〉 등의 편으로 중국 산문의 원류이며 특히 명대(明代)에 의고주의(擬古主義)가 발흥하면서 전범으로 주목받았다. 기윤은 〈이계문집 서문〉에서 이계가 명나라의 칠자

비유하자면 가벼운 수레가 큰길을 달림에 譬如輕車遵廣陌

부드럽게 돌아 여섯 가닥 고삐를 정돈하는 것과 같고

雍容折旋整六轡

또 다섯 개 솥[326]에 희생을 진열함에 又似五鼎陳牲牢

단맛 신맛 절로 조화하여 큰 고깃점 씹는 듯도 하네

自調甘酸嚌大胾

분분한 오나라 초나라 참람함 많을 때에 紛紛吳楚多僭竊

높은 단에 우뚝 서서 붉은 기치를 꽂았네[327] 屹立高壇抗赤幟

나를 모래 섞인 거친 쇳덩이라 여기면서도 謂我麤材餘砂礦

오히려 부지런히 거장의 가르침[328]을 베풀어주었네 猶勤大匠施鑪錘

(七子)나 모곤(茅坤)처럼 진한(秦漢)이나 당송(唐宋)의 고문을 모방하지 않고 자기 독창의 법도를 만들었으며 그의 문학의 여러 면모는 역대 작가들의 경지라며 높게 평가하였다.

326 다섯 개 솥 : 원문은 '오정(五鼎)'으로 고대 대부(大夫)의 제례(祭禮) 때 돼지고기, 양고기, 저민 소고기, 생선, 육포로 국을 끓이던 다섯 개의 솥을 말한다.《儀禮 少牢饋食禮》

327 분분한……꽂았네 : 기윤이 당대 문단의 맹주가 되었다는 뜻이다. 오(吳)나라와 초(楚)나라는 춘추시대에 이미 왕을 참칭(僭稱)한 나라들이었는데, 명나라 후기에 이 나라들이 있던 중국의 강남 지방을 중심으로 경릉파(竟陵派), 공안파(公安派) 등 새로운 문학 유파들이 홍성하였다. 붉은 기치는 원문이 '적치(赤幟)'로 한나라의 한신(韓信)이 조(趙)나라와 싸울 때 조나라 군대의 사기를 꺾기 위해 성 위의 조나라 깃발을 모조리 뽑고 그 자리에 꽂은 한나라의 붉은 깃발인데, 이 고사에서 유래하여 문단의 영수(領袖)를 소단적치(騷壇赤幟)라고 부르기도 한다.《史記 卷92 淮陰侯列傳》

328 가르침 : 원문은 '노추(鑪錘)'로, 노추(罏捶)·노추(鑪捶)·노추(爐錘)라고도 한다. 금속의 제련에 사용되는 화로와 도가니를 뜻하는 데, 여기에서는 기윤의 가르침을 장인의 제련에 비유하여 말한 것이다.

헤어질 때 이것을 주신 뜻 각별하니　臨分贈此別有意
나에게 아홉 길 흙산에 삼태기 하나를 더 보태라 면려함이라[329]　勉我九仞加一簣
옥이여 군자의 덕에 비길 만하니　玉兮可比君子德
군자가 성실함을 보존함은 두 마음을 품지 않음이 중요하네　君子存誠貴無二
여의여 나의 뜻과 같도다　如意兮如我意
길이 나를 따라다니며 어디서나 이로우리　長隨我兮無不利

329 나에게……면려함이라 : 현재 상태에 만족하지 말고 부단히 더 노력하라는 의미이다. 《서경》 〈주서(周書) 여오(旅獒)〉에 "작은 행실을 조심하지 않으면 끝내 큰 덕에 누를 끼치니, 아홉 길 산을 만드는 데 공이 한 삼태기의 흙이 모자라서 무너진다.〔不矜細行, 終累大德, 爲山九仞, 功虧一簣.〕"라고 한 데에서 유래하였다.

종질인 영의정이 지금 나이가 만 80세가 되었다. 성상께서 국조의 고사에 따라 궤장을 하사하라고 명하고 시를 지어 아끼는 마음을 나타내셨는데, 경건한 마음으로 화운하였다[330] 정사년(1797, 정조21). 영의정은 홍낙성이다.

宗姪領相 樂性 今年滿八十 命依國朝故事 賜几杖 詩以寵之 敬和其韻 丁巳

홍안의 학발노인 주연에서 물러나니[331] 鶴髮桃顏退冑筵
오피궤와 구장[332] 임금님이 내리셨네 烏皮鳩杖自天宣
은혜로운 광영은 으뜸 재상의 자리에 네 번 내렸고[333]
恩光四降元台席

330 종질인……화운하였다 : 홍낙성은 이계보다 6살 연상의 9촌 조카로, 두 사람은 친족이자 관계(官界)의 선후배로 일생을 함께하였다. 정조는 1797년 4월 24일에 홍낙성에게 궤장을 직접 하사하며 어제시를 내렸는데, 이계는 이에 화운하여 정조의 은혜와 가국(家國)의 경사를 찬미하였다. 정조의 원시(原詩)는 《홍재전서(弘齋全書)》 권3에 〈사영의정홍낙성(賜領議政洪樂性)〉이라는 제목으로 실려 있다. 평성 '선(先)'운의 측기식 수구용운체 칠언율시이다.

331 주연(冑筵)에서 물러나니 : 주연은 왕세자(王世子)가 신하들과 학문을 익히던 자리인 서연(書筵)이다. 여기에서는 정조가 홍낙성이 세자시강원 부(世子侍講院傅)로서 집복헌(集福軒) 외헌(外軒)에서 왕세자(王世子)와의 첫 서연을 마친 뒤에 궤장을 내렸기 때문에 이렇게 말한 것이다. 《弘齋全書 卷3 賜領議政洪樂性》

332 오피궤(烏皮几)와 구장(鳩杖) : 오피궤는 검은 염소 가죽을 씌운 안석(案席)이고 구장은 손잡이 부분을 비둘기 모양으로 장식한 지팡이이다. 두 물건은 모두 나라에 큰 공로가 있는 노신(老臣)에게 내리던 물건이다.

333 은혜로운……내렸고 : 지칭하는 사건이 있을 듯하나 미상이다.

선계의 음악은 옛날 정사년에 거듭 내렸네　　　　仙樂重臨舊巳年

숙종 정사년(1677, 숙종3)에 정명공주(貞明公主)가 여든 살에 가까워지자 상이 특별히 연악(宴樂)을 내렸기 때문에 말한 것이다.[334]

나라에 노성한 신하 있어 움직이지 않고도 공적을 이루었고

國有老成功不運

백성들 수역[335]에 오르니 끝없는 데에 덕화가 퍼졌네

民登壽域化無邊

내일 아침이면 성관이 다시　　　　明朝更報星官奏

남극성의 상서로운 빛[336] 이극에 이어졌다고 아뢰겠지[337]

南極祥輝貳極連

334 숙종……것이다 : 정명공주(貞明公主, 1603~1685)는 선조(宣祖)의 장녀로 인목대비(仁穆大妃) 소생으로 83세까지 살아 선조의 자녀 중에서 가장 장수하였으며, 홍낙성에게는 현조모(玄祖母)가 된다. 1677년에 정명공주가 75세가 되자 숙종은 연악(宴樂)을 내려 수연(壽宴)을 행하게 하였고, 120년 만인 1797년에 홍낙성이 궤장을 하사받게 되자 정조는 홍낙성에게 정명공주에게 제사를 올리도록 하고 고(故) 재상 이원익(李元翼)과 이경석(李景奭)의 사례에 의거하여 연악을 하사하였다.《肅宗實錄 3年 2月 23日》《正祖實錄 21年 1月 2日, 4月 24日》

335 수역(壽域) : 130쪽 주266 참조.

336 남극성의 상서로운 빛 : 111쪽 주222 참조. 여기에서는 홍낙성이 80세로 장수하고 있으므로 이렇게 말한 것이다.

337 이극(貳極)에 이어졌다고 아뢰겠지 : 이극은 두 번째로 높은 자리, 즉 왕세자를 가리킨다. 여기에서는 홍낙성이 이날 처음으로 세자를 모시고 서연을 했기 때문에 이렇게 말한 것이다.

정사년 겨울에 기상서가 보낸 시에 화답하다[338] 2수
丁巳冬 憲書賫官之回 曉嵐宗伯寄詩 步其韻答之 二首

정사년 겨울에 시헌서 재자관(時憲書齎咨官)[339]이 돌아올 때 예부상서 효람 선생이 시를 보냈기에, 그 운자에 따라 화답하였다.

단문[340]에서 옥백[341]을 잡고 한 번 이별한 뒤에 端門執玉一睽分
만 리 밖에서 그리워함에 조각구름만 떠 있을 뿐 萬里相思有片雲
쉬파리가 천리마의 꼬리를 붙잡았음[342]을 다행으로 여기고
自幸蒼蠅攀驥尾

338 정사년……화답하다 : 1797년(정조21)에 기윤으로부터 받은 시에 화운한 시로, 기윤의 업적과 위상을 찬미하고 그에 대한 존경과 그리움을 드러내고 있다. 제1수는 평성 '문(文)'운의 평기식 수구용운체 칠언율시이고 제2수는 평성 '회(灰)'운의 평기식 수구용운체 칠언율시이다.

339 시헌서 재자관(時憲書齎咨官) : 중국에서 반포하는 역서(曆書)를 받아오기 위해 임시로 파견하는 사신이다.

340 단문(端門) : 112쪽 주226 참조.

341 옥백(玉帛) : 142쪽 주294 참조.

342 쉬파리가……붙잡았음 : 학덕이 높은 이와 교유함으로써 명성을 얻는다는 뜻인데, 여기에서는 이계가 기윤과 교유하였음을 겸손하게 표현한 말이다. 《사기》 권61 〈백이열전(伯夷列傳)〉의 "안연은 비록 독실히 배웠으나 천리마의 꼬리에 붙어 더욱 행실이 드러났다.〔顔淵雖篤學, 附驥尾而行益顯.〕"라는 구절을 사마정(司馬貞)이 《사기색은(史記索隱)》 권17에서 "쉬파리가 천리마의 꼬리에 붙어 천 리를 가는 것으로 안회가 공자로 인하여 이름이 드러난 것을 비유한 것이다.〔蒼蠅附驥尾而致千里, 以譬顔回因孔子而名彰也.〕"라고 풀이한 데에서 온 말이다.

고고한 학 뭇 닭 사이에 서 있음을 다투어 보았네 爭瞻孤鶴立鷄群
인간 세상의 즐거운 일은 벗이 멀리서 찾아오는 것이요
人間樂事朋從遠
바다 밖에서 정신으로 사귐은 고래로 거의 못 들었네
海外神交古罕聞
귀중한 시로 뒷날 만나기를 기약하셨으나 珍重瓊詞要後約
백발노인 그대 다시 만날 날 언제리오 白頭何日更逢君

위풍당당하게 상대에 앉았다가 風稜嶽嶽坐霜臺
사마와 춘경을 두루 역임하였네[343] 司馬春卿歷颺來
길보가 만국의 본보기 됨은 문무를 겸비하였기 때문이고[344]
吉甫憲邦文武竝
고양리의 문우(文友) 모임에는 자손들이 모셨네[345] 高陽會友子孫陪

343 위풍당당하게……역임하였네 : 상대(霜臺)는 어사대(御史臺) 즉 사헌부(司憲府)의 별칭이다. 사마(司馬)는 주나라 때 육경(六卿)의 하나로 병무(兵務)를 주관하던 관직이었고 춘경(春卿)은 주나라 때 춘관(春官)의 경(卿) 즉 종백(宗伯)으로, 각각 병부 상서와 예부 상서를 가리킨다. 여기에서는 기윤이 좌도 어사(左都御史)·병부 상서·예부 상서를 역임하였으므로 이렇게 말하였다.

344 길보(吉甫)가……때문이고 : 기윤이 문무를 겸비하였다는 뜻이다. 길보는 주 선왕(周宣王) 때의 명장인 윤길보(尹吉甫)로, 《시경》〈소아(小雅) 유월(六月)〉에, "문무를 겸비한 길보여, 만국이 본보기로 삼는도다.〔文武吉甫, 萬邦爲憲.〕"라고 하였다.

345 고양리(高陽里)의……모셨네 : 기윤이 훌륭한 자식들을 두었다는 뜻이다. 후한(後漢)의 순숙(荀淑)은 재주가 뛰어난 여덟 아들이 있었기 때문에 사람들이 옛날 고양씨(高陽氏) 전욱(顓頊)의 뛰어난 여덟 아들에 비겨 그가 살던 서호(西豪)를 고양리라고 불렀다. 같은 지방의 명사인 진식(陳寔)도 진기(陳紀)와 진심(陳諶)이라는 훌륭한

장쾌한 유람은 이미 곤륜산을 멀리 밟았으니 壯遊已躡崑崙遠
기이한 기개 응당 열린 적석산을 밀어젖혔으리[346] 奇氣應排積石開
한 번 헤어진 뒤 3년 동안 산과 바다에 막혀 있지만 一別三年山海隔
꿈속에서는 아직도 함께 술잔을 든다오 夢中猶復共含杯

아들들이 있었는데 진식이 자질(子姪)들을 데리고 순숙을 찾아가자 천체에 덕성(德星)이 한자리에 모인 것이 관측되었다. 이를 본 태사(太史)가 "500리 안에 현인이 모였을 것이다.〔五百里內, 有賢人聚.〕"라고 했다고 한다. 《異苑 卷4》

346 장쾌한……밀어젖혔으리 : 곤륜산(崑崙山)은 중국 전설상의 산으로, 황하가 발원하는 곳이라고 알려졌다. 기윤이 곤륜산을 밟았다는 것은 150쪽 주319 참조. 적석산(積石山)은 중국 청해성(青海省) 동남쪽에 있는 산으로 아니마경산(阿尼瑪卿山)이라고도 한다. 우(禹) 임금이 치수 사업을 할 때 곤륜산에서 발원하여 복류하던 황하를 이곳에서부터 지상으로 흘러나오게 했다고 한다. 《서경》〈하서(夏書) 우공(禹貢)〉에, "황하를 인도하여 적석으로부터 용문에 이르게 하고 남쪽으로 화음에 이르게 하며 동쪽으로는 지주에 이르게 하며 또 동쪽으로 맹진에 이르게 하였다.〔導河積石, 至于龍門, 南至于華陰, 東至于底柱, 又東至于孟津.〕"라고 하였다.

효람 기상서에게 부치다[347] 무오년(1798, 정조22). 2수

寄曉嵐紀尙書 二首 戊午

북두성 이남의 한 사람[348]을 바라보니 北斗以南見一人
한 조각 마음이 서로를 비춤에 경계가 사라졌네 片心相照絶畦畛
사문의 정맥이라 화하를 밝히고 斯文正脈明華夏
선비들의 모범이라 진신의 으뜸이네 多士模楷冠搢紳
해내의 지음으로서 함께 갑진년에 태어난 것[349]이 부끄럽고 海內知音慙後甲

공은 나와 같은 갑진년(1724, 경종4)생이므로 후갑(後甲)이라고 하였다.

천자의 궐문에서 얼굴을 안 것은 지난 갑인년부터라 天門識面自前寅

나는 갑인년(1794, 정조18)에 사신의 명을 받들고 연경(燕京)에 갔는데,

347 효람 기상서에게 부치다 : 이계가 1798년에 기윤에게 보낸 시로, 기윤에 대한 흠모의 마음과 만나지 못하는 안타까운 마음을 드러내었다. 제1수는 평성 '진(眞)'운의 측기식 수구용운체 칠언율시이고, 제2수는 평성 '선(先)'운의 평기식 수구용운체 칠언율시이다.

348 북두성……사람 : 북두성 아래에서 제일 훌륭한 사람, 즉 천하의 제일인(第一人)을 뜻하는 말로, 여기에서는 기윤을 가리킨다. 당(唐)나라의 재상 적인걸(狄仁傑)이 곤경에 처한 지인(知人)을 위해 어렵고 위험한 사신의 임무를 자청하자 인인기(藺仁基)가 그를 칭찬하며, "적인걸 공의 어짊은 북두성 이남에 오직 한 사람뿐이다.〔狄公之賢, 北斗以南, 一人而已.〕"라고 한 데에서 유래한 말이다. 《新唐書 卷115 狄郝朱列傳》

349 함께……것 : 원문은 '후갑(後甲)'이다. 자주(自註)에서 밝히고 있듯 이계와 기윤은 갑진년인 1724년 생으로 동갑인데, 여기서 '후(後)'자는 겸사로서 이계 자신이 갑진년 생들의 항렬 가장 뒷자리라는 의미로 쓴 글자이다.

공이 이때 예부 상서로서 오문(午門) 밖에 서서 반상(頒賞)하여 처음 얼굴을 알게 되었다.

해마다 애정 담긴 선물 정성스레 보내주시니　慇懃寵貺無虛歲
너도나도 조선 백대의 보배를 보네　爭覩東韓百世珍

조선으로 돌아온 뒤 여러 차례 시편(詩篇)을 보내오고 문방(文房)의 귀한 물건들까지 선물해주었으므로 편지를 부쳐 사례하였다.

고인은 저 멀리 오색구름[350]의 곁에 떨어져 있으니　故人遙隔五雲邊
압록강에서 연경까지 사천 리라오　鴨水燕山路四千
은하수 같은 문장 부질없이 눈에 들어오는데　河漢文章空入望
봉래의 소식 뉘 있어 전할꼬[351]　蓬萊消息有誰傳
꽃구경하고 술잔 들 때에도 응당 서로 그리워할 것이요　看花對酒應相憶
밝은 달 시원한 바람에 홀로 잠 못 이루리　朗月淸風獨不眠
스스로 한하노니 어찌 늘그막에 늦게야 만났나　自恨白頭何見晩
오직 정신을 백아의 현[352]에 붙일 뿐이라네　精神惟寄伯牙絃

350 오색구름 : 원문의 '오운(五雲)'은 오색으로 빛나는 구름으로, 제왕의 처소를 뜻한다. 여기에서는 기윤이 황제를 모시고 있는 연경의 자금성(紫禁城)을 가리킨다.

351 봉래(蓬萊)의……전할꼬 : 봉래는 발해(渤海) 동쪽에 있다고 전해지는 선산(仙山)인데, 여기에서는 조선을 가리킨다. 봉래의 소식을 전할 사람이 없다는 것은 조선에 있는 이계 자신의 소식을 중국의 기윤에게 전할 방법이 없다는 말이다.

352 백아(伯牙)의 현(絃) : 백아는 춘추시대 거문고의 명수인데, 오직 그의 벗 종자기(鍾子期)만이 그의 연주를 완전히 이해하여 연주를 듣기만 해도 그가 어떤 생각을 가지고 연주하는지 알 수 있었다고 한다. 종자기가 죽자 백아는 자신의 연주를 이해할 사람이 없다며 거문고의 현을 끊어버렸다고 한다. 《列子 湯問》

족숙인 봉조하가 아들 강원도 관찰사의 태태부에 봉양을 받으러 가는 것을 전송하다[353] 봉조하의 맏아들 인호가 강원도 관찰사가 되었다. 봉조하는 홍수보이다.

送族叔奉賀 秀輔 就養兒觀察關東太太府 奉賀長子仁浩爲東伯

353 족숙인……전송하다 : 이계가 11촌 숙부인 홍수보(洪秀輔, 1723~1800)가 치사한 뒤 그 아들인 홍인호(洪仁浩, 1753~1799)가 강원도 관찰사가 되어 임지로 가는 것을 전송한 시이다. '태태부(太太府)'는 지방관의 어머니가 거처하는 관사라는 뜻인데, 관찰사 가족의 관사인 내아(內衙)를 가리킨다. 조선시대에 지방관이 부임할 때 부친이 따라가면 공사(公事)를 어지럽히는 일이 많다고 하여 모친만이 나라의 비용으로 생활할 수 있었으므로 부친은 연로하거나 부득이한 경우가 아니면 부임지에 따라가는 경우가 드물었다고 한다.《牧民心書 律己六條 齊家》 이 때문에 내아를 태태부라고 하는 듯하다.

홍수보는 본관은 풍산(豐山), 자는 군실(君實), 시호는 간헌(簡憲)이다. 1756년(영조32)에 정시 문과에 급제하여 관계에 진출하였고, 경기도 관찰사·사헌부 장령·대사간·형조 판서·의정부 좌참찬 등을 역임하였고, 1795년(정조19) 치사한 뒤에 봉조하(奉朝賀)가 되었다.

홍인호는 본관은 풍산, 자는 원백(元伯)이다. 1777년(정조1) 증광문과에 급제하여 홍문관 교리·대사헌·여주 목사(驪州牧使)·강원도 관찰사를 역임하였다. 생전에 정조의 명을 받아 전국의 판례(判例)를 수집하여《형옥결안(刑獄決案)》을 완성하였고, 이는 동생 홍의호(洪義浩, 1758~1826)가 증보하여《심리록(審理錄)》이란 제목으로 간행하였다.

강원도 관찰사영(江原道觀察使營)이 있는 원주는 홍수보와 홍인호의 고향이기도 하였기 때문에, 이계는 이 작품에서 여러 고사를 들어 그가 금의환향하여 지방관인 홍인호의 극진한 봉양 속에서 여유를 만끽할 것임을 말하였다. 홍인호가 1798년(정조22) 9월 30일에 강원도 관찰사에 임명된 것으로 보아, 이 작품은 이즈음에 창작된 것으로 생각된다.《正祖實錄 22年 9月 30日》 평성 '미(微)'운의 평기식 수구용운체 칠언율시이다.

팔순에 기로소에 들어 치사하고 돌아가니	八旬耆社致臣歸
복록이 공 같은 이 옛날에도 드물었네	福祿如公古亦稀
땅은 동향이라 대낮에 비단옷 걸치고[354]	地是桐鄕拖晝錦
아이는 당발에서 색동옷 입고 춤추네[355]	兒從棠茇舞斑衣
경기의 백성들 다투어 전임 관찰사[356]를 맞이하고	畿氓競迓前巡旆

354 땅은……걸치고 : 홍수보가 부귀해져서 고향인 원주로 돌아가게 되었다는 말이다. 동향(桐鄕)은 현재의 안휘성(安徽省) 동성현(桐城縣) 북쪽에 있던 한나라 때의 고을로, 과거에 선정(善政)을 베풀었던 고을을 가리키는 말이다. 주읍(朱邑)이 이곳의 색부(嗇夫)로 재직할 때 선정을 베풀어 백성들의 존경을 받았는데, 그가 죽은 뒤에 그의 아들이 유언에 따라 그를 이곳에 묻자 동향 사람들이 사당을 짓고 매년 제사를 지냈다는 고사가 있다.《漢書 卷89 朱邑傳》 다만 여기에서는 뒤에 대낮에 비단옷을 걸친다는 표현을 보았을 때 '고향'이란 의미로 사용된 듯하다.

대낮에 비단옷을 걸친다는 것은 출세해서 남보란 듯이 고향으로 돌아가는 것을 뜻한다. 항우(項羽)가 함양(咸陽)을 정복한 뒤에 함양에 있던 진(秦)나라 궁궐이 모두 파괴된 것을 보고 "부귀해져서 고향으로 돌아가지 않는 것은 비단옷을 입고 밤길을 가는 것과 같다.〔富貴不歸故鄕, 如衣錦夜行.〕"라며 고향인 강동(江東)으로 돌아가려 하였는데, 이 말을 뒤집어서 출세하여 고향으로 돌아가는 것을 '비단옷을 입고 낮 길을 간다.〔衣錦晝行〕'라고 하게 되었다.《漢書 卷31 項籍傳》

355 아이는……춤추네 : 홍인호가 강원도에 선정을 베풀면서 부친인 홍수보를 극진히 모실 것이라는 말이다. 당발(棠茇)은 주나라 때 남국(南國)의 백성들이 소공(召公)을 기려서 "무성한 저 감당나무, 자르지도 말고 베지도 말라. 소백께서 머물러 쉬시던 곳이니라.〔蔽芾甘棠, 勿翦勿伐, 召伯所茇.〕"라고 노래한 데에서 유래한 말로, 지방관의 선정을 뜻한다.《詩經 召南 甘棠》 색동옷을 입고 춤을 춘다는 것은 춘추시대 초(楚)나라의 은사(隱士) 노래자(老萊子)가 어버이를 기쁘게 하기 위해 일흔의 나이에 색동옷을 입고 재롱을 부린 고사를 인용한 것이다.《初學記 卷17 孝子傳》

356 전임 관찰사 : 원문의 '순패(巡旆)'는 관찰사 일행의 깃발인데, 관찰사를 가리킨다. 여기에서 전임 관찰사라고 한 것은 홍수보가 경기도 관찰사를 역임하였기 때문이다. 홍수보는 1788년(정조12) 5월 25일에 경기도 관찰사로 임명되었다가 같은 해 9월에

아무 물가에서 옛날의 낚시터를 찾아다니리[357]	某水行尋舊釣磯
봉래산[358]의 꽃 수놓은 듯 피길 기다렸다가	更待蓬丘花似繡
한 쌍의 구장 짝지어 봄날에 날려보세[359]	一雙鳩杖伴春飛

정조가 선릉(宣陵)과 정릉(靖陵)을 전알(展謁)하러 갈 때 불어난 강물에 대해 제대로 대처하지 못했다는 이유로 파직되었다. 《正祖實錄 12年 5月 25日, 9月 6日》

357 아무……찾아다니리 : 홍수보가 고향인 원주로 돌아가 어린 시절의 추억이 서린 장소를 두루 찾아볼 것이라는 말이다. 아무 물가〔某水〕는 한유의 〈송양소윤서(送楊少尹序)〉에 "지금 그대가 고향에 돌아가면 그곳의 나무를 가리키며 '아무 나무는 나의 선친께서 심으신 것이고, 아무 물가와 아무 언덕은 내가 어린 시절에 낚시하던 곳이고 놀던 곳이다.'라고 할 것이다.〔今之歸, 指其樹曰: "某樹, 吾先人之所種也, 某水某丘, 吾童子時所釣遊也."〕"라고 한 데에서 취한 말이다.

358 봉래산(蓬萊山) : 동해(東海) 가운데에 있다는 선산(仙山)으로, 금강산 혹은 강원도 고을을 비유하는 말로 자주 쓰인다.

359 한……날려보세 : 이계 자신이 원주에 있는 홍수보를 찾아가 함께 강원도를 유람하겠다는 말이다. 구장은 손잡이를 비둘기 모양으로 장식한 지팡이로 국가에 큰 공로가 있는 노신에게 하사하던 물건이다. 이계와 홍수보 두 사람 모두 기로소에 들었으므로 이렇게 말한 것이다.

연경에 서장관으로 가는 학사 조석중을 전송하다[360] 3수

送曹學士錫中以書狀赴燕 三首

문충공[361] 지난날에 남관[362]을 쓰고	文忠昔日戴南冠
삼 년을 심양의 눈 덮인 움집[363]에서 추위에 떨었지	三載瀋陽雪窖寒

360 연경에……전송하다 : 조석중(曺錫中, 1763~?)이 1799년(정조23)에 진향사 서장관(進香使書狀官)으로 연경에 가는 것을 전송한 시이다. 조석중은 본관은 창녕(昌寧), 자는 숙정(叔正)이다. 1794년(정조18) 정시에 급제하여, 승정원 주서(承政院注書)·승문원 수찬(承文院修撰)·충청도 관찰사 등을 역임했다. 제1수에서는 조석중의 선조 조한영(曺漢英, 1608~1670)이 청나라에 억류되어 겪은 고초와 그의 절의를, 제2수에서는 이계 자신이 연경에 갔을 때 만난 예부 상서 기윤과의 인연을, 제3수에서는 조석중이 연경에서 구경하게 될 봄과 겨울의 경치를 말하였다. 각각 평성 '한(漢)'운, 평성 '담(覃)'운, 평성 '선(先)'운의 칠언절구이다.

361 문충공(文忠公) : 조한영의 시호이다. 조한영은 본관은 창녕, 자는 수이(守而), 호는 회곡(晦谷)이다. 1637년(인조15) 정시문과에 장원으로 급제해 관계에 진출하였고, 경기도 관찰사·대사간·대사성·한성부 우윤(漢城府右尹) 등을 역임하였다. 1639년(인조7)에 지평(持平)으로 있을 때 청나라가 명나라를 치기 위한 원병과 왕자의 볼모를 요구하자 만언소(萬言疏)를 올리며 강하게 반대하였는데, 이 때문에 청나라에 척화파(斥和派)로 지목되어 김상헌(金尙憲, 1570~1652) 등과 함께 심양(瀋陽)으로 잡혀가 3년간 옥고를 치르고 1642년(인조20)에 풀려났다. 조석중의 6대조이다.

362 남관(南冠) : 남관은 본래 남쪽 나라의 갓 즉 춘추전국시대 초(楚)나라의 갓인데, 죄수 혹은 포로로 외국에 갇혀 있는 사람을 가리키는 말이다. 춘추시대 진 혜공(晉惠公)이 군부(軍府)를 순시하다가 초나라 영인(伶人)인 종의(鍾儀)가 갇혀 있는 것을 보고 "저 남쪽 나라의 갓을 쓴 자는 누구인가?〔南冠而縶者誰也〕"라고 물어본 데에서 유래하였다. 《春秋左氏傳 成公 9年》

363 눈 덮인 움집 : 원문인 '설교(雪窖)'는 눈이 덮인 움집이란 뜻으로, 한나라의 소무(蘇武)가 흉노(匈奴)에 사신으로 갔다가 감금되었던 곳이다. 《한서(漢書)》 권54 〈이

빼어난 먼 후손 한절[364] 가지고　好個雲孫持漢節
청란에 있는 백이 숙제의 초상[365]을 찾아가네　墨胎遺像訪清灤

해내 문장의 종장 기효람 선생　海內文宗紀曉嵐
춘관과 영각[366]에 그윽하게 앉아 계셨네　春官瀛閣坐潭潭
오문에서 한 번 만남에 일산을 기울인 듯[367]　午門一接如傾蓋

광소건전(李廣蘇建傳)〉에, "선우가 더욱 소무를 굴복시키고 싶어서 소무를 큰 움집에 유폐하고 음식을 끊었다. 눈이 내리는 날씨에 소무는 눈과 양탄자의 털을 씹어 삼키며 며칠 동안을 죽지 않고 버텼다.〔單于愈益欲降之, 乃幽武置大窖中, 絶不飮食. 天雨雪, 武臥齧雪與旃毛幷咽之, 數日不死.〕" 하였다. 여기에서는 조한영이 청나라에 의해 심양에 감금되어 추운 겨울을 보냈음을 말하기 위해 쓴 말이며, 또 조한영은 심양에 감금되어 있을 때 김상헌의 시문 수창집인 《설교집(雪窖集)》의 편찬을 돕기도 하였다.

364 한절(漢節) : 한나라의 부절이란 뜻으로, 사신의 부절을 가리키는 말이다. 한나라의 소무가 흉노에 억류되었다가 북해(北海)로 이주되었을 때 식량이 공급되지 않아 들쥐와 풀벌레를 먹고 양을 치면서도 한나라의 부절을 항상 몸에 지녀, 부절의 술 장식이 너덜너덜해졌다고 한다. 《漢書 卷54 李廣蘇建傳》

365 청란(清灤)에……초상 : 청란은 중국 영평성(永平城) 근처에 있던 난하(灤河)인데, 이곳 남쪽에 청절사(淸節祠)가 있었다. 청절사는 주 무왕(周武王)이 은(殷)나라를 정벌하는 것을 만류하고 수양산(首陽山)에서 굶어 죽은 백이(伯夷)와 숙제(叔齊)를 모신 사당으로, 조선의 연행사들이 연행 도중 자주 들르던 장소였다. 원문의 '묵태(墨胎)'는 백이와 숙제의 성(姓)이다.

366 춘관(春官)과 영각(瀛閣) : 춘관은 예부(禮部)의 별칭이고, 영각은 중국 당나라 이후로 조서(詔書)의 작성을 담당하던 관서인 한림원(翰林院)의 별칭이다. 여기에서는 기윤이 예부 상서와 한림원 편수관을 역임하였으므로 이렇게 말한 것이다.

367 오문(午門)에서……듯 : 오문은 143쪽 주295 참조. 이계가 중국에 갔을 때 기윤과 한 번 만나고도 서로 깊은 친분을 쌓았다는 말이다. 원문의 '경개(傾蓋)'는 본래 고대 중국에서 수레를 타고 가다 모르는 사람을 만났을 때 수레의 일산을 기울여서 하던 인사로, 사람을 처음 만나 인연을 맺고 친분을 쌓는 것을 뜻하기도 한다. 《사기》

만 리 밖의 지음이 북두성 남쪽에 있었네　　萬里知音在斗南

십 년 만에 사신의 수레 다시 연경으로 갈 제[368]　　十載星軺再涉燕
깊은 겨울이라 산천에 눈 가득 쌓여 있네　　玄冬積雪滿山川
서원의 태액지[369] 봄빛이 바다 같으리니　　西園太液春如海
필마로 가는 꽃구경은 젊은이에게 양보하시게　　疋馬看花讓少年

권83 〈추양열전(鄒陽列傳)〉에, "속담에 '백발이 되도록 오래 사귀어도 처음 사귄 듯하고, 일산을 기울이고 잠깐 만났어도 오래 사귄 듯하다.'라고 하였으니, 어째서인가? 서로를 아느냐 모르느냐에 달린 것이다.〔諺曰: "白頭如新, 傾蓋如故.", 何則? 知與不知也.〕"라고 하였다.

368 십……제 : 조석중은 이 당시 37세의 젊은 나이이고 문과에 급제한지 5년밖에 안 되었는데, 여기에서 10년 만에 다시 연경으로 간다고 한 것은 미상이다.

369 서원(西苑)의 태액지(太液池) : 서원은 연경의 자금성(紫禁城) 서쪽에 있던 정원이고, 태액지는 이곳에 있던 연못이다. 태액지 가운데에는 경화도(瓊華島)라는 인공섬이, 북쪽에는 만세산(萬歲山)이라는 인공 언덕이 조성되어 있어서 연경의 장관 중 하나였다.

연경에 가는 주청부사 이 시랑을 전송하다[370]

경신년(1800, 정조24). 이시랑은 이집두이다.

送奏請副使李侍郞 集斗 赴燕 庚申

옛날에 나 상국에 사신으로 갈 때	昔我賓上國
그대는 황룡 인끈[371] 차고서	君佩黃龍綬
정성스레 멀리 전송하며	慇懃遠于將
시문[372]을 선물해주었지	贈之以瓊玖
눈 깜짝할 새 스무 해 지나	轉頭廿載間

370 연경에……전송하다 : 1800년 왕세자의 책봉을 위한 주청사(奏請使)의 부사(副使)로 연경에 가는 이집두(李集斗, 1744~1820)에게 지어준 시이다. 초반부에서는 이계 자신과 이집두의 인연을, 중반부에서는 이집두가 사행길에 올라 고생 속에서도 기운을 만나 임무를 무사히 완수할 것을, 후반부에서는 임무를 마친 이집두가 당당하게 귀국하는 모습을 말하였다. 이집두는 본관은 경주(慶州), 자는 중휘(仲輝), 호는 파서(琶西) 또는 구학(臞鶴)이다. 1775년(영조51) 별시 문과에 급제하여 내직으로 이조 참의・대사성・대사간・대사헌・예조 판서, 외직으로 강릉 현감・안동 부사・함경도 관찰사를 역임하였고, 판돈녕부사(判敦寧府事)로 치사한 뒤에 기로소(耆老所)에 들었다. 1800년에 주청사의 부사로, 1810년에 동지사의 정사(正史)로 두 차례 연경에 다녀왔다. 상성 '유(有)'운의 20운 오언고시이다.

371 황룡 인끈 : 원문은 '황룡수(黃龍綬)'로, 문맥상 관찰사의 직임을 상징하는 물건으로 생각되는데, 미상이다. 이집두는 이때 함경도 관찰사로 있었다.

372 시문 : 원문은 '경구(瓊玖)'로 아름다운 옥이라는 뜻인데, 남의 시문에 대한 미칭(美稱)이다. 《시경》〈위풍(衛風) 모과(木瓜)〉에 "나에게 오얏을 줌에 경구로 보답하고도 충분히 보답했다고 여기지 않은 것은, 길이 우호를 맺고자 함이다.〔投我以木李, 報之以瓊玖, 匪報也, 永以爲好也.〕"라고 한 데에서 유래한 말이다.

어느덧 내 뒤를 따르는데	居然躡我後
나는 지금 언 배같이 검버섯 핀 얼굴	吾今凍梨面
그대 역시 늘어진 버들같이 파리한 팔뚝이지	君亦垂楊肘
세자를 봉하는 일 나라의 중대사라	封儲國之重
유월에 네 마리 수말을 달리니	六月馳四牡
나랏일 한창 단단히 하지 않을 수 없는 때라[373]	王事方靡盬
미천한 몸 감히 마음대로 못하리	微軀敢自有
밥 챙겨먹을 겨를 없고	未暇勉餐飯
지체할 새 없이 빨리 돌아와야 하리	遄歸莫淹久
북두성 북쪽에 신교[374]가 있으니	斗北有神交
예부 상서 기공이네	紀公長禮部
바다 같은 가슴은 아홉 개의 몽택을 삼켰으며[375]	胸海呑九夢

373 네……때라 : 네 마리 수말의 원문은 '사모(四牡)'로 사신의 수레를 말하며, 나랏일의 원문은 '왕사(王事)'로 왕과 나라를 위한 일 중에서도 특히 사신으로서의 임무를 말한다. 《시경》 〈소아(小雅) 사모(四牡)〉에 "네 마리 수말 끊임없이 달리니 큰길이 구불구불하도다. 어찌 돌아올 것을 생각하지 않으랴만 나랏일 단단히 하지 않을 수 없으니 내 마음 슬프도다.〔四牡騑騑, 周道倭遲. 豈不懷歸, 王事靡盬, 我心傷悲.〕"라고 한 데에서 유래한 말이다.

374 신교(神交) : 정신으로 사귀어 의기투합한다는 뜻이다.

375 바다……삼켰으며 : 기윤의 도량이 매우 넓다는 뜻이다. 몽택은 운몽택(雲夢澤)으로, 현재의 호북성(湖北省)과 호남성(湖南省)의 접경에 있었다고 하는 연못인데, 현재 중국 제2의 담수호인 동정호(洞庭湖)도 그 일부에 지나지 않을 정도로 거대했다고 한다. 사마상여(司馬相如)의 〈자허부(子虛賦)〉에 "운몽택과 같은 것 여덟, 아홉 개를 삼키더라도 그 흉중이 막히는 적이 없었다.〔呑若雲夢者八九, 於其胸中, 曾不蔕芥.〕"라고 하였다.

배 속에 든 책[376]은 두 개의 유산[377]이 쌓여 있네	腹笥貯二酉
십 년 동안 속국을 담당하니	十年典屬國
진퇴에 호오가 명백하네	進退明好醜
우리나라가 중화의 예법을 지키니	東方秉周禮
알선함에 도움을 많이 주셨네	旋斡多左右
남궁[378]에서 국서를 바치면	南宮致國書
나를 위해 안부 물어주오	爲我問安否
정신이 눈썹에 드러나니	精神在眉睫
짧은 말도 허심탄회하게 받아들여야 하리	片言宜虛受
정자산이 진숙향을 만나니[379]	鄭產遇晉向
허락은 손바닥 뒤집듯 쉬운 일	然諾由反手
보책은 어쩌면 그리도 휘황찬란한가	寶冊何煒煌
낭관들 서로 다투듯 분주하리	郎吏競奔走

376 배 속에 든 책 : 원문은 '복사(腹笥)'로, 머릿속에 기억하고 있는 책이라는 뜻인데, 박식함이나 높은 학식을 뜻하기도 한다. 후한(後漢)의 변소(邊韶)가 "배가 불룩한 것은 오경이 가득하기 때문이며 잠자면서도 경전의 일만 생각한다.〔腹便便, 五經笥, 但欲眠, 思經事.〕"라고 한 데에서 유래하였다. 《後漢書 卷80 文苑列傳》

377 두 개의 유산(酉山) : 대유산(大酉山)과 소유산(小酉山)으로, 현재의 중국 호남성(湖南省) 원릉현(沅陵縣) 서북쪽에 있다. 이곳의 골짜기에 책을 수천 권 보관해 두고 진(秦)나라 사람들이 공부했다는 전설이 있어서, 많은 양의 장서(藏書)를 가리키기도 한다.

378 남궁(南宮) : 151쪽 주322 참조.

379 정자산(鄭子產)이 진숙향(晉叔向)을 만나니 : 춘추시대 정(鄭)나라의 공손교(公孫僑)와 진(晉)나라의 양설힐(羊舌肹)은 모두 어진 대부로, 특히 외교에 뛰어난 것으로 이름이 났다. 여기에서는 이집두와 기윤을 비유한 말이다.

가을바람 압록강에 부는데 秋風動鴨水
상서로운 구름 말머리를 감싸네 祥雲擁馬首
기뻐하는 함성 천하에 흘러넘치고 歡聲溢區宇
기쁜 기운은 기성과 두성에 이어졌네 喜氣連箕斗
해마다 옥백을 잡는 사신 중에 年年玉帛使
그대 같은 이는 참으로 우연이 아니네 如君儘不偶
슬픈 만 리의 이별에 悄悵萬里別
엇갈리며[380] 한 잔 술 드네 差池一杯酒
부디 비단주머니[381]에 담은 시 가지고 須將錦囊詩
돌아와 이계 노인에게 자랑하시게 歸詫耳溪叟

380 엇갈리며 : 원문은 '차지(差池)'로 본래 들쭉날쭉하고 고르지 않다는 뜻인데, 여기에서는 헤어진다는 의미로 쓴 것으로 보인다. 《시경》〈패풍(邶風) 연연(燕燕)〉에 "제비들 나는데 날개가 들쭉날쭉하도다. 시집가는 그대를 멀리 들에서 전송하네. 바라보아도 미치지 못해, 눈물이 비처럼 쏟아지네.〔燕燕于飛, 差池其羽. 之子于歸, 遠送于野. 瞻望弗及, 泣涕如雨.〕"라고 한 데에서 유래한 말이다.

381 비단주머니 : 원문은 '금낭(錦囊)'으로 시고(詩稿)를 담는 주머니를 말한다. 당(唐)나라의 이하(李賀)가 놀러나갈 때 하인에게 낡은 비단주머니를 가지고 따르게 하고 시가 완성되는 대로 주머니에 담게 하였는데, 저녁에 돌아올 때에는 주머니가 가득 찼다고 한다. 《新唐書 卷203 文藝列傳》

달밤에 정시회를 그리워하다[382]

月夜有懷鄭時晦

꾀꼬리 우짖지 않고 버들은 눈을 찌푸리는데[383]	黃鳥無聲柳眼顰
외로운 무덤 어드메뇨 강가에 솟았도다	孤墳何處起江濱
동한 이후로 짝할 선비 없었는데[384]	東京以後無雙士
동해의 구석에서 한 사람을 보았다네	左海之隅見一人
젊은 날의 명성은 조정[385]을 울렸고	少日聲名鳴玉佩
반평생의 진퇴는 벼슬아치들을 부끄럽게 했네	半生出處愧簪紳

382 달밤에 정시회를 그리워하다 : 이계가 벗 정경순(鄭景淳)을 그리워하며 지은 시이다. 작품의 내용으로 볼 때 정경순은 이미 사망한 것으로 생각되며, 정경순은 1795년(정조19)에 사망하였으므로 이 작품은 그 이후에 지어진 것으로 추정된다. 정경순은 이계가 16세 무렵 과거 공부를 하면서 교분을 맺은 벗들 중 드물게 이계 말년까지 생존한 사람이었다. 이계는 이 작품을 통해 지음(知音)을 잃은 슬픔을 표출하고 있다. 평성 '진(眞)'운의 측기식 수구용운체 칠언율시이다.

383 버들은 눈을 찌푸리는데 : 원문은 '류안빈(柳眼顰)'이다. 류안(柳眼)은 갓 자라난 어린 버들잎이 자다 깬 사람의 찡그린 눈과 같이 가늘다고 하여 생겨난 말이다. 당나라 원진(元稹)의 〈생춘(生春)〉에 "어디에서 이른 봄은 생겨나는고? 봄은 버들 눈에서 생겨난다오.〔何處生春早? 春生柳眼中.〕"라고 하였다.

384 짝할 선비 없었는데 : 원문의 '무쌍사(無雙士)'는 나라에서 가장 뛰어난 인재라는 뜻이다. 한나라의 소하(蕭何)가 한 고조(漢高祖)에게 한신(韓信)을 천거하면서 "다른 여러 장수는 얻기가 쉬우나 한신 같은 이는 둘도 없는 국사입니다.〔諸將易得耳, 至如信者, 國士無雙.〕"라고 한 데에서 유래하였다. 《史記 卷92 淮陰侯列傳》

385 조정 : 원문은 '옥패(玉佩)'로 패옥(佩玉)을 의미하는데, 옛날의 관원들은 옥으로 된 장신구를 착용한 데에서 조정이라는 뜻으로도 쓰이게 되었다.

초미금은 이미 부서졌고 백아의 현도 끊어졌으니[386] 焦琴已破牙絃絶
초승달 뜰 적에 홀로 마음 아파하노라 新月生時獨愴神

386 초미금(焦尾琴)은……끊어졌으니 : 지기(知己)를 잃었다는 뜻이다. 초미금은 끝이 살짝 탄 오동나무로 만든 거문고인데, 후한(後漢)의 채옹(蔡邕)이 오(吳) 지역 사람이 오동나무로 불을 때는 소리를 듣고 그것이 훌륭한 목재임을 간파하여 그 오동나무를 얻어서 거문고를 만드니 과연 아름다운 소리가 났다는 고사가 있다.《後漢書 卷90下 蔡邕傳》 백아의 현은 160쪽 주352 참조.

병중에 꿈속에서 함련을 얻었는데, 느낌이 있어 완성해 볼 만하였다[387] 신유년(1801, 순조1)

病中夢得頷聯 有感而足成 辛酉

오랫동안 사립문 닫고 여름과 겨울 보내니	閱歷暑寒久掩扉
살았나 죽었나 문안하러 찾아온 이 드물었네	存亡問訊到門稀
어린 닭은 발톱을 길러 능히 적과 맞서고	兒鷄養距能迎敵
늙은 학은 새끼를 낳아 벌써 나는 법을 가르치네	老鶴生孫已學飛
어영부영 백 년 인생 쏜살[388]과 같고	鼎鼎百年如過隙
어지러운 세상만사 온통 기심[389]을 잊었네	紛紛萬事摠忘機
꿈속에서도 오히려 중양절임을 알고서	夢中猶識重陽節

387 병중에……만하였다 : 가을날 꿈속에서 생각난 대구(對句)에 맞춰 지은 시이다. 목가적인 집 안의 풍경과 그 속에서 누리는 만년의 여유로움이 느껴지며, 이계가 자신의 인생에 대해 갈무리하는 듯한 느낌도 주는 작품이다. 평성 '미(微)'운의 측기식 수구용운체 칠언율시이다.

388 쏜살 : 원문은 '과극(過隙)'으로 벽의 틈 사이로 망아지가 지나가는 것처럼 세월이 눈 깜짝할 사이에 지남을 뜻한다. 《장자(莊子)》 〈지북유(知北遊)〉에, "사람이 천지 사이에서 살아가는 것은 흰 망아지가 벽의 틈 사이를 지나가는 것과 같이 한순간일 뿐이다.〔人生天地之間, 若白駒之過隙, 忽然而已.〕"라고 한 데에서 유래한 말이다.

389 기심(機心) : 꾀를 부려 남을 속이거나 해치려는 마음이다. 《장자》 〈천지(天地)〉에, "기계를 쓰는 자는 꾀를 쓰는 일을 하기 마련이고, 꾀를 쓰는 일을 하는 자는 꾀를 부리려는 마음을 갖기 마련이다.〔有機械者必有機事, 有機事者必有機心.〕"라고 한 데에서 유래하였다.

옛날에 상방[390]에서 내려주신 옷을 살펴보았네　　點檢尙方舊賜衣

390 상방(尙方) : 조선시대에 임금의 의복을 제작하고 물품을 관리하던 관서인 상의원(尙衣院)의 별칭이다.

봉조하 홍 지돈녕의 진사 회방[391] 홍 지돈녕은 홍응진이다.

奉賀洪知敦寧 應辰 進士回榜

과방에 이름 올리고 회갑 맞는 이 얼마나 되나 科名回甲幾多人
공처럼 온전한 복 누린 이는 예부터 짝할 이 드무네 完福如公古罕倫
예순 해 전의 새 진사 六十年前新進士
두 조정 궁궐 속의 원로 중신이라네 兩朝宮裏舊僚臣
나부끼는 푸른 도포에 서대를 비꼈고 青袍滾滾橫犀帶
세어버린 누런 머리칼 연건[392]을 둘렀네 黃髮皤皤抗軟巾
이날에 손자는 장원을 하니 是日阿孫魁一榜
그대 아비 직무를 받음 또한 특별한 은혜니라 乃爺授職亦殊恩

391 봉조하……회방 : 1801년(순조1)에 진사(進士) 회방(回榜)을 맞은 홍응진(洪應辰, 1710~?)을 축하한 시이다. 홍응진은 본관은 남양(南陽), 자는 정휴(挺休)이다. 1741년(영조17)에 식년 진사시에 합격하였고, 양근 군수(楊根郡守)·상호군(上護軍)·지돈녕부사(知敦寧府事) 등을 역임하였다. 《승정원일기(承政院日記)》에 따르면 이날 홍응진은 아들 홍경효(洪景孝, ?~?)와 손자 홍석연(洪錫淵, 1765~?)의 부축을 받으며 회방에 나왔는데, 홍석연도 이때 생원시의 장원을 하여 순조는 매우 희귀한 일이라며 홍응진에게 의자(衣資)와 식물(食物)을 넉넉히 내리고 홍경효를 경릉 참봉(敬陵參奉)에 제수하였다. 《承政院日記 純祖 1年 9月 26日·27日, 10月 1日》 평성 '원(元)'운의 평기식 수구불용운체 칠언율시이다.

392 연건(軟巾) : 소과(小科)에 급제한 사람들이 백패(白牌)를 받을 때 착용하던 두건이다.

연경에 가는 정사 조 상서를 전송하다[393] 조 상서는 조윤대이다.
送正使曹尙書 允大 赴燕

세밑의 연운[394] 눈 깊이 쌓였는데 歲暮燕雲積雪深
만 리 밖으로 그대를 전송함에 잠시 말을 멈추네 送君萬里且停驂
중원의 지사들은 시정에 많이 숨어 있을 것이나 中原志士多藏市
천 년 동안 소문은 거문고를 타지 않으리[395] 千載昭文不鼓琴
해내의 기이한 유람 나는 이미 두 번 했으니 海內奇遊吾已再

393 연경에……전송하다 : 1801년(순조1)에 조윤대(曺允大, 1748~1813)가 동지겸진주사(冬至兼陳奏使)의 정사로 연경에 가는 것을 전송한 시이다. 조윤대는 본관은 창녕, 자는 사원(士元), 호는 동포(東浦)이다. 1779년(정조23)에 정시 문과에 급제하여 예문관 검열이 된 후에 초계문신(抄啓文臣)으로 뽑혔다. 홍문관 응교・충청도 관찰사・황해도 관찰사・이조 참판・형조 판서・이조 판서 등을 역임하였다. 1801년과 1811년(순조11)에 두 차례 중국 사행을 경험하였다. 《정조실록(正祖實錄)》의 편찬에 참여하였고, 저술로는 《최열사전(崔烈士傳)》이 있다. 통운이 되는 평성 '담(覃)'운과 평성 '침(侵)'운을 환운해가며 지은 측기식 수구용운체 칠언율시이다.

394 연운(燕雲) : 연주(燕州)와 운주(雲州) 지역으로, 현재의 북경(北京) 일대에 해당한다.

395 중원의……않으리 : 만주족 왕조인 청조(淸朝)의 지배를 치욕스럽게 여기는 한족(漢族) 인사들이 연경 곳곳에 남아 있을 것이나 당분간은 청조의 통치체제가 안정적으로 유지되리라는 말로 보인다. 소문(昭文)은 고대의 거문고 명인인데, 소문이 거문고를 타지 않는다는 것은 성패가 갈릴 사건이 일어나지 않음을 뜻한다. 《장자》〈제물론(齊物論)〉에, "성공과 실패가 있는 것은 소문이 거문고를 타는 것과 같은 경우이고, 성공과 실패가 없는 것은 소문이 거문고를 타지 않는 것과 같은 경우이다.〔有成與虧, 故昭氏之鼓琴也, 無成與虧, 故昭氏之不鼓琴也.〕" 하였다.

세상의 장대한 구경 그대는 세 번은 하겠네[396] 域中大觀子應三
남궁[397]에서 관원들 위에 꼿꼿이 서 있으면 南宮鵠立千官上
묻지 않고도 기효람 선생인 줄 알아야 하네 不問須知紀曉嵐

396 해내의……하겠네 : 이계 자신은 1801년 현재까지 1782년(정조6)과 1794년(정조18)에 두 번 북경에 다녀왔는데, 자신보다 젊어서 아직 살 날이 많이 남은 조윤대는 앞으로 두 번은 중국에 갈 기회가 더 있으리라는 말이다. 실제로 조윤대는 이계가 죽은 뒤 1811년에 동지사(冬至使)의 정사로 한 차례 더 연경에 다녀왔다.

397 남궁(南宮) : 151쪽 주322 참조.

꿈속에서 손님에게 주다[398]

夢中贈客

뽕나무 활과 쑥대 화살[399]은 사방을 경영하려는 뜻이요	桑蓬四方志
수레와 삿갓[400]은 고인의 풍도로다	車笠古人風
서로 만남에 의기가 남으니	相逢餘意氣
기운 해를 다시 중천으로 돌리고저	斜日欲還中

398 꿈속에서 손님에게 주다 : 꿈속에서 손님에게 준 시를 깬 뒤에 기록한 것이다. 평성 '동(東)'운의 오언절구이다.

399 뽕나무……화살 : 원문은 '상봉(桑蓬)'으로 '상호봉시(桑弧蓬矢)'의 준말인데, 남아의 드넓은 포부를 뜻한다. 고대 중국에서 사내아이가 태어나면 뽕나무로 만든 활로 쑥대로 만든 화살을 천지 사방에 쏘아 아이가 자라서 사방을 다스리게 되기를 기원한 데에서 유래한 말이다.《禮記 內則》

400 수레와 삿갓 : 원문은 '거립(車笠)'으로 높은 지위를 상징하는 수레와 낮은 지위를 상징하는 삿갓을 병칭하는 말인데, 신분과 지위의 고하에 구애되지 않는 우정을 뜻한다. 월(越)나라에서는 처음 사람을 사귈 때 단을 쌓고 흰 개 한 마리, 붉은 닭 한 마리, 병아리 세 마리를 제물로 올려 제사 지내며 "그대는 수레를 타고 나는 삿갓을 써도 훗날 만남에 수레에서 내려와 읍하며, 나는 걸어다니고 그대는 말을 타도 훗날 만남에 그대는 말에서 내려와야 한다.〔卿乘車, 我戴笠, 他日相逢, 下車揖. 我步行, 卿乘馬, 後日相逢, 卿當下.〕"라고 맹세한 데에서 유래한 말이다.《北戶錄 卷2 鷄卵卜》

꿈속에서 매 그림에 적다[401]

夢題畫鷹

붉은 부리 서릿발 칼날처럼 매섭고　丹嘴厲霜鍔
금빛 눈동자 푸른 하늘에 풀어놓네　金睛放碧空
숲속의 토끼를 돌아보랴　肯顧林中兎
위세가 백 리에 부는 바람을 일으키는데　威生百里風

401 꿈속에서……적다 : 꿈속에서 매를 그린 그림에 적은 시를 깬 뒤에 기록한 것이다. 이계는 색채감을 중심으로 꿈속에서 본 그림 속 매의 날카롭고 매서운 모습을 묘사하였고, 작은 사냥감에 연연하지 않는 매의 기상과 위세를 찬탄함으로써 시를 마무리했다. 평성 '동(東)'운의 오언절구이다.

중추철 밤 뒷산 기슭에 오르다[403]

中秋夜 登後麓

행인들 발길 차차 끊어지고 稍稍行人斷
돌아오는 새들만 어지러이 지나가네 紛紛棲鳥過
달 높아 산 그림자 작고 月高山影小
바람 잦아들어 물소리 커지네 風定水聲多
맑은 기운 두성과 우성에 보이고 灝氣看牛斗
그윽한 마음 벽라의[404]에 부치네 幽情寄薜蘿

402 〈이계록(耳溪錄)〉은 이계가 해직(解職)될 때마다 우이동을 오가며 지은 시들을 모은 것으로, 이계(耳溪)를 건너 우이동을 찾아가며 지은 시, 주변의 누정(樓亭)이나 산수(山水)를 즐기며 지은 시, 찾아온 친척이나 손님에게 지어준 시 등이 보인다. 우이동에서 즐기는 정취와 여유, 해직에 대한 착잡한 마음, 손님에 대한 반가움, 자신의 노화에 대한 안타까움 등 다양한 감정이 작품 곳곳에 나타난다. 24제(題) 32수(首)이다.

403 중추절……오르다 : 추석날 밤 뒷산에 혼자 올라 지은 시이다. 맑고 청아한 달밤의 정취가 느껴지는 작품이다. 평성 '가(歌)'운의 측기식 수구불용운체 오언율시이다.

404 벽라의(薜蘿衣) : 칡덩굴로 만든 은둔자의 의복인데, 은둔하고자 하는 마음을 뜻한다. 《초사(楚辭)》〈구가(九歌) 산귀(山鬼)〉에 "벽려옷을 입고 여라로 띠를 둘렀도다.〔被薜荔兮帶女蘿〕"라고 한 데에서 유래하였다.

밝은 창에 드는 맑은 빛에 잠 못 이루어	虛窓淸不寐
한밤중에 홀로 소리 높여 노래하노라	中夜自高歌

아우가 정릉의 재소에서 만나러 와서 만경동을 유람하다[405] 2수

舍弟自貞陵齋所來會 遊萬景洞 二首

산 구경하고자 지팡이 짚고서	試策看山杖
칡덩굴 더위잡고 한 걸음 한 걸음 오르네	攀蘿步步登
허공에서 낙엽 소리 듣고	空中聞落葉
나무 끝에서 돌아가는 산승을 보네	木末見歸僧
장차 늙어갈지라도 지금은 아직 건강하고	將老今猶健
이런 유람 예전에 아직 없었다네	玆遊昔未曾
산속의 해 저무는 줄도 모른 채	不知山日夕
다시 가장 높은 곳으로 오르네	還躡最高層
가을 산 우수수 울리는데	秋山鳴摵摵
경쾌한 행색으로 가네	行色去翩翩
오래된 절에는 마른 칡덩굴 얽혔고	古寺枯藤合
무너진 절벽엔 기암괴석 걸렸어라	崩崖怪石懸
잎사귀는 산승 누운 곳에 수북이 쌓였고	葉深僧臥處

405 아우가……유람하다 : 아우 홍명호(洪明浩)와 함께 우이동의 만경대(萬景臺) 골짜기를 유람하고 지은 시이다. 이계는 아우와 함께 가을을 맞은 만경대의 경치를 샅샅이 다니며 완상하고, 반나절 동안의 유람이 마치 선계에 있다 온 듯하다며 시를 끝맺었다. 제1수는 평성 '증(蒸)'운의 측기식 수구불용운체 오언율시이고 제2수는 평성 '선(先)'운의 평기식 수구불용운체 오언율시이다.

구름은 학 날아간 근처에서 끊어졌네　　雲斷鶴飛邊
인간 세상 떨어져서 내려다보니　　俯視人寰隔
내 오늘 반나절은 신선이었네　　吾今半日仙

가을 소리[406]

秋聲

가을 기운 이처럼 맑으니	秋氣淸如此
시인들 쓸데없이 슬퍼하지 마오	騷人莫漫悲
우선 끝없이 울어대는 소리를 들을 뿐이요	且聽鳴不已
누구 때문에 성내는지 어이 묻겠소	那問怒爲誰
바위 사이의 물소리는 거문고 악곡이요	石溜琴中曲
벌레 울음소리는 베갯맡의 시일세	虫聲枕上詩
하늘의 조화 애오라지 즐길 만한데	天機聊自樂
귀밑에 흰머리 느는 것을 어쩌랴	其奈鬢添絲

406 가을 소리 : 가을 바람소리는 어딘가 고독하고 쓸쓸하며 세월의 허무한 흐름을 느끼게 해주기 마련이다. 이 때문에 가을은 전통적으로 문인들에게 애수를 일으키는 계절이었다. 이러한 가을의 느낌을 노래한 작품으로 구양수(歐陽脩)의 〈추성부(秋聲賦)〉가 대표적인데, 이계의 이 작품은 바로 이 〈추성부〉를 염두에 두고 쓴 것으로 보인다. 〈추성부〉에서 구양수는 가을바람의 소리를 처절하고 살벌하게 묘사하며 가을이 오는 것을 슬퍼하고 탄식하였는데, 이계는 이 작품을 통해 가을이 오는 것을 쓸데없이 슬퍼할 것이 아니라 청아한 가을의 소리를 즐겨야 한다고 화답한다. 그러면서도 이계는 자신의 나이가 점차 들어 앞으로 가을을 즐길 날이 줄고 있음을 안타까워하며 시를 끝맺고 있다. 평성 '지(支)'운의 측기식 수구불용운체 오언율시이다.

산길을 가며 부질없이 짓다[407]

山行漫題

기이한 바위 깊은 골짝 더위잡고 오르기 좋은데 奇巖邃壑好攀躋
숲의 안개 봉우리의 이내에 마음이 더욱 아득해지네 林靄峯嵐意轉迷
가을빛은 산의 위아래로 울긋불긋 秋色淺深山上下
새소리는 물의 동쪽 서쪽으로 멀어졌다 가까워졌다 禽聲遠近水東西
흰 납의 입은 산승 우연히 만나 외딴 절 찾아가고 偶逢白衲尋孤寺
붉은 단풍이 더욱 마음에 들어 실개울가에 앉았네 却愛丹楓坐小溪
흥에 겨워 다니느라 해 지는 줄도 모르고 乘興去來忘日夕
부질없이 지은 좋은 구절 또한 제목이 없어라 漫成佳句亦無題

407 산길을……짓다 : 가을날 산속을 거닐면서 재미삼아 지은 시이다. 산속 이곳저곳을 발길 닿는 대로 다니며 가을의 빛깔과 소리를 마음껏 즐기는 흥겨움이 묻어나는 작품이다. 평성 '지(支)'운의 평기식 수구불용운체 칠언율시이다.

늦봄에 이계로 나와 길 위에서 짓다[408]

暮春出耳溪途吟

보슬비에 봄빛이 들판에 환히 드러나니　　小雨春明野
향기로운 풀 자란 제방을 다니노라　　行行芳草堤
세 산[409]은 얼굴 앞에 우뚝 솟았고　　三山當面聳
만 그루 버드나무 눈썹과 나란하네　　萬柳與眉齊
어느 곳에서 우이동을 찾을까　　何處尋牛耳
여유롭게 말발굽 가는 대로 맡기게　　悠然信馬蹄
천 그루 복사꽃 속에　　桃花千樹裏
초가집이 맑은 시냇가에 서 있네　　茅屋跨淸溪

408 늦봄에……짓다 : 이계는 봄빛이 절정에 봄의 정취를 만끽하며 우이동의 별서를 찾아간다. 말 위에 여유롭게 앉아 말이 가는 대로 따라가다 보니 어느새 별서에 도착하는데, 별서는 복사꽃 핀 숲속에 고즈넉하고 신비로운 모습으로 서 있다. 평성 '제(齊)'운의 측기식 수구불용운체 오언율시이다.

409 세 산 : 삼각산의 만경대(萬景臺)·백운봉(白雲峯)·인수봉(仁壽峯)을 가리키는 듯하다.

온 산에 복사꽃과 오얏꽃이 흐드러지게 피어 겸산루에 적다[410]

滿山桃李盛開 題兼山樓

삼춘이 저물도록 몸 져 누워　　臥病三春暮
태화산[411] 동쪽에 조용히 지내네　　幽居太華東
일천 봉우리 속에서 문을 닫고　　閉門千嶂裏
백 가지 꽃 사이에서 베개 높여 누웠네　　高枕百花中
약초 심음에 새 오솔길 열고　　種藥開新逕
연못 팜에 작은 대통으로 물을 대네　　穿池灌小筒
한가로움 속에서 할 수 있는 일에 만족하니　　閑中能事足
이 즐거움 누구와 함께 할꼬　　此樂與誰同

410 온……적다 : 복사꽃과 오얏꽃이 만발한 늦봄에 겸산루(兼山樓)에 적은 시로, 이계의 유유자적한 은거생활에 대한 지향을 엿볼 수 있다. 겸산루는 이계가 삼각산(三角山) 동쪽 만장봉(萬丈峯) 남쪽 이계가에 지은 누각인데, 수락산(水落山)・천관봉(天冠峯)・삼각산・만장봉 등 여러 산의 승경을 아우르고 있다고 하여 겸산루라고 이름을 지었다. 겸산루를 짓게 된 경위와 취지에 대해서는 본집 권13의 〈겸산루기(兼山樓記)〉에 자세하다. 평성 '동(同)'운의 측기식 수구불용운체 오언율시이다.

411 태화산(太華山) : 여기에서는 화산(華山) 즉 삼각산을 가리킨다. 삼각산 제일봉(第一峯)인 인수봉 아래에 이계의 전장이 있었다.

즉석에서 짓다[412]

卽事

새벽에 일어나 어린 종 불렀네　　晨興喚小僕
도끼 메고 시내 동쪽으로 가자꾸나　　荷斧向溪東
나무 쳐내니 기이한 봉우리 나타나고　　伐木奇峯出
덩굴 베니 가느다란 개울 통하네　　誅蔓細澗通
산은 보슬비 내려 푸르고　　山仍微雨碧
꽃은 저녁노을과 함께 붉어라　　花與夕陽紅
끝없는 천지조화의 오묘함을　　滾滾天機妙
재단하고 완성함은 이 노인에게 맡겨두었네　　裁成屬此翁

412 즉석에서 짓다 : 어느 날 이계는 동복을 데리고 새벽같이 나가 주변 환경을 정리했다. 도끼로 우거진 나뭇가지를 쳐내고 개울에 수북하게 자란 잡초덩굴을 제거하고 나니, 건너편 봉우리가 훤하게 드러나고 막혀 있던 실개천이 시원스럽게 흐르게 되었다. 이계는 천지자연의 조화를 도왔다는 생각에 뿌듯한 마음이 들어 이 일을 시로 읊었다. 평성 '동(東)'운의 평기식 수구불용운체 오언율시이다.

사모봉에 올라 멀리 바라보다[413] 2수

登紗帽峯遠眺 二首

땅에서 솟구쳐 그 높이 짝할 바 없으니	拔地高無對
하늘을 끝내 기울지 않도록 받치네	撑天遂不傾
바위 사이 샘은 대부분 위로 솟아나고	石泉多仰出
산속의 나무는 모두 가로로 자랐네	山木盡橫生
구름은 봉우리 허리에서부터 피어나고	雲自峯腰起
바람은 계곡의 바닥에서부터 울어대네	風從谷底鳴
서남쪽의 아름다운 기운 가까우니	西南佳氣近
한양성인 줄 알겠노라	知是漢陽城

정신은 아득하게 홀로 떠나고	邈邈神孤往
마음은 표표하게 신선이 되려는 듯	飄飄意欲仙
몸 곁으로는 천 명의 부처가 옹위하고[414]	身邊千佛擁

413 사모봉에……바라보다 : 삼각산의 사모봉(紗帽峯)에 올라 사방을 조망하고서 지은 작품이다. 사모봉은 삼각산 만장봉 아래에 있던 봉우리인데, 마치 갓을 쓴 듯한 모양을 하고 있다고 한다. 제1수에서는 사모봉에 올라서 둘러본 주변의 경치를 주로 말하였고, 제2수에서는 높은 곳에 올라섰을 때의 초탈한 듯한 기분을 주로 말하였다. 제1수는 평성 '경(庚)'운의 측기식 수구불용운체 오언율시이고, 제2수는 평성 '선(先)'운의 측기식 수구불용운체 오언율시이다.

414 몸……옹위하고 : 사모봉에 올라보니 뭇 봉우리가 사방에 둘러져 있다는 말로 보인다. 본집 권14 〈보은사 중수기(報恩寺重修記)〉에 "사모봉 아래에 원통사(圓通寺)라는 작은 사찰이 있는데, 뭇 봉우리가 고리처럼 둘러 있는 것이 마치 선관들이 늘어서

머리 위로는 하나의 하늘이 둘러 있네 頭上一天圓
한 필 명주 보이니 오문이 가까운 듯[415] 疋練吳門近
동산 오르니 노나라가 치우친 듯[416] 東山魯國偏
다만 높은 데 발을 붙인 까닭에 直緣高着脚
눈을 뜸에 앞이 뻥 뚫렸네 開眼豁無前

서 모시는 것 같다.〔帽峯之下, 有小伽藍, 曰圓通寺, 群嶂環拱, 如仙官列侍.〕"라고 한 것이 이것을 말하는 듯하다.

415 한……듯 : 공자가 안연(顔淵)과 노나라 태산에 올라서 동남쪽을 바라보니 오(吳)나라 도성의 서문(西門)인 창문(閶門) 밖에 백마 한 마리가 매어 있는 것이 보이기에 이를 가리키며 안연에게 무엇이 보이냐고 묻자 안연이 명주 한 필이 매여 있는 듯한 모습이 보인다고 대답했다는 일화가 있다.《論衡 卷4 書虛篇》 여기에서는 사모봉에 오르니 먼 고을까지 바라보임을 비유한 것이다.

416 동산(東山)……듯 : 동산은 노(魯)나라에 있던 산이다.《맹자》〈진심 상(盡心上)〉에, "공자께서 동산에 올라 노나라를 작게 여기셨고 태산에 올라서는 천하를 작게 여기셨다.〔孔子登東山而小魯, 登泰山而小天下.〕"라고 하였다.

밤에 작은 폭포 소리가 들리기에 잠이 안 와 부질없이 짓다[417]

夜聽小瀑 無寐漫題

소나기 같은 개울 소리 溪聲如急雨
밤마다 베갯맡에 울리네 夜夜枕邊鳴
늙은이의 잠 전부 달아나고 老睡全爲減
속된 흉금 절로 맑아짐을 느끼네 塵襟自覺淸
점차 사물의 이치에 세밀해지고 漸於物理細
때때로 하늘의 조화가 생기네 時有天機生
물을 보는 방법 원래 많으니 觀水元多術
선민께서 내게 길을 보여주셨다오[418] 先民示我程

417 밤에……짓다 : 밤에 물소리 때문에 잠이 오지 않아 재미삼아 지어본 시이다. 처음에는 잠을 방해할 뿐이었던 물소리가 들으면 들을수록 오히려 마음과 머리를 맑게 해주었다고 말하고 있다. 평성 '경(庚)'운의 평기식 수구불용운체 오언율시이다.

418 물을……보여주셨다오 : 《맹자》 〈진심 상(盡心上)〉에 "물을 보는 데에는 방법이 있으니, 반드시 그 여울을 살펴야 한다.〔觀水有術, 必觀其瀾.〕"라고 하였다. 물결이 세찬 것은 반드시 깊은 근원이 있기 때문이라는 뜻으로, 이 세상의 현상에는 근원이 되는 이치가 반드시 들어 있음을 말한 것이다.

지는 꽃을 읊다[419] 2수
落花吟 二首

발 걷고 지는 꽃을 한가롭게 보노라니 捲簾閑看落來花
가지 위엔 점차 줄고 섬돌 위엔 많아지네 枝上漸稀階上多
본래부터 성쇠란 사물이나 나나 마찬가지 自是盛衰同物我
사람은 항상 젊을 수는 없으니 꽃을 어이하랴 人無恒少奈花何

바람이 꽃을 치지 않아도 꽃은 절로 지나니 風不打花花自落
세월이 사람을 몰아가는 것이 아니라 사람이 늙음을 재촉하는 것이지 歲非驅人人催老
본래부터 현달한 이는 행락을 중시했거니와 由來達者貴行樂
이 때문에 군자는 도를 듣길 원했지[420] 所以君子求聞道
행락은 백 년 안을 지나지 않고 行樂不過百年內
도를 들음은 천 년 뒤의 기다림을 기약하리 聞道將期千歲待

419 지는 꽃을 읊다 : 지는 꽃을 보고 지은 시 두 수이다. 두 수 모두 꽃이 지는 모습을 묘사하기보다는 시간의 흐름의 무상함을 탄식하고 시간을 헛되이 보내지 말 것을 당부하고 있다. 제1수는 평성 '가(歌)'운의 칠언절구이고 제2수는 거성 '호(皓)'운과 거성 '개(箇)'운을 환운해가면서 지은 측기식 수구불용운체 칠언율시이다.

420 본래부터……원했지 : 사람의 노화와 죽음은 피할 수 없는 일이기 때문에 부귀한 이나 군자나 각자의 유한한 인생을 급급하게 보냈다는 뜻이다. 부귀하고 현달한 이는 시간을 아까워하며 향락을 즐긴 반면 군자들은 죽기 직전에라도 도를 깨우치기를 희구하였다. 공자도 "아침에 도를 들으면 저녁에 죽어도 좋다.〔朝聞道, 夕死可矣.〕"라고 말한 바 있다.《論語 里仁》

부탁하노니 세상의 꽃 보는 이들이여	多謝世間看花者
광음을 헛되이 보내지 마소	莫將光陰枉消破

누각 앞의 작은 시내에 돌을 쌓아 다리를 만들다[421]

樓前小溪 築石成橋

샘을 팜에 그윽한 여울 흘러드니	鑿泉幽澗入
돌을 얹어 작은 다리 이루었네	架石小橋成
교각은 널찍하여 사람들이 건널 수 있고	脚闊通人過
꼭대기는 평평하여 말도 다닐 수 있지	頂平容馬行
시내의 고기는 옛 무리를 찾아다니고	溪魚尋舊隊
모래밭의 새는 새로운 소리로 우짖네	沙鳥奏新聲
초가집 풍광을 더하니	茅屋添顏色
난간에 기댐에 맑은 기운 생겨나네	憑欄灝氣生

421 누각……만들다 : 우이동의 누각 앞에 있는 시내에 다리를 완성하고 지은 시이다. 이계는 돌다리의 제작 과정, 돌다리의 모양과 크기, 돌다리에서 보이는 동물들의 모습을 나열한 뒤에 이 돌다리 덕에 자신의 누각이 한층 더 멋스러워졌음을 자랑스럽게 이야기하고 있다. 평성 '경(庚)'운의 평기식 수구불용운체 오언율시이다.

휴가를 받아 호서의 산소를 살피고 다시 이계로 향하다[422]

受暇省湖阡 轉向耳溪

휴가를 얻어 전원으로 돌아가니 乞暇歸田去
봄빛이 화산[423]에 가득하네 春光滿華山
작은 수레는 꽃 그림자 밖으로 다니고 小車花影外
비낀 해는 말발굽 사이를 비추네 斜日馬蹄間
아홉 굽이[424]는 내가 장차 늙을 곳 九曲吾將老
3년 만에 비로소 여유를 얻었네 三年始得閑
등나무 걷어내고 채색 벽 바라보고 披藤看彩壁
바위에 기대어 울어대는 여울에 귀 기울이네 倚石聽鳴灘

422 휴가를……향하다 : 이계가 진천(鎭川)에 있는 선친 홍진보(洪鎭輔, 1698~1736)의 무덤에 성묘하고 우이동에 들러 지은 시이다. 이계는 이번 휴가가 3년 만에 얻은 여유라며 간만의 여유를 즐기는 모습을 보여준다. 통운이 되는 평성 '산(刪)'운과 '한(寒)'운을 환운해가면서 지은 측기식 수구불용운체 오언율시이다.

423 화산(華山) : 187쪽 주411 참조.

424 아홉 굽이 : 114쪽 주230 참조.

늦봄 14일에 아들과 조카 및 예닐곱 젊은이와 구곡담을 유람하다[425]

暮春少望 同子姪及六七少年 遊九曲潭

봄옷 입고 갓 쓴 이와 동자들과 함께[426]	春服冠童竝
구곡담을 찾아가네	行尋九曲潭
바위 사이의 꽃은 어지러이 날리고	巖花飛歷亂
숲속의 새는 재잘재잘 속삭이네	林鳥語呢喃
세찬 폭포에 아침 비가 더해지고	急瀑添朝雨
산들바람에 저녁 이내 걷히네	微風捲夕嵐
골짝 깊어 우물을 들여다보는 듯하고	洞深如睨井
봉우리 우뚝해 삼성을 만지려는 듯[427]	峯聳欲捫參

425 늦봄……유람하다 : 아들과 조카를 비롯한 젊은이들과 우이동의 구곡담(九曲潭)을 유람하고 지은 시로, 구곡담의 아름다운 경치와 유람의 흥겨움을 노래하고 있다. 통운이 되는 평성 '함(咸)'운과 '담(覃)'운을 환운해가면서 지은 10운 오언고시이다.

426 봄옷……함께 : 욕심 없이 소박하게 봄을 즐기는 모습을 뜻한다. 공자가 제자들에게 각자의 포부에 대해 물었는데, 다른 제자들은 모두 자신의 정치적 이상을 이야기한 데 반해 증점(曾點) 혼자 "늦봄에 봄옷이 만들어지고 나면 갓을 쓴 이 대여섯과 동자 예닐곱과 기수에서 목욕하고 무우에서 바람 쐬고, 시를 읊으며 돌아오겠습니다.〔莫春者, 春服旣成, 冠者五六人, 童子六七人, 浴乎沂, 風乎舞雩, 詠而歸.〕"라고 대답한 고사가 있다. 《論語 先進》

427 봉우리……듯 : 산세가 높고 험함을 형용한 말이다. 삼성(參星)은 삼수(參宿)라고도 하며, 28수(宿)의 하나이자 서방(西方) 7수 중 하나이다. 이백(李白)의 〈촉도난(蜀道難)〉에 "삼성을 만지고 정성을 지나 하늘 보며 숨죽이고, 손으로 가슴 어루만지고

깎아지른 절벽에는 묵적이 남아 있고 斷壁留題墨
맑은 못은 좋이 쪽빛으로 물들었네 澄泓好染藍
나무꾼 노래는 노랫소리 주거니 받거니 樵歌聲互答
행색은 그림자가 들쭉날쭉 行色影相參
기이한 바위에는 미륵이 새겨져 전하고 奇石傳彌勒
신선의 자취 서린 옛 암자를 가리키네 仙蹤指古菴
등나무 더위잡고 멀리 눈을 돌리고 攀藤流遠眺
지팡이 짚고 그윽한 곳 샅샅이 탐방하네 扶杖極幽探
물 보는 데에는 본래 방법이 많고[428] 觀水元多術
산 보는 데에는 싫증이 나질 않네 看山不厭貪
느긋하게 돌아가길 잊으니 悠然忘歸路
저무는 해 벌써 서쪽으로 삼켜지네 斜日已西含

앉아서 길이 탄식하네.〔捫參歷井仰脅息, 以手拊膺坐長歎.〕"라고 하였다.

428 물……많고 : 191쪽 주418 참조.

부질없이 짓다[429]

漫題

근래 연좌[430]를 익혀	爾來習宴坐
더 이상 꽃 보며 읊조리지 않네	不復看花吟
흐르는 물은 사람의 귀를 맑게 하고	流水淸人耳
한가한 구름 도심에 부합하네	閑雲契道心
드넓게 사물과 나를 똑같이 보고	浩然齊物我
우연히 산림에 의탁하였네	偶爾寄山林
이 때문에 안연은	所以顔淵氏
단사표음으로 거문고만 탔다오[431]	簞瓢只鼓琴

429 부질없이 짓다 : 도가적(道家的) 수양론의 색채가 강한 작품이다. 평성 '침(侵)' 운의 평기식 수구불용운체 칠언율시이다.

430 연좌(宴坐) : 외물에 휘둘리지 않고 고요하게 앉아 수양하는 것이다. 《도덕경(道德經)》 26장에 "아무리 대단한 구경거리가 있더라도 연좌하여 초연하다.〔雖有榮觀, 宴坐超然.〕"라고 한 데에서 유래한 말이다.

431 안연(顔淵)은……탔다오 : 단사표음(簞食瓢飮)은 대그릇 한 개에 담은 밥과 한 표주박에 담긴 물 즉 가난한 사람의 보잘것없는 식사를 말한다. 공자의 제자 안회(顔回)는 집이 매우 가난하였으나 도(道)를 즐겨, 공자가 "어질구나, 안회여! 한 대그릇의 밥과 한 표주박의 물로 누추한 시골에 있는 것을 다른 사람들은 그 근심을 견뎌내지 못하는데, 안회는 그 즐거움을 변치 않으니, 어질구나, 안회여!〔賢哉, 回也. 一簞食一瓢飮, 在陋巷, 人不堪其憂, 回也, 不改其樂, 賢哉, 回也.〕"라고 감탄한 바 있다.《論語 雍也》 안회가 거문고를 탔다는 것은, 안연이 누항(陋巷)에 가난하게 거처하면서도 도(道)를 즐겨 거문고를 탄 일을 말한다. 공자가 한가히 거처할 때 자공(子貢)이 모시러 들어갔는데, 공자에게 근심스러운 기색이 있어 자공은 감히 까닭을 묻지 못하였다.

자공이 나와서 안회에게 알렸더니 안회가 거문고를 가져다 타며 노래했는데,〔援琴而歌〕 노랫소리를 듣고 나온 공자가 안회에게 즐거워하는 까닭을 묻자 안회는 “제가 옛날에 선생님께 천도를 즐기고 천명을 알기 때문에 근심하지 않는다고 들었습니다. 저는 이 때문에 즐거워하는 것입니다.〔吾昔聞之夫子曰: “樂天知命故不憂. 回所以樂也.”〕”라고 대답했다고 한다.《列子 仲尼》

예전에 돌 위에 쓴 글씨를 보고 장난삼아 적다[432]

見石上舊書戲題

돌 위에 큰 글씨 쓰니	石面書大字
큰 글씨는 방석만큼 크구나	大字大如席
비바람이 다 깎아내지 못하여	風雨磨不盡
삼 년 전 묵적 그대로 남아 있네	三年猶墨跡
흐르는 물이 그 위를 훑으면	流水齧其上
남은 거품을 물고기가 삼키지	餘沫魚呑食
낚시꾼이 물고기를 낚으면	漁人釣得魚
고기의 배가 죄다 새까맣네	魚腹皆黝黑
이상하게 여겨 물속에 풀어주자	怪之投水中
득의양양하게 골짝으로 돌아가네	洋洋歸于壑
문자가 어찌 귀하지 않으랴	文字豈不貴
미물조차 그 은택을 받네	微物蒙其澤
성인께서 처음 글자를 만들 제	聖人始作字
널리 사물을 이롭게 하는 데 뜻을 두셨지	志在利物博

432 예전에……적다 : 이계가 3년 전에 글씨를 써놓은 바위를 다시 찾아본 후 지은 희작(戱作)이다. 그 바위에는 3년 전의 묵적이 완연했는데, 그 근처의 물고기들이 이 글자에서 씻어져 나온 먹물 때문에 배가 검게 물들어 있었다. 낚시꾼들은 이 물고기들을 이상하게 여겨 다시 풀어주었는데, 이를 본 이계는 물고기들이 엉뚱하게도 문자의 혜택을 받고 있다며 재미있게 여겼다. 통운이 되는 입성 '맥(陌)'·'직(職)'운과 입성 '약(藥)'·'옥(屋)'·'옥(沃)'운을 환운해가면서 지은 12운 오언고시이다.

사람은 글자 알아서 생기는 화가 있지만　人有識字禍
물고기는 도리어 먹물 마셔서 생기는 복이 있구나　魚乃飮墨福
내 본래 아무 생각 없이 쓴 것이지　我本無心寫
애초에 어찌 너에게 덕을 베풀려 한 것이랴　初豈爲若德
옛날 곽박대에서　昔有郭璞臺
강물에 벼루의 먹물을 씻었지　臨流洗硯墨
물고기 머리 전부 검게 물드니　魚皆漆其頭
남은 종자가 파촉 지방에 있다네[433]　遺種在巴蜀
물고기야 너희가 끝내 무엇을 알겠느냐만　爾魚竟何知
때때로 와서 이 돌을 보거라　時來觀此石

433 옛날……있다네 : 곽박대(郭璞臺)는 곽박암(郭璞巖)이라고도 하며 중국 사천성(四川省) 낙산현(樂山懸) 동쪽의 오우산(烏尤山)에 있는 돈대이다. 이 앞에 있는 냇가에서 흑두어(黑頭魚)라는 머리가 검은 생선이 잡혔다고 하는데, 모양은 잉어와 비슷하고 길이는 한 자였다고 한다. 세상에 전해지기를, 동진(東晉)의 곽박(郭璞)이 이 위에서 글씨를 쓰고 벼루를 씻었는데, 물고기가 그 먹물을 마셔서 머리가 검어졌다고 한다. 《大明一統志 卷72 嘉定州》 송(宋)나라 소철(蘇轍)의 〈초발가주(初發嘉州)〉 시에서 흑두어에 대해, “벼루 씻어내고 남은 먹물 물에 검은 안개처럼 퍼졌네. 지금까지 강가의 물고기는 정수리에 먹물 자국 남아 있네.〔洗硯去殘墨, 遍水如黑霧. 至今江上魚, 頂有遺墨處.〕”라고 하였다.

이계로 나오다[434]

出耳溪

서쪽 유람 3년 만에 처음에 입었던 옷 떨치고[435] 西遊三載拂初衣

한 필 말로 화산[436] 북쪽의 낡은 사립문을 방문하네 疋馬華陰訪古扉

층층 폭포는 벌써 흘러온 돌이 잘린 데를 따라 흐르고[437]

層瀑已隨漂石斷

시든 꽃은 아직도 은사[438]가 돌아오길 기다리고 있었네

殘花猶待角巾歸

434 이계로 나오다 : 이계는 68세 때인 1791년(정조15) 4월에 평안도 관찰사가 되었다가 이듬해 무열사(武烈祠)를 수리할 때 유생들에게 돈을 거두었다는 이유로 파직되었다. 수련(首聯)에서 서쪽으로 나간 지 3년이 되었다고 한 것과 미련(尾聯)에서 일흔 살이라고 한 것을 보건대 이 작품은 1793년(정조17) 즈음에 창작된 것으로 생각된다. 외임(外任)을 마치고 간만에 별서로 돌아와 지내는 여유로움이 묻어나는 작품이다. 평성 '미(微)'운의 평기식 수구용운체 칠언율시이다.

435 처음에……떨치고 : 원문은 '불초의(拂初衣)'인데, '초의(初衣)'란 벼슬하기 전에 입었던 옷이며 떨친다는 것〔拂〕은 옷을 입기 위해 먼지를 턴다는 뜻이다. 즉 처음에 입었던 옷을 떨친다는 것은 외임을 마치고 별서로 은거하기 위해 관복을 벗고 벼슬하기 전에 입었던 허름한 옷으로 갈아입는 것을 뜻한다.

436 화산(華山) : 187쪽 주411 참조.

437 층층……흐르고 : 우이동 계곡 바닥면에는 폭포의 물살에 흘러온 돌들이 쌓여 있는데, 이계가 우이동을 떠나 있던 동안 어느새 흘러온 돌들이 갈라진 틈 사이에 새로운 물길이 생겼음을 말한 것이다.

438 은사(隱士) : 원문은 '각건(角巾)'으로, 검은색 두건을 뜻하며 '오각건(烏角巾)'이라고도 한다. 벼슬하지 않고 은거하던 선비들이 머리에 착용하던 두건으로, 은자를

헝클어진 덩굴을 다시 베니 매화 핀 샛길이 통하고 却誅亂葛通梅逕
무너진 모래를 다시 쓰니 낚시터가 드러나네 更掃崩沙露釣磯
들의 노인과 산의 중이 와서 안부하니 野老山僧來問訊
늙은이 나이 일흔에 이미 기심[439]을 잊었다오 翁年七十已忘機

가리키기도 한다.

439 기심(機心) : 173쪽 주389 참조.

겸산루에 올라 왜철쭉이 만개한 것을 보다[440]

登兼山樓 見倭紅盛開

작은 수레로 다니다 석문에 기댔는데	小車行轉石門斜
천 그루 나무의 짙은 녹음에 꽃이 보이질 않네	千樹濃陰不見花
오직 한 그루 붉은 철쭉이	惟有一株紅躑躅
창 앞에 타오르듯 피어 아침놀을 비추네	當窓灼爍暎朝霞

440 겸산루에……보다 : 삼각산 만장봉 남쪽에 있던 누정인 겸산루(兼山樓)에서 왜철쭉을 감상하고 지은 시이다. 짙은 녹음 속에서 홀로 붉은 빛깔을 뽐내는 왜철쭉에 대한 인상을 짧지만 강렬하게 표현하였다. 평성 '마(麻)'운의 칠언절구이다.

병을 앓은 뒤에 이계로 나와 수재정에 오르다[441]

病後出耳溪 登水哉亭

병으로 벼슬 사양하고 시골집으로 돌아와	謝病歸田舍
지팡이 짚고 시내굽이를 거니노라	扶筇步澗阿
누각에 오르니 가을빛 멀리 펼쳐지고	登樓秋色遠
낙엽 지니 빗소리[442] 우수수 나네	落木雨聲多
예전의 약속은 청산에 있건만	舊約青山在
그윽한 정취는 백발임에 어이할까	幽情白髮何
이계 물소리 듣기가 좋아	好聽耳溪水
종일토록 맑은 물결 마주하였네	終日對清波

441 병을……오르다 : 우이동에 있는 수재정(水哉亭)에서 즐긴 가을날의 정취를 지은 시이다. 이계는 청산을 유람하며 완연한 가을의 풍광을 즐기고자 했으나, 병과 노화로 몸이 여의치 않아 아쉬운 대로 수재정에 앉아 종일 개울 소리를 즐겼다. 수재정은 우이동 9곡의 제8곡인 명옥탄(鳴玉灘) 근처에 있던 정자이다. 절벽에 임한 육면(六面)의 정자였다고 한다. 수재정의 위치와 주변 환경은 본집 권13의 〈우이동구곡기(牛耳洞九曲記)〉에 자세하다. 평성 '가(歌)'운의 측기식 수구불용운체 오언율시이다.

442 빗소리 : 바람에 낙엽이 우수수 떨어지는 소리를 비 오는 소리에 비유한 것이다.

두 소년이 나란히 말을 타고 찾아왔기에 기뻐하며 적어주다[443]

有二少年 聯轡來訪 喜而題贈

아홉 굽이[444] 산길 실처럼 가느다라니　山蹊九曲細如絲
홀로 소나무 난간에 기대어 낮잠 느긋하게 잤지　獨倚松欞午睡遲
경쾌하게 찾아온 두 젊은이 어디에서 왔는가　翩翩二妙來何自
꾀꼬리가 갖가지로 울어대는 가지 아래에 말을 매었네　繫馬流鶯百囀枝

443 두……적어주다 : 우이동의 별서에 찾아온 두 젊은이에게 지어준 시이다. 인적 드문 깊은 산속에 울린 인기척에 꾀꼬리가 놀라서 지저귀자, 이계는 낮잠에서 깬다. 모처럼의 달콤한 낮잠을 방해받았지만 손님이 드문 우이동의 별서였기에 반가운 마음으로 기꺼이 시를 지어주었다. 평성 '지(支)'운의 칠언절구이다.

444 아홉 굽이 : 114쪽 주230 참조.

숙도와 희수 부자의 시에 차운하다[445] 3수

菊月十三 出耳溪 聞樊川侄叔度 樂任 熙叟 就榮 父子 來拜先墓 仍遊九曲洞天 留詩而去 辭工而情到 爲步其韻却寄 三首

9월 13일에 이계로 나갔는데 번천(樊川)[446]의 조카 낙임(樂任) 숙도(叔度)와 취영(就榮) 희수(熙叟) 부자가 선영에 성묘하러 왔다가 이어서 구곡동천을 유람하며 시를 남기고 돌아갔다는 것을 들었다. 시어가 공교하고 뜻이 극진하기에 보운하여 다시 보냈다.

천관봉 북두성을 떠받치니　　天冠擎北斗

445 숙도와……차운하다 : 이계는 9촌 조카인 홍낙임(洪樂任, 1741~1801)과 그 아들 홍취영(洪就榮, 1759~?)이 우이동에 있는 풍산 홍씨(豐山洪氏) 묘역에 성묘하러 와서 우이동을 유람한 뒤에 시를 남기고 갔다는 소식을 듣고, 그들이 지은 시에 보운(步韻)하여 홍낙임과 홍취영을 노래하는 시를 지어 보냈다. 친척에 대한 이계의 자부심과 애정이 드러나는 작품이다.

홍낙임은 본관은 풍산(豐山), 자는 숙도(叔度) 또는 숙도(叔道)이다. 1769년(영조45) 정시 문과를 통해 관직에 나아갔고 정언(正言)·문학(文學)·사서(司書)·필선(弼善)·동부승지(同副承旨) 등을 역임하였다. 1801년(순조1) 신유박해(辛酉迫害) 때 천주교 신자로 체포되어 그해 5월에 유배지인 제주도에서 사사(賜死)되었다.

홍취영은 본관은 풍산, 자는 희보(熙甫) 또는 희수(熙叟)이다. 음직으로 관직에 나아가 영우원 참봉(永祐園參奉)·현륭원 령(顯隆園令)·금천 현감(衿川縣監)·강서 현령(江西縣令)·양구 현감(楊口縣監) 등을 역임하였다.

세 수 모두 평성 '호(豪)'운의 평기식 수구불용운체 칠언율시이다.

446 번천(樊川) : 현재의 서울시 도봉구 번동(樊洞)이다. 홍낙임은 이곳에 살면서 형제인 홍낙신(洪樂信), 홍낙륜(洪樂倫) 등과 함께 번천시사(樊川詩社)를 결성하여 활동하기도 했다.

옷과 신발[447] 동쪽 언덕[448]에 의탁하였네　衣舃托東皐
연미천[449]은 두 시내가 합해지고　燕尾雙溪合
거북머리[450]는 한 조각 돌이 우뚝하네　龜頭片石高
충신 효자 사이에 낌이 부끄럽지만　自慚忠孝忝
거룩하고 영명한 군주를 만남이 오직 다행일세　偏幸聖明遭
자손에게 오래도록 전해줄 방법을 알고자 한다면　欲識詒孫遠
덕을 심는 수고를 보아야 하리　須看種德勞

훌륭한 이는 재간시[451]를 읊고　碩人賦在澗
처사는 명고가[452]를 노래하네　處士歌鳴皐

447 옷과 신발 : 원문은 '의석(衣舃)'으로 죽은 사람의 유해(遺骸)를 가리키는 말이다. 유해를 의탁했다는 것은 이곳에 선영이 있다는 의미이다.

448 동쪽 언덕 : 원문은 '동고(東皐)'로, 전원(田園)을 뜻하는 말이다. 도잠(陶潛)이 팽택령(彭澤令)을 사직하고 고향으로 돌아오며 지은 〈귀거래사(歸去來辭)〉에 "동쪽 언덕에 올라서 휘파람을 불고, 맑은 강물을 내려다보며 시를 읊는다.〔登東皐以舒嘯, 臨淸流而賦詩.〕"라고 한 데에서 유래하였다.

449 연미천(燕尾川) : 우이동 계곡의 하천으로 삼각산 천관봉 아래에서 발원하여 지형을 따라 구불구불 돌다가 동쪽으로 흘러가는데, 수재정 아래에서 명옥탄의 물과 합류한다. 《本集 卷13 牛耳洞九曲記》

450 거북머리 : 우이동 근처에 있던 거북이 머리 모양의 바위일 것으로 생각되나, 자세한 것은 미상이다.

451 재간시(在澗詩) : 《시경》 〈위풍(衛風) 고반(考槃)〉으로 "고반이 시냇가에 있으니, 훌륭한 이가 편안히 쉬는 장소로다. 홀로 잠 못 들며 영원토록 잊지 않으려 맹세하네.〔考槃在澗, 碩人之寬. 獨寐寤言, 永矢弗諼.〕" 하였는데, 현자가 산속 시냇가에 은거하며 유유자적한 생활을 즐기는 것을 찬미한 시이다.

452 명고가(鳴皐歌) : 《시경》 〈소아 학명(鶴鳴)〉을 가리킨다. 이는 재주와 덕이 있

만족을 앎은 원래 용감해서가 아니고　知足元非勇
벼슬 사직함은 어찌 고상한 체해서이겠나　辭官豈自高
거문고와 술 단지는 구양수와 더불어 은거하고[453]　琴樽歐與隱
산과 물은 유종원과 서로 만났네[454]　山水柳相遭

는 군자가 은거해도 그 어짊이 밖에 알려짐을 노래한 시로, "학이 깊은 늪에서 우니 소리가 들판까지 들리네. 물고기는 못에 숨어 있고 혹 물가에도 있도다. 즐거운 저 동산에는 박달나무가 심어져 있고 그 아래에는 가시나무가 있도다. 다른 산의 돌을 숫돌로 삼을 수 있도다.〔鶴鳴于九皐, 聲聞于野. 魚潛在淵, 或在于渚. 樂彼之園, 爰有樹檀, 其下有蘀. 他山之石, 可以爲錯.〕" 하였다. 또 당나라 이백(李白)은 〈명고가송잠징군(鳴皐歌送岑徵君)〉과 〈명고가봉전종옹청귀오애산거(鳴皐歌奉餞從翁淸歸五崖山居)〉를 지어 벗인 잠훈(岑勛)과 종조부(從祖父) 이청(李淸)을 전송하였는데, 두 작품 모두 지식인으로서의 현실적 책무와 은거에 대한 열망 사이의 갈등을 노래한 작품이다.

453 거문고와……은거하고 : 송(宋)나라의 구양수(歐陽脩)는 만년에 영수(潁水)가에 은거하며, "우리 집엔 장서가 1만 권이 있고 삼대 이래의 금석문을 모은 것이 1천 권이 있으며 거문고 한 개가 있고 바둑판 한 개가 있으며 항상 술 한 단지를 두고……노인인 나 한 명이 이 다섯 가지 사이에서 늙으니 육일(六一)이 아니겠는가.〔吾家藏書一萬卷, 集錄三代以來金石遺文一千卷, 有琴一張, 有棋一局, 而常置酒一壺……以吾一翁, 老於此五物之間, 是豈不爲六一乎?〕"라고 하여 자신을 육일거사(六一居士)로 자호(自號)하였다. 《文忠集 卷44 六一居士傳》

454 산과……만났네 : 당(唐)나라의 유종원(柳宗元)은 영주(永州)로 좌천되었을 때 주변의 산수(山水)를 유람하며 유기(遊記)를 11편 창작하였는데, 이 작품들 중 〈시득서산연유기(始得西山宴游記)〉·〈고무담기(鈷鉧潭記)〉·〈고무담서소구기(鈷鉧潭西小丘記)〉·〈지소구서소석담기(至小丘西小石潭記)〉·〈원가갈기(袁家渴記)〉·〈석거기(石渠記)〉·〈석간기(石澗記)〉·〈소석성산기(小石城山記)〉 여덟 작품은 영주팔기(永州八記)라 하여 중국 산수유기(山水遊記)의 최고 걸작으로 꼽힌다. 여기에서는 홍낙임이 우이동에 와서 산수를 즐기며 훌륭한 문학 작품을 창작했음을 말한 것이다.

번천의 그대에게 깊이 감사하노니 多謝樊川子
더위잡고 오르는 수고 꺼리지 않았네 躋攀不憚勞

숙도에 해당한다.

동부가 옥절을 따라 銅符隨玉節
대동강 언덕에서 질탕하게 노닐었네[455] 跌宕浿江皐
문채 나니 푸른 적삼의 젊은이요 文彩青衫少
노래하나니 백설고조[456]라 歌吟白雪高
임금님 은혜 아! 갚지 못하였으나 聖恩嗟未報
멋진 일 다시 만나긴 어려우리 勝事更難遭
함께 소 울음소리 들리는 땅[457]을 차지했으니 共占鳴牛地

455 동부(銅符)가……노닐었네 : 동부는 지방 관원이 차는 구리로 만든 부절이고, 옥절(玉節)은 관찰사가 차던 옥으로 만든 부절로, 각각 홍취영과 이계를 가리킨다. 이계는 1791년(정조15) 4월부터 이듬해 11월까지 평안도 관찰사로 재직하였고 홍취영은 1792년 4월 강서 현령(江西縣令)에 제수되었는데, 이 시기에 함께 대동강에서 노닌 적이 있었던 것으로 생각된다.

456 백설고조(白雪高調) : 초(楚)나라 가곡인 〈백설곡(白雪曲)〉으로, 매우 고상한 가곡을 뜻한다. 송옥(宋玉)의 〈대초왕문(對楚王問)〉에서 초왕(楚王)이 송옥에게 왜 당신을 칭송하는 이가 없냐며 송옥의 행실을 의심하자 송옥은, 초나라 수도 영(郢)에서 어느 사람이 〈하리곡(下里曲)〉·〈파인곡(巴人曲)〉을 부르자 수천 명이 화답하고 〈양아곡(陽阿曲)〉·〈해로곡(薤露曲)〉을 부르자 수백 명으로 화답하는 이가 줄었으며 〈양춘곡(陽春曲)〉과 〈백설곡(白雪曲)〉을 부르자 그 고상함과 심오함을 이해하는 이가 없어 불과 수십 명이 화답할 뿐이었다는 우화로 답했다. 《文選 卷45 對楚王問》

457 소……땅 : 원문은 '명우지(鳴牛地)'로 '우명지지(牛鳴之地)'의 줄임말이다. 남의 집 소가 울면 그 울음소리가 들릴 정도로 가까운 지역을 뜻하는데, 여기에서는 이계가 있는 우이동과 홍낙임 부자가 사는 번천이 가깝기 때문에 한 말이다.

말 타고 오는 수고 사양치 마시게 休辭跋馬勞

희수에 해당한다.

계상과 희수와 함께 구곡에서 단풍 구경을 하다[458]

少望 季常 樂倫 熙叟來訪 于時楓色正酣 携入九曲 少憩月影潭 轉上玉鏡臺 煮菊飮酒 盤旋於紅流白石之上 薄曛乃歸 拈韻共賦

14일에 낙륜(樂倫) 계상(季商)과 희수(熙叟)가 찾아왔는데 이때 단풍 빛이 절정이어서 구곡에 데리고 들어갔다. 월영담[459]에서 잠시 쉬다가 다시 옥경대[460]에 올랐다. 국화를 지지고 술을 마셨고 단풍이 비쳐 붉은 물과 흰 바위 위를 거닐다가 석양이 어슴푸레해지자 돌아와서 운자를 뽑아 함께 지었다.

458 계상과……하다 : 삼종질 홍낙륜(洪樂倫, 1750~1813)과 사종손(四從孫) 홍취영과 함께 우이동의 월영담과 옥경대를 유람하고 돌아와 지은 시이다. 홍낙륜은 본관은 풍산, 자는 계상(季常), 호는 문상(汶上)이다. 영조 때 영의정을 지낸 홍봉한의 막내아들이자 사도세자의 비(妃)인 혜경궁(惠慶宮) 홍씨(洪氏)의 막냇동생이다. 1793년(정조17)에 풍산 홍씨 형제들이 가자(加資)되면서 돈녕부 도정(敦寧府都正)에 제수되었고, 1809년(순조9)에는 동지돈녕부사(同知敦寧府事)가 되자 그동안 풍산 홍씨 집안에 대한 정적(政敵)들의 공박에 반박하는 〈명원소(鳴冤疏)〉를 올렸다. 평성 '경(輕)'운의 측기식 수구용운체 칠언율시이다.

459 월영담(月影潭) : 우이동 아홉 굽이의 제6곡(曲)으로, 반 이랑쯤 되는 맑은 연못이었는데, 현재는 없어진 듯하다. 도봉산과 수락산이 주변을 두르고 있었으며 특히 달 아래에서 보는 이들 봉우리의 모습이 아름다웠다고 한다. 본집 권13의 〈우이동구곡기(牛耳洞九曲記)〉에 자세하다.

460 옥경대(玉鏡臺) : 우이동 아홉 굽이의 제5곡으로, 잘 닦인 백옥같이 흰 너럭바위라 하여 붙은 이름이라고 한다. 사방에 흐르는 물들이 물거품을 일으키며, 바위 가운데에 세묵지(洗墨池)라는 갈라진 틈이 있었다고 한다. 본집 권13의 〈우이동구곡기〉에 자세하다.

서리 내리고 하늘은 높아 산 빛 푸르니 霜落天高嶽色淸
구름 헤치며 골짝을 지남에 그윽한 마음 흩어지네 披雲度壑散幽情
층층의 아름다운 바위에는 노을 기운이 흐르고 層層錦石流霞氣
굽고 굽은 바람 속 소나무는 물소리에 화답한다 曲曲風松和水聲
술 놓고 앉아 피아를 잊으니[461] 산 그림자 거꾸러지고
對酒坐忘山影倒
나귀 돌려 산길 밟으니 석양이 빛나네 回驢行踏夕陽明
늙어감[462]에도 마음만 여전히 젊은 것이 애처롭고 却憐短髮心猶壯
그대들의 가벼운 발걸음 즐거이 본다오 喜看諸君步屧輕

461 피아(彼我)를 잊으니 : 원문은 '좌망(坐忘)'으로, 앉은 상태로 피아와 선악(善惡), 시비(是非) 등을 모두 잊은 채 정신과 도(道)가 합치되는 경지를 말한다. 《莊子 大宗師》

462 늙어감 : 원문인 '단발(短髮)'은 머리가 끊어지고 빠져서 머리가 짧아진다는 말로, 늙음을 뜻한다. 두보(杜甫)의 〈춘망(春望)〉에 "흰머리를 긁으니 다시 짧아져, 도무지 비녀를 이기지도 못하네.〔白頭搔更短, 渾欲不勝簪.〕"라고 한 데에서 유래한 말이다.

돌아가는 번천의 부자에게 화답하다[463] 4수

樊川父子歸賦五七律各九首見贈 藻彩絢爛 音節鏗鏘 不覺楓菊奪鮮 磵瀑增響 老夫三鼓氣竭 只和數篇以謝之 四首

번천의 부자가 돌아가며 오언·칠언율시 각 아홉 수를 주었는데 문채가 화려하고 음조가 쟁쟁하여 단풍과 국화가 빛을 잃고 계곡의 시내와 폭포가 울림을 더하는지도 깨닫지 못했다. 늙은 나는 힘을 다 써서 그저 몇 편 화운하여 사례하였다.

가을바람 강한을 흔드니	秋風動江漢
낙엽이 물가에 떨어지네	落木下亭皐
빈 들판에 벌레 소리 가늘고	曠野蟲吟細
갠 하늘에 기러기 그림자 높아라	晴天雁影高
황화주[464]를 의당 함께 들어야 하니	黃花宜共把
청안[465]을 더욱 만나기 어려움에랴	青眼況難遭

463 돌아가는……화답하다 : 홍낙임과 홍취영 부자가 돌아가며 지은 시에 차운하여 지은 시 4수이다. 제1수에서는 두 사람이 방문했을 때 우이동에 감돌던 가을의 정취를 노래하였고, 제2수에서는 홍낙임의 관작(官爵)이 높아진 것을 축하하고 가문의 명성을 지키기 위해 학문을 닦을 것을 당부하였다. 제3수에서는 홍취영이 풍모와 문장이 빼어남을 예찬하고 그와 함께 시를 수창하는 즐거움을 말하였고 제4수에서는 임금을 제대로 보좌하지 못하는 자신을 자조(自嘲)하였다. 네 수 모두 평성 '호(豪)'운의 평기식 수구불용운체 오언율시이다.

464 황화주(黃花酒) : 국화주(菊花酒)이다. 조선시대 문인들은 음력 9월 9일인 중양절(重陽節)에 국화주를 마시며 시를 짓는 것을 풍류로 여겼다.

아홉 굽이에 기이한 구경거리 많으니　　九曲多奇賞
어찌 걷는 수고를 마다할까　　寧辭步屐勞

어찌 천리마가 없는 것이랴　　豈無千里馬
구방고를 만나기 어려운 것이지[466]　　難遇九方臯
말구유에 엎어진 채 재주를 헛되이 묵히다가　　伏櫪才虛老
금 재갈 물리자 값이 비로소 치솟았네[467]　　羈金價始高
맑은 소리라 궁성(宮聲)과 우성(羽聲)이 울리고　　淸音宮羽振
좋은 운수라 벽수(壁宿)와 규수(奎宿)[468]가 만났네　　休運壁奎遭

465 청안(靑眼) : 남을 반기는 낯빛과 태도를 뜻하는 말이다. 진(晉)나라의 완적(阮籍)이 속된 사람을 대할 때는 백안(白眼)으로 흘겨보며 불쾌감을 나타내고 고상한 이를 대할 때는 청안으로 보며 반가움을 드러낸 데에서 유래한 말이다. 《晉書 卷49 阮籍列傳》

466 어찌……것이지 : 구방고(九方臯)는 춘추시대에 준마를 잘 감별했던 사람으로 구방인(九方歅)이라고도 한다. 백락(伯樂)이 진 목공(秦穆公)에게 그를 추천하였는데, 구방고가 누런 암말을 구하겠다고 하고는 검은 수말을 데려왔다. 진 목공이 그를 추천한 백락을 책망하자 백락은, 구방고는 말의 천기(天機)를 잘 살필 뿐 말의 외면이나 말단 같은 것은 생각하지 않는다고 변호하였다. 뒤에 확인해보니 과연 그 말은 천하의 명마였다고 한다. 《列子 說符》 여기에서는 그동안 홍낙임이 뛰어난 재주에도 인정을 받지 못했음을 말한 것이다.

467 금……치솟았네 : 홍낙임이 비로소 능력을 인정받아 중용(重用)되었다는 의미이다. 참고로 정조(正祖)는 1793년 12월 27일에 정순왕후(貞純王后)와 혜경궁 홍씨의 장수를 빌고 마음을 기쁘게 하려는 뜻에서 혜경궁 홍씨의 형제들을 가자(加資)하고 관직을 제수하였다. 이날 홍낙임과 홍낙신(洪樂信)은 가자를 받고 동지돈녕부사에 제수되었고, 홍낙윤은 돈녕부 도정에 제수되었다. 《日省錄 正祖 17年 12月 27日》

468 벽수(壁宿)와 규수(奎宿) : 벽수는 중국 전통 천문학에서 말하는 별자리인 28수(宿) 중 북방 현무(玄武) 7수 중 하나이며, 규수는 서방 백호(白虎) 7수 중 하나이다.

대대로 전해지는 시서의 가르침 傳世詩書訓
심오하고 정미함을 연찬하는 수고를 들여야 하리 須加鑽賾勞

숙도에 해당한다.

풍모는 진나라 완중용(阮仲容)이요[469] 風標晉阮仲
문장은 한나라 매고일세[470] 詞藻漢枚皐
밭의 난초에는 새싹이 움텄고[471] 蘭圃新芽茁
들판의 기린은 뿔 한 개 우뚝하네[472] 麟郊一角高
시내와 산에 멋진 구경거리 많고 溪山多勝賞

중국에서는 전통적으로 두 별자리가 모두 문운(文運)을 관장한다고 믿어왔다.

469 풍모는 진(晉)나라 완중용(阮仲容)이요 : 완중용은 진나라 때 죽림칠현(竹林七賢)의 한 사람인 완함(阮咸)으로, 성격이 호방하고 예법이나 빈천(貧賤)에 구애되지 않았다. 여기에서는 홍취영이 완함과 같은 방달불기(放達不羈)한 풍모와 기상이 있음을 말한 것이다.

470 문장은 한(漢)나라 매고(枚皐)일세 : 매고는 한 경제(漢景帝) 때의 저명한 문장가인 매승(枚乘)의 서자이다. 문장에 뛰어났고 특히 부(賦)를 빠르게 잘 지어, 한 무제(漢武帝)가 즉석에서 부를 짓게 시켜보면 사마상여(司馬相如)는 작품 자체는 정교하지만 속도가 느려 얼마 짓지 못하는 데 비해 매고는 짓는 속도가 몹시 빨라 편수가 가장 많았다고 한다. 《漢書 卷51 賈鄒枚路傳》

471 밭의……움텄고 : 소년의 빼어난 모습을 형용한 말이다. 한유(韓愈)가 〈전중소감마군묘지명(殿中少監馬君墓誌銘)〉에서, 그가 신세를 진 북평왕(北平王)의 어린 손자 마계조(馬繼祖)를 보고 "어린아이가 예쁘고 잘생겼으며 얌전하고 빼어나, 옥구슬 같고 난초가 싹을 틔운 듯했다.〔幼子娟好靜秀, 瑤環瑜珥, 蘭茁其芽.〕"라고 묘사한 바 있다.

472 들판의……우뚝하네 : 빼어난 소년을 형용한 말이다. 《시경》 〈주남(周南) 인지지(麟之趾)〉에 "기린의 뿔이여, 훌륭한 공족(公族)이니, 아, 이들이 기린이로다!〔麟之角, 振振公族, 于嗟麟兮.〕"라고 한 데에서 유래하였다.

꽃과 나무 또한 기이한 만남이라네 花樹亦奇遭
옥소리[473] 어지러이 귀에 가득하니 戛玉紛盈耳
수창함에 힘든 줄도 잊었다네 唱酬亦忘勞
희수에 해당한다.

문명시절 순 임금 우 임금 때를 당하여 文明當舜禹
보좌는 기와 고요에 부끄럽구나[474] 黼黻愧夔皐
재주는 삼장[475]의 빼어남 없고 才乏三長妙
공은 아홉 길 높은 데에서 무너졌네[476] 功虧九仞高
석양이 다가오는 것이 혼자 안쓰럽고 自憐頹景逼

473 옥소리 : 원문은 '알옥(戛玉)'으로, '고금알옥(敲金戛玉)' 혹은 '갱금알옥(鏗金戛玉)'의 준말이다. 쇠와 옥끼리 부딪힐 때 울리는 소리란 뜻으로, 남의 아름다운 시문을 비유하는 말이다.

474 문명시절……부끄럽구나 : 성군(聖君)을 보좌할 재주가 부족함을 한탄한 말이다. 순(舜) 임금과 우(禹) 임금은 중국 상고시대(上古時代)의 성군(聖君)이고, 기(夔)와 고요(皐陶)는 각각 순 임금의 악관(樂官)과 형관(刑官)으로 순 임금을 도와 치세를 이룩하였다.

475 삼장(三長) : 재지(才智)·학문(學問)·식견(識見)을 말한다. 당나라의 유지기(劉知幾)가 "사가의 능력으로는 세 가지 뛰어난 점이 있어야 하는데, 세상에 그런 사람이 없기 때문에 사가의 능력을 갖춘 이가 드문 것이다. 세 가지 뛰어난 점이란 재지와 학문과 식견이다.〔史才須有三長, 世無其人, 故史才少也. 三長謂才也, 學也, 識也.〕"라고 한 데에서 유래한 말이다.《舊唐書 卷102 劉子玄列傳》

476 공은……무너졌네 : 모종의 이유로 벼슬에서 물러나 있음을 말한 것이다.《서경》〈주서(周書) 여오(旅獒)〉에 "작은 행실을 조심하지 않으면 끝내 큰 덕에 누를 끼치니, 아홉 길 산을 만드는 데 공이 한 삼태기의 흙이 모자라서 무너진다.〔不矜細行, 終累大德, 爲山九仞, 功虧一簣.〕"라고 한 데에서 유래하였다.

훌륭한 시대 만남을 헛되이 저버렸네　虛負盛時遭
풍년 송축을 바쳐서　願獻豐年頌
밤낮으로 애쓰시는 성상의 수고 위로해드리고자 하네　仰寬宵旰勞

이상은 나 스스로를 말한 것이다.

늦봄에 이계로 나오다[477]

暮春出耳溪

3년 만에 산에 돌아옴에 만감이 교차하는데　三載還山百感生
시냇물 소리 새소리 모두 무정하여라　澗聲禽語摠無情
젊었을 때의 의기는 천 균(鈞)처럼 무거웠는데　少時意氣千勻重
늙어감에 거취는 깃털 하나처럼 가볍네　老去行藏一羽輕
흰머리로 꽃구경 하자니 물에 비친 그림자 부끄럽고
白髮看花慚水影
까만 먼지에 방을 쓰니 등잔에 창피해라　緇塵掃室愧書檠
시골 아이야 늙은이 나이 몇이냐고 묻지 마라　村童莫問翁年幾
위수의 노인 서쪽으로 왔을 때보다 두 살 적단다[478]　渭叟西來減二齡

477 늦봄에 이계로 나오다 : 이계가 만년에 우이동의 별서로 와 지은 시로, 작중의 언급에 따르면 이때는 78세 때인 1801년(순조1)의 늦봄이다. 이계는 자신의 지난 인생을 회고하면서 가벼운 거취를 후회하고 노화를 탄식하지만, 미련(尾聯)에서는 아직 여든 살에 위대한 업적을 세운 강태공(姜太公)보다는 젊다며 유쾌하게 스스로를 위로한다. 평성 '청(靑)'운의 측기식 수구불용운체 칠언율시이다.

478 위수(渭水)의……적단다 : 이계 자신이 현재 78세라는 의미이다. 위수의 노인은 주 무왕(周武王)을 도와 은(殷)을 멸망시키고 주(周)나라를 건국한 태공망(太公望) 여상(呂尙)을 말한다. 여상은 젊은 시절을 가난하게 보내고 노년에 위수가에서 낚시질을 하다가 주 문왕(周文王)을 만나 재상으로 등용되었다. 《史記 卷32 齊泰公世家》 또 이백(李白)의 〈양보음(梁甫吟)〉에, "그대는 보지 못했나, 조가(朝歌)의 백정 극진(棘津)을 떠나, 80세에 서쪽으로 와 위수 물가에서 낚시한 것을.〔君不見朝歌屠叟辭棘津, 八十西來釣渭濱.〕"이라고 하였다.

돌아갈 때 지어서 남기다[479]

將歸留題

꽃 이미 져서 나는 돌아가야 하니 花既衰矣我當歸
다음에 녹음이 우거졌을 때를 기약하노라 綠陰繁時是後期
꽃구경과 폭포 소리 듣기에 오히려 일이 많아 看花聽瀑還多事
봄빛이 다하기도 전에 소매 속에 시가 가득 찼다네 不盡春光滿袖詩

479 돌아갈……남기다 : 이계가 우이동 별서에서 다시 한양으로 돌아가기 전에 지은 시이다. 비록 자신은 우이동을 떠나야 하지만 그동안 우이동에서 누린 봄날의 즐거움이 소매 속에 시로 고스란히 남아 있다며 뿌듯하고 만족스러운 마음을 표출하고 있다. 평성 '지(支)'운의 칠언절구이다.

이계집

제9권

詩 시

희우시 칠언 십운[2]

喜雨詩 七言十韻

병자년(1756, 영조32) 여름에 오랫동안 가물 때 상께서 몸소 태묘(太

1 〈갱재록(賡載錄)〉은 이계가 영조와 정조에게 응제(應製)한 시, 정조의 시에 화운한 시, 정조와 함께 지은 연구(聯句) 등을 모아서 수록한 것이다. 제목의 '갱재(賡載)'는 임금의 시에 화답하여 시를 올린다는 뜻으로, 《서경》〈우서(虞書) 익직(益稷)〉에 "고요(皐陶)가 순(舜) 임금이 신하들을 권면하며 부른 노래에 이어서 노래를 이루어 '원수가 현명하면 고굉이 어질어서 모든 일이 편안할 것입니다.' 하였다.〔乃賡載歌曰: "元首明哉, 股肱良哉, 庶事康哉."〕"라고 한 데에서 따온 것이다. 〈갱재록〉은 시대 순으로 작품을 배열하고 있고, 어제시에 화운한 작품일 경우 먼저 어제시를 수록하고 뒤에 이계 자신의 작품을 배치하였다. 영조와 정조는 이조(李朝) 600년 역대 왕들 가운데에서도 특히 명석하고 문학을 즐긴 임금들로서 자주 신하들과 시를 즐겼고, 이계 역시 문형(文衡)을 지낼 정도로 뛰어난 글솜씨를 지니고 있었다. 이들이 나눈 시를 통해 영조·정조 시대 조선의 왕실 행사의 단면을 엿볼 수 있거니와, 그 행사에 참여한 군신 간의 유대와 공감을 확인할 수 있다. 25제(題) 32수(首)이다.

2 희우시 칠언 십운 : 영조는 1756년 4월 1일에 간만의 비가 온 것을 축하하여 입직해 있는 신하들에게 십운배율(十韻排律)을 짓게 한 뒤 홍문관 제학 정휘량(鄭翬良, 1706~1762)을 패초(牌招)하여 평가하게 하고, 입격(入格)한 이들에게 상을 내렸다. 《承政院日記 英祖 32年 4月 1日·3日》 이때 이계는 세자시강원 문학(世子侍講院文學)으로 있었는데, 이날 응제에서 장원을 차지하는 영광을 누렸다. 평성 '진(眞)'운의 평기식 수구용

廟)에 제사를 지냈는데, 제사를 마치자 종일 비가 왔다. 상께서 매우 기뻐하여 '희우시(喜雨詩)' 세 글자를 손수 써서 궁궐에서 직숙(直宿)하고 있는 사신(詞臣)들에게 시를 지어서 바치도록 명하시기에 신(臣)이 문학(文學)으로 세자시강원(世子侍講院)에 당직을 서고 있었으므로 응제(應製)하였다. 상께서 명하여 홍문관 제학(弘文館提學)을 불러 어전(御前)에서 우열을 정하게 하시고, 신의 작품을 삼상일(三上一)로 수석을 차지하게 하고 어필(御筆)로 "호피 1령(令)을 사급하라.〔虎皮一令賜給〕"라는 여섯 글자를 권말(卷末)에 적으셨으며 장원 이하에게 각각 종이·붓·먹을 내려 은총을 베풀어주셨다.

한 달 넘도록 구름 보며 오랫동안 백성들 걱정했는데
望雲彌月久憂民
좌개[3]를 새벽에 여니 촉급해지는 빗방울 소리 들리네
左介晨開聽溜頻
송나라 때의 노래는 성군에게 공을 돌렸고[4] 宋代歌謠歸聖主

운체 칠언배율(七言排律)이다.

3 좌개(左介) : 좌개(左个)라고도 한다. 《예기》 〈월령(月令)〉에 "초여름 달에는…… 천자가 명당의 좌개에 거처한다.〔孟夏之月……天子居明堂左个.〕" 하였는데, 여기서 명당의 좌개란 명당의 북쪽 방을 의미한다.

4 송(宋)나라……돌렸고 : 송나라 소식(蘇軾)은 가뭄을 끝내는 단비가 내릴 즈음 완성된 희우정(喜雨亭)에서, 단비가 내린 것을 축하하는 잔치를 열고 "한 번의 비가 사흘이나 내린 것은 누구의 덕택인가? 백성들은 태수라 하지만 태수는 공로를 차지하지 않고 천자에게 돌리네. 천자는 그렇지 않다고 하며 조물주에게 돌리네. 조물주는 그렇지 않다고 하며 태공(太空)에 돌리니, 태공은 아득하여 이름할 수 없으니, 내 희우정으로 내 정자의 이름을 짓는다.〔一雨三日, 伊誰之力? 民曰太守, 太守不有, 歸之天子.

주나라 백성이 편안히 모인 것은 문인에게 의지한 것이지[5]
周氓安集賴文人

지난겨울 쌓였던 눈 상서로운 징조 징험되었고 前冬積雪休徵驗
한밤중의 동운[6] 맑은 기운 균일했지 半夜同雲淑氣勻
언뜻 보슬비 꽃봉오리를 적시는가 싶더니 乍見霡霂沾蓓蕾
끝내는 가랑비가 밭두둑을 적시는 것을 보네 終看霢霂潤畦畛
푸릇푸릇한 들 빛은 기장 무성하게 익을 것을 점치고
青青野色占多黍
곳곳에서 들리는 농요(農謠)는 사방에 울려 퍼지네 處處田謳出四隣
이달에 지존께서 몸소 여름 제사를 지내니 是月至尊躬夏禴
한밤중의 단비 재계일에 내리네 中宵甘霈屬齋辰
정성이 참으로 신명에 통하는 오묘함이 있다면 精誠儘有通神妙

天子曰不然, 歸之造物. 造物不自以爲功, 歸之太空. 太空冥冥, 不可得而名, 吾以名吾亭.〕"라고 노래한 바 있다. 《東坡全集 卷35 喜雨亭記》

5 주(周)나라……것이지 : 문인(文人)은 문덕(文德)이 있는 사람이라는 뜻인데, 여기에서는 주나라를 중흥시킨 군주인 주 선왕(周宣王)을 가리킨다. 주 선왕은 폭군인 주 여왕(周厲王)의 뒤를 이어 왕이 되었는데, 가뭄을 만난 백성들을 걱정하여 몸가짐을 조심하고 정성으로 기우제를 올렸다. 기우제를 지내며 천지신명과 조상들에게 간절하게 호소한 말이 《시경》 〈대아(大雅) 운한(雲漢)〉에 보이는데, 주 선왕이 사읍(謝邑)을 건설할 때 부역을 가는 이들이 부른 노래인 《시경》 〈소아(小雅) 서묘(黍苗)〉에 "길게 자란 기장의 싹, 비가 내려 적셔주네. 머나먼 남행길, 소백께서 위로하시네.〔芃芃黍苗, 陰雨膏之. 悠悠南行, 召伯勞之.〕"라고 한 것을 보면, 결국 주 선왕의 정성 덕에 단비가 내렸음을 알 수 있다.

6 동운(同雲) : 하늘 가득 낀 먹구름으로, 눈이나 비가 내릴 전조이다. 《시경》 〈소아 신남산(信南山)〉에, "하늘이 온통 먹구름이더니, 눈이 펄펄 내리네.〔上天同雲, 雨雪雰雰.〕"라고 한 데에서 유래하였다.

신명의 보우(保佑)가 응당 만물에 미치는 인(仁)을 내려주신다네 陟降應垂及物仁
바람 따스하여 궁궐의 꽃이 차례로 피어나고 風暖宮花開次第
먼지 씻겨 가마 가는 길 기운이 조화롭네 塵淸輦路氣氳氤
소리가 옥루[7]에 어우러지니 향 연기는 젖어들고 聲和玉漏香煙濕
기쁨이 용안에 이니 미소 띤 얼굴 새로워라 喜動天顏色笑新
더 원하노니 방촌의 비[8]를 더욱 미루어 更願益推方寸雨
은혜로운 물결을 봄이 온 팔방에 고루 뿌리고저 恩波均灑八埏春

7 옥루(玉漏) : 물시계의 소리를 아름답게 표현한 말이다. 원문의 '루(漏)'는 대궐에 있는 물시계인 자격루(自擊漏)를 가리킨다.

8 방촌(方寸)의 비 : 하늘이 군주나 지방관의 백성을 걱정하는 마음에 감동하여 내려주는 비를 뜻한다.

한식날 동풍에 대궐의 버들 휘날리다 칠언 십운[9]

계미년(1763, 영조39) 봄에 승지로서 응제하였다.

寒食東風御柳斜 七言十韻 癸未春 以承旨應製

느릅나무로 피운 불[10]의 찬 연기 놀처럼 푸르니	楡火寒煙碧似霞
대궐 숲의 봄빛 끝없이 드넓도다	禁林春色浩無涯
일천 산의 맑은 기운 처음 비를 머금고	千山淑氣初含雨
만 그루 나무의 상서로운 바람은 꽃을 피우려 하네	萬樹祥飆欲放花
이달 임금께서 좌개[11]에 거하셨는데	是月君王居左介
어구(御溝)의 버들이 새싹을 틔웠네	御溝楊柳坼新芽

9 한식날……십운 : 영조는 1763년 2월 22일에 승정원・홍문관 등의 당상관(堂上官)과 낭관(郎官)들에게 "한식날 동풍에 대궐의 버들 휘날리다〔寒食東風御柳斜〕"를 시제(詩題)로 칠언배율(七言排律)을 짓게 하였다.《英祖實錄 39年 2月 22日》 이 구절은 당(唐)나라 한굉(韓翃)의 〈한식(寒食)〉의 승구(承句)로, 명절을 맞은 대궐의 봄 풍경을 묘사한 명구(名句)이다. 이계는 이때 좌승지(左承旨)로서 응제하여 이 작품을 지었다. 평성 '마(麻)'운의 측기식 수구용운체 칠언배율이다.

10 느릅나무로 피운 불 : 원문은 '유화(楡火)'로 봄을 가리키는 말이기도 하다.《주례(周禮)》〈하관사마(夏官司馬)〉에 "사관(司爟)은 불을 피우는 일에 관한 정령(政令)을 맡는데, 사시에 따라 나라의 불을 바꾸어 계절에 따른 병을 구제한다.〔司爟掌行火之政令, 四時變國火, 以救時疾.〕"라고 하였는데, 정현(鄭玄)의 주석에 "봄에는 느릅나무와 버드나무로 피운 불을 취한다.〔春取楡柳之火〕"라고 하였다. 또 송(宋)나라 송민구(宋敏求)의《춘명퇴조록(春明退朝錄)》에 "당나라 때에는 청명에 느릅나무와 버드나무로 피운 불을 취하여 근신과 척리들에게 내렸다.〔唐時惟淸明取楡柳火, 以賜近臣戚里.〕"라는 기록이 보인다.

11 좌개(左介) : 224쪽 주3 참조.

하늘하늘한 가지 땅을 스치니 금띠를 드리운 듯 柔絲拂地嚲金帶
어린 버들눈은 안개와 어우러지니 푸른 실로 초롱을 씌운 듯
嫩眼和煙籠翠紗
간드러지게 긴 가지는 말을 맬 만하고 裊裊長枝堪繫馬
삐죽삐죽 짧은 이파리는 까마귀도 못 앉겠네 毶毶短葉不勝鴉
바람 나부끼는 계수나무 동산에 밝은 빛이 두루 비치고
風飄桂苑昭光遍
그림자 진 복사꽃 길엔 상서로운 햇볕이 비꼈네 影入桃蹊瑞旭斜
피어남이 모두 조화임을 좋이 보나니 好看發生皆造化
잡아 꺾게 해도 무성하리 縱教攀折亦繁華
닭 우는 큰길로 새벽같이 등청하고 鷄鳴廣陌趨晨珮
꾀꼬리 지저귀는 시원한 그늘로 저물녘에 퇴청하네 鸎囀淸陰散晚衙
고사에는 한나라 궁궐에서 미리 익힌 음식을 전했고[12]
故事漢宮傳熟食
풍류로는 낙양의 시사에서 새 차를 달였지[13] 風流洛社煎新茶

12 고사에는……전했고 : 한(漢)나라 때의 풍습에 한식날에는 불을 피울 수 없으므로 천자가 제후왕(諸侯王)들에게 납촉(蠟燭)을 전해주어 총애의 뜻을 보였다고 한다. 한굉의 〈한식〉에 "해 저물자 한나라 궁궐에서 납촉을 전하니, 푸른 연기 오후(五侯)의 집으로 흩어져 들어가네.〔日暮漢宮傳蠟燭, 靑煙散入五侯家.〕"라고 하였다. 여기에서 납촉이 아니라 미리 익힌 음식〔熟食〕이라고 한 것은, 한식날에는 불을 못 피워서 전날 익힌 음식을 먹었기 때문에 납촉 대신 전용한 것이다.

13 풍류로는……달였지 : 낙양(洛陽)의 시사는 당나라의 백거이(白居易)를 중심으로 호고(胡杲)·길민(吉旼)·정거(鄭據)·유정(劉貞)·노진(盧眞)·장혼(張渾)·적겸모(狄兼謨)·노정(盧貞) 9인이 조직한 '낙중구로회(洛中九老會)'를 가리킨다. 또 백거이(白居易)의 〈청명일송위시랑폄건주(淸明日送韋侍郎貶虔州)〉에 "조청을 떠서

청쇄문[14] 안의 천 가닥 실로 願將青瑣千條線

오래도록 동쪽 하늘에 묶어 해 저무는 것 늦추고저 長繫東天化日賒

식은 죽에 타서 먹고, 불을 내어 새로 난 찻잎을 달이네.〔留餳和冷粥, 出火煮新茶.〕"라고 하였다.

14 청쇄문(青瑣門) : 대궐문을 가리킨다. 한(漢)나라 때 궁궐의 문에 사슬무늬를 새기고 푸른 칠을 한 데에서 유래한 말이다.

문과 무를 함께 쓰는 것이 장구할 수 있는 방도이다 오언율시[15]

文武兼用 長久之道 五言律詩

병술년(1766, 영조42) 겨울, 상께서 모화관(慕華館)에 몸소 방문하여 무신 당상(堂上)들을 시사(試射)하시고 어제(御題)를 내려 따르는 신하들에게 응제하라고 명하셨다. 신이 승지로서 지어 바쳤는데, 다음 날 대제학 황경원(黃景源)을 불러 과차(科次)를 하도록 명하셨는데, 신의 작품을 2등에 두었다.

악전[16]에 바람과 구름[17] 이는데　　幄殿風雲動

15 문과……오언율시 : 1766년 10월 17일에 영조는 모화관에 거둥하여 무신들의 시사(試射)를 진행하고, 자신도 2순(巡)을 쏴서 세 번째 화살을 명중시켰다. 아울러 영조는 내국(內局)・비변사(備邊司)의 신하들과 사관(史官)・승지들에게 "문과 무를 함께 쓰는 것이 장구할 수 있는 방도이다.〔文武兼用, 長久之道.〕"를 시제로 오언율시를 짓게 하였다.《承政院日記 英祖 42年 10月 17日》 이 시제는《사기》 권97〈역생육가열전(酈生陸賈列傳)〉에서 육가(陸賈)가 한 고조(漢高祖)에게 문치(文治)의 중요성을 설파하며 "말 위에서 천하를 얻었지만 어찌 말 위에서 천하를 다스릴 수 있겠습니까? 또 탕왕과 무왕도 역리(逆理)로 천하를 취했지만 순리(順理)로 지켰으니, 문과 무를 아울러 쓰는 것이 장구할 수 있는 술책입니다.〔居馬上得之, 寧可以馬上治之乎? 且湯武逆取而以順守之, 文武竝用, 長久之術也.〕"라고 한 데에서 취한 것이다. 이계는 서쪽 교외에 사열한 위엄 있는 의장대 사이에서 몸소 활을 쏘고 응제(應製)를 행하는 영조를 문치(文治)와 무치(武治)를 아우르는 성군(聖君)으로 표현하였다. 평성 '염(鹽)'운의 측기식 수구불용운체 오언율시이다.

16 악전(幄殿) : 왕이 야외로 행차할 때 차일(遮日)을 치고 휘장(揮帳)을 두른 뒤

서쪽 교외[18]에 의장대 엄숙하네 金郊仗衛嚴
홍심[19]을 맞히니 천 쌍[20]이 나란하고 中紅千耦竝
백지를 펼쳐 오언시(五言詩)를 겸하네 抽白五言兼
조이고 풀어주는[21] 데는 원래 방법이 많으니 張弛元多術
영원한 국운 이로부터 점칠 수 있으리 靈長自此占
태평시절 성대한 일 전하니 太平傳盛事

그 안에 설치하던 어좌(御座)이다.

17 바람과 구름 : 원문은 '풍운(風雲)'으로 바람과 구름을 뜻하지만, 군진(軍陣)을 비유하는 말이기도 하다. 여기에서는 영조가 대동한 의장대가 악전 주위에 늘어서 있음을 말한 것이다.

18 서쪽 교외 : 원문은 '금교(金郊)'로, 오행(五行)의 금(金)이 서방에 해당하기 때문에 서쪽 교외란 의미로 사용되는 표현이다. 여기에서는 모화관이 서대문(西大門) 밖에 있기 때문에 사용한 말이다

19 홍심(紅心) : 과녁 한가운데의 붉은 칠을 한 부분이다.

20 천 쌍 : 원문은 '천우(千耦)'로 천 쌍이라는 뜻인데, 매우 많은 사람을 가리킨다. 《시경》 〈주송(周頌) 재삼(載芟)〉에 "풀을 베고 나무를 베니 푸슬푸슬 밭을 잘 갈았구나. 천 쌍이 김을 매니 습한 곳을 다니고 두둑을 다니도다.〔載芟載柞, 其耕澤澤. 千耦其耘, 徂隰徂畛.〕"라고 한 데에서 유래하였다. 여기에서 천 쌍이라는 표현을 쓴 것은, 전통적으로 활쏘기는 2명씩 짝을 지어서 했기 때문이기도 하다.

21 조이고 풀어주는 : 원문은 '장이(張弛)'로 '일장일이(一張一弛)'의 준말이다. 국정의 운영에서 문과 무를 적절히 조화시켜야 한다는 의미이다. 《예기》 〈잡기 하(雜記下)〉에 공자가 "활시위를 조이기만 하고 풀어주지 않듯이 백성들을 부리기만 하는 것은 문왕과 무왕도 하지 못하는 바이며, 풀어주기만 하고 조이지 않듯이 백성들을 나태함에 빠지게 하는 것은 문왕과 무왕도 하지 않은 바였다. 한 번은 조이고 한 번은 풀어주는 것이 문왕과 무왕의 방도이다.〔張而不弛, 文武弗能也, 弛而不張, 文武弗爲也. 一張一弛, 文武之道也.〕"라고 한 데에서 유래하였다.

용안(龍顔)[22]을 근신들이 우러러 보네　　眉彩近臣瞻

22 용안(龍顔) : 원문은 '미채(眉彩)'로 '팔채미(八彩眉)'의 준말인데, 왕의 얼굴을 가리키는 말이다. 《공총자(孔叢子)》〈거위(居衛)〉에 "옛날 요 임금은 키가 10척이었고 눈썹에서는 여덟 가지 빛깔이 났다.〔昔堯身脩十尺, 眉乃八彩.〕"라고 한 데에서 유래하였다.

금원의 단풍 숲 잎마다 붉다 칠언 이십운[23]

기축년(1769, 영조45) 가을에 승지로서 응제하였다.

禁苑楓林葉葉紅 七言二十韻 己丑秋 以承旨應製

국화와 흰 이슬 상서로운 구름이 감싸니	黄花白露靄雲籠
궁궐[24]은 원기 속에 가을이 깊어가네	紫籞秋深元氣中
말간 태양 산에 뜨니 온통 비단이요	晴旭在山都是錦
상림[25]의 어느 나무랴 단풍 물들지 않은 것이	上林何樹不成楓
술 오른 듯 얼큰하게 가지마다 두루 미치고	酣如中酒枝枝遍
단청 흐르듯 찬란하여 이파리마다 똑같도다	爛若流丹葉葉同
초강에 나서 짝한 것은 후황가수였는데[26]	生伴楚江后皇樹

23 금원의……이십운 : 1769년의 어느 가을날, 영조는 신하들에게 "금원의 단풍 숲 잎마다 붉다.〔禁苑楓林葉葉紅〕"라는 시구를 시제(詩題)로 하여 칠언배율을 짓도록 명하였다. 이계가 응제하여 지은 이 작품은, 초반에는 단풍과 관련된 전고를 점철하고 중반에는 경희궁에 찾아온 단풍의 붉은 빛깔을 다양한 수사법으로 화려하게 묘사하였으며, 후반에는 단풍을 즐기러 나온 영조에게 국운의 창성을 기원하고 충성을 다짐함으로써 시를 맺었다. 평성 '동(東)'운의 평기식 수구용운체 칠언배율이다.

24 궁궐 : 134쪽 주278 참조.

25 상림(上林) : 상림원(上林苑)으로, 궁중의 정원이다.

26 초강(楚江)에……후황가수(后皇嘉樹)였는데 : 초강은 춘추전국시대 초나라 지방을 흐르던 양자강(揚子江)을 일컫는 말이다. 후황가수는 황천(皇天)과 후토(后土) 즉 하늘과 땅이 낸 가장 아름다운 나무란 뜻으로 귤나무를 가리킨다. 굴원(屈原)의《초사(楚辭)》〈구장(九章) 귤송(橘頌)〉에 "후황가수 귤나무가 와서 자라니, 명을 받아 옮기지 않고 남국에서 자라네.〔后皇嘉樹橘徠服兮, 受命不遷生南國兮.〕"라고 한 데에서 유래하였다. 또 여기서 단풍나무가 초강에서 후황가수와 짝하였다고 한 것은, 당나라

한나라 궁궐 섬돌에 심은 것 몇 떨기였던가[27] 栽來漢陛幾多叢
둥글둥글 두꺼운 잎은 비 피하기에 특히 좋고 團團厚葉偏宜雨
여리여리 가벼운 가지는 바람을 견디지 못하도다[28] 嫋嫋輕柯不耐風
신령한 진액은 때때로 호백[29]이 되고 靈液有時成虎魄
기이한 형상은 혹 신선이 된다 말을 하네[30] 奇形或說化仙翁
꽃다운 봄 푸른 줄기 청쇄문[31]에 이어지고 芳春翠榦連青瑣

유우석(劉禹錫)의 〈숙도정유회(宿都亭有懷)〉에 “십 년 동안 초강 단풍 숲에 있다가 오늘 밤에야 처음으로 장락궁의 종소리 들었네.〔十年楚水楓林下, 今夜初聞長樂鐘.〕”라고 하였기 때문이다.

27 한(漢)나라……떨기였던가 : 한나라 때 궁궐의 뜰에 단풍나무를 많이 심어서, 서리가 내려 단풍이 들면 매우 아름다웠으므로 궁궐을 ‘풍신(楓宸)’이라고 일컬었다. 《御定淵鑑類函 卷416 木部 楓》

28 둥글둥글……못하도다 : 《설문해자(說文解字)》 권6상의 ‘풍(楓)’자에 대한 설명에, “두꺼운 잎에 약한 가지로, 잘 흔들린다.〔厚葉弱枝, 善搖.〕”라고 하였다.

29 호백(虎魄) : 송진(松津) 등의 수지(樹脂)가 석회화(石灰化)되어 만들어지는 보석인 호박(琥珀)을 말한다. 북송(北宋)의 황휴복(黃休復)이 영강군(永康軍)의 호랑이 사냥꾼 이취구(李吹口)에게 들은 내용에 따르면, 호랑이는 사물을 볼 때 한 눈으로만 사물을 보고 한 눈으로는 빛을 뿜는데 호랑이를 잡은 뒤에 달이 어두워지길 기다렸다가 호랑이가 머리를 댔던 땅을 1자 남짓 파보니 호랑이 눈의 정백(精魄)이 굳어서 이루어진 호박색 돌을 찾았다고 한다. 이 일로 호박이라는 이름이 생겼다고 한다. 《茅亭客話 卷8 李吹口》

30 기이한……하네 : 남당(南唐)의 담초(譚峭)가 저술한 《화서(化書)》 권1 〈노풍(老楓)〉에 “늙은 단풍이 변화하여 신선이 되고 썩은 보리가 변화하여 나비가 되는 것은 마음이 없는 것에서 있는 것으로 변화하는 것이고, 어진 여자가 망부석이 되고 산의 뱀이 백합이 되는 것은 마음이 있는 것에서 없는 것이 되는 것이다.〔老楓化爲羽人, 朽麥化爲蝴蝶, 自無情而之有情也, 賢女化爲貞石, 山蚯化爲百合, 自有情而之無情也.〕”라고 하였다.

31 청쇄문 : 229쪽 주14 참조.

늦은 여름 시원한 그늘 비단 창에 가깝네　朱夏淸陰近綵櫳
천지에 처음 욕수씨의 절기[32]가 돌아오면　天地初回蓐收節
임금님 때때로 경희궁에 계시지　君王時在慶熙宮
서늘한 기운 스미지 않는 것은 옥섬돌의 풀이요　輕寒不入瑤堦草
어린 잎 먼저 지는 것은 우물가의 오동나무라　嫩葉先飄玉井桐
성대한 연회에서 수간[33]하여 성절[34]을 노래하고　授簡華筵酬聖節
금원에 어가 멈춰 풍요로운 시절 즐기시네　停鑾御苑樂時豐
이상토다 이곳의 천 그루 숲 푸르더니　怪來此地千林綠
어찌하여 오늘 아침엔 하나같이 붉은가　底事今朝一樣紅
처음에는 동풍에 꽃기운 일어나나 의심했더니　始訝東風花氣爍
다시금 남쪽 땅끝에서 화산이 폭발했나 싶어라　還疑南極火山烘
붉은 관복[35] 빽빽이 비치니 온통 색이 뒤섞이고　金緋簇映渾欺色

32 욕수씨(蓐收氏)의 절기 : 욕수씨는 가을을 맡은 신으로 금정(金正)이라고도 하는데, 여기에서는 가을을 뜻한다. 《예기》 〈월령(月令)〉에서 맹추(孟秋)·중추(仲秋)·계추(季秋)에 대해, "그 임금은 소호씨이고, 그 신은 욕수씨이다.〔其帝少皞, 其神蓐收.〕"라고 하였다.

33 수간(授簡) : 시문을 적을 목간이나 죽간을 준다는 뜻으로, 임금의 요청으로 글을 지어 바치는 것을 말한다. 사혜련(謝惠連)의 〈설부(雪賦)〉에서 양효왕(梁孝王) 유무(劉武)가 토원(兎園)에서 잔치하며 사마상여(司馬相如)에게 죽간을 주며 눈에 대한 시를 짓게 한 데에서 유래한 말이다.

34 성절(聖節) : 왕의 생일을 말한다. 영조의 생일은 9월 13일이다. 《英祖實錄 附錄 英宗大王行狀》

35 붉은 관복 : 원문은 '금비(金緋)'로, 벼슬아치들이 착용하고 몸에 지니던 붉은색 도포와 금빛 관인(官印)을 뜻한다.

궁녀의 수 재단하여 만든들 어찌 공교로움을 비길까 宮繡裁成詎擬工
짙고 옅은 빛깔은 서리가 이르고 늦음에 따라 나뉘고 濃淡色分霜早晩
아침과 저녁의 모습은 대궐의 동서에 따라 다르네 朝晡態異殿西東
붉은 놀 찌는 곳에서는 뺨을 유독 물들이고 彤霞蒸處偏侵頰
붉은 해 쬥는 때에는 눈을 두지 못하겠네 赤日舂時未定瞳
빛깔은 대궐 연못에 옮겨져 낱낱이 밝고 光寫龍池明箇箇
그림자는 신선 일산 따라 두렷두렷 춤추네 影隨仙蓋舞童童
무르익은 단풍은 성상의 흡족한 유람을 기다리고 있었고 物華正待宸遊愜
가을 날씨는 아름답게 무르익은 풍광을 북돋네 秋令翻回淑景融
풀과 나무는 물들어 조화로 돌아가고 草木被光歸造化
구름과 별[36]은 색채를 더해 신공(神功)을 빛내네 雲星增彩賁神功
짙은 적색[37] 오래 남겨 신령스러운 슬갑에 더하고[38] 長留渥赭添靈芾

36 구름과 별 : 경성(景星)과 경운(慶雲)으로, 국태민안(國泰民安)의 징조가 되는 상서로운 별과 오색구름을 뜻한다.

37 짙은 적색 : 원문은 '악자(渥赭)'이다. 《시경》 〈패풍(邶風) 간혜(簡兮)〉에 "왼손에는 피리를 잡고 오른손에는 꿩깃을 잡았도다. 그 얼굴 물들인 듯 짙은 붉은색이거늘, 공께서 한잔 술을 내리시네.〔左手執籥, 右手秉翟. 赫如渥赭, 公言錫爵.〕"라고 한 데에서 유래하였다.

38 신령스러운 슬갑(膝甲)에 더하고 : 원문의 '영불(靈芾)'은 왕이나 제후가 착용하던 붉은색 슬갑인 '주불(朱芾)'로, 왕자를 가리키는 말이기도 하다. 《시경》 〈소아(小雅) 사간(斯干)〉에 "사내아이를 낳아서 평상에 재우며 치마를 입히고 구슬을 가지고 놀게 하니, 우는 소리가 우렁차고 붉은 슬갑이 휘황하여 실가(室家)를 소유하며 군왕이 되리

붉은빛 펼치길 더욱 힘써 한 조각 충심을 격려하리　益勉披丹激寸衷
다시 가지 끝의 만 조각 붉은 잎을 가지고　更把枝頭紅萬片
두루 찬미하는 시를 적어도 응당 다함이 없으리　偏題嘉頌未應窮

로다.〔乃生男子, 載寢之牀, 載衣之裳, 載弄之璋, 其泣喤喤, 朱芾斯皇, 室家君王.〕"라고 한 데에서 유래하였다. 여기에서 단풍의 붉은빛을 붉은 슬갑에 더한다고 한 것은 영조의 세손(世孫) 정조가 장성하여 국운을 잘 이어가기를 기원한 것이다.

보감을 찬집하는 신하들에게 보인 어제시의 운에 삼가 화답하다[39]

賡和御製示寶鑑纂輯諸臣詩韻

경자년(1780, 정조4)[40] 가을에 상께서 열성조(列聖朝)의 보감(寶鑑)이 통일된 체제로 성책된 것이 없다 하여 사신(詞臣) 열두 명에게 춘추관에서 금궤(金櫃)에 비장(秘藏)된 책들을 꺼내서 분담하여 찬집(纂

39 보감을……화답하다 : 정조는 1781년(정조5) 8월 5일에 《국조보감》의 완성을 앞두고 《국조보감》을 찬집하는 신하들에게 선온(宣醞)하고, 어제시를 내려 화답하게 하였다. 《正祖實錄 5年 8月 5日》 이때 신하들이 화답한 시가 《내각일력(內閣日曆)》 정조 5년 8월 13일 기사에 보인다. 또 이계는 승문원 정자(承文院正字) 이현도(李顯道, 1747~?)를 낭관으로 발탁하여 함께 작업을 하였고 석 달 만에 완성하여 정조에게 바쳤는데, 정조는 이계의 수고를 치하하며 그의 자급을 한 단계 높여주었다. 이 일의 경위와 이에 대한 이계의 감회는 본집 권16 〈신축 갱재첩의 뒤에 쓰다〔辛丑賡載帖後識〕〉에 자세하다.

이계가 화답한 시는 부분 부분이 정조의 원시(原詩)에 호응하고 있다. 수련(首聯)에서 정조가 열성조의 사업을 잊어서는 안 된다고 하자 이계는 온 조선이 이를 잊지 않는다고 하였고, 함련(頷聯)에서 정조가 《국조보감》의 기록의 상세함과 그 중요성을 자부하자 이계는 찬집의 주체로서 서술이 상세하지 못하다며 겸손한 모습을 보였다. 경련(頸聯)에서 정조가 《국조보감》이 신하들과 자신에게 어떤 가치와 의의가 있는지 말하자 이계는 《국조보감》의 위상과 찬집을 명한 정조의 취지를 말하였고, 미련(尾聯)에서 정조가 《국조보감》 완성의 의의를 말하자 이계는 찬집 작업을 격려해준 정조의 은혜를 말하였다. 평성 '양(陽)'운의 측기식 수구불용운체 오언율시이다.

40 경자년(1780, 정조4) : 《정조실록(正祖實錄)》과 《내각일력(內閣日曆)》에는 신축년(1781, 정조5)으로 되어 있다. 《홍재전서(弘齋全書)》에 수록된 원시에도 신축년으로 되어 있다. 여기에서 경자년이라고 한 것은 착오인 듯하다.

輯)하도록 명하셨으니, 신은 동지춘추관사(同知春秋館事)로서《중묘보감(中廟寶鑑)》을 찬수하였다. 처음 개국(開局)할 때 상께서 근신을 보내 법온(法醞)을 하사하시고 어제(御製) 오언율시를 내려 총애의 뜻을 보이시기에, 여러 신하와 지어서 바쳤다.

어제시 -어제는 명을 받들어 첫머리에 쓴다. 아래도 같다.-

열성조의 성대한 덕에 관한 일	列朝盛德事
우뚝하고 빛나니 잊을 수 있겠는가	巍煥可能忘
비록 명산에 감춘 것 있다고 하지만[41]	縱有名山秘
오직 보감의 상세함에 의지한다네	惟憑寶鑑詳
신하들 일월[42]을 더듬고	諸臣摸日月
소자는 갱장의 뜻[43]을 부치네	小子寓羹墻
일통의 책 이루어진 뒤에는	一統書成後
다스림의 계책 만세에 장구하리라	治謨萬世長

41 비록……하지만 : 조선시대에는《조선왕조실록》등 국가 주요 사서(史書)를 춘추관(春秋館)과 전주(全州)・충주(忠州) 등에 있는 외사고(外史庫)에 보관하였는데, 임진왜란 때 전주사고본(全州史庫本)만 내장산(內藏山)으로 옮겨져 병화를 면할 수 있었다. 이후에 병화로 인한 소실을 피하기 위해 정족산(鼎足山)・묘향산(妙香山)・오대산(五臺山)・태백산(太白山) 등에 외사고를 마련하여 재인본(再印本)을 보관하였다.

42 일월(日月) : 여기에서는 보감(寶鑑)에 기록된 선왕들의 행적을 가리킨다.

43 갱장(羹墻)의 뜻 : 선왕(先王)을 그리워하는 마음을 의미한다. 순(舜) 임금이 선왕이었던 요(堯) 임금을 사모하여 담벼락〔墻〕과 국그릇〔羹〕에서 요 임금의 얼굴을 본 데에서 유래한 말이다.《後漢書 卷93 李固列傳》

화답시

금궤[44]에 크나큰 공렬 남았으니 金櫃留鴻烈
온 동방이 은택을 잊지 않도다 環東澤不忘
그저 서술의 미진함이 부끄러우니 只慙描未盡
감히 자못 상세하다 말할 수 있을까 敢道爲頗詳
만세에 주나라 홍범[45]을 전하고 萬世傳周範
구중궁궐에선 순 임금의 갱장의 뜻을 부치네 重宸寓舜墻
수운[46]에 고루 은덕을 흠뻑 입으니 需雲均飽德
담로[47]에 송축하는 소리 길도다 湛露頌聲長

44 금궤(金櫃) : 쇠로 만든 상자란 뜻으로, 고대 한(漢)나라의 장서각(藏書閣)을 가리킨다. 사마천(司馬遷)의 《사기》 권130 〈태사공자서(太史公自序)〉에 "역사 기록과 석실금궤의 책을 뽑아 서술하고 편집했다.〔紬史記石室金匱之書〕"라고 하였다.

45 홍범(洪範) : 《서경》의 〈주서(周書) 홍범(洪範)〉은 유가(儒家)의 정치철학을 담고 있는 글인데, 여기에서는 조선 왕조의 역대 선정(善政) 사례를 담은 《국조보감》을 비유하였다.

46 수운(需雲) : 연회에서 음식을 먹고 술을 마시며 즐김을 뜻하는 말이다. 《주역》 〈수괘(需卦) 상(象)〉에서 "구름이 하늘로 올라가는 것이 수괘이니, 군자가 이로써 마시고 먹으며 잔치하고 즐거워한다.〔雲上於天需, 君子以飮食宴樂.〕"라고 한 데에서 유래한 말이다.

47 담로(湛露) : 왕이 신하들에게 베푸는 연회를 뜻하는 말이다. 《시경》 〈소아(小雅) 담로(湛露)〉에 "맑은 이슬 내렸으니 태양이 아니면 말리지 못하네. 밤새도록 실컷 마시니 취하지 않고는 돌아가지 않으리.〔湛湛露斯, 匪陽不晞. 厭厭夜飮, 不醉無歸.〕"라고 한 데에서 유래한 말이다.

태묘의 납향 때 지은 어제시의 운에 삼가 화답하다[48]

賡和太廟臘享詩韻

계묘년(1783, 정조7) 12월에 상께서 태묘에서 납향(臘享)을 친히 거행하셨는데, 그보다 하루 전에 망묘루(望廟樓)[49]에서 재거(齋居)하다가 밤에 어제시를 내리며 여러 신하에게 화답하라고 명하셨다. 신이 부총관(副摠管)으로서 지어 바쳤는데, 상께서 채점하여 수석에 두셨다. 이어서 어제시를 써서 망묘루에 새겨서 걸고 또 근신들에게 화답시를 나란히 써서 아래에 걸게 명하셨다.

어제시

아 내 무엇을 계술할까 於乎我何述

48 태묘의……화답하다 : 1783년 12월 25일에 정조는 납향대제(臘享大祭)를 거행하기 위해 망묘루에서 재숙(齋宿)하였고, 이튿날 태묘(太廟)에 나아가 납향대제를 몸소 거행하였다.《承政院日記 正祖 7年 12月 25日·26日》 정조는 25일 밤에 망묘루에서 신하들에게 어제시를 내려 화운하게 하였다. 정조의 원시는 선왕들에 대한 겸손과 흠모의 마음, 제사에 임하는 마음가짐과 정성을 말하였고, 이계는 중요한 제사를 앞두고 재계하는 정조의 엄숙한 모습과 선왕들에 대한 효심을 찬미하였다. 평성 '진(眞)'운의 측기식 수구불용운체 오언율시이다.

49 망묘루(望廟樓) : 종묘(宗廟)의 부속 건물로, 종묘의 제사 때 임금이 재숙하고 휴식하는 용도로 사용되었다. 망묘루라는 이름은 임금이 제향 때 종묘를 바라보며 선왕을 추모한다는 의미로 붙인 것이다. 종묘의 정문인 외대문(外大門)으로 입장하면 가장 먼저 오른쪽에 보이며, 그 북쪽에는 향대청(香大廳)이 있다. 건물 한 칸은 누마루 형태이며 종묘의 다른 건물이 대부분 맞배지붕인 데 비해, 망묘루의 누마루 쪽은 팔작지붕으로 되어 있다.

할아버지께서는 매번 몸소 제사 지내셨네　皇祖每躬禋
종묘의 모습이 바라보이는 곳이요　廟貌攸瞻地
누각의 이름이 사모하는 마음 부쳐 새로워라　樓名寓慕新
연못의 물결에는 넓은 은택 남았고　塘流餘溥澤
나무 그늘에는 기나긴 봄 다시 들겠네　樹蔭又長春
감히 추위 심하다고 말하겠는가　敢道寒威重
작은 정성이나마 오늘 펴야 하니라　微誠是日伸

화답시

한나라 납월에 아름다운 기운을 받아들였고[50]　漢臘迎佳氣
주나라 궁궐에서는 첫 제사[51]를 엄숙히 지냈네　周宮肅肇禋
면류관 술 고요하니[52] 생각이 참으로 원대하고　凝旒思正遠

50 한나라……받아들였고 : 고대 중국에서 섣달에 뭇 신에게 지내는 제사를 '가평(嘉平)', '청사(淸祀)', '대사(大蜡)' 등으로 불렀는데, 한(漢)나라 때에 이르러 명칭을 '납(臘)'이라고 고치고 술일(戌日)에 제사를 지내는 것으로 날짜를 정하였다. '납'이란 만난다는 뜻으로 가는 해와 오는 해가 만나는 때이므로 크게 제사를 지내 뭇 신의 공덕에 보답한다는 의미이고, 날짜를 술일로 한 것은 한나라 황실의 화행(火行)이 술일에 약해진다고 믿었기 때문이다. 《風俗通義 卷8 祀典 臘》

51 첫 제사 : 원문은 '조인(肇禋)'으로, 처음 지내는 제사를 뜻한다. 《시경》〈주송(周頌) 유청(維淸)〉에 "청명하게 하여 이어 밝힐 것은 문왕의 법도이니라. 처음 제사함으로써 이룸이 있음에 이르렀으니, 주나라의 상서로다.〔維淸緝熙, 文王之典, 肇禋, 迄用有成, 維周之禎.〕"라고 한 데에서 유래하였다.

52 면류관(冕旒冠) 술 고요하니 : 면류관은 왕과 제후 등이 착용하던 관이다. 관의 덮개에 해당하는 직사각형 모양의 평천판(平天版) 앞뒤로 구슬을 꿴 술인 류(旒)를 드리웠고 양 옆으로는 귀막이 끈인 담(紞)을 드리웠는데, 이는 군주가 눈과 귀가 너무

거문고 소리 들으니 흠모의 마음 더욱 새로워라　　聽瑟慕逾新
천세토록 덕을 살피고　　觀德於千世
또 새봄에 풍년을 기원하리　　祈年又一春
어제시를 소나무 서까래[53]에 거니　　宸詩揭松桷
성상의 효심 여기에 펴지도다　　聖孝此焉伸

밝은 것을 경계한다는 의미가 담겨 있다. 면류관의 술이 고요하다는 것은 군주가 면류관의 술이 움직여서 달그락거리지 않을 정도로 엄숙한 태도로 응시한다는 의미이다.

53 소나무 서까래 : 원문은 '송각(松桷)'으로 사당을 뜻하는 말인데, 여기에서는 망묘루를 가리킨다. 《시경》〈상송(商頌) 은무(殷武)〉에 "소나무로 만든 서까래가 길쭉하기도 하며 여러 기둥이 큼직도 하니, 침묘(寢廟)가 이루어져 매우 편안하도다.〔松桷有梴, 旅楹有閑, 寢成孔安.〕"라고 한 데에서 유래한 말이다.

이날 밤에 다시 연신들과 연구를 짓다[54] 내각 직제학 정지검·서유방, 원임 직각 김희, 대교 이곤수, 검교대교 윤행임, 행 승정원 도승지 심풍지, 행 좌승지 박우원, 우부승지 이시수, 별운검 홍문관 제학 서유린, 보검 도총부 부총관 홍양호·김상집이다.

是夜復與筵臣聯句 內閣直提學鄭志儉徐有防 原任直閣金憙 待敎李崑秀 檢校待敎尹行恁 行承政院都承旨沈豐之 行左承旨朴祐源 右副承旨李時秀 別雲劒弘文館提學徐有隣 寶劒都摠府副摠管洪良浩金尙集

새벽에 재계하고 용기로 제수를 받드니[55] 夙戒龍旂大糦承

어제이다.

54 이날……짓다 : 1783년(정조7) 12월 25일에 정조는 태묘의 납향에 관한 시를 내려 화답하게 한 뒤, 다시 칠언시 한 구절을 내려 신하들에게 연구(聯句)를 짓게 하였다. 정조부터 시작하여 서유린(徐有隣, 1738～1802), 이계, 김상집(金尙集, 1723～?), 서유방(徐有防, 1741～1798), 정지검(鄭志儉, 1737～1784), 박우원(朴祐源, 1739～1793), 심풍지(沈豐之, 1738～1793), 김희(金憙, 1729～1800), 이시수(李時秀, 1745～1821), 이곤수(李崑秀, 1762～1788), 윤행임(尹行恁, 1762～1801) 순으로 연구를 지었고, 정조가 마지막 구절을 써서 마무리했다. 작품이 완성되자 정조는 이계에게 명하여 한 축(軸)을 정서(正書)하여 올리게 하였고, 이계는 정조에게 올린 뒤 한 축을 더 정서하여 이 일을 기념하고자 하였다. 이 일의 경위는 이계의 손자 홍경모의 〈계납갱재첩(癸臘賡載帖)〉에 자세하다. 《冠巖全書 卷26 癸臘賡載帖》 평성 '증(蒸)'운의 연구이다.

55 용기(龍旂)로 제수를 받드니 : 용기는 '용기(龍旗)'라고도 하는데, 두 마리 용이 교차하는 모습을 그린 깃발로 왕이나 제후의 깃발을 뜻한다. 원문의 '대치(大糦)'는 서직(黍稷)인데, 제사에 올리는 제수를 의미한다. 이 두 단어는 《시경》 〈상송(商頌) 현조(玄鳥)〉에 "무정의 손자인 무왕이 이기지 않음이 없으시니 용기와 십승(十乘)으로 큰 서직을 이에 받들어 올리도다.〔武丁孫子, 武王靡不勝. 龍旂十乘, 大糦是承.〕"라고 한 데에서 유래하였다.

성상의 정성 맹추위 엉긴 것도 꺼리지 않네　宸誠不憚沍寒凝

천시는 하나라 납제 막 돌아왔고　天時夏蜡方廻節

신 서유린이 지었다.

왕정은 주나라 얼음 창고에 이미 얼음을 들였도다[56] 王政周凌已納氷

흠모의 마음은 국그릇과 담장[57]에 절실하여 봄제사를 친히 지내고

慕切羹墻躬歲禴

신 홍양호가 지었다.

예는 종과 경쇠에 성대하여 겨울제사를 올리네　禮殷鐘磬薦冬烝

황류[58]의 기운은 마음의 향기와 함께 쏟아내고　黃流氣與心香注

신 김상집이 지었다.

주슬(朱瑟)[59]의 노래는 위대한 공렬과 함께 울려 퍼지네

朱瑟歌將駿烈登

56 주(周)나라……들였도나 : 원문의 '능(凌)'은 왕실의 얼음 창고를 말한다. 《주례(周禮)》〈천관 총재(天官冢宰)〉에 "능인(凌人)은 얼음을 담당하니, 정세(正歲) 12월에 얼음을 베게 하여 수요량의 3배를 능에 저장하게 한다.〔凌人掌氷, 正歲十有二月令斬氷, 三其凌.〕" 하였다.

57 국그릇과 담장 : 239쪽 주43 참조.

58 황류(黃流) : 술의 이명으로, 특히 제사에 쓰이는 울창주(鬱鬯酒)를 가리킨다. 《시경》〈대아(大雅) 한록(旱麓)〉에 "치밀한 저 옥잔이여, 황류가 들어 있도다. 화락한 군자여, 복록이 내리는 바로다.〔瑟彼玉瓚, 黃流在中. 豈弟君子, 福祿攸降.〕"라고 한 데에서 유래한 말이다.

59 주슬(朱瑟) : 종묘의 제례 때 사용하던 현이 붉은 비파인데, 여기에서는 종묘에서 연주하는 음악을 뜻한다. 《악서(樂書)》〈악기(樂記)〉에 "청묘에서 쓰는 비파는 현이 붉고 바닥에 넓은 구멍을 뚫었으면 한 번 부르면 세 번 탄식하여 여운이 있었다.〔淸廟之瑟, 朱弦而疏越, 壹倡而三歎, 有遺音者矣.〕"라고 하였다.

이날의 첫 제사[60]는 조상을 빛내고 此日肇禋光祖考

신 서유방이 지었다.

하늘로부터의 순수한 복을 자손에게 내리네 自天純嘏錫孫曾

제삿날 되기 전에 정성이 이미 독실하고 享期未到誠先篤

신 정지검이 지었다.

재계하는 밤 깊어갈 제 생각은 더욱 조심스러워라 齋夜方闌念愈兢

온갖 소리가 거두어지자 물시계 소리 울리고 萬籟收聲更漏下

신 박우원이 지었다.

백관이 패옥을 정돈하자 달과 별은 맑네 千官整佩月星澄

목목한 현단복[61] 선왕을 뵙는 듯하여 슬프고 玄端穆穆愀如見

신 심풍지가 지었다.

넘실대는 성한 복록 감당하지 못할 만큼 내리네 茀祿洋洋降不勝

성상의 시를 벽에 거니 선왕을 사모하는 마음이 더욱 길어지고 壁揭璇題思益永

신 김희가 지었다.

보배로운 시에 연신들 화답하니 은총만 헛되이 받았네 筵賡寶什寵徒膺

가까운 반열이라 오늘 밤이 행운임을 갑절이나 느끼고 邇班倍覺今宵幸

60 첫 제사 : 242쪽 주51 참조.

61 현단복(玄端服) : 소매와 옷깃에 검은 천을 덧댄 예복이다. 왕부터 사(士)에 이르기까지 보편적으로 착용하던 예복이었으나, 여기서는 특히 정조의 제복(祭服)을 가리킨다.

신 이시수가 지었다.

성대한 예식이 해마다 이어지기를 길이 기약하노라 盛禮長期每歲仍
하늘이 굽어 살피니 추위가 절로 물러가고 天爲降監寒自退

신 이곤수가 지었다.

사람들 다투어 노래하고 송축하니 해가 막 떠오르네
人爭歌頌日方昇
원춘에 다시 풍년을 기원하겠거니와 元春更擬祈年夙

신 윤행임이 지었다.

삼백[62]을 벌써 얻었으니 크게 징험이 있으리 三白先占大有徵

어제이다.

62 삼백(三白) : 납일(臘日)까지 세 차례 눈이 오는 것을 "납전삼백(臘前三白)"이라고 하는데, 이는 예부터 이듬해에 풍년이 들 징조로 여겨졌다. 《農政全書 卷11 農事占候》 이 작품이 지어진 1783년 겨울에는 10월 26일, 11월 8일, 12월 12일 총 세 차례 눈이 왔다. 《承政院日記 正祖 7年 10月 26日, 11月 8日, 12月 12日》

어가가 고양을 지날 때 지은 어제시의 운에 삼가 화답하다[63]
賡和駕過高陽詩韻

갑진년(1784, 정조8) 8월에 상께서 영릉(永陵)[64]에 행차하셨는데, 고양에 돌아와 머무르며 어제시를 내리시기에 여러 신하와 삼가 화답해 올렸다.

어제시

달빛과 등불 빛이 백 리에 통하니　　月色燈光百里通

63 어가가……화답하다 : 정조는 1784년 8월 16일에 파주(坡州)로 가는 길에 고양(高陽)에서 머무르며 어제시를 내려 신하들에게 화답하게 하고 파주에 도착하여서는 부로(父老)들을 소견하였고, 이튿날 영릉(永陵)·공릉(恭陵)·순릉(順陵)을 배알한 뒤 고양으로 돌아와 묵으며 부로들을 소견하였다. 정조는 이때 고양 백성들의 질고(疾苦)를 묻고 경기 감사(京畿監司)와 고양 군수(高陽郡守)에게 세금을 감면해주도록 명하였다.《正祖實錄 8年 8月 16日·17日》 정조는 어제시에서 자신이 고양에 행차하여 고양의 부로들을 소견한 사실만을 말한 데 비해, 이계는 똑같은 사실을 가지고 화답하면서도 정조의 선정(善政)과 이에 대해 백성들이 환호하는 모습을 노래하였다. 평성 '동(東)'운의 칠언절구이다.

64 영릉(永陵) : 영조의 장남이자 정조의 양부(養父)인 진종(眞宗) 이행(李緈, 1719~1728)과 그 비(妃)인 효순왕후(孝純王后) 조씨(趙氏)의 무덤으로, 현재 경기도 파주시 조리읍 삼릉로 89번지에 있다. 인접한 공릉·순릉과 함께 파주 삼릉(坡州三陵)이라 불리며 사적 제205호로 지정되어 있고, 유네스코 세계문화유산으로도 지정되어 있다.

새벽녘 바람에 수많은 붉은 깃발 나부끼네　　　曉天風颭萬旗紅
고양의 부로들 많이 아는 것은　　　高陽父老多相識
십 년에 세 번이나 이 고을 들렀기 때문이지　　　十載三過此郡中

화답시

행악은 하늘이 열려 사면이 탁 트이고　　　行幄天開四望通
맑은 가을에 어가의 일산이 붉은 구름[65]을 떨치네　清秋繖蓋拂雲紅
올해에 풍년 들고 세금도 감면해주었더니　　　今年大有仍蠲稅
남녀 백성들이 어가 가는 길에서 기뻐하며 소리치네
士女歡聲輦路中

65 붉은 구름 : 원문은 '운홍(雲紅)'으로, '홍운(紅雲)'과 같다. 전설에 옥황상제(玉皇上帝)의 궁궐은 항상 붉은 구름이 감싸고 있어 밖에서 바라볼 수가 없다고 하는데, 소식(蘇軾)이 "시종신 따오기처럼 줄지어 선 통명전에, 한 덩이 붉은 구름이 옥황상제를 모셨네.〔侍臣鵠立通明觀, 一朵紅雲捧玉皇.〕"라고 하여 황제를 빗댄 뒤로는 임금 혹은 궁궐을 가리키는 말이 되었다.《東坡全集 卷21 上元侍飮樓上三首呈同列》 여기에서는 정조의 행차를 형용한 말이다.

어가가 고양의 군사에 머물렀을 때 지은 어제시의 운에 삼가 화답하다[66]

賡和駕駐高陽郡舍詩韻

정미년(1787, 정조11) 8월 15일에 상께서 명릉(明陵)[67]에 거둥하고 고양군에 돌아와 머무르셨는데, 어제시를 내리며 말씀하기를 "오늘은 곧 명릉의 탄신일이므로, 삼가 본릉(本陵)을 전알(展謁)하고 지나는 길에 소령원(昭寧園)[68]을 전알한 뒤에 다시 고양의 군사(郡舍)로 돌아와 머무른 것이다." 하시고, 대신·각신(閣臣)과 문원(文苑)의 여러 신하에게 율시를 읊어서 보여주며 화답하라고 명하셨다.

66 어가가……화답하다 : 정조는 1787년 8월 15일에 고양으로 가 명릉을 전알하고 작헌례(酌獻禮)를 행한 뒤, 국내(局內)의 제릉(諸陵)과 순회묘(順懷墓)를 배알하고 고양 행궁(高陽行宮)에 돌아와 머물렀다. 이튿날 고양과 양주의 유생(儒生)과 무사(武士)들을 시사(試士)하였으며, 17일에는 부로들을 소견한 뒤 두 고을의 묵은 환곡(還穀)과 고양의 1785년(정조9) 조 증렬미(拯劣米)를 탕감해주었다.《正祖實錄 11年 8月 15日》 앞의 작품과 마찬가지로 정조는 어제시에서 자신이 거둥한 고양의 자연환경과 시사를 거행하도록 한 사실을 말한 데 비해, 이계는 정조의 선정과 효심, 홍왕의 사적, 백성들의 환호를 노래하였다. 평성 '원(元)'운의 측기식 수구용운체 칠언율시이다.

67 명릉(明陵) : 숙종(肅宗)과 그의 계비인 인현왕후(仁顯王后)·인원왕후(仁元王后)의 묘소로, 서오릉(西五陵)의 하나이며 현재의 경기도 고양시 덕양구 용두동에 있다.

68 소령원(昭寧園) : 영조의 생모인 숙빈 최씨(淑嬪崔氏)의 묘소로, 사적 제358호이다. 현재 경기도 파주시 광탄면 영장리에 있다.

어제시

삼가 선릉에 전알하고 또 소령원을 전알하니 祗拜仙陵又拜園
맑은 가을 아름다운 절기 오늘이 추석[69]일세 淸秋佳節是中元
거대한 앵봉[70] 아래 용이 서린[71] 명릉은 땅이 보호하고 龍盤地護鸎峯大
높다란 고령[72] 아래 베풀어진 소령원의 형상은 하늘이 이루었네 象設天成古嶺尊
일 년 중의 밝은 달은 오늘 밤이 가장 밝고 明月一年多此夜
사방 들녘의 황색 구름[73]은 앞마을에 가득하네 黃雲四野已前村
행궁에서 시사(試士)함에 문무를 함께하고 行宮試士同文武

69 추석 : 원문은 '중원(中元)'으로 일반적으로는 백중(百中)을 뜻하는 말인데, 여기에서는 앞에 '청추가절(淸秋佳節)'이란 표현이 있고 이 시가 지어진 때가 음력 8월 15일임을 생각할 때 추석의 의미로 사용한 듯하다.

70 앵봉(鸎峯) : 서울시 은평구 갈현동과 고양시 덕양구의 경계에 있는 산으로 효경산(孝敬山)·응봉(鷹峯)·꾀꼬리봉 등으로도 불리며 높이는 약 235m이다. 서오릉의 주산(主山)으로 서쪽 사면에 서오릉이 위치한다.

71 용이 서린 : 원문은 '용반(龍盤)'으로 지세가 웅장함을 뜻하는 말이다.

72 고령(古嶺) : 경기도 파주시 광탄면과 장흥면, 양주시 장흥계곡에 걸쳐 있는 산으로 고령산(高嶺山)·고령산(高靈山) 등으로도 불리며, 높이는 약 622m이다. 근처에 숙빈 최씨의 묘소인 소령원과 원찰(願刹)인 보광사(普光寺)가 있다.

73 황색 구름 : 원문은 '황운(黃雲)'으로, 보리나 벼가 누렇게 익어 바람에 넘실대는 것을 비유한 말이다. 왕안석(王安石)의 〈동진화숙유제안원(同陳和叔游齊安院)〉 시에 "흰 눈을 켜내니 뽕나무는 다시 푸르고, 황색 구름을 다 베어내니 모는 참으로 푸르구나.〔繅成白雪桑重綠, 割盡黃雲稻正靑.〕"라고 하여 흰 눈으로 누에고치, 황색 구름으로 보리가 익은 것을 비유하였다.

두 고을에 먼저 위로하고 기쁘게 해주는 은혜를 미루어주노라 兩邑先推慰悅恩

화답시

서리와 이슬 내린 맑은 가을에 침원을 전알하니 霜露淸秋謁寢園
넘실대는 은택이 백성들[74]에게 퍼지네 洋洋遺澤在元元
백성 일에 힘쓰므로 정사는 삼농[75]을 중시하고 勤民政是三農重
조상을 본받는지라 정성은 백행[76]을 높이네 法祖誠爲百行尊
작황 살피던 성대한 계책 펴신 초당을 우러러보고 觀稼盛謨瞻草閣
왕업을 일으킨 기이한 상서 있었던 옹기마을을 생각하네 興王異瑞想陶村

초가집이 소령원의 재사(齋舍) 뒤에 있으니 선왕(先王)께서 일찍이 세자였을 때 작황(作況)을 살피신 곳으로 '기임각(祈稔閣)'이라고 편액하였다.

74 백성들 : 원문은 '원원(元元)'이다. 《전국책(戰國策)》 〈진책 1(秦策一)〉에 "해내를 제압하고 원원을 사랑하고 제후들을 신하로 복종시키는 것은, 군대가 아니면 할 수 없다.〔制海內, 子元元, 臣諸侯, 非兵不可.〕" 하였는데, 후한(後漢)의 고유(高誘)는 "원(元)은 선함이다. 백성들은 선하기 때문에 원이라 칭한다.〔元, 善也. 民之類善, 故稱元.〕"라고 주해(註解)하였다.

75 삼농(三農) : 농사 전반을 가리키는 말이다. 《주례(周禮)》 〈천관 총재(天官冢宰)〉에 "삼농에서 아홉 가지 곡식을 생산한다.〔三農生九穀〕"라고 하였는데, 정현(鄭玄)의 주해에 따라 삼농을 농사를 짓는 곳인 평지, 산, 못을 뜻하는 것으로 보기도 하고, 농업에 종사하는 봄, 여름, 가을 세 계절과 그에 따른 일인 밭갈이, 김매기, 수확을 의미하는 것으로 보기도 한다.

76 백행(百行) : '백행지원(百行之源)' 혹은 '백행지본(百行之本)'의 준말로 온갖 행실의 근본이란 뜻인데, 효도를 가리킨다.

옹기마을은 옹점(甕店)으로 원소(園所)의 앞에 있다. 선왕께서 세자였을 때 감여가(堪輿家)가 지나가며 한 구절을 외우기를 "금계가 울며 날갯짓을 하니 왕의 기운이 옹장(甕匠)에게 서렸도다." 하였는데, 본원(本園)의 가까운 곳에 계명산(鷄鳴山)[77]이 있다고 한다. 선왕께서 연석(筵席)에서 거론하고 읊으신 적이 있는데, 신이 우러러 들은 바이다.[78]

해매다 거둥길에 농사의 풍흉 살피니　　年年輦路省耕斂

어른이며 아이며 우리 백성들을 먹여 살려주는 은혜를 다투어 노래하네　　髫白爭謠粒我恩

77 계명산(雞鳴山) : 현재의 파주시 광탄면과 양주시 장흥면에 걸친 산으로 개명산(開明山)이라고도 하며, 해발 545m이다.

78 선왕께서……바이다 : 영조는 1753년(영조29) 7월 16일에 숙빈 최씨의 위패를 모신 육상궁(毓祥宮)의 삼락당(三樂堂)에 거둥하였을 때 이 일화를 언급하였다. 홍양호는 이때 가주서(假注書)로서 입시(入侍)하고 있었다. 《承政院日記 英祖 29年 7月 16日》

기임각의 시의 운에 삼가 화답하다[79]

賡和祈稔閣詩韻

어가가 고령원(古嶺園)[80]에 이르자 상께서 기임각에 거둥하여 벼 타작을 살피시고, 벽 위에 있는 선조의 어제시의 운에 차운하고 따르던 신하들에게 화답하여 바치도록 명하셨다.

79 기임각의……화답하다 : 정조는 앞의 시와 같은 날인 1787년(정조11) 8월 15일에 명릉을 비롯한 능묘들과 소령원을 배알한 뒤, 기임각에 나아가 수확하는 모습을 살피고서 농부들에게 술을 내려 노고를 치하하였다.《正祖實錄 附錄 正宗大王行狀》 기임각은 영조가 생전에 1721년(경종 1), 1740년(영조16), 1753년(영조29)에 방문하여 관예(觀刈)하며 풍년을 기원하던 초당(草堂)으로, 소령원 경내에 있었으나 현재는 소실되었다. 영조는 1753년에 마지막으로 기임각을 방문하였을 때 〈기임각관예시(祈稔閣觀刈詩)〉를 지었는데, 그 전문은 다음과 같다. "신축년 경신년 계유년에, 세 차례 초당 앞에서 관예하였지. 지난 세월 추억하니 슬픈 마음 절실하니, 붓 적셔 시 지음에 눈물이 흐르네.〔辛丑庚申癸酉年, 三回觀刈草堂前. 追惟往歲愴懷切, 濡筆賦詩涕泫然.〕" 기임각은 소실되었으나 이 시의 현판의 탑본이 안성의 정홍순(鄭弘淳, 1720~1784) 종가에 소장되어 있다.

이계는 기임각에서 벽에 걸린 영조의 어제시와 정조가 영조를 본받아 농부들의 수확을 살피는 모습을 보며, 한편으로는 정조의 효심과 선정에 뿌듯해하면서도 한편으로는 영조에 대한 그리움을 감추지 못했다. 평성 '선(先)'운의 칠언절구이다.

80 고령원(古嶺園) : 소령원(昭寧園)을 가리키는데, 소령원이 고령리(古嶺里)에 있기 때문에 이렇게 쓴 것으로 생각된다. 고령리는 고령산 아래에 있던 마을로 '고령리(高嶺里)' 혹은 '고령리(古靈里)' 등으로도 불리는데, 현재의 파주시 광탄면과 양주시 광적면, 백석읍 일대에 해당한다.

어제시

선왕께서 세 차례 관예[81]하신 해에 三度先王觀刈年
풍작 기원하던 몇 이랑이 당 앞에 있구나 祈豐數畝卽堂前
맑은 가을 이날에 누런 구름[82] 익으니 秋晴是日黃雲熟
긍확[83]의 작은 정성에 다시 근심스러워지네 肯穫微誠更愀然

화답시

오기[84]의 향기로운 정치[85]에 누차 풍년이 드니 五紀馨治屢有年
칠언의 어제시 당 앞에 걸려 있네 七言奎藻揭堂前

81 관예(觀刈) : 임금이 적전(籍田)에서 농부들이 벼를 베는 모습을 친히 관람하던 의식이다. 임금이 직접 농사의 시범을 보이는 친경(親耕)과 함께 백성들에게 농업을 권면하려는 뜻에서 실시하였다.

82 누런 구름 : 251쪽 주73 참조.

83 긍확(肯穫) : 조상의 포부와 사업을 잘 계승하는 것을 말한다. 《서경》 〈주서(周書) 대고(大誥)〉에 "그 아비가 땅을 일구어놓아도 그 자식이 도리어 씨도 뿌리려 하지 않는데, 하물며 곡식을 수확하려 하겠는가?〔厥父菑, 厥子乃不肯播, 矧肯穫?〕"라고 한 데에서 유래하였다.

84 오기(五紀) : 1기(紀)는 세성(歲星)이 한 바퀴 공전하는 12년을 뜻하는데, 여기서 5기 즉 60년이라고 한 것은 영조가 52년 동안 재위했기 때문이다.

85 향기로운 정치 : 원문은 '형치(馨治)'로 지극히 훌륭한 정치를 뜻하는 말이다. 《서경》 〈주서(周書) 군진(君陳)〉에 "지극한 정치를 하면 향기로워서 신명을 감응시키니, 서직이 향기로운 것이 아니라 밝은 덕이 향기로운 것이다.〔至治馨香, 感于神明, 黍稷非馨, 明德惟馨.〕"라고 한 데에서 유래하였다.

기쁘게도 성상께서 효심으로 다시 관예하시는 모습을 보게 되니
欣逢聖孝重觀穫

옛날에 선왕을 따랐던 소신은 다시 슬퍼지네 昔日從臣更愴然

세검정의 시의 운에 삼가 화답하다[86]

賡和洗劒亭詩韻

9월에 상께서 연융대(鍊戎臺)[87]에서 군대를 사열하시고, 지나는 길에 세검정(洗劒亭)에 들러 선왕의 어제시의 운에 차운하고 어가를 따르는 신하들에게 화답하여 바치라고 명하셨다.

어제시

군사를 다스리고 남은 뜻으로 이 정자에 임하니　　詰戎餘意此臨亭

86 세검정의……화답하다 : 정조는 1790년(정조14) 9월 19일에 연융대(鍊戎臺)에 나아가 서총대(瑞蔥臺)의 시사(試射)를 행한 뒤, 편여(便輿)로 사정(射亭)에 가서 시위한 제신(諸臣)·장신(將臣)·군교(軍校) 및 군졸(軍卒)·승장(僧將)·승군(僧軍)에게 음식을 내리고 돌아오다가 세검정(洗劒亭)에 이르렀다. 그는 정자에 걸린 영조(英祖)의 어제시(御製詩) 현판을 보고 차운하여 칠언절구를 짓고, 신하들에게 화답하여 올릴 것을 명하였다.《正祖實錄 14年 9月 19日》 세검정은 현재 종로구 신영동 168-6번지에 있는 정자로, 인조반정을 주도한 이귀(李貴, 1557~1633), 김류(金瑬, 1571~1648) 등 서인(西人)들이 거사를 준비하며 칼을 씻었던 곳일 뿐 아니라 북악산(北岳山)·비봉(碑峯)·사천(沙川) 등에 둘러싸인 명승지이기도 하다. 이계는 정조의 행차가 머문 세검정의 맑고 아름다운 주변 환경과 시 짓는 모습, 새소리를 신비한 분위기로 서술하였다. 평성 '경(庚)'운의 칠언절구이다.

87 연융대(鍊戎臺) : 종로구 신영동 136번지에 있던 돈대(墩臺)이다. 본래 1505년(연산군11)에 연산군이 이곳에 탕춘대(蕩春臺)를 마련하고 수시로 연회를 즐겼는데, 1751년(영조27) 가을에 영조가 이곳에 거둥해 시사(試射)하여 무사를 선발하였다. 1753년(영조29)에는 이곳에 탕춘중성(蕩春中城)을 새로 쌓았고, 이듬해 9월 2일에는 이름을 연융대로 고쳤다.

한수 북쪽 하늘 높고 화각소리 맑도다　　漢北天高畫角淸
사랑스러워라 샘물의 근원 매우 힘이 있어　　可愛泉源深有力
시원한 물 한 줄기에 온 산이 울리는구나　　泠然一道萬山聲

화답시

칼 씻던 누대가 지금은 어가를 멈춘 정자가 되니　　洗劍臺今駐蹕亭
푸른 소나무 푸른 석벽 난간을 시원하게 둘렀네　　蒼松翠壁擁欄淸
사신(詞臣)들 다투어 용지[88]의 송축을 바치고　　詞臣競獻龍池頌
산새들은 모두 봉황 울음소리[89]를 내누나　　山鳥皆成鳳吹聲

88 용지(龍池) : 내각(內閣)을 뜻하는 말로 즉 규장각(奎章閣)을 가리킨다.

89 봉황 울음소리 : 원문은 '봉취(鳳吹)'로, 생황·퉁소 등 세악(細樂)의 아름다운 소리를 가리킨다. 주(周)나라의 신선 왕자교(王子喬)와 진 목공(秦穆公) 때의 사람 소사(簫史)가 각각 생황과 퉁소를 잘 불어, 그들이 생황과 퉁소를 불면 봉황 울음소리가 난 데에서 유래한 말이다.《列仙傳 卷上 王子喬·簫史》 여기서는 산새들의 울음소리가 신선들의 생황과 퉁소 연주처럼 신비롭고 아름답게 들린다는 의미로 사용한 말이다.

이 비를 보고 풍년이 들 것을 기뻐하여 옷깃을 풀어헤치고 오현금을 타다 칠언 이십운[90]

對此欣登歲披襟弄五絃七言二十韻

경술년(1790, 정조14) 봄에 명을 받고 지어서 바쳤는데, 상께서 채점하여 신의 작품을 삼중(三中)으로 수석을 차지하게 하시고 표피(豹皮)를 내리셨다.

금궁의 조회 파하고 궁궐[91]에 앉으니　金宮朝罷坐淵蜎
전각 구석에 부는 미풍이 버들가지 흔드네　殿角微風拂柳煙
잠깐 부슬부슬 가는 풀 적시는 것 보이더니　乍看霏靄霑細草
갑자기 주룩주룩 너른 밭 적시는 소리 들리네　倏聽滂沛潤平田

90 이……이십운 : 정조는 1790년(정조14) 3월 22일에 금직(禁直)하고 있는 신하들에게 당 태종(唐太宗)의 〈영우(詠雨)〉의 미련(尾聯)인 "이 비를 보고 풍년이 들 것을 기뻐하여, 옷깃을 풀어헤치고 오현금을 탄다네.〔對此欣登歲, 披襟弄五弦.〕"를 주제로 이십운배율(二十韻排律)을 짓게 하였다. 이계는 이때 홍문관 제학(弘文館提學)으로 있으면서 삼중의 점수로 수석을 차지하였다.《日省錄 正祖 14年 3月 22日》 시의 주제가 당 태종의 시구인 만큼, 이계는 당 태종의 고사를 작품에 점철하였다. 초반에는 당 태종의 위대한 업적과 어진 마음을 주로 서술하였고, 중반에는 비가 시원하게 오자 생동하는 자연물과 분주해지는 농민들의 모습을 묘사하였으며, 후반에는 당 태종이 연주했다는 오현금 곡조에 백성을 아끼는 마음이 담겨 있음을 찬탄하였다. 평성 '선(先)'운의 평기식 수구용운체 칠언배율이다.

91 궁궐 : 원문은 '연연(淵蜎)'으로, '연연확복(淵蜎蠖伏)' 혹은 '연연확획(淵蜎蠖濩)'의 준말이다. 이는 아름답게 아로새긴 무늬를 뜻하는 말로, 화려하게 장식된 대궐을 가리킨다.

삼춘의 맑은 기운에 온갖 나무 자라나고　三春淑氣生千樹
사해의 기쁜 소리 오현금에 들어 있네　四海歡聲入五絃
큰 위업은 처음으로 호와 월의 통일을 이루고[92]　大業初成胡越混
너른 규모는 장차 상나라와 주나라의 앞으로 나아가려 하네
宏規將邁商周前
사형수들은 덕을 사모하여 모두 감옥으로 돌아오고[93]
死囚懷德咸歸獄
학사들은 치세를 논하여 번갈아 연석(筵席)에서 모시네[94]
學士論治迭侍筵

92 호(胡)와……이루고 : 호는 중국의 북방 민족을 말하고, 월(越)은 중국 남방에 있던 나라로, 호와 월의 통일을 이루었다는 것은 당 태종이 북쪽의 돌궐(突厥), 서남쪽의 토번(吐蕃) 등을 평정하고 중국의 통일과 안정을 이룩하였다는 의미이다. 당 태종이 돌궐과 토번을 평정한 뒤 상황(上皇)인 당 고조(唐高祖)를 모시고 미앙궁(未央宮)에서 연회를 하였는데, 돌궐의 추장 힐리가한(頡利可汗)과 남월의 추장 풍지대(馮智戴)가 입시하였다. 이때 당 고종이 힐리가한에게 일어나 춤을 추게 하고 풍지대에게는 시를 읊도록 하고 "호와 월이 한 집안이 된 것은 예부터 처음 있는 일이로다.〔胡越一家, 自古未有也.〕"라고 하였다.《資治通鑑 卷194 唐紀10 唐太宗上之下 貞觀 7年》

93 사형수들은……돌아오고 : 당 태종은 631년 겨울에 사형수들의 명부를 직접 기록하다 이들을 불쌍히 여겨, 천하의 사형수들을 모두 집으로 보내며 다음 가을에 다시 와서 사형을 받으라고 하였다. 이듬해 가을에 사형수 390명이 한 사람도 빠짐 없이 조당(朝堂)에 돌아오자, 당 태종은 이들의 신의에 감격하여 모두 사면하였다.《資治通鑑 卷194 唐紀10 唐太宗上之下 貞觀 6年・7年》

94 학사들은……모시네 : 당 태종이 진왕(秦王)으로 있을 때에 문학관(文學館)을 지어 놓고 방현령(房玄齡)・두여회(杜如晦) 등 문학이 뛰어난 학사(學士)를 18명 초빙하여 번을 나누어 각하(閣下)에서 숙직하게 하였다. 즉위한 뒤에는 정전(正殿)의 왼쪽에 홍문관(弘文館)을 설치하고 우세남(虞世南)・저량(褚亮)・요사렴(姚思廉) 등을 홍문관 학사를 겸임하게 하여 번갈아 숙직하게 하였고, 한가한 때면 내전(內殿)에서 밤늦

크나큰 교화 이미 완성되니 칠덕가[95]를 노래하고　鴻化已登歌七德
낭연[96]은 피어오르지 않으니 세 변방이 고요하네　狼煙不起靜三邊
넓은 도량으로 간언을 오게 하니 새매를 소매 속에 숨기고[97]
量恢來諫鷂藏袖
간절한 정성으로 백성을 걱정하니 메뚜기를 목구멍에 삼켰네[98]
誠切憂民蝗下咽

도록 경전과 정사를 논하였다.《舊唐書 卷189上 儒學列傳上》

95 칠덕가(七德歌) : 당 태종이 진왕으로 있던 시절 사방을 정벌하고 승리를 보고할 때마다 연주하던 음악이다. 본래 진왕파진악(秦王破陣樂)이라고 불렀으나 즉위한 지 7년 되는 해에 이름을 바꾸어 그 악곡은 칠덕가, 춤은 칠덕무(七德舞)라 하였다. 후에 당나라의 시인 백거이(白居易)는 〈칠덕무(七德舞)〉라는 시를 지어 당 태종의 업적을 기리기도 하였다.

96 낭연(狼煙) : 이리의 대변으로 피우는 불에서 나는 연기란 뜻으로, 전란을 알리는 봉화(烽火)를 뜻한다. 이리의 대변을 나무에 섞어서 태우면 바람이 불어도 연기가 흩어지지 않고 똑바로 올라가기 때문에 예부터 경보(警報)에 사용하였다고 한다.《埤雅 卷4 狼》

97 넓은……숨기고 : 당 태종이 평소 아끼던 새매 한 마리를 팔 위에 얹고 놀다가 어질고 간언을 잘 하는 재상 위징(魏徵)이 오는 것을 보고 급히 품속에 숨긴 일이 있었다. 위징은 이를 알고 일부러 오랫동안 국사를 논하며 돌아가지 않았는데, 당 태종은 새매가 죽는 것이 안타까웠으나 평소 위징을 공경하였으므로 일부러 끝까지 그의 말을 들어주었고, 결국 새매는 당 태종의 품속에서 죽었다.《太平御覽 卷926 羽族部 鷂》

98 간절한……삼켰네 : 당 태종이 626년에 메뚜기 떼가 기승을 부리자 금원(禁苑)에서 메뚜기 몇 마리를 잡아다 "백성들은 곡식을 목숨으로 여기는데 너희들이 먹어버리니, 이는 백성들을 해치는 것이다. 백성들에게 잘못이 있다면 그것은 곧 나의 잘못이다. 너희에게 영령이 있다면 그저 내 심장을 먹고 백성들에게는 해를 끼치지 말라.〔人以穀爲命而汝食之, 是害於百姓. 百姓有過, 在予一人. 爾其有靈, 但當蝕我心, 無害百姓.〕" 라고 하며 메뚜기를 삼키려 하였다. 신하들의 만류에도 당 태종이 끝내 메뚜기를 삼키자 메뚜기 떼가 잠잠해졌다고 한다.《貞觀政要 卷8 務農》

매년 설날이 올 때마다 먼저 한 해 농사 풍년 들길 기도하고
每到元春先祝歲
항상 으뜸의 상서(祥瑞)는 곧 풍년이라 말하였네[99] 恒言上瑞卽豐年
어젯밤 필수가 처음 달에 걸리더니[100] 前宵畢宿初離月
오늘은 진운이 갑자기 하늘에 가득하네 是日陣雲忽滿天
연못 바닥에서 우는 개구리는 너도나도 개굴개굴 池底鳴蛙爭啞啞
나뭇가지 끝에서 반기는 까치는 앞다투어 파득파득 樹端喜鵲競翩翩
별안간 날리는 빗발 하늘에서 뿌려지고 俄然飛脚從天灑
홀연히 하늘에 걸린 방울 땅에 떨어져 둥글구나 忽爾懸鈴墮地圓
정원 나무에 붙으니 더욱 우거지고 苑樹着來翻蒨蔚
대궐 꽃 터뜨린 곳은 갑절이나 고와라 宮花綻處倍鮮姸
사방 들판을 고루 적시니 기장이 무성할 것을 점치고
均沾四野占多黍
삼농을 위로하고 흡족하게 하니[101] 천하에 두루 미치네
慰滿三農遍九埏

99 항상……말하였네 : 《송사(宋史)》 권304 〈설관부(設官部) 사농경(司農卿)〉에 왕제(王濟)가 "옛날에 당 태종은 풍년을 으뜸의 상서로 여겼습니다. 신은 원컨대 폐하께서 날로 더욱 조심하며 편안히 거처하시면서도 위태로움을 염려하신다면 천하가 매우 다행일 것입니다.〔昔唐太宗以豐年爲上瑞. 臣願陛下日愼一日, 居安慮危, 則天下幸甚.〕"라고 한 것이 보이는데, 정확히 어떤 사건을 두고 한 말인지는 자세하지 않다.

100 필수(畢宿)가……걸리더니 : 필수는 28수(宿)의 하나로 비를 관장하는 별자리라고 알려졌다. 《시경》 〈소아(小雅) 삼삼지석(漸漸之石)〉에 "달이 필성에 걸렸으니, 비가 주룩주룩 내리리다.〔月離于畢, 俾滂沱矣.〕"라고 하였다.

101 삼농(三農)을……하니 : 252쪽 주75 참조. 비가 삼농을 위로하고 흡족하게 한다는 말은 송나라 한기(韓琦)의 〈희우(喜雨)〉의 미련(尾聯)에 "잠깐 동안 삼농의

차례대로 무논갈이[102]하고 이어서 화누[103]하니　　次第水耕仍火耨
분주하게 북쪽 두렁과 남쪽 두렁에서 일하네　　繽紛北陌與南阡
높은 지대에서 배롱 가득 수확하기를 기원하는 송축을 다투어 올리니[104]　　爭騰甌窶盈篝頌
이제부터 옥루에선 베개 높이고 편안히 자겠네　　從此玉樓高枕眠
보리밭에서는 줄기마다 두 이삭이 달리는 것을 볼 것이요[105]　　麥隴將看莖兩穗

바람을 위로하고 흡족하게 하고는, 다시 신의 공적 거두어 아무것도 없는 듯 적막하네.〔須臾慰滿三農望, 却斂神功寂似無.〕"라고 한 것을 차용한 것이다.

102 무논갈이〔水耕〕: 볍씨를 파종하기 위해 논에 물을 가둔 뒤 써레질을 하여 논을 고르는 작업으로, 물갈이라고도 한다.

103 화누(火耨) : 전통적으로 사용되던 제초(除草) 방법 중 하나이다. 볏모가 자라서 잎이 두어 장 나면 논에서 물을 뺀 뒤에 마른 짚을 볏모 위에 고루 펼쳐서 덮은 뒤 불을 질렀다가 다시 물을 댄다. 이렇게 하면 잡초는 모두 타 죽고 볏모는 훨씬 왕성하게 자란다고 한다.《農家集成》

104 높은……올리니 : 춘추전국시대의 유세객(遊說客) 순우곤(淳于髡)이 제왕(齊王)을 위해 조(趙)나라에 원병을 청하러 가게 되었을 때 제왕의 지원을 늘리기 위해 든 우화에서 비롯한 말이다. 순우곤은 제왕에게 자신이 동쪽에서 오다가 들판에서 어느 농부가 돼지 다리 한 개와 술 한 사발을 가지고 "높은 지대에서 배롱 가득 거두고 낮은 지대에서는 수레 가득 거두어, 오곡이 잘 여물어 집 안에 가득하게 해주십시오.〔甌窶滿篝, 汙邪滿車, 五穀蕃熟, 穰穰滿家.〕"라고 축원하는 것을 보았다며, 제왕의 지원이 적은 것을 비꼬았다.《史記 卷126 滑稽列傳》 여기에서는 본래의 비꼬는 뜻 없이 농부들이 대풍(大豐)을 기원하는 모습을 나타낸 것이다.

105 보리밭에서는……것이요 : 풍년이 드는 것을 가리킨다. 후한(後漢)의 장감(張堪)이 어양 태수(漁陽太守)가 되어 8년 동안 선정을 베풀자, 백성들이 기뻐하며 "뽕나무에는 곁가지가 없고 보리는 이삭이 두 개씩 달렸도다. 장군께서 정사를 하니, 즐거움을 감당할 수가 없도다.〔桑無附枝, 麥穗兩歧. 張君爲政, 樂不可支.〕"라고 노래했다고

쌀장수는 말마다 3전을 받으리[106] 米商應報斗三錢
애오라지 격양가 속의 뜻을 가지고 聊將擊壤歌中意
끝내 훈금곡 속에 전하리[107] 遂向薰琴曲裏傳
유수곡은 메아리쳐 무릎 위로부터 일어나고[108] 流水響從膝上起
풍부한 재물은 변화하여 손가락 사이에 들어가 펼쳐지네[109] 阜財化入指間宣

한다.《後漢書 卷61 張堪列傳》

106 쌀장수는……받으리 : 풍년이 들고 정치를 잘하여 쌀값이 매우 싸다는 뜻이다. 당 태종이 즉위한 지 4년째인 630년에는, 사형을 당한 이는 불과 29명이었고 쌀값은 한 말에 겨우 3전이었다고 한다.《新唐書 卷 97 魏徵列傳》

107 격양가(擊壤歌)……전하리 : 격양가는 태평성대를 구가하는 노래이다. 요(堯) 임금이 50년간 나라를 다스리고 나서 자신이 나라를 잘 다스렸는지를 알아보기 위해 미복(微服)으로 큰길에 나갔는데, 어느 노인이 땅을 두드리며 "해 뜨면 일하고 해가 지면 쉬며, 우물 파서 물 마시고 밭을 갈아 밥을 먹으니, 임금의 힘이 나와 무슨 상관인가?〔日出而作, 日入而息, 鑿井而飮, 耕田而食, 帝力於我何有哉?〕"라고 노래하고 있었고, 요 임금은 이를 보고 만족했다고 한다.《列子 仲尼》 훈금곡(薰琴曲)은 순(舜) 임금이 오현금을 타며 불렀다는 노래로, 남풍가(南風歌) 혹은 남훈금곡(南薰琴曲), 남훈가(南薰歌)라고도 한다. "훈훈한 남쪽 바람이여, 우리 백성의 수심을 풀어주리라. 제때에 부는 남풍이여, 우리 백성의 재산을 늘려주리라.〔南風之薰兮, 可以解吾民之慍兮. 南風之時兮, 可以阜吾民之財兮.〕"라고 하여, 계절과 기후가 알맞게 운행하여 풍년이 들기를 기원하였다.《孔子家語 卷8 辯樂解》

108 유수곡(流水曲)은……일어나고 : 유수곡은 춘추시대 거문고의 명인 백아(伯牙)가 높은 산과 흐르는 강물을 생각하며 연주하였다는 고산류수곡(高山流水曲)인데, 여기에서는 당 태종의 무릎 위 오현금에서 빗물이 강물을 이루어 흐르는 모습을 형용한 곡조가 연주되고 있음을 나타내기 위해 차용하였다.

109 풍부한……펼쳐지네 : 풍부한 재물의 원문은 '부재(阜財)'로 순 임금이 오현금을 타면서 불렀다는 남풍가에 나오는 말이다. 앞의 주107 참조. 여기에서는 당 태종이 농사의 풍년과 백성들의 안녕을 바라는 악곡을 오현금으로 연주하는 모습을 형용하기

중정(中正)한 대아에 새 악보를 더하고	渢渢大雅添新譜
온화한 맑은 바람 세전[110]에 생겨나네	穆穆淸風生細氈
비로소 정관 천자의 덕을 알겠으니	始識貞觀天子德
비를 읊은 오언시 길이 전해지리라[111]	長傳詠雨五言篇

위해 차용한 것이다.

110 세전(細氈) : 임금의 자리에 까는 털이 고운 융단이다. 어좌 혹은 임금과 동석한 자리를 가리키는 말이다.

111 비로소……전해지리라 : 정관(貞觀)은 당 태종의 연호로 서기 627년부터 649년까지이다. 이 시기는 '정관지치(貞觀之治)'로도 불리는 당나라의 황금기이다. 비를 읊은 오언시는 당 태종의 〈영우(詠雨)〉로, 《전당시(全唐詩)》 권1에 수록되어 있다. 원문은 다음과 같다. "온화한 기운 푸른 들판에 불고, 매우는 꽃밭에 뿌리네. 새 물결 옛 여울에 더해지고 묵은 안개는 아침 이내 밑에 깔렸네. 비 맞은 기러기는 행렬에 차례가 없고 젖은 꽃잎은 색깔이 더욱 선명하다. 이 비를 보고 풍년이 들 것을 기뻐하여, 옷깃을 풀어헤치고 오현금을 탄다네.〔和氣吹綠野, 梅雨灑芳田. 新流添舊澗, 宿霧足朝煙. 雁溼行無次, 花沾色更鮮. 對此欣登歲, 披襟弄五弦.〕"

세심대에서 꽃을 감상한 시의 운에 삼가 화답하다[112]

賡和洗心臺賞花詩韻

신해년(1791, 정조15) 3월에 상께서 선희궁(宣禧宮)에 나아가는 길에 세심대(洗心臺)에 들러 꽃을 감상하고, 어제를 내려 모시는 신하들에게 화답하라고 명하셨다.

어제시

꽃다운 봄의 절기 한가로운 날에	暇日芳春節
세심대에서 속세의 시끄러움 씻노라	心臺洗俗喧
두 산은 참으로 하나의 문 안이요	兩山眞一戶
천 그루 나무 또한 같은 동산일세	千樹亦同園

112 세심대에서……화답하다 : 1791년 3월 17일에 정조는 육상궁(毓祥宮), 연호궁(延祜宮), 선희궁, 장보각(藏譜閣), 의소묘(懿昭廟)에 전배(展拜)하였는데, 마침 날씨가 좋아 신하들과 함께 세심대에 올라 꽃구경을 하였다. 세심대는 현재의 종로구 신교동 서울농학교 근처에 있던 정자로, 현재는 터만 남아 있다. 정조는 이날 수가(隨駕)한 신하들에게 선온(宣醞)과 선반(宣飯)을 내렸으며, 어제시를 지은 뒤에 신하들에게 차(茶)가 끓을 때까지를 시한으로 삼아 화답하게 하였다. 정조는 이를 연례(年例)로 삼아 매년 3월에 선희궁에 올 때마다 세심대에 올라 신하들과 시회(詩會)를 즐겼다. 《日省錄 正祖 15年 3月 17日, 16年 3月 3日, 19年 3月 7日》《弘齋全書 卷6 登洗心臺賞花口占示諸臣和之以茗熟爲令》 이계는 화답시에서 산길을 다니는 정조의 행차를 묘사하고 어제시와 선온을 내리는 정조를 성군들에 비기며 예찬하였다. 평성 '원(元)'운의 측기식 수구불용운체 오언율시이다.

일렁일렁 하늘빛은 곱게 단장한 듯　　灎灎天光靚
다박다박 오르는 땅의 형세 높기도 해라　　登登地勢尊
자리에 백발노인 많으니[113]　　坐間多皓髮
내년에도 오늘처럼 술잔 드세나　　來歲又今樽

화답시

햇살 따뜻한 날 용 깃발[114] 펄럭이며 가니　　日暖龍旂轉
꽃은 환영하고 봉황 울음소리[115] 요란하네　　花迎鳳吹喧
어가[116]는 굽이진 물을 따라가고　　淸鑾隨曲水
행악[117]은 이름난 동산에 섰네　　行幄抗名園
백악산 아래의 한양 웅장하고　　白嶽神都壯
홍운 깐 보탑[118] 우뚝해라　　紅雲寶榻尊

113 자리에 백발노인 많으니 : 이날 수가(隨駕)한 신하들 중에 연로한 이가 많았기 때문에 이렇게 말한 것이다. 이날 공조 판서 이민보(李敏輔, 1720～1799)는 75세로 나이가 가장 많았고, 예조 판서 정창순(鄭昌順, 1727～?)과 판돈녕부사 이예년(李澧年, 1727～?)은 65세였다. 《日省錄 正祖 15年 3月 17日》

114 용 깃발 : 244쪽 주55 참조.

115 봉황 울음소리 : 258쪽 주89 참조.

116 어가(御駕) : 원문의 '난(鑾)'은 고대에 임금의 수레 멍에에 달던 방울로, 수레를 몰면 소리가 났다. 전하여 어가를 가리키는 말이 되었다.

117 행악(行幄) : 임금이 거둥한 곳에 임시로 설치하는 악차(幄次)이다.

118 홍운(紅雲) 깐 보탑(寶榻) : 홍운은 다홍빛 구름무늬를 놓아 짠 비단인 다홍운문단(多紅雲紋段)이다. 보탑은 옥좌(玉座)를 뜻하는데, 여기에서는 악차(幄次) 속에 마련한 정조의 어좌(御座)를 가리킨다.

신장[119]은 희기가[120]와 같고	宸章侔喜起
온화한 기운 구준[121]에 넘쳐나네	和氣溢衢樽

119 신장(宸章) : 임금의 친필이나 문장을 뜻한다. 여기서는 정조의 어제시를 가리킨다.

120 희기가(喜起歌) : 희기(喜起)는 순 임금과 고요(皐陶)가 서로를 권면한 〈갱재가(賡載歌)〉를 가리킨다. 그 가사에 "고굉지신들이 기뻐하며 일하면 임금의 통치가 진작되어 백관들이 즐거워할 것이다.〔股肱喜哉, 元首起哉, 百工熙哉.〕" 하였다.《書經 虞書 益稷》

121 구준(衢樽) : 사람들이 자유롭게 마실 수 있도록 큰길에 가져다놓은 술동이이다. 《회남자(淮南子)》〈무칭훈(繆稱訓)〉에 "성인의 도는 큰길 한가운데에 술동이를 두고 지나는 사람마다 주량을 가늠하여 떠 마시도록 하여, 모두가 마시는 양은 다르지만 각기 알맞게 마시는 것과 같다.〔聖人之道, 猶中衢而致樽邪, 過者斟酌, 多小不同, 各得所宜.〕"라고 한 데에서 온 말이다. 여기에서는 정조가 이날 선온(宣醞)하였기 때문에 말하였다.

내원의 난정회에서 응제하다[122]

內苑蘭亭會應製

계축년(1793, 정조17) 3월 20일 계축일에 상께서 후원(後苑)의 농산정(籠山亭)에 행차하여 두어 명의 늙은 재신(宰臣)과 각신·승지·사관을 불러 흐르는 물에 술잔을 띄우는 모임을 행하고자 하였는데, 마침 비가 하루 종일 내려 끝내 시행하지 못했다. 신하들이 곡수(曲水)가의 청의정(淸漪亭)에 모여앉아 있었더니 술과 음식을 내리시고, 노신들을 소견하여 난정계첩(蘭亭禊帖)의 시 여섯 구를 모아 두 편의 시를 엮어내고는 마침내 모인 사람들로 하여금 장기인 시체로 시를 짓게 하셨다. 천신(賤臣)은 20운의 칠언고시를 바쳤다.

어제시

기화요초 숲에 비치니 葩藻暎林

122 내원의 난정회에서 응제하다 : 정조는 1793년 3월 20일에 내원(內苑)에서 꽃구경을 하였는데, 시원임(時原任) 각신(閣臣)들과 그의 자제들, 일찍이 승지·사관을 지낸 사람 등으로 39명을 채웠다. 이는 마침 때가 계축년 늦봄이기에 왕희지(王羲之)가 난정(蘭亭)에서 수계(修禊)한 것을 모방하기 위함이었다. 정조는 신하들과 옥류천(玉流泉)이 굽어 도는 곳에 모여앉아 술과 음식을 내렸고, 난정계첩에서 집구(集句)한 사언시(四言詩)와 오언시(五言詩) 한 수씩을 내리고 각자 장기인 시체로 시를 짓게 하였다.《正祖實錄 17年 3月 20日》 이계는 왕희지의 난정에 대한 고사에 여러 주연(酒宴)과 시회(詩會)에 관한 고사를 곁들여 정조가 베푼 잔치의 흥겨움과 즐거움을 드러내고, 잔치를 베풀어준 정조의 은혜를 찬미하고 있다. 평성 '진(眞)'운의 20운 칠언고시이다.

왕빈지(王彬之)의 시이다.

화창한 기운 온화해라 和氣載柔

왕희지(王羲之)의 시이다.

가벼운 술잔은 두둥실 뜨고 泛泛輕觴

화무(華茂)의 시이다.

얼었던 샘물은 흩어져 흐르네 凝泉散流

사안(謝安)의 시이다.

향기롭기가 마치 난초와 같으니 馥焉若蘭

원교지(袁嶠之)의 시이다.

지금 내가 여기서 노니노라 今我斯遊

왕숙지(王肅之)의 시이다.

삼춘이 화창한 기운을 빚어내니 三春陶和氣

위방(魏滂)의 시이다.

만물이 모두 고르지 않음이 없네 萬殊莫不均

왕희지의 시이다.

비 갠 뒤의 바람은 고운 꽃에 불고 光風扇鮮榮

사만(謝萬)의 시이다.

휘도는 물결은 헤엄치는 물고기를 두르고 있도다 回波縈游鱗

사역(謝繹)[123]의 시이다.

123 사역(謝繹) : 원문에는 '사역(謝譯)'으로 되어 있으나 《고시기(古詩紀)》 권43 〈난정집시(蘭亭集詩)〉 및 《홍재전서》 권6 〈계축삼월계축옥류천유상(癸丑三月癸丑玉流川流觴)〉 등에 의거하여 '譯'을 '繹'으로 바로잡아 번역하였다.

참된 운치는 고금이 같으니 眞契齊古今

왕환지(王渙之)의 시이다.

공자께서도 기수가에 노니셨지[124] 宣尼遨沂津

환위(桓偉)의 시이다.

화답시

궁원[125]의 상서로운 구름 아래 신하들 모여 紫籞祥雲會衿紳
젊은이 늙은이 소매 나란히 대고 곡수가에 앉았네 少長聯裾曲水濱
별은 계축년이 돌고 돌아 지금 천 년 뒤의 계축년이 되었고 星回癸丑今千歲
땅은 산음을 옮겨와 또 늦봄이 되었네 地轉山陰又暮春
숲의 바람은 살며시 화란 악곡[126] 보내주고 林風細送和鑾曲
꽃 떨구는 비는 먼저 거둥길의 먼지를 씻어주었네 花雨先清輦路塵
푸른 솔 긴 대나무에선 아름다운 새가 지저귀고 蒼松脩竹鳴好鳥
푸른 시내 맑은 물살에선 뛰노는 고기가 보이네 碧磵清流見躍鱗
연못을 내려다보는 작은 누각에 옥좌가 옮겨오고 臨池小閣移玉座
언덕을 낀 향기로운 풀들에 사신(詞臣)들 늘어앉았네 夾岸芳草列詞臣

124 공자(孔子)께서도……노니셨지 : 196쪽 주426 참조.

125 궁원(宮苑) : 원문은 '자어(紫籞)'이다. 134쪽 주278 참조.

126 화란(和鑾) 악곡 : 화란은 '화란(和鸞)'이라고도 한다. 고대에 임금의 수레에 달린 방울로, 수레 앞에 매다는 것을 화(和)라고 하고 멍에에 매다는 것을 난(鸞)이라고 하였다. 화란 악곡이란 임금의 거둥을 알리는 소리를 아름답게 형용한 말이다.

흔들리는 우상[127]은 물결을 따라 돌고 飄搖羽觴隨波轉

차례대로 돌리는 향기로운 술은 손에 쥐기 바쁘게 마시네 次第香醞到手頻

강좌[128]의 풍류를 지금 다시 보겠고 江左風流今再見

영화 연간의 현인들[129]과 숫자 또한 같구나 永和群賢數更均

더욱이 지척에서 훌륭한 연회를 모시게 되어 況逢咫尺陪勝讌

도란도란 술잔 드니 가족처럼 보시네 盃酒從容視家人

신선의 주방에서 음식 내리니 골고루 취하고 배부르고 仙廚賜食均醉飽

천상의 향기 골수에 스미니 조화로운 기운 느끼네 天香入髓覺氳氤

송나라 때의 상화조어연[130]은 오히려 평범하고 宋代花釣猶等閑

127 우상(羽觴) : 술잔을 뜻한다. 고대의 술잔인 작(爵)은 새 모양이었으므로 '우(羽)'라 한 것이다. 이백(李白)의 〈춘야연도리원서(春夜宴桃李園序)〉에 "옥 자리를 펴고 꽃 위에 앉아, 우상을 날리며 달 아래에 취한다.〔開瓊筵以坐花, 飛羽觴而醉月.〕"라고 하였다.

128 강좌(江左) : 양자강(揚子江) 하류의 동쪽 지역을 뜻하며 강동(江東)이라고도 한다. 왕희지가 살았던 동진(東晉)이 이곳을 도읍으로 하였다.

129 영화(永和) 연간의 현인들 : 영화 9년(353)에 왕희지가 난정에서 수계(修禊)할 때 인원은 42명이었다.

130 송(宋)나라 때의 상화조어연(賞花釣魚宴) : 송나라 인종(仁宗) 때인 황우(皇祐) 5년(1053)에 후원(後苑)의 보정전(寶政殿)에서 보리를 벤 뒤 인종이 "내가 이 보정전을 새로 지은 것은 꽃을 심기 위해서가 아니라, 해마다 이곳에 보리를 심어 농사일의 어려움을 알고자 해서이다." 하고는, 매년 봄철과 여름철에 보리농사를 살핀 뒤에 후원에 행차하여 임금과 신하가 꽃을 구경하고 낚시질을 하며 시와 술을 즐기는 연회를 베풀었다.《宋史 卷113 禮志 宴饗》 정조도 이를 본떠 농산정에서 상화조어연을 베풀기도 하였다.《日省錄 正祖 19年 3月 10日》

기수의 바람과 구름[131]을 비견할 수 있네　沂水風雲可比倫
임금과 신하가 풍운의 만남[132]을 함께 즐기고　君臣胥樂風雲會
기상은 천지의 인(仁)함과 함께 흐르네　氣象同流天地仁
왕희지와 사안이 당시에 어찌 성군을 만난 적 있겠는가
王謝當年何曾遇
그저 신기 서린 서수필[133]만 전할 뿐이지　徒傳鼠鬚筆有神
상림의 아름다운 기운 무성함을 더하고　上林佳氣增蔥藹
태화산의 빼어난 빛깔 더욱 우뚝해라　華山秀色更嶙峋
한 번의 비가 천 리 강역을 고루 적시고　一雨均霑千里疆
두 갈래 이삭[134]에 백 묘의 백성들 장차 노래하리　兩歧將歌百畝民
눈 내리는 궁에서 수간한 재주[135]에 감히 비길 수 있겠냐만
雪宮授簡才敢擬

131 기수(沂水)의 바람과 구름 : 196쪽 주426 참조.

132 풍운(風雲)이 만남 : 성군(聖君)과 현신(賢臣)이 만나는 것을 뜻한다. 《주역(周易)》〈건괘(乾卦) 문언(文言)〉에서 성군이 현신과 만나는 것을 "구름은 용을 따르고 바람은 범을 따른다.〔雲從龍, 風從虎.〕"라고 비유한 데에서 유래한 말이다.

133 서수필(鼠鬚筆) : 쥐의 수염으로 만든 붓인데, 왕희지의 〈필경(筆經)〉에 따르면 붓끝이 아주 굳세서 마치 칼날 같은 느낌이 있다고 한다. 《說郛 卷98 筆經》 왕희지 역시 〈난정시서(蘭亭詩序)〉를 쓸 때에 서수필을 사용했다고 전해진다. 《蘭亭考 卷3 紀原》

134 두 갈래 이삭 : 263쪽 주105 참조.

135 눈……재주 : 사마상여(司馬相如)의 글솜씨를 가리킨다. 사혜련(謝惠連)의 〈설부(雪賦)〉에, 사마상여가 자신들이 모인 토원(兎園) 주위에 눈이 내리는 것을 보고 "신이 듣건대 설궁(雪宮)은 동쪽 나라에 세워졌고 설산(雪山)은 서역에 솟아 있습니다.〔臣聞雪宮建於東國, 雪山峙於西域.〕"라고 하여 토원을 제(齊)나라의 궁전인 설궁에 비유하였다. 수간은 235쪽 주33 참조.

백량대에서 시 읊은 일[136]은 따를 수 있네 栢梁賦詩事可遵

성상의 사언시 오언시에 신하들이 각자 뜻을 말하니[137] 四言五言各言志

시가 완성되지 못하면 벌주 세 차례라[138] 如詩不成罰三巡

어떻게 하면 용면거사[139]의 솜씨를 빌려 安得更倩龍眠手

136 백량대(栢梁臺)에서……일 : 한 무제(漢武帝)가 장안(長安)의 백량대(柏梁臺)에서 잔치를 즐길 때, 칠언시(七言詩)를 지어서 신하들에게 내리면서 화답시를 잘 짓는 이만 대 위로 올라가게 하였다.《三輔黃圖 卷5 臺榭》이때 한 무제는 신하들과 구마다 압운한 칠언시 총 29구를 지었는데, 이를 백량체(柏梁體)라고 하며 칠언시의 효시로 보기도 한다.

137 사언시……하니 : 사언시와 오언시는 정조가 난정계첩의 시를 집구(集句)하여 내린 시가 사언시 1수, 오언시 1수였기 때문에 이렇게 말한 것이다. 각자 뜻을 말했다는 것은 신하들이 정조의 어제시에 대해 각자 자유로운 형식의 시로 화답했음을 말한다. 원문은 '각언지(各言志)'로, 공자가 제자인 안연(顏淵)·중유(仲由)에게 포부를 말해 보라고 하며, "왜 각자 너희들의 뜻을 말하지 않느냐?〔盍各言爾志〕"라고 한 데에서 취한 표현이다.《論語 公冶長》

138 시가……차례라 : 석숭(石崇)의 고사를 인용한 것이다. 진(晉)나라의 부호 석숭은 자신의 별장인 금곡원(金谷園)에서 잔치를 베풀며 시부(詩賦)를 짓지 못하는 자에겐 벌주로 술 석 잔을 마시게 했다. 이백은 〈춘야연도리원서〉에서 이 고사를 언급하며 "만약 시가 이루어지지 않거든 벌칙은 금곡원의 벌주 수를 따르리라.〔如詩不成, 罰依金谷酒數.〕"라고 하였는데, 이계는 이 구절을 축약하여 변용한 것이다.

139 용면거사(龍眠居士) : 송(宋)나라의 문인화가인 이공린(李公麟, 1049~1106)의 호이다. 자는 백시(伯時), 출신지는 서주(舒州)이다. 희녕(熙寧) 3년(1070)에 진사가 되어 사주 녹사참군(泗州錄事參軍)·중서문하성 산정관(中書門下省 刪定官)·어사검법(御史檢法)을 역임하였다. 고동(古董)에 조예가 깊고 박학다식하며 시를 잘 지었으며 서예에도 능했다. 회화에 뛰어나 송화(宋畫)의 일인자로 일컬어졌는데, 모든 주제나 기법에 정통하였으나 특히 채색을 쓰지 않는 인물화인 백묘인물화(白描人物畫)로 이름이 났다. 대표작으로 〈산장도(山莊圖)〉·〈오마도(五馬圖)〉·〈유마힐도(維摩

붓끝으로 태평시대의 참모습을 그려낼 수 있을까　毫端描寫太平眞
백발 노인은 크나큰 은혜를 직접 입고　白首躬沾恩浩蕩
청구에서는 도타운 교화를 다투어 송축하네　青丘爭頌化醲醇
다시 원하건대 천년 동안의 봄이 항상 이와 같아서　更願千春常如此
보령(寶齡)이 길이 갑자와 함께 새로워지기를　寶曆長與甲子新
볼지어다 태사가 붉은 붓[140] 꺼내들고　須看太史抽彤管
성대한 일 포장하여 옥돌에 드리움을　盛事鋪張垂貞珉

詰圖)〉·〈태을진인연엽도(太乙眞人蓮葉圖)〉 등이 있다.

140 붉은 붓 : 원문은 '동관(彤管)'으로 사관(史官)들의 붓을 가리킨다. 주나라 때 여사(女史)가 자루에 붉은 칠을 한 붓으로 후비(后妃)의 일을 기록한 데에서 유래한 말이다.

기로소의 신하들에게 내린 시의 운에 삼가 화답하다[141]

賡和賜耆社諸臣詩韻

계축년(1793, 정조17) 섣달에 상께서 영조(英祖)께서 계사년(1773, 영조49)에 기로소 신하들이 하는 전최(殿最)를 친히 행하신 뒤 진찬(進饌)에 죽품(粥品)을 쓰고서 '죽(粥)'자로 압운한 시를 내린 성대한 일을 추억하여,[142] 기로소에 명하여 11일에 폄좌(貶坐)를 행하고 나서 본사(本司)에 모이게 하시고 호조로 하여금 잔치를 베풀되 연상(宴床)에 각종 죽을 진설하게 하였다. 상께서는 영조의 어제시의 운을 쓰고 서문도 함께 써서 아끼는 마음을 나타내셨다. 다음 날 신하들이 진전(進箋)하여 은혜에 사례하였는데, 상께서 소견할 때 자손들이 부축하여 들어오게 명하고 선찬(宣饌)하셨다. 원자궁(元子宮)이 모시고 앉자 새 달력을 기로소의 신하들에게 각각 나누어주셨는

141 기로소의……화답하다 : 정조는 1793년 12월 11일에 기로소(耆老所)에서 고적(考績)을 한다는 소식을 듣고 사관을 보내 시와 죽을 하사하고, 이튿날 기로소 대신들에게 편전(便殿)에서 직접 진전(進箋)을 받았다. 정조는 노신(老臣)들과 영조가 기로소 당상(耆老所堂上)들의 전최(殿最)를 행한 것을 추억하고 술과 음식을 즐겼으며, 역서(曆書)인 《시헌서(時憲書)》를 노신들에게 한 부씩 나누어주며 새해를 축하하였다. 《正祖實錄 17年 12月 11日·12日》《日省錄 正祖 17年 12月 11日·12日》 이계는 이 작품에서 술과 죽을 내려준 정조의 은혜를 노래하고, 노신들의 바람을 담아 정조의 장수와 복을 기원하고 있다. 평성 '옥(屋)'운의 칠언절구이다.

142 영조(英祖)께서……추억하여 : 1773년 12월 11일에 영조는 주강(晝講)과 기로소 당상(耆老所堂上)들의 전최를 겸하여 행하였다. 정조는 이때 영조를 시좌(侍坐)하였다. 《日省錄 英祖 49年 12月 11日》

데, 연석(筵席)에서 물러날 때 삼가 화답한 시를 잇달아 써서 새겨 기로소의 벽에 걸었다.-이날의 모임에서, 영의정 홍낙성은 나이가 76세, 영중추부사(領中樞府事) 채제공(蔡濟恭)은 나이가 74세, 능은군(綾恩君) 구윤명(具允明)은 나이가 83세, 수원부 유수(水原府留守) 이명식(李命植)은 나이가 74세, 전 병조 판서 홍억(洪檍)은 나이가 72세, 판돈녕부사(判敦寧府事) 임희증(任希曾)은 나이가 81세, 예문관 제학(藝文館提學) 홍양호는 나이가 71세, 지중추부사(知中樞府事) 윤방(尹坊)은 나이가 76세, 공조 판서 변득양(邊得讓)은 나이가 71세, 우참찬(右參贊) 홍수보(洪秀輔)는 나이가 71세, 전 병조 판서 김상집(金尙集)은 나이가 71세, 전 예조 판서 조환(趙瑍)은 나이가 74세, 전 형조 판서 정존중(鄭存中)은 나이가 73세, 지돈녕부사(知敦寧府事) 송제로(宋濟魯)는 나이가 83세였다.-

어제시

훌륭하도다 노인 잘 모시는 두 조정[143]을 생각하여 善養猗歟憶兩朝
올해에 그 일을 이어 다시 죽을 내리네 玆年述事又頒粥
우리 왕가 천년 동안 영원하길 비니 我家祈永於千休
복을 보존해줌은 본래부터 복을 거둠에 달려 있다네[144] 錫福由來在斂福

143 두 조정 : 영조조(英祖朝)와 숙종조(肅宗朝)를 가리킨다. 숙종은 1719년(숙종 45) 2월 12일에 기로소에 들고 4월 18일에 기로연을 베푼 바 있다. 《肅宗實錄 45年 2月 12日, 4月 18日》

144 복을……있다네 : 《서경》 〈주서(周書) 홍범(洪範)〉에, "다섯 번째인 황극(皇極)은 임금이 정치의 표준을 세우는 것이니, 다섯 가지 복을 거두어 모아 백성들에게 베풀어주면 백성들 역시 그 표준을 준수하여 황극을 지켜줄 것이다.〔五皇極, 皇建其有極,

화답시

요 임금 섬돌[145]의 교화는 강구준[146]에 넘쳐흐르고　堯階化溢康衢樽
주나라 솥의 은혜는 정고보의 죽을 적시네[147]　周鼎恩霑正考粥
일천오십 살[148]을 가지고 절하며 바치노니　拜獻一千五十齡
바라건대 성상[149]께 끝없는 복이 더해지기를　願添宸極無疆福

斂時五福, 用敷錫厥庶民, 惟時厥庶民, 于汝極, 錫汝保極.〕"라고 하였다. 이는 군주가 먼저 인륜의 모범을 보임으로써 백성들에게 복을 내려주면 백성들이 교화되어 다시 군주에게 복으로써 보답함을 말한 것이다.

145 요(堯) 임금 섬돌 : 원문은 '요계(堯階)'로 어진 임금이 다스리는 조정을 뜻한다.

146 강구준(康衢樽) : 268쪽 주121 참조.

147 주(周)나라……적시네 : 정고보(正考父)는 송(宋)나라의 대부로 공자(孔子)의 6대조이다. 그는 대공(戴公)·무공(武公)·선공(宣公) 3대를 섬겼는데, 벼슬이 높아질수록 더욱 겸손하였다. 그의 사당에 있는 솥의 명문(銘文)에, "처음으로 명을 받아 대부가 되었을 때에는 고개를 숙이고, 두 번째로 명을 받아 하경(下卿)이 되었을 때에는 등을 구부리고, 세 번째로 명을 받아 상경(上卿)이 되었을 때에는 몸을 굽히고서 길 한복판을 피해 담장을 따라 빨리 걸어간다면, 아무도 나를 감히 업신여기지 못하리라. 나는 여기에 미음을 끓여 먹고 여기에 죽을 끓여 먹어 내 입에 풀칠을 하면서 살아가리라.〔一命而僂, 再命而傴, 三命而俯, 循牆而走, 亦莫余敢侮. 饘於是, 鬻於是, 以餬余口.〕"라는 내용이 새겨져 있었다고 한다.《春秋左氏傳 昭公 7年》 여기에서는 정조가 죽을 내려준 것을 찬미하기 위해 이 고사를 인용한 것이다.

148 일천오십 살 : 이날 모임에 참여한 사람들의 나이를 합산한 것이다. 이날 홍낙성(洪樂性)이 원자(元子)인 뒷날의 순조에게 오늘 모인 신하들의 나이가 몇이냐고 물었는데, 순조는 1,049세라고 대답했다.《日省錄 正祖 17年 12月 12日》

149 성상 : 원문은 '신극(宸極)'이다. 북극성을 뜻하는 말로, 임금을 가리킨다.

《인서록》에 대한 전문을 올린 날에 지은 연구[150]

人瑞錄進箋日聯句

갑인년(1794, 정조18) 9월에 《어정인서록(御定人瑞錄)》이 완성되었다. 이보다 앞서 상께서 올해는 자전(慈殿 정순왕후(貞純王后))의 보령이 쉰이 되고 자궁(慈宮 혜경궁 홍씨(惠慶宮洪氏))의 보령이 예순이 되는 천 년에 한 번 있을 경사스러운 때라고 하여 정월 초하루에 모여 백관을 거느리고 전궁(殿宮)에서 칭송하고 축하하였고, 중외(中外)에 큰 은덕을 내려 일흔 살 이상의 조신(朝臣)과 여든 살 이상의 사서인(士庶人) 및 여든 살이 되지 않았어도 부부가 해로(偕老)하고 있는 자들에게 차등 있게 관작(官爵)을 내렸으니, 총 7만 5,145인이었다. 이어서 육경(六卿) 이상의 기신(耆臣)들을 불러 의례(儀例)를 가르쳐주시면서, 모아서 한 권의 책을 만들어 《인서록

150 인서록에……연구 : 《어정인서록(御定人瑞錄)》은 1794년에 정조가 영조비(英祖妃)인 정순왕후(貞純王后) 김씨(金氏)의 오순(五旬)과 장헌세자빈(莊獻世子嬪)인 혜경궁(惠慶宮) 홍씨(洪氏)의 육순(六旬)을 기념하여 조정 안팎의 노인들에게 교지와 상을 내린 전말을 기록한 책이다. 4권 2책으로, 전국 각 지역의 추은(推恩)과 해로(偕老)의 명수(名數)를 70세에서 100세까지 나이에 따라 기록하였다.

정조는 1794년 9월 24일 편전(便殿)에서 완성된 《어정인서록》과 전문을 친히 받았다. 정조는 이날 나라에 장수한 노인이 많은 것을 기뻐하며 자궁(慈宮)의 이름으로 술과 음식을 내려 잔치를 베풀었고, 잔치에 참여한 신하들에게 연구를 내려 화답하게 하였다. 《正祖實錄 18年 9月 24日》 연구를 지은 신하들은 각기 자궁과 자전(慈殿)의 장수, 나라 안 노인들의 장수, 정조가 작위를 내리고 잔치를 베풀어준 은택 등을 찬미하였다. 평성 '양(陽)'운의 연구이다.

(人瑞錄)》이라고 이름을 붙이신 뒤에 내각(內閣)에 명하여 인쇄하여 반포하게 하셨다. 이때에 이르러 작업이 완료되자 기신인 영의정 홍낙성(洪樂性) 등이 전문을 갖추어 올렸는데, 상께서 원자와 함께 수강재(壽康齋)에서 친히 받으셨고 기신들은 각자 그 아들과 손자, 증손과 현손들이 부축하고 들어왔다. 예식이 이루어지자 자궁께서 선찬(宣饌)하셨는데, 기신들이 모두 세 차례 천세(千歲)를 외치고 헌수(獻壽)하였다. 이때 원자궁께서 모시고 앉았는데, 기신들이 차례로 나와서 절하자 원자께서 답배(答拜)하셨다. 상께서 어제(御製) 칠언고시 두 구를 내리시며 연석에 나온 기신들 및 자손들에게 연구(聯句)를 지어 바치라고 명하셨다.-영의정 홍낙성(洪樂性), 영중추부사(領中樞府事) 채제공(蔡濟恭), 능은군(綾恩君) 구윤명(具允明), 판중추부사(判中樞府事) 이명식(李命植), 지중추부사(知中樞府事) 이민보(李敏輔), 행사직(行司直) 홍억(洪檍), 판중추부사(判中樞府事) 홍양호, 판돈녕부사(判敦寧府事) 김지묵(金持默), 행사직 조환(趙瑍), 지중추부사 변득양(邊得讓), 좌참찬(左參贊) 홍수보(洪秀輔), 행부사직(行副司直) 윤방(尹坊), 행부사직 김상집(金尙集), 판윤(判尹) 신사운(申思運), 행부사직 정존중(鄭存中), 행부사직 신응현(申應顯), 행부사직 정경순(鄭景淳), 행부사직 한광계(韓光綮), 공조 판서 유당(柳戇), 행부사직 정범조(丁範祖)가 함께 교열하였고, 윤방·정경순·정범조는 전문을 올릴 때에는 일이 있어 참석하지 못하였다.-

남극성의 두 줄기 빛에 보무가 창성하니[151] 南極雙輝寶婺昌

151 남극성(南極星)의……창성하니 : 남극성은 노인의 수명을 관장하는 별로 여겨졌고 노인을 지칭하는 말로도 쓰인다. 보무(寶婺)는 28수(宿) 중 하나인 여수(女宿)로

인서를 내려 펼침[152]에 거듭 빛난 덕[153]을 송축하네 錫敷人瑞頌重光

어제이다.

성상의 교화 푸른 바다 동쪽에 널리 무젖어들고 聖化普洽滄海左
하늘의 돌봄은 한수 북쪽에 도탑게 내려지네 天眷篤棐漢水陽

신 홍낙성이 지은 것이다.

하늘이 수성을 보내 동해를 관장케 하시니 天遣壽星主東海
밤마다 광채가 해가 양곡[154]에서 돋는 듯하네 夜夜光如日出暘

신 채제공이 지은 것이다.

은혜 거듭 내리니 머리에 해를 인 것[155]이 기쁘기만 하고 恩荐長欣頭戴日

무녀성(婺女星)이라고도 하며 부녀자를 상징하기도 한다. 남극성의 두 줄기 빛에 보무가 창성한다는 것은 자전과 자궁 두 사람이 장수하고 있음을 비유한 것이다.

152 인서(人瑞)를 내려 펼침 : 인서는 인사(人事)에서의 상서를 뜻하는 말로, 덕행이나 장수를 뜻하기도 한다. 여기에서는 정순왕후와 혜경궁 홍씨의 장수를 축하하며 노인들에게 관작을 내렸기 때문에 인서를 펼친다고 한 것이고, 《어정인서록》을 염두에 두고 중의적으로 말한 것이기도 하다.

153 거듭 빛난 덕 : 원문은 '중광(重光)'이다. 임금이 선왕의 덕을 이어받아 대대로 덕화(德化)를 펴는 것을 말한다. 《서경》 〈주서(周書) 고명(顧命)〉에 "옛날의 임금이신 문왕과 무왕이 거듭 빛난 덕을 베풀어 백성들이 의지할 바를 정해주고 가르침을 펴시자, 백성들이 익혀서 익히고 어기지 않아 능히 은나라에 도달해서 큰 명을 모으셨다.〔昔君文王武王, 宣重光, 奠麗陳教, 則肄, 肄不違, 用克達殷, 集大命.〕"라고 한 데에서 유래한 말이다.

154 양곡(暘谷) : 동해에 있다는 해가 돋는 골짜기이다. 《회남자(淮南子)》 〈천문훈(天文訓)〉에 "해는 양곡에서 떠올라 함지에서 목욕한다.〔日出於暘谷, 浴於咸池.〕"라고 하였다.

155 머리에……것 : 임금을 모시고 있음을 뜻한다.

나이 많이 먹었으니 팔꿈치에 혹이 난들[156] 무엇이 아쉬우랴

年多何惜肘生楊

신 구윤명이 지은 것이다.

자리 위의 서금대[157] 모두 아름답게 꾸몄고 席上犀金同賁飾

강역 안의 거북과 학[158] 전부 찾아내었네 域中龜鶴盡搜揚

신 이명식이 지은 것이다.

교화가 조야에 두루 미치니 햇볕이 바야흐로 펴지고

化遍朝野日方舒

송축이 주렴 친 대궐에 울려 퍼지니 바람이 살며시 일어나네

頌騰簾闈風微颺

신 이민보가 지은 것이다.

팔역이 경사를 함께하자 은택이 두루 미치고 八域同慶恩光遍

온 조정이 가지런히 늘어서니 송축 소리 넘실넘실 一庭咸簉頌聲洋

신 홍억이 지은 것이다.

보령은 숭산과 화산의 거대함을 다투어 보고 寶曆爭瞻嵩華大

156 팔꿈치에 혹이 난들 : 원문인 '주생양(肘生楊)'의 '양(楊)'은 '류(柳)'를 운자 때문에 바꾸어 쓴 것인데, '류(柳)'는 '류(瘤)'와 같은 뜻으로 혹을 의미한다. 팔꿈치에 혹이 생긴다는 것은 병이 나는 것을 뜻하는 말로, 《장자(莊子)》 〈지락(至樂)〉에 "지리숙과 골개숙이 황제가 머물러 쉬던 명백의 언덕과 곤륜의 터를 구경하였다. 이윽고 골개숙의 왼쪽 팔꿈치에 혹이 생기자 그 뜻이 놀라며 언짢게 여기는 듯하였다.〔支離叔與滑介叔觀於冥伯之丘, 昆侖之虛, 黃帝之所休. 俄而柳生其左肘, 其意蹶蹶然惡之.〕"라고 한 데에서 유래한 말이다.

157 서금대(犀金帶) : 무소뿔과 금・옥으로 장식한 허리띠로, 이를 착용하는 고관대작을 가리키는 말이다.

158 거북과 학 : 장수하는 동물들로, 장수한 노인을 비유한 것이다.

기이한 상서는 어찌 새와 짐승[159]이 날아오를 뿐이랴
奇祥奚啻羽毛翔

신 홍양호가 지은 것이다.

태평시대 만난 기쁨은 팔방이 고르고 歡均八垠逢昭代
성군의 천년 장수를 축원하는 바람 간절하네 願切千齡祝聖王

신 김지묵이 지은 것이다.

거듭 노래하고 번갈아 연주하니 국운이 새로워지고 重歌迭奏景籙新
자애로운 교화 고르게 입히니 은택이 가없어라 慈化均沾恩波泱

신 조환이 지은 것이다.

큰 복은 전궁을 위해 기도하는 데에 다 모이고
洪福摠遒祈殿宮
성상의 은택은 노인[160]을 봉양하는 데 널리 미치네 聖恩覃洽養膠庠

신 변득양이 지은 것이다.

다 같이 화주(華州) 봉인(封人)의 만 년 축수[161]를 가지고
共將華封萬年祝

159 새와 짐승 : 원문은 '우모(羽毛)'로 날짐승의 깃털과 들짐승의 털을 뜻하는 말인데, 여기서는 그중에서도 상서로운 동물인 봉황이나 기린 등을 가리킨다.

160 노인 : 원문은 '교상(膠庠)'으로, 대학인 교(膠)와 소학(小學)인 상(庠)을 아우르는 말이다. 여기에서는 《예기》 〈왕제(王制)〉에 "주나라 사람은 동교(東膠)에서 국로(國老)를 봉양하였고 우상(虞庠)에서 서로(庶老)를 봉양하였다.〔周人養國老於東膠, 養庶老於虞庠.〕"라고 한 것을 염두에 두고 노인이라는 의미로 사용하였다.

161 화주(華州)……축수 : 요(堯) 임금이 화주(華州)를 구경하자 화주에 봉해진 사람이 요(堯) 임금에게 세 차례에 걸쳐 장수하고 부유해지며 아들을 많이 낳을 것을 축원하였는데, 요 임금은 장수하면 욕(辱)이 많고, 부유하면 일이 많고, 아들이 많으면 두려움이 많다며 모두 거절하였다는 고사가 있다. 《莊子 天地》 여기에서는 왕의 장수를

기쁘게 주나라 왕가의 어진 사람 한 명[162]을 보나이다

欣覩周家一人良

신 홍수보가 지은 것이다.

하늘 맑은 이날에 노인들을 소견하니 是日天晴老人見

대궐 가득한 상서로운 아지랑이 단청 들보를 둘렀네

滿闕祥靄繞畫樑

신 김상집이 지은 것이다.

위나라 조정에서 내린 국화 수주를 적셨고[163] 魏庭賜菊沾壽酒

촉 땅의 계곡에서 캔 구기는 신선 양식으로 넉넉하네[164]

蜀溪採杞饒仙粮

신 신사운이 지은 것이다.

성대한 은택은 두루 강역 안의 노인에게 미치고 盛恩覃遍域內老

비는 송축을 의미한다.

162 주(周)나라……명 : 원문은 '일인량(一人良)'으로 어진 임금을 뜻한다. 《서경》 〈상서(商書) 태갑 하(太甲下)〉에 "한 사람이 크게 어질면 만방이 이로써 올바르게 될 것이다.〔一人元良, 萬邦以貞.〕"라고 한 데에서 유래한 말이다.

163 위(魏)나라……적셨고 : 위 문제(魏文帝) 조조(曹操)가 중양절(重陽節)마다 신하들에게 국화를 내려서 국화주를 마시게 한 고사를 언급한 것이다. 당나라 심전기(沈佺期)의 〈구일임위정시연응제득장자(九日臨渭亭侍宴應制得長字)〉에 "위 문제는 국화를 나누어주었고, 한 무제는 수유 주머니를 내렸네.〔魏文頒菊蕊, 漢武賜萸囊.〕" 하였다.

164 촉(蜀)……넉넉하네 : 촉 지방의 청성산(青城山)에 있는 노인촌(老人村)은 사람들이 5세손을 볼 정도로 장수하는데, 이 지역은 길이 매우 험해 다른 지역과 교역하지 못하므로 사람들이 소금이나 식초 등의 조미료가 있는지조차 알지 못하고 다만 용사(龍蛇)처럼 생긴 구기(枸杞)가 많이 자라는 계곡물을 마시므로 장수한다고 한다. 《東坡全集 卷32 和桃花源詩》

임금의 선온(宣醞)은 향기가 비 온 뒤의 서늘함을 물리치네 御醞香排雨後凉

신 정존중이 지은 것이다.

오백팔십만 세[165]를 가지고 挈齒五百八十萬
일제히 궁중에 바치니 기쁨이 한량없어라 齊獻宮中喜無量

신 신응현이 지은 것이다.

풍년의 상서로운 조짐이 더욱 이름은 다섯 가지 복[166]을 펴서이고 年瑞滋臻敷五福
하늘의 마음에 능히 합당함[167]은 삼황(三皇)을 계승해서이네 天心克享繼三皇

신 한광계가 지은 것이다.

우리 임금께서 복을 내림은 본래 무엇으로 하는가 我后錫福元何由

165 오백팔십만 세 : 이날 벼슬을 내린 이가 약 7만 5,000명이었고, 각기 70~80세였으므로 나이의 합계를 대략 추산한 것이다.

166 다섯 가지 복 : 《서경》 〈주서(周書) 홍범(洪範)〉에 "다섯 번째인 황극(皇極)은 임금이 정치의 표준을 세우는 것이니, 다섯 가지 복을 거두어 모아 백성들에게 베풀어 주면 백성들 역시 그 표준을 준수하여 황극을 지켜줄 것이다.〔五皇極, 皇建其有極, 斂時五福, 用敷錫厥庶民, 惟時厥庶民, 于汝極, 錫汝保極.〕" 하였는데, 여기서 다섯 가지 복이란 장수 · 부유함 · 강녕(康寧)함 · 덕을 좋아함〔攸好德〕 · 바른 명을 순히 받음〔考終命〕이다.

167 하늘의……합당함 : 순일(純一)한 덕으로 천명(天命)을 받아 국가를 이룩함을 뜻한다. 《서경》 〈상서(商書) 함유일덕(咸有一德)〉에 "저 이윤은 몸소 탕(湯) 임금과 더불어 모두 순일한 덕을 소유하여 능히 하늘의 뜻에 합당하여 하늘의 밝은 명을 받아서 구주(九州)의 무리를 소유하여 이에 하나라의 정삭(正朔)을 바꾸었습니다.〔惟尹躬暨湯, 咸有一德, 克享天心, 受天明命, 以有九有之師, 爰革夏正.〕"라고 한 데에서 유래한 말이다.

하나라 같은 충후함과 상나라 같은 질박함이라네[168] 忠侔于夏質侔商

신 유당이 지은 것이다. ○자손들의 연구는 다 기록하지 않는다.

168 하(夏)나라……질박함이라네 : 정조가 충후함과 질박함으로 인륜(人倫)의 모범을 보이고 있다는 뜻으로, 정이(程頤)의 "세 왕조가 번갈아 일어남에 미쳐 삼왕의 예법이 갖추어져서, 각각 자・축・인의 달을 정월로 삼고 충・질・문을 번갈아 숭상하매 인도가 갖추어지고 천운이 골고루 미치게 되었다.〔暨乎三王迭興, 三重旣備, 子丑寅之建正, 忠質文之更尙, 人道備矣, 天運周矣.〕"라고 한 말을 인용한 것이다.《近思錄 卷3 致知類》

자궁의 환갑에 기쁨을 기록한 시의 운에 삼가 화답하다[169]

賡和慈宮周甲誕辰 志喜詩韻

을묘년(1795, 정조19) 6월 18일은 혜경궁께서 탄신하신 지 주갑(周甲)이 되는 날이다. 상께서 연희당(延禧堂)에서 술잔을 받들어 축수를 올리고, 특별히 자궁(慈宮 혜경궁)의 동성(同姓)인 사종(四從) 친척과 이성(異姓)인 삼종(三從) 친척을 불러서 함께 잔치하였고, 기쁨을 기록한 어제시를 내려서 각기 화답하여 올리게 하셨다.

어제시

우리 동방에 처음 경사 있어	吾東初有慶
회갑에 만년의 축수 잔을 올리노라	花甲萬年觴
이날 무지개 물결[170]이 이르니	是日虹流屆

169 자궁의……화답하다 : 1795년 6월 18일에 정조는 모친 혜경궁 홍씨의 환갑을 맞아 명정전(明政殿)에서 치사(致詞), 전문(箋文), 표리(表裏)를 직접 전하고 진찬(進饌)을 거행하였다. 이날 진찬 때 정조는 혜경궁 홍씨의 회갑을 축하하고 장수를 기원하는 내용의 노래의(老萊衣) 악장과 만년장(萬年章)을 여집사(女執事)들에게 창(唱)하게 하였으며, 오언율시를 내려 혜경궁 홍씨의 탄신연(誕辰宴)에 참석한 신하들에게 화운하게 하였다.《日省錄 正祖 19年 6月 18日》이계는 이 시로 탄신연의 성대함을 서술하고 정조의 효심을 찬양하였다. 평성 '양(陽)'운의 평기식 수구용운체 오언율시이다.

170 무지개 물결 : 원문은 '홍류(虹流)'로 본래 왕이나 왕세자의 생일 혹은 탄생을 뜻하는데, 여기에서는 혜경궁 홍씨의 생일을 가리킨다. 황제(黃帝)의 비(妃) 여절(女

구름처럼 모여 축하를 드리네　如雲燕賀張
장락전[171]에서 엿을 물고[172]　含飴長樂殿
노래의 악장[173] 음악에 올리네　被管老萊章
화주를 살피고서 송축이 남았으니[174]　觀華仍餘祝
크나큰 은택이 팔방에 미치네　覃恩暨八方

화답시

북두성[175]에 회갑이 돌아오니　璇樞回寶甲
원추리 심은 섬돌[176]에서 옥술잔 드네　萱陛擧瑤觴

節)이 무지개처럼 생긴 별이 내려와서 화저(華渚)로 흐르는 것을 보았다가 조금 뒤에 그 무지개와 교감하는 꿈을 꾸고 임신하여 소호씨(少昊氏)를 낳았다는 고사에서 온 말이다. 《宋書 卷27 符瑞志》

171 장락전(長樂殿) : 한나라 때 태후(太后)가 거처하던 궁전이다. 여기에서는 혜경궁 홍씨와 그의 거처를 가리킨다.

172 엿을 물고 : 정치에 관여하지 않고 말년을 한가롭게 보낸다는 뜻이다. 후한(後漢)의 마황후(馬皇后)가 "나는 그저 엿이나 물고 손자와 놀 뿐, 더 이상 정사를 관여하지 않으리라.〔吾但當含飴弄孫, 不能復知政事.〕"라고 한 데에서 온 말로, 말년을 한가롭고 즐겁게 보낸다는 의미이다. 《後漢書 卷10 馬皇后紀》 여기에서는 혜경궁 홍씨가 왕세자(뒷날의 순조)와 정답고 즐겁게 노는 모습을 형용한 것이다.

173 노래의(老萊衣) 악장 : 노래의는 노래자의 색동옷이란 뜻으로, 162쪽 주355 참조. 노래의 악장이란 이날 혜경궁 홍씨를 위한 진찬(進饌) 때 정조가 올린 노래로, 혜경궁 홍씨의 회갑을 축하하고 장수를 기원하는 뜻이 담겨 있다. 《日省錄 正祖 19年 6月 18日》

174 화주(華州)를……남았으니 : 283쪽 주161 참조.

175 북두성 : 원문은 '선추(璇樞)'로, 북두칠성의 두 번째 별인 선성(璇星)과 첫 번째 별인 추성(樞星)을 아우르는 말로 북두성을 뜻하며, 흔히 왕족을 가리킨다.

잔치[177]에서는 지친(至親)들이 모이고 魚藻周親會
생황에서는 순 임금의 음악[178]이 펼쳐지네 鸞笙舜樂張
보령(寶齡)은 해중윤(海重潤)[179]으로 더하고 籌添重潤海
침선(針線)은 칠양의 무늬[180]를 바치도다 線進七襄章
성상의 효심이 자궁의 덕을 천양하니 聖孝揚慈德
덕화(德化)가 사방에 넘실대네 洋洋化四方

176 원추리 심은 섬돌 : 원문의 '훤(萱)'은 훤초(萱草) 즉 원추리로, 원추리 심은 섬돌이란 모친이 계신 곳을 뜻한다. 《시경》〈위풍(衛風) 백혜(伯兮)〉에 "어떻게 하면 원추리를 얻어서, 저 당의 북쪽에 심을까?〔焉得萱草, 言樹之背?〕"라고 하였는데, 옛날에 모친은 북당(北堂)에 거처하였기 때문에 이렇게 말한 것이다.

177 잔치 : 원문은 '어조(魚藻)'로, 왕이 베푸는 잔치를 뜻하는 말이다. 《시경》〈소아(小雅) 어조(魚藻)〉에, "물고기가 마름풀 사이에 있으니, 그 머리 크기도 하다. 왕께서 호경에 계시니, 즐거워하며 술을 드신다.〔魚在在藻, 有頒其首. 王在在鎬, 豈樂飮酒.〕"라고 제후들이 임금이 잔치를 베풀어준 것을 찬미한 데에서 온 말이다.

178 순(舜) 임금의 음악 : 순 임금은 완악(頑惡)한 부친 고수(瞽叟)와 간악한 계모, 오만한 이복동생 상(象)이 자신의 목숨을 노렸음에도 효심으로 이들을 잘 대하여 끝내 뉘우치게 만들었다. 순 임금의 음악은 이날 정조가 모친인 혜경궁 홍씨의 회갑을 축하하고 장수를 기원하며 바친 노래인 노래의 악장과 만년장을 비유한 것이다.

179 해중윤(海重潤) : 한 명제(漢明帝)가 태자로 있을 적에 악인(樂人)들이 그의 덕을 찬양하기 위해 바친 4장의 시가(詩歌)인 사중(四重)의 하나이다.《古今注 卷中 音樂》 여기에서는 정조가 아들로서 모친인 혜경궁에게 올리는 축수(祝壽)를 뜻한다.

180 칠양(七襄)의 무늬 : 원문은 '칠양장(七襄章)'이다. 《시경》〈소아 대동(大東)〉에 "직녀성은 비록 일곱 번 자리를 옮기지만 보답해줄 무늬를 이루지 못하며, 반짝이는 저 견우성은 수레를 멍에하지 못하도다.〔雖則七襄, 不成報章, 睆彼牽牛, 不以服箱.〕"라고 한 데에서 유래한 말로 무늬가 아름다운 비단을 뜻한다. 여기에서는 이날 정조가 혜경궁에게 바친 표리(表裏)를 가리킨다.

자를 나눠주며 지으신 시에 삼가 화답하다[181]

賡和頒尺詩韻

병진년(1796, 정조20) 중춘(仲春) 초하룻날에 상께서 중화절(中和節)의 고사[182]를 본받아 공경(公卿)과 근신(近臣)들에게 자를 나누어 주시고, 시를 곁들여 아끼는 뜻을 보이셨다.

어제시

중화절에 자를 나누어주니 頒尺中和節

홍니[183]로 봉해 구중궁궐에 내리노라 紅泥下九重

공수(拱手)하는 별들 자극에 의지하고[184] 拱星依紫極

181 자를……화답하다 : 정조는 1796년 2월 1일에 신하들에게 자를 나누어주고 어제시를 내려 화답하게 하였다. 정조는 자와 관련된 고사로 점철된 어제시를 내리며 신하들에게 어의(御衣)에 보탤 옷감을 지어오라고 하였는데, 이는 자신을 잘 보필하기를 부탁하는 뜻이 담긴 것이다. 이계는 이에 자신이 정조의 바람에 부응하겠다고 다짐하면서도, 성군의 부탁에 걸맞은 권면을 올리지 못해 부끄럽다는 겸양이 담긴 시로 화답하였다. 평성 '동(冬)'운의 측기식 수구불용운체 오언율시이다.

182 중화절(中和節)의 고사 : 중화절은 농사의 시작을 기념하는 명절이다. 본래 음력 1월 그믐이었던 것을 당 덕종(唐德宗) 정원(貞元) 5년(789)에 재상 이필(李泌)의 건의로 2월 초하룻날로 바꾸고, 대신과 척리(戚里)들에게 공정하게 백성을 다스리고 정사를 돌보라는 의미로 자를 하사하고 백관들은 농서(農書)를 올려 농사에 힘쓸 것을 당부하였다고 한다. 《舊唐書 卷13 德宗本紀 下》《新唐書 卷139 房張李列傳 李泌》

183 홍니(紅泥) : 붉은 인주(印朱)이다. 왕이 내리는 문서나 하사품을 담은 봉투를 봉할 때 사용하였다.

포갠 기장은 황종척에 들어맞지[185] 累黍叶黃鍾

한나라 황제가 삼척검을 든 날이요[186] 漢帝提三日

진군이 백척루에 누운 모습이로다[187] 陳君臥百容

184 공수(拱手)하는……의지하고 : 원문의 '성(星)'은 별이라는 뜻이지만 자의 눈금을 의미하기도 하고, 자극(紫極)은 자미원(紫微垣)의 극성(極星), 즉 북극성(北極星)이다. 이 구절은 《논어》 〈위정(爲政)〉의 "덕(德)으로서 정사를 하는 것을 비유하면, 북극성이 제자리에 위치하면 뭇별이 이를 향하는 것과 같다.〔爲政以德, 譬如北辰居其所而衆星共之.〕"라는 말을 인용한 것인데, 여기에서는 중화척의 눈금이 기준에 따라 가지런히 배열되어 있는 것을 뭇별이 북극성을 향하고 있는 것에 비유한 것이다.

185 포갠……들어맞지 : 황종척(黃鍾尺)은 악기의 제작과 음률을 맞추는 데 사용하던 표준 자로, 검은 기장〔秬黍〕의 낟알 한 개의 너비를 1푼(分), 100개를 늘어놓은 길이를 1자(尺)로 하여 9자 길이로 제작했다. 우리나라에서는 조선 세종 때 박연(朴堧)이 중국문헌을 상고해 제작하여 음률의 기준으로 삼았다고 한다. 여기에서는 중화척의 눈금이 꼭 맞는 간격으로 배열되어 있음을 비유한 것이다.

186 한(漢)나라……날이요 : 한 고조 유방(劉邦)이 천하를 통일한 것을 가리킨다. 한 고조가 천하를 통일한 뒤에 "내가 일개 포의(布衣)로서 삼척검(三尺劍)을 들어 천하를 취했으니, 이것이 천명이 아니겠는가?〔吾以布衣, 提三尺劍, 取天下, 此非天命乎?〕"라고 한 고사가 있다. 《史記 卷8 高祖本紀》 여기에서는 내용의 관련성보다는 한 고조의 말에 '척(尺)'자가 들어가기 때문에 인용한 것으로 보인다.

187 진군(陳君)이……모습이로다 : 진군은 삼국시대 위(魏)나라의 고사(高士)인 진등(陳登)이다. 허사(許汜)가 진등을 찾아가서 하루를 묵었는데, 진등은 자신은 와상(臥床)에서 자고 손님인 허사를 바닥에서 재웠다. 허사가 이 일을 가지고 유비(劉備)에게 투덜대자 유비는, 진등은 허사가 국사(國士)로서 임금을 보필하고 세상을 구제할 책임을 방기하고 전답과 집이나 구하러 다니는 데 실망해서 푸대접을 한 것이라며 "나 같았으면 자신은 백척루(百尺樓) 위로 올라가 눕고, 그대는 땅바닥에 눕게 했을 것이니 어찌 와상 위아래 정도의 차이를 둘 뿐이겠는가.〔如小人, 欲臥百尺樓上, 臥君於地, 何但上下牀之間耶?〕"라고 대답했다. 《三國志 魏書 卷7 陳登傳》 여기에서는 고사 내용의 관련성보다는 백척루에 '척'자가 들어가기 때문에 인용한 것으로 보인다.

오색선단(五色線緞) 지어 와서 裁來五色線
그대들이 산무늬 용무늬[188] 기우는 것을 허하노라 許爾補山龍

화답시

옥 자가 하늘에서 내려오니 瑤尺從天下
칠양 무늬[189] 몇 겹으로 지을까 七襄裁幾重
저울대가 북두성을 떠받칠 수 있을 듯하고[190] 衡如擎北斗
댓가지로 큰 종을 쳐서 울릴 수 있을 듯하네[191] 筳以發洪鐘
수는 건곤의 의복[192]에 나아가고 繡就乾坤服

188 산무늬 용무늬 : 임금이 입는 의복의 무늬 중 하나인데, 여기에서는 임금의 의복을 가리킨다. 《서경》 〈우서(虞書) 익직(益稷)〉에 "내가 옛사람의 상(象)을 관찰하여 일월성신과 산·용·꽃·벌레를 그림으로 그리며, 종이(宗彝)와 마름과 불과 분미(粉米)와 보불을 수놓아 오채로 오색 비단에 찬란히 베풀어 옷을 만들려 하거든 네가 밝혀 주어라.〔予欲觀古人之象, 日月星辰山龍華蟲作會, 宗彝藻火粉米黼黻絺繡, 以五采彰施于五色作服, 汝明.〕"라고 한 데에서 유래한 말이다.

189 칠양(七襄) 무늬 : 281쪽 주180 참조.

190 저울대가……듯하고 : 저울대〔衡〕는 정조가 내린 중화척을 비유한 것으로, '형(衡)'은 북두칠성의 다섯 번째 별의 이름이기도 하다. 저울대가 북두성을 받칠 수 있을 듯하다는 것은 중화척이 비록 작지만 대단한 쓰임새가 있을 듯하다는 의미이다.

191 댓가지로……듯하네 : 비록 조그만 중화척이지만 큰 쓰임새가 있을 것처럼 느껴진다는 말이다. 동방삭(東方朔)의 〈답객난(答客難)〉에 "대롱 구멍으로 하늘을 살피고 표주박으로 바다를 헤아리며 댓가지로 종을 치니, 어찌 그 체계를 통달하고 그 문리를 살피며 그 소리를 내겠습니까?〔以筦窺天, 以蠡測海, 以筳撞鍾, 豈能通其條貫, 考其文理, 發其音聲哉?〕"라고 한 데에서 가져온 표현이다.

192 건곤(乾坤)의 의복 : 임금의 옷을 가리키는 듯하다. 《주역》 〈계사전 하(繫辭傳下)〉에 "황제(黃帝)와 요·순은 가만히 옷을 드리우고 있었는데도 천하가 다스려졌으

무늬는 해와 달의 모습 이루네 文成日月容
화창한 봄날 은총 담긴 하사품 받아들드니 春和攀寵賜
갱재(賡載)[193]가 기룡[194]에 부끄럽네 賡載愧夔龍

니. 이는 건괘와 곤괘에서 취한 것이다.〔黃帝堯舜垂衣裳而天下治, 蓋取諸乾坤.〕"라고 한 것을 염두에 두고 쓴 표현인 듯하다.

193 갱재(賡載) : 이어서 시를 완성한다는 뜻인데, 임금의 권면에 화답하여 임금을 권면하는 노래를 올리는 것을 뜻한다. 《서경》〈우서 익직〉에 "고요(皐陶)가 순(舜) 임금이 신하들을 권면하며 부른 노래에 이어서 노래를 완성하여 '원수가 현명하면 고굉이 어질어서 모든 일이 편안할 것입니다.'라고 하였다.〔乃賡載歌曰: "元首明哉, 股肱良哉, 庶事康哉."〕"라고 한 데에서 유래하였다.

194 기룡(夔龍) : 순 임금의 악관(樂官)이었던 기(夔)와 간관(諫官)이었던 용(龍)으로, 성군을 잘 보필하는 근신(近臣)을 뜻한다.

화성행궁시에 삼가 화답하다[195]

賡和華城行宮詩韻

병진년(1796, 정조20) 정월에 상께서 현륭원에 거둥하셨는데, 어가가 홍범산(洪範山)·봉조산(鳳鳥山) 등 여러 산을 순행하고 밤에 화성 행궁으로 돌아와 어제시를 지으셨고, 뒤에 화답하여 올리라고 명하셨다.

어제시

두렵고 놀랍더니 다시 아쉬운 마음에	皇皇瞿瞿更依依
모습이 보이는 듯 목소리가 들리는 듯하여 차마 돌아가질 못하겠네	若覿如聞未忍歸
우뚝해라 높은 산은 하늘이 내린 집이고	岨矣高山天與宅

195 화성행궁시에 삼가 화답하다 : 정조는 1796년 1월 20일에 현륭원에 전배하기 위해 도성에서 출발하였고, 21일에 현륭원에 전배하고 작헌례(酌獻禮)를 행하였으며 행궁(行宮)에서 머물다가 24일에 환궁하였다.《正祖實錄 20年 1月 20日·21日·24日》 화성(華城)의 공사를 총괄했던 채제공(蔡濟恭)은 매년 현륭원을 참배하고 올 때마다 시를 지어 시축(詩軸)에 현륭원에 관한 시가 많았는데, 정조는 이 작품들에 화운하여 어제시를 짓고, 다시 신하들에게 화답하게 하였다.《弘齋全書 卷7 左揆摠理城華之役 每歲拜園也 軫其年高 輒令先往後歸 歸輒有詩 詩輒盈軸 徵其軸 軸抽兩韻以還之》 이계는 정조의 어제시에 화답하여, 화성(華城)의 웅장한 모습과 현륭원의 엄숙하고 맑은 분위기, 정조의 효심을 찬미하였다. 평성 '미(微)'운의 평기식 수구용운체 칠언율시이다.

어슴푸레한 원묘에서 달마다 의관을 옮겨 오네[196] 怳然原廟月遊衣
봄 경치 속 포홀[197]은 천 개 봉우리 늘어선 것이고 煙花袍笏羅千嶂
굳게 잠긴 금성탕지 두 경기[198]의 으뜸일세 鏁鑰金湯冠兩畿
패릉을 두루 달리고도[199] 뜻이 있어 歷騁霸陵還有意
성황당에 나는 여섯 용[200]을 잠시 멈추노라 城隍少駐六龍飛

196 원묘(原廟)에서……오네 : 제사를 받드는 것을 뜻한다. 한 혜제(漢惠帝)가 숙손통(叔孫通)의 건의에 따라 위수(渭水) 북쪽에 세운 원묘(原廟)에 한 고조의 의관을 간직해두고서 매달 초하루에 법가(法駕)에 그 의관을 싣고 고조의 종묘로 가서 제사 지내던 것을 '유의관(遊衣冠)'이라 하였다.《史記 卷99 叔孫通列傳》

197 포홀(袍笏) : 벼슬아치들이 착용하던 관복과 홀이다. 현륭원을 둘러싼 봉우리들을 관복을 갖추고 임금을 향해 있는 벼슬아치들에 비유한 것이다.

198 두 경기(京畿) : 조선시대에는 조운(漕運)의 편리에 따라 경기도를 경기좌도(京畿左道)와 경기우도(京畿右道)로 나누었다. 경기좌도는 강화(江華)·광주(廣州)·수원(水原)·여주(驪州)·부평(富平)·남양(南陽)·이천(利川)·인천(仁川)·안성(安城)·김포(金浦)·양근(楊根)·안산(安山)·용인(龍仁)·진위(振威)·양천(陽川)·지평(砥平)·과천(果川)·시흥(始興)·음죽(陰竹)·양성(陽城) 등이었고, 경기우도는 개성(開城)·장단(長湍)·파주(坡州)·양주(楊州)·풍덕(豊德)·마전(麻田)·고양(高陽)·교하·가평(加平)·영평·포천(抱川)·적성(積城)·연천(漣川) 등이었다.

199 패릉(霸陵)을 두루 달리고도 : 급하게 어가를 몰았다는 뜻이다. 한 문제(漢文帝)가 패릉(霸陵)의 험한 비탈을 수레로 달려 내려가려 하자 원앙(袁盎)이 말고삐를 잡고서 험한 산길을 달리다가 수레가 넘어지면 문제의 몸이 다치는 것은 둘째 치더라도 고조(高祖)와 태후(太后)를 무슨 면목으로 뵙겠느냐고 간언한 고사에서 유래한 말이다.《史記 卷101 袁盎列傳》

200 여섯 용 : 어가를 뜻한다. 고대 중국의 천자가 타는 수레는 말 여섯 마리가 끌었는데,《주례(周禮)》〈하관 사마(夏官司馬)〉에 "8척 이상 되는 말을 용이라 한다.〔馬八尺以上爲龍〕" 하였으므로 어가를 가리키는 말로 쓰이게 되었다.

화답시

교산[201]을 매년 우러러보고 사모하는 뜻[202]을 붙이니 喬山每歲寓瞻依
환궁하는 길 더디고 더뎌[203] 훌쩍 돌아가질 못하네 蹕路遲遲未遽歸
새소리는 봄을 머금어 봉황 취악[204]에 남겨주고 鳥語含春留鳳吹
솔바람은 이슬을 떨어 곤룡포를 씻어주네 松風拂露灑龍衣
천년의 아름다운 기운 선침(仙寢)에 맺혔고 千年佳氣凝仙寢
삼보[205]의 웅장한 성 경기에 웅장하게 서 있네 三輔雄城壯上畿

201 교산(喬山) : 섬서성(陝西省)에 있는 산으로 황제(黃帝)를 장사지낸 곳이다. 제왕의 무덤을 의미하며, 여기에서는 현륭원을 가리킨다.

202 우러러보고 사모하는 뜻 : 부모를 존경하고 사모하는 마음을 뜻한다. 원문은 '첨의(瞻依)'로, 《시경》 〈소아(小雅) 소반(小弁)〉에 "우러러보는 분은 아버님이요, 의지하는 분은 어머님일세.〔靡瞻匪父, 靡依匪母.〕"라고 한 데에서 유래한 말이다.

203 더디고 더뎌 : 원문의 '지지(遲遲)'는 차마 떠날 수 없어 발걸음이 더딘 모양을 나타내는 의태어이다. 《맹자》 〈진심 하(盡心下)〉에서 공자가 조국인 노(魯)나라를 떠나며 "더디고 더디구나, 나의 걸음이여! 이것이 부모의 나라를 떠나는 도리이다.〔遲遲吾行也, 去父母國之道也.〕"라고 심경을 말한 것에서 유래하였다. 정조는 현륭원에서 환궁할 때 현륭원이 마지막으로 보이는 미륵현(彌勒峴)의 고갯마루를 지지대(遲遲臺)라고 명명하기도 하였다.

204 봉황 취악(吹樂) : 258쪽 주89 참조. 여기에서는 정조를 수행하는 의장대의 음악소리를 가리킨다.

205 삼보(三輔) : 경기(京畿) 부근 지역을 일컫는 말이다. 한(漢)나라 초에 경기(京畿)의 관아를 내사(內史)라고 했는데, 경제(景帝) 2년(기원전155)에 좌내사(左內史)·우내사(右內史)로 나누고 주작도위(主爵都尉)와 합칭하여 삼보라고 일컬었다. 한 무제(漢武帝) 태초(太初) 원년(기원전104)에 주작도위는 우부풍(右扶風), 우내사는 경조윤(京兆尹), 좌내사는 좌익위(左馮翊)로 개칭하였다.

성대하게 오르내리는 영혼 성상의 효심을 굽어보시니 陟降洋洋監聖孝

화잠[206]에는 항상 흰 구름 떠 있는 것[207]이 보이네 花岑常見白雲飛

206 화잠(花岑) : 수원의 진산(鎭山)인 화산(花山)으로, 화산(華山)이라고도 한다.

207 흰……것 : 부모님에 대한 그리움을 뜻하는 말이다. 당(唐)나라의 적인걸(狄仁傑)이 병주(幷州)로 부임하기 위해 어버이가 계신 하양(河陽)을 떠나 태항산(太行山)을 넘을 때 흰 구름〔白雲〕이 남쪽하늘에 떠다니는 것을 보고는 저 구름 아래에 우리 어버이가 계신다며 구름이 다 흘러가기를 기다린 고사에서 유래하였다. 《舊唐書 卷89 狄仁傑王方慶姚璹列傳 狄仁傑》

어가가 훈련원에 임하였을 때 지으신 시에 삼가 화답하다[208]

賡和駕臨訓鍊院詩韻

무오년(1798, 정조22) 9월에 어가가 훈련원(訓鍊院)에 임하였을 때 내리신 어제에 명을 받들어 삼가 화답해 올렸고, 또 교서를 받들어 어제를 훈련원 벽에 걸었다.

어제시

만 마리 말 세류[209] 안개 속에서 일제히 우니 萬馬齊嘶細柳煙

208 어가가……화답하다 : 정조는 1798년 9월 8일에 훈련원에 거둥하여 삼영(三營)의 권무 군관(勸武軍官)에 대한 시사(試射)를 행하였다.《日省錄 正祖 22年 9月 8日》 정조는 이때 어제시 7수를 내려 화답하게 하였는데, 이 중 제2수~제7수는 차천로(車天輅)가 지은 〈훈련원중창상량문(訓鍊院重創上樑文)〉에 화운한 것으로, 원시(原詩)는 《오산집(五山集)》 권6에 수록되어 있다. 정조는 군사들이 훈련하는 힘 있고 씩씩한 모습을 묘사하며 간혹 청나라가 차지한 천하에 대한 적개심을 드러냈고, 이계 역시 훈련의 광경을 묘사하고 간간이 전쟁에 대한 우려와 청나라에 대한 적개심을 드러내면서도, 병자호란 이후 유지된 평화로움을 구가하기도 한다. 제1수는 평성 '선(先)'운의 측기식 수구용운체 칠언율시이고, 제2수~제7수는 각각 평성 '동(東)'운, 평성 '제(齊)'운, 평성 '함(咸)'운, 평성 '직(職)'운, 거성 '양(漾)'운, 상성 '마(馬)'운의 칠언절구이다.

209 세류(細柳) : 군영(軍營)을 가리키는 말이다. 한 문제(漢文帝) 때의 명장 주아부(周亞夫)가 현재의 섬서성(陝西省) 함양시(咸陽市) 서남쪽에 있는 세류에 군영을 설치하였는데, 한 문제가 군영을 시찰하러 갔다가 군율이 엄정한 것을 보고 주아부를 진정한 장군〔眞將軍〕이라고 찬탄한 고사에서 온 말이다.《史記 卷57 絳侯周勃世家》

채색 난간 동쪽의 화려한 길에 들어서네 畫欄東頭入瑤躔
천천히 행차하노라니 창칼이 날아오르는 순간이요 徐行劒槊飛騰際
높이 앉나니 구름 속 용[210]이 동탕하는 곳이로다 高坐雲龍動盪邊
광대한 천하 호걸은 나지 않고 豪傑不生天下大
온전한 해동 산하는 오래도록 공고하네 山河長鞏海東全
세 병영[211]의 갑졸들 범처럼 용맹하니 三營介冑雄如虎
연연산 비석[212] 앞으로 다투어 나선다네 爭出燕然勒石前

병사 훈련하는 높은 누각 성 동쪽에 우뚝한데 鍊戎高閣鎭城東
지고[213] 속에 바람과 구름이 열리고 닫히네 闔闢風雲指顧中
용감한 장졸들에게 말하노니 寄語桓桓諸將士
석 대 화살 홍심을 꿰뚫는 것을 보아야 하리[214] 須看三箭破心紅

210 구름 속 용 : 호걸들을 비유한 말이다. 백거이(白居易)의 〈여원구서(與元九書)〉에 "대장부가 지키는 것은 도이고 기다리는 것은 때이니, 때가 옴에 구름 속의 용이 되고 바람 속의 붕새가 되어 우쩍 일어나 돌연 능력을 펼치며 나온다.〔大丈夫所守者道, 所待者時, 時之來也, 爲雲龍, 爲風鵬, 勃然突然, 陳力以出.〕"라고 하였다.

211 세 병영 : 훈련도감(訓鍊都監)·금위영(禁衛營)·어영청(御營廳)이다.

212 연연산(燕然山) 비석 : 전한(前漢)의 거기장군(車騎將軍) 두헌(竇憲)이 화제(和帝) 때 흉노(匈奴) 북선우(北單于)를 대파(大破)하여 3천여 리 밖으로 쫓아내고 연연산(燕然山) 위에 비석을 세워 자신의 전공(戰功)과 한(漢)나라의 위덕(威德)을 과시했다. 이때의 비문이 반고(班固)가 지은 〈봉연연산명(封燕然山銘)〉이다. 《後漢書 卷23 竇融列傳 竇憲》

213 지고(指顧) : 손가락으로 가리키고 고개를 돌린다는 뜻으로, 군사를 지휘하는 것을 의미한다.

214 석……하리 : 홍심(紅心)은 과녁 한가운데의 붉은 칠을 한 부분으로, 이를 꿰뚫는 것은 화살을 명중시킨다는 의미이다. 석 대 화살이라고 한 것은 당(唐)나라의 명장

약목[215] 서쪽에 가을빛이 창연한데　秋色蒼然若木西
안개 낀 숲속 만 채 집은 그림 속인가 헛갈리네　萬家煙樹畫中迷
높은 곳에 앉으면 본래 이렇나니　坐來高處元如許
태산(泰山)이고 숭산(嵩山)이고 야트막하게 보일 뿐
泰岳嵩山一望低

푸른 기와가 자각봉[216] 남쪽에 평평하게 임하니　碧瓦平臨紫閣南
남산의 아름다운 기운 층층 이내에 솟았네　南山佳氣聳層嵐
활쏘기 검술 연습 모두 여기에서 하여　鳴弓試劒皆從此
금단[217]의 상장군 직함 손수 취하리　手取金壇上將銜

누가 오랑캐 먼지가 북쪽에 자욱하게 만들었나　誰遣胡塵滿塞北

설인귀(薛仁貴)의 고사를 언급한 것이다. 설인귀가 병사들을 거느리고 천산(天山)에서 구성(九姓)의 돌궐족 10만 명과 싸울 때 화살 석 대를 쏘아 돌궐족 군사 세 명을 죽이자 돌궐족의 사기가 꺾였는데, 한나라 군영에서 이날의 승리를 축하하고 설인귀의 무공을 칭송하며 "장군은 화살 석 대로 천산을 평정하고 장사들은 길이 노래 부르며 한나라 관문으로 들어가네.〔將軍三箭定天山, 壯士長歌入漢關.〕"라고 노래했다고 한다.《新唐書 卷111 薛仁貴列傳》

215 약목(若木) : 해가 지는 곳에 있다는 거대한 나무이다.《산해경(山海經)》 권12〈대황북경(大荒北經)〉에, "대황 가운데 형석산, 구음산, 형야지산이 있다. 그 산 위에 붉은 나무가 있는데 잎은 푸르고 꽃은 붉으니, 이름이 약목이다.〔大荒之中, 有衡石山九陰山洞野之山, 上有赤樹, 青葉赤華, 名曰若木.〕"라고 하였다.

216 자각봉(紫閣峯) : 서울의 남산을 가리킨다. 훈련원(訓鍊院)은 현재의 을지로 5가 사거리 훈련원공원 자리에 있어 남산과 인접해 있었다.

217 금단(金壇) : 장군을 제수하는 단(壇)이다.

《춘추》에서는 때때로 진나라 군대가 명분이 곧았음을 강하였네[218] 春秋時講汾師直

초나라 머리 오나라 꼬리 어떠한지 묻노니[219] 楚頭吳尾問如何

일어나 가을 하늘에서 전쟁의 조짐을 살피네 起覘秋空攙搶色

원룡이 백척루 위에 있던 것을 돌이켜 생각하니[220] 回憶元龍百尺上

218 춘추(春秋)에서는……강하였네 : 원문의 '분(汾)'은 산서성(山西省)의 분수(汾水)를 말하는 것으로, 춘추시대에 진(晉)나라에 속하였으므로 진나라의 군대를 '분사(汾師)'라고도 한다. 기원전 632년에 진 문공(晉文公)은 초(楚)나라에 포위당한 송(宋)나라를 구원하기 위해 초나라의 동맹국인 조(曹)나라를 공격하여 도성을 함락시켰다. 초나라 영윤(令尹) 성득신(成得臣)이 이 소식을 듣고 진나라를 추격하였는데, 진 문공의 외숙부이자 책사(策士)인 호언(狐偃)은 병사들의 사기는 명분에 달린 것이지 출병 기간에 달린 것이 아니라며〔師直爲壯, 曲爲老, 豈在久乎?〕 예전에 진 문공이 망명할 때 초 성왕과 맺은 약속을 지키기 위해 90리를 후퇴함으로써 명분을 세웠고, 90리를 후퇴하고도 성득신이 추격을 멈추지 않자 성복(城濮) 지역에서 초나라 군대를 요격하여 크게 승리하였다.《春秋左氏傳 僖公 28年》 여기에서는 청나라와 전쟁하면 명분이 우리에게 있다는 의미이다.

219 초(楚)나라……묻노니 : 초나라와 오(吳)나라는 현재의 강소성(江蘇省)과 절강성(浙江省) 즉 강남지방에 있던 나라인데, 강남 지방은 예부터 중국 한족 왕조들이 북방민족에게 중원(中原)을 빼앗겼을 때 중원 수복을 획책하던 거점이었다. 진(晉)나라가 말엽에 오호십육국(五胡十六國)의 난으로 강남지방으로 옮겨왔을 때 주의(周顗)와 왕도(王導)가 단양(丹陽)의 신정(新亭)에서 술을 마시며 비분강개하였고, 송(宋)나라는 금(金)나라를 피해 지금의 항주(杭州)인 임안(臨安)으로 천도하여 금나라에 대항하기도 하였다.《晉書 卷65 王導列傳》《晉書 卷69 周顗列傳》 초나라와 오나라가 어떠한지 묻는다는 것은 강남 지방에 북방 민족인 청나라를 몰아내고 중원을 회복하려는 한족 지사(志士)들의 움직임이 있지 않을까 하는 기대감을 나타낸 듯하다.

220 원룡(元龍)이……생각하니 : 원룡은 삼국시대 위(魏)나라의 고사(高士) 진등(陳登)의 자이다. 백척루의 고사는 291쪽 주187 참조. 여기에서는 훈련원의 누각이

환하게 뜬 아침 해 금빛 휘장을 둘렀네　　瞳曈朝日繞金帳
병가에 정병(正兵)과 기병(奇兵) 어찌 따질 게 있으랴
兵家奇正何須論
곧장 긴 바람 보내어 파도를 일으키고저　　直送長風捲海浪

물소가죽 양당 갑옷[221] 깃발 아래에 모이니　　水犀裲襠簇戲下
이화검[222] 검기를 띠고 도화마[223]를 탔도다　　梨花劒氣桃花馬
지금은 사해가 온통 비린내 나니　　卽今四海皆腥羶
관산을 다니며 싸울 이 누구리오　　誰是關山轉戰者

경(卿)이 서영(西營)에 있을 때 명을 받들어 《오산집(五山集)》을 인쇄해 올렸는데,[224] 《오산집》에 있는 상량문(上樑文)을 베껴 이곳 훈련원에 걸었다. 마침 훈련원에 임하여 문미(門楣) 위에 걸린 육위(六

매우 높다는 것을 말하기 위해 인용한 듯하다.

221 양당(裲襠) 갑옷 : 저고리 위에 덧입는 소매가 없는 배자(背子) 형태의 갑옷이다. 여기에서는 이 갑옷을 착용한 병졸들을 가리킨다.

222 이화검(梨花劍) : 날이 날카롭고 번쩍이는 검을 이른다. 이화(梨花)는 날이 하얗게 번득이는 모습을 비유한 것이다.

223 도화마(桃花馬) : 흰 털에 붉은 점이 있는 말이다.

224 경(卿)이……올렸는데 : 정조는 1792년(정조16) 4월 3일에 차천로의 문집인 《오산집》을 간행하여 반포하라고 명하였다. 이보다 앞서 이계는 정조의 명에 따라 해서(海西)와 호남(湖南)에 사는 차천로의 후손들에게서 《오세유고(五世遺稿)》 10여 권을 구했고, 이를 온전한 문집 한 권으로 산정(刪定)하였다. 이계는 1791년에 평안도 관찰사(平安道觀察使)로 재직하며 《오산집》을 완성했고, 발문을 쓰기도 했다. 《正祖實錄 16年 4月 3日》 《五山集 五山集跋》

偉)의 송축[225]을 보고서 그 운을 써서 사실을 말하노라. 경이 문형(文衡)으로 배반(陪班)에 있으므로 읊은 시 두 편[226]을 보이노니, 경은 화답하되 중간에 두보의 염법(簾法 평측)을 사용하였으니, 경 또한 이대로 지으라.

화답시

제1수

화려하게 치장한 어가 대궐 안개를 빠져나가니 玉輦葳蕤出禁煙
자미성이 하괴로 행차하여 규전을 움직이네[227] 紫微河魁動奎躔

225 육위(六偉)의 송축 : 상량문을 뜻한다. 상량문은 동서남북과 상하의 여섯 단(段)으로 구성되는데, 각 단에 '아랑위(兒郞偉)'라는 의성어가 상투적으로 들어가기 때문에 이렇게 부른다. 여기에서는 훈련원에 걸려 있는 차천로의 〈훈련원중창상량문〉을 가리킨다.

226 읊은……편 : 이 작품의 제1수인 칠언율시를 한 편, 제2수~제7수까지의 칠언절구 여섯 수를 한 편으로 헤아린 것이다.

227 자미성(紫微星)이……움직이네 : 자미성은 큰곰자리 부근의 자미원(紫微垣)에 있는 별로, 옥황상제가 거처하는 곳이라 여겨졌기 때문에 임금을 가리키는 말로 쓰이기도 한다. 하괴(河魁)는 고대에 주장(主將)이 거처하는 천막을 설치하던 방위이다. 이백(李白)의 〈사마장군가(司馬將軍歌)〉에 "몸은 옥장에 거하며 하괴에 임한다.〔身居玉帳臨河魁〕"라는 구절이 있는데, "술 방향이 하괴이니, 주장의 천막이 술 방향에 있음을 말한 것이다.〔戌爲河魁, 謂主將之帳在戌也.〕"라는 해설이 있다.《說郛 卷28上 玉帳》 규전(奎躔)은 28수의 하나인 규수(奎宿)로 고대 동아시아 천문학에서 문운(文運)을 관장한다고 알려진 별자리이다. 자미성이 하괴로 왔다는 것은 임금이 병영에 행차하였음을 뜻하고, 규전을 움직였다는 것은 임금의 훈련원 행차에 백관들이 수행하였음을 말한 것이다.

구름과 용은 연화문(延和門) 밖에 둘렀고　雲龍繚繞和門外
해와 달은 보탑가에 밝게 감도네　日月昭回寶榻邊
사해가 회동할 곳 어느 곳인가　四海會同何處是
삼군의 절제 여기에서 온전히 한다네　三軍節制此中全
곰과 같은 병사[228] 일만 군대가　須看萬隊如熊士
소리 없이 창 들고 섬돌 앞에 둘러선 것을 보아야 하리　環立無聲陛戟前

용호의 기문 동쪽에서 일어나니[229]　龍虎奇門起自東
장인이 군대 가운데에 높이 앉았네[230]　丈人高坐在師中

228 곰과 같은 병사 : 원문은 '웅사(熊士)'로 용맹한 병사를 뜻한다. 《서경》 〈주서(周書) 목서(牧誓)〉에, 주 무왕(周武王)이 목(牧) 땅에서 상(商)나라와 일전을 앞두고 "부디 굳세고 굳세어 범과 같고 비휴와 같으며 곰과 같고 큰곰과 같이 상나라 교외에서 싸워, 도망하는 자들을 맞아 공격해서 서쪽 지방 사람들을 수고롭게 하지 말라.〔尙桓桓, 如虎如貔, 如熊如羆于商郊, 弗迓克奔, 以役西土.〕"라고 병사들을 독려한 데에서 온 말이다.

229 용호(龍虎)의……일어나니 : 병사들이 전술 훈련을 하고 있음을 말한 것이다. 용호는 용과 호랑이처럼 용맹한 군사들을 뜻하고, 기문(奇問)은 기문둔갑술(奇門遁甲術)의 준말로 술수(術數)의 일종이다. 천간(天干) 중 을(乙)·병(丙)·정(丁)을 삼기(三奇)라 하고 휴(休)·생(生)·상(傷)·두(杜)·영(景)·사(死)·경(警)·개(開)를 팔문(八門)이라 하여 이를 이용해 점을 치는데, 병법에서도 자주 응용되었다.

230 장인(丈人)이……앉았네 : 훌륭하고 존엄한 지휘관이 군대를 지휘하고 있음을 뜻한다. 《주역》 〈사괘(師卦) 괘사(卦辭)〉의 "사(師)는 바르니 장인(丈人)이라야 길하고 허물이 없으리라.〔師, 貞, 丈人, 吉無咎.〕"라는 말과, 〈사괘 구이(九二)〉의 "구이는 사의 가운데에 있어서 길하고 허물이 없으니, 왕이 총애하는 명령을 세 번이나 내린다.〔九二, 在師中, 吉無咎, 王三錫命.〕"라는 말을 인용한 것이다.

삼군의 진퇴에는 일정한 법이 없나니　三軍進退無常法
한 조각 붉은 초요기[231]에 눈을 두네　屬目招搖一片紅

맑은 가을 부월[232]이 산 서쪽에 내리니　淸秋鈇鉞下山西
천 리에 낀 연기와 먼지 바라봄에 아득하네　千里煙塵望裏迷
전방의 기병 조용히 변경 사막의 소식 전하니　前騎暗傳沙塞報
옥문관[233] 바깥에 기러기가 낮게 나누나　玉門關外雁飛低

군대가 일제히 부르짖으며 성 남쪽에서 싸우니　軍中齊唱戰城南
살기 어린 그늘진 산에 새벽 이내 걷히네　殺氣陰山捲曉嵐
장사들이 일어나 진운 언저리를 바라보니　壯士起看陣雲際
한 점 모두[234]가 고갯마루에 걸려 있네　旄頭一點嶺頭銜

231 초요기(招搖旗) : 전쟁 때 장군이 부하 장수를 지휘하고 호령할 때 사용하던 큰 깃발이다. 사각 모양으로 색은 방위(方位)의 색깔을 따랐으며, 중앙에 북두칠성이 그려져 있었다.

232 부월(鈇鉞) : 임금이 내려주는 생사여탈권(生死與奪權)과 병권(兵權) 혹은 이를 위임받은 대장을 가리킨다. 《예기》 〈왕제(王制)〉에 "제후는 궁시가 내려진 뒤에야 정벌할 수 있고 부월이 내려진 뒤에야 죽일 수 있다.〔諸侯賜弓矢然後征, 賜鈇鉞然後殺.〕" 하였다.

233 옥문관(玉門關) : 현재 감숙성(甘肅省) 돈황시(敦煌市)에서 서북쪽으로 90km 떨어진 소방반성(小方盤城)에 있던 관문이다. 한 무제 때 설치하여 서역으로 통하는 문호 역할을 하였으며, 서역에서 옥석(玉石)을 들여올 때 거쳐야 하는 곳이기 때문에 이렇게 이름을 붙였다. 여기에서는 변경이란 뜻으로 사용되었다.

234 모두(旄頭) : 28수(宿)의 하나인 묘수(昴宿)로, 오랑캐를 상징하는 별이다. 《漢書 卷26 天文志》

거센 바람 대황[235] 북쪽에 성나 울부짖는데　剛風號怒大荒北
저 멀리 낭연[236] 바라보니 천 길 높이로 곧게 피어오르네
極目狼煙千丈直
어떻게 하면 연지산을 화살 한 대로 거두어서　安得燕支一箭收
가만히 앉아 오랑캐 아낙의 얼굴빛을 없앨 수 있을까[237]
坐令胡婦無顏色

오랑캐와 화친하고 무(武)를 쉬는 것이 상책이니　和戎偃武策之上
징과 북 울리지 않아 옥장[238] 한가롭구나　金鼓不鳴閑玉帳
팔역의 창생들 태평가를 부르니　八域蒼生歌太平
백 년 동안 푸른 바다 고요하여 파도 일지 않네　百年青海靜無浪

235 대황(大荒) : 중국 국경 밖의 멀고 황량한 지역을 가리킨다.

236 낭연(狼煙) : 261쪽 주96 참조.

237 어떻게……있을까 : 연지산(燕支山)은 현재의 감숙성 장예시(張掖市) 산단현(山丹縣)에서 동남쪽 50km 떨어진 곳에 위치한 산이다. 연지초(燕支草, 臙脂草)가 많이 자라기 때문에 붙은 이름이다. 일찍이 흉노(匈奴)의 영토였던 곳으로 흉노가 이 지역을 중국에 빼앗겼을 때 "우리 기련산을 잃어 우리의 여섯 가축으로 하여금 번식을 못하게 하고, 우리 연지산을 잃어 우리 아낙네로 하여금 얼굴빛을 없게 만들었네.〔亡我祁連山, 使我六畜不蕃息, 失我燕支山, 使我嫁婦無顏色.〕"라는 민요(民謠)가 유행했는데, 연지초는 화장용 연지(臙脂)의 원료이기 때문에 이렇게 말한 것이다. 《史記索隱 卷25 匈奴列傳》

238 옥장(玉帳) : 주장(主將)이 거처하는 장막이란 뜻으로, 옥처럼 견고하다는 의미를 취해 붙인 이름이다. 두보(杜甫)의 〈봉화엄정공군성조추(奉和嚴鄭公軍城早秋)〉에 "가을바람 산들산들 불어 높은 깃발 펄럭이는데, 옥장에서 활을 나누어 오랑캐 군영을 쏜다.〔秋風嫋嫋動高旌, 玉帳分弓射虜營.〕" 하였다.

청구의 땅 방성 아래의 분야이니[239] 青邱地分房星下
녹음에 화양의 말을 잘 풀어놓았네[240] 綠陰好放華陽馬
노나라 사람 생각함이 끝이 없다고 다투어 송축하니 魯人競頌思無疆
들판에 있는 살찌고 살찐 말들을 보노라[241] 看取駉駉在野者

239 방성(房星) 아래의 분야이니 : 방성은 28수의 하나인 방수(房宿)로, 옛날에 거마(車馬)를 관장하는 별자리로 여겨졌기 때문에 천사(天駟)·방사(房駟)라고도 불렸다. 여기에서는 우리나라가 말을 기르기에 좋은 환경임을 말하기 위해 언급한 것이다. 참고로 원(元)나라 지원(至元) 연간에 원 세조(元世祖)가 탐라(耽羅)가 방성의 분야라 하여 목장을 설치하고, 단사관(斷事官)을 파견하거나 만호(萬戶)를 두어 목축을 담당하게 했다는 기록이 있다.《新增東國輿地勝覽 卷38 全羅道 濟州牧》

240 녹음에……풀어놓았네 : 전쟁의 종식에 따라 징발되었던 말이 돌아와 마음껏 풀을 뜯어먹는 것을 말한 것이다. 화양(華陽)의 말은 화산(華山) 남쪽의 말이란 뜻으로, 《서경》〈주서(周書) 무성(武成)〉에서 주 무왕이 상(商)나라 정벌을 마치고 한 종전 선포를 두고 "4월 3일 왕이 상으로부터 돌아와 풍 지방에 이르러 무업을 쉬고 문업을 닦았다. 화산의 남쪽에 병마를 돌려보내고 도림의 들판에 소를 풀어놓아 천하에 무력을 쓰지 않을 것임을 보였다.〔厥四月哉生明, 王來自商, 至于豐, 乃偃武修文, 歸馬于華山之陽, 放牛于桃林之野, 示天下弗服.〕"라고 서술한 데에서 인용한 것이다.

241 노(魯)나라……보노라 : 국가를 부강하게 할 원대한 사려와 계책으로 말을 잘 기르고 있음을 말한 것이다. 《시경》〈노송(魯頌) 경(駉)〉에 "살찌고 살찐 수말들이 먼 들에 있도다. 잠깐 살찐 말을 이야기하자면 사타구니 흰말도 있고 황백마도 있으며 검은 말도 있고 누런 말도 있으니 수레를 끎에 성하고 성하도다. 생각함이 그지없으니, 말을 생각함에 이에 좋도다.〔駉駉牡馬, 在坰之野. 薄言駉者, 有驈有皇, 有驪有黃, 以車彭彭. 思無疆, 思馬斯臧.〕"라고 한 것을 인용한 것으로, 이는 본래 노 희공(魯僖公)이 말을 잘 기르는 것을 찬미한 것이다.

강가의 정자를 유람하는 영중추부사 홍낙성에게 내린 시의 운에 삼가 화답하다[242]

賡和贈領府事洪樂性江亭之遊詩韻

9월 탄신일이 지난 뒤에 영중추부사가 자손들을 거느리고 한강의 숙몽정(夙夢亭)에 나가 노닐었는데 상께서 어제시를 내려 아끼는 마음을 나타내셨고 또 각각 한 장씩을 써서 천신(賤臣) 및 족숙(族叔)인 봉조하 홍수보(洪秀輔)에게 내려 화답하게 하였으니, 이는 참으로 세상에 드문 성대한 일이요 가문의 특별한 영광이었다.

어제시

《인서록》의 가장 윗자리에서[243] 人瑞篇中最上頭

242 강가의……화답하다 : 숙몽정(夙夢亭)은 홍낙성 집안의 정자로, 그의 조부 홍석보(洪錫輔, 1672~1729)가 짓기 시작하여 부친 홍상한(洪象漢, 1701~1769)이 완성하였다. 위치는 한명회(韓明澮)의 압구정(狎鷗亭) 근처에 있었다고 하는데 이는 현재의 동호대교 남단 근처이다.

정조의 원시(原詩)는 정조가 1798년 9월 25일에 숙몽정에 가족들과 유람을 간 홍낙성에게 보낸 편지에 함께 보낸 시로, 이계 · 홍수보 · 채제공(蔡濟恭, 1720~1799) · 이민보(李敏輔, 1720~1799)가 화답하였다. 《日省錄 正祖 22年 9月 25日》《弘齋全書 卷7 贈領府事洪樂性江亭之遊》 이계는 정조의 시에 화답하며 정조에게 홍씨 집안에 특별한 은혜를 내려준 데 대한 감사와 생일에 대한 축하의 마음을 표하고 있다. 평성 '우(尤)'운의 측기식 수구용운체 칠언율시이다.

243 인서록(人瑞錄)의 가장 윗자리에서 : 홍낙성이 조정의 최고령 대신임을 말한 것이다. 《인서록》은 본집 본권의 〈인서록에 대한 전문을 올린 날에 지은 연구〔人瑞錄進箋

좋이 큰 복으로 국정을 도왔지 好將洪福贊皇疇
고운 얼굴 백발에 뉘엿뉘엿 햇빛 들고 韶顔白髮遲遲日
단풍과 국화는 일렁일렁 가을빛이네 丹木黃花灩灩秋
평지의 신선 산가지를 해옥에 더하고[244] 平地神仙添海屋
저물녘 하늘의 거문고와 피리 강가 누각에 요란하네
晩天絲管鬧江樓
다시 보건대 성 서쪽의 여든 살 노인 更看八十城西老
거마 타고 푸른 들판을 따라 노니리 車馬應從綠野遊

화답시

기로소의 최고령 한 발 양보하였는데[245] 耆社高年讓一頭
사사로운 가문에 복을 내리시니 기자의 구주[246]를 송축하네
私門錫福頌箕疇

日聯句]〉 작품 해제 참조.

244 산가지를 해옥(海屋)에 더하고 : 홍낙성이 장수하고 있다는 뜻이다. 세 노인이 서로 나이를 자랑하는 자리에서 한 노인이 "나는 바다가 뽕밭으로 변할 때마다 산가지 하나를 놓았는데, 지금까지 내 산가지가 열 칸 집에 가득 찼다.〔海水變桑田時, 吾輒下一籌, 爾來吾籌已滿十間屋.〕"라고 한 고사에서 온 말이다.《東坡志林 卷7》

245 기로소(耆老所)의…양보하였는데 : 홍낙성이 홍양호보다 나이가 조금 더 많다는 말이다. 이 시는 1798년에 지어진 것으로 보이는데, 당시 홍낙성은 81세이고 홍양호는 75세였다. 원문의 '양일두(讓一頭)'는 송나라의 구양수(歐陽脩)가 가우(嘉祐) 2년(1057)에 주시관(主試官)으로 있을 때 소식(蘇軾)이 쓴 글을 보고 감탄하며 벗 매요신(梅堯臣)에게 "늙은이는 응당 길을 피하여 그에게 한 걸음 양보해야겠다.〔老夫當避路, 放他出一頭地也.〕"라고 편지를 쓴 고사에서 유래하였다.《宋史 卷338 蘇軾列傳》

246 기자(箕子)의 구주(九疇) : 홍범구주(洪範九疇)이다. 본래 우(禹) 임금이 하늘

화주 봉인의 성인에 대한 축수 세 노인에게 이어졌고[247] 華封祝聖聯三老

홍저에 엉긴 상서는 9월 가을에 속하네[248] 虹渚凝祥屬九秋

즐거울사 한고[249]를 향해 봉황젓대 소리를 듣고 好向漢皐聆鳳管

서로 다투어 운한[250]을 받들고 용루[251]를 내려가네 爭擎雲翰下龍樓

몸소 성대한 만남을 경험하여 특별한 은택에 무젖었니 躬逢盛會霑殊渥

해마다 꽃다운 날에 이런 유람을 기약하세 歲歲芳辰卜此遊

로부터 받은 천하를 다스리는 아홉 가지 큰 원칙인데, 주 무왕(周武王)이 상(商)나라를 멸하고 천하를 가졌을 때 기자가 무왕에게 진달하였다고 한다. 오행(五行), 다섯 가지 일을 삼가 행하는 것〔敬用五事〕, 여덟 가지 일을 힘써 행하는 것〔農用八政〕, 다섯 가지 기율을 조화롭게 쓰는 것〔協用五紀〕, 임금의 법칙을 세워 쓰는 것〔建用皇極〕, 세 가지 덕을 다스려 쓰는 것〔乂用三德〕, 의문을 물은 것을 밝혀 쓰는 것〔明用稽疑〕, 여러 가지 징험을 생각하여 쓰는 것〔念用庶徵〕, 다섯 가지 복을 길러 쓰는 것〔嚮用五福〕, 여섯 가지 궁함을 위압하여 쓰는 것〔威用六極〕이다. 《書經 周書 洪範》

247 화주(華州)……이어졌고 : 이계와 홍낙성, 홍수보 세 원로 대신이 정조의 생일을 맞아 축수했음을 뜻한다. 화주(華州) 봉인(封人)의 고사는 283쪽 주161 참조.

248 홍저(虹渚)에……속하네 : 정조의 생일이 9월에 있음을 말한 것이다. 정조의 생일은 음력 9월 22일이다. 홍저(虹渚)에 엉긴 상서는 왕이나 왕세자의 탄생을 뜻하는 말로, 287쪽 주170 참조.

249 한고(漢皐) : 한강(漢江)가의 언덕을 가리키는 듯하다. 숙몽정은 한강에 인접한 압구정(현재의 동호대교 남단 부근 추정) 근처에 있었다고 한다.

250 운한(雲翰) : 남의 글이나 편지를 높여 이르는 말인데, 여기에서는 정조가 이계와 홍수보에게 내려준 어제시를 가리킨다.

251 용루(龍樓) : 용은 임금을 상징하는 동물로, 용루란 대궐을 가리킨다.

손수 권점하신 책들에 제한 시의 운에 삼가 화답하다[252]

賡和題手圈諸書詩韻

성상께서 편찬을 명하시고 손수 권점(圈點)하신 책들이 완성되었다. 경전으로는 삼례(三禮), 역사서로는 양경(兩京)의 역사, 제자서(諸子書)로는 오자(五子)의 글, 문집으로는 팔가(八家)의 문장과 육지(陸贄)의 주고(奏稿)를 비점(批點)을 찍은 뒤에 권점하셨고, 권점을 한

252 손수……화답하다 : 1797년(정조21) 겨울 정조는 고금의 경(經)·사(史)·자(子)·집(集) 서적 중 마음에 와닿는 내용을 추리고 눈여겨봐야 할 부분에 비점과 권점을 찍은《사부수권(四部手圈)》을 편찬하기 시작하여 이듬해 11월 30일에 완성하였다. 처음 완성될 당시에는 규장각 관원들에게 베끼게 하여 성책(成冊)한 필사본의 형태였는데, 정조 사후 1801년(순조1)에 간인(刊印)하여 반포하였다.《正祖實錄 22年 11月 30日》《純祖實錄 1年 7月 19日》《사부수권》은《삼례수권(三禮手圈)》·《양경수권(兩京手圈)》·《오자수권(五子手圈)》·《팔가수권(八家手圈)》·《육고수권(陸稿手圈)》으로 이루어져 있다.《삼례수권》은《예기》·《주례》·《의례(儀禮)》의 내용을,《양경수권》은 양한(兩漢)의 역사서인《사기(史記)》·《한서(漢書)》·《후한서(後漢書)》의 내용을,《오자수권》은 성리학(性理學)의 성립에 기여한 주돈이(周敦頤)·정호(程顥)·정이(程頤)·장재(張載)·주희(朱熹)의 문장을,《팔가수권》은 당송팔대가(唐宋八大家)인 한유(韓愈)·유종원(柳宗元)·구양수(歐陽脩)·왕안석(王安石)·증공(曾鞏)·소순(蘇洵)·소식(蘇軾)·소철(蘇轍)의 문장을,《육고수권》은 충직한 간언으로 유명했던 당(唐)나라 육지(陸贄)의《육선공주의(陸宣公奏議)》의 내용을 추려 비점과 권점을 찍은 것이다.

정조는 어제시에서 자신이《팔가수권》을 편찬한 과정과 자세, 자신이 채록한 서적들의 가치와 의의 등을 이야기하였고, 이계는 화답시에서 정조가 제서(諸書)를 독서하여《팔가수권》을 편찬하는 것이 동방의 문운(文運)을 밝히고 유학의 학통을 잇는 일이라며 찬미하였다. 평성 '양(陽)'운의 평기식 수구불용운체 칠언배율이다.

뒤에는 초선(抄選)하여 마침내 한 질(帙)을 완성하셨다. 이때에 이르러 칠언 십운의 어제시를 내리셨으니, 신이 일찍이 명을 받들어《팔가수권(八家手圈)》의 발문을 지어서 바친 적이 있기 때문이었다.[253]

어제시

만기(萬機)를 다스리는 여가에 강독 소리 오래 이어지니 萬幾餘暇講聲長
비부(秘府)에 가득 수장된 서적 두루 열람하였노라 閱歷穰穰秘府藏
월굴과 천근에서 음양왕래를 살핌이요[254] 月窟天根來往計
주공의 마음과 공자의 생각[255]에 권점을 가지런히 하였네 姬情孔思點勻方

253 신이……때문이었다 : 이계가 지었다는《팔가수권》의 발문은 본집 권16에 〈어정팔가수권 발문(御定八家手圈跋)〉이라는 제목으로 수록되어 있다.

254 월굴(月窟)과……살핌이요 :《주역》을 통해 음양 순환의 이치를 살핀다는 뜻이다. 소옹(邵雍)의 〈관물음(觀物吟)〉 시에 "건괘가 손괘를 만났을 때 월굴을 보고, 땅이 우레를 만난 곳에서 천근을 보네. 천근과 월굴이 한가로이 왕래하는 가운데 36궁이 모두 봄이로구나.〔乾遇巽時觀月窟, 地逢雷處見天根. 天根月窟閑往來, 三十六宮都是春.〕"라고 하였는데, 월굴과 천근은 각각 음과 양의 근원으로, 건괘(乾卦 ☰)가 손괘(巽卦 ☴)를 만나면 음(陰)이 처음 생겨나는 구괘(姤卦 ䷫)가 되고 곤괘(坤卦 ☷)가 진괘(震卦 ☳)를 만나면 양(陽)이 처음 생겨나는 복괘(復卦 ䷗)가 되기 때문에 이렇게 말한 것이다.

255 주공(周公)의……생각 : 원문의 '희(姬)'는 주공을 가리키는 것으로, 주공의 본명은 희단(姬旦)이다. 이 구절은 이한(李漢)의 〈창려문집서(昌黎文集序)〉의 "태양처럼 빛나고 옥처럼 깨끗하며 주공의 생각이고 공자의 마음이어서 천태만상이었는데, 마침내 인의와 도덕에 무젖어 찬란히 빛났다.〔日光玉潔, 周情孔思, 千態萬狀, 卒澤於仁

궁중의 필찰에는 문묵(文墨)이 서려 있고　內家筆札紆文墨

옛 시대의 현포[256]는 후창[257]이 기록하였네　上世弦匏記后蒼

종횡으로 엮으며 수권이라 이름하고　篇帙縱橫名手圈

차례를 저울질하여 책의 체제를 정리하네　權衡次第整書綱

팔백 년 국운 점친 것은 주관의 제도이고[258]　卜年八百周官制

삼천 조항 서적에 실린 것은 《소대례(小戴禮)》의 마당일세[259]
載籍三千戴禮場

두 선생 정자와 주자는 도통을 전하였고　二子程朱傳道統

義道德, 炳如也.〕"라는 구절에서 인용한 것인데, 여기에서는 주공이 만들고 공자가 제정한 예악(禮樂)이라는 의미로 사용한 듯하다.

256 현포(弦匏) : 본래 거문고 등의 현악기와 생황 등의 관악기를 일컫는 말인데, 현가(弦歌)란 말과 통해 쓴다. 이는 곧 본래 거문고 등의 악기를 연주하며 노래하는 것을 의미하지만 예악과 교화를 지칭하는 말로도 쓰인다.

257 후창(后蒼) : 미상~미상. 자는 근군(近君), 동해군(東海郡) 담현(郯縣) 출생이다. 한 선제(漢宣帝) 때의 12박사(博士) 중 한 사람이며 벼슬이 소부(少府)에 이르렀다. 시학(詩學)과 예학(禮學)에 밝았는데 대덕(戴德)·대성(戴聖)·경보(慶普) 등에게 예학을 전수하여 대대례학(大戴禮學)·소대례학(小戴禮學)·경씨예학(慶氏禮學)의 성립에 공헌하였다. 저서로 《후씨곡대기(后氏曲臺記)》 등이 있었지만 일실되었고, 청(淸)나라의 마국한(馬國翰)이 일서(逸書)를 모아 편찬한 《옥함산방집일서(玉函山房輯佚書)》에 수록된 《제시전(齊詩傳)》과 《효경후씨설(孝經后氏說)》만이 전한다.

258 팔백……제도이고 : 주관(周官)은 주공(周公)이 저술한 《주례(周禮)》의 별칭이다. 주(周)나라는 서주(西周)·동주(東州)를 합쳐 기원전 11세기 중반부터 기원전 256년까지 약 800년을 존속하였다.

259 삼천……마당일세 : 《예기》 〈예기(禮器)〉에 "기본적인 예의가 3백 가지요, 세세한 예절이 3천 가지인데, 그 정신은 하나이다.〔經禮三百, 曲禮三千, 其致一也.〕"라고 하였다. 《소대례(小戴禮)》는 《예기》의 별칭이다.

두 서울[260]의 반고와 사마천은 문장이 성대했네　　兩京班馬盛文章
아침과 낮에 경전과 역사서 공부하고도　　午朝工課猶經史
을야[261]에 다시 책[262]에 정신을 쏟네　　乙夜精神更縹緗
마침내 녹문에 이르러 음악을 펼치고[263]　　遂到鹿門張皷吹
어슴푸레 맹단(盟壇)에서 의상을 걸치고 회맹하는 모습을 보네[264]　　恍看牛坫匝衣裳

260 두 서울 : 서한(西漢)의 수도인 장안(長安)과 동한(東漢)의 수도인 낙양(洛陽)인데, 여기에서는 서한과 동한을 가리킨다. 사마천과 반고가 각각 서한과 동한 때의 사람이므로 이렇게 말한 것이다.

261 을야(乙夜) : 하룻밤을 시간에 따라 5등분한 오야(五夜)의 두 번째인 오후 9시에서 오후 11시까지의 시간으로, 오경(五更) 중의 이경(二更)과 같다. 을야는 임금이 정무를 마치고 자기 전까지 독서하는 시간이라 하여 임금이 밤에 독서하는 것을 '을야지람(乙夜之覽)'이라고 하기도 한다.

262 책 : 원문은 '표상(縹緗)'으로 담청색과 담황색이란 뜻인데 책을 가리킨다. 옛날에 주로 이 색깔의 천으로 책 주머니와 책표지를 만든 데에서 유래한 말이다.

263 마침내……펼치고 : 정조가 《팔가수권》을 저술하여 당송팔대가 문장의 핵심을 망라하였음을 비유한 것이다. 녹문(鹿門)은 명나라의 문인 모곤(茅坤)의 호인데, 여기에서는 그가 《당송팔대가문초(唐宋八大家文鈔)》를 편찬하였으므로 당송팔대가의 문장을 가리킨 것이다.

264 어슴푸레……보네 : 원문의 '우점(牛坫)'은 고대 중국 제후 간의 회맹이 이루어지던 단(壇)인데, 여기에서 제후들이 희생(犧牲)으로 쓸 소의 귀를 잘라서 낸 피를 입술에 바름으로써 신의를 지킬 것을 맹세했다. 여기에서 어느 집단 특히 문단의 우두머리가 되는 것을 뜻하는 '소의 귀를 잡는다.〔執牛耳〕'라는 표현이 유래했다. 의상을 걸쳤다는 것은 예의와 신의에 바탕하여 맹약하는 것을 말한다. 《춘추곡량전(春秋穀梁傳)》 장공(莊公) 27년에 "의상의 모임은 열한 번 있었는데, 일찍이 피를 마시는 맹약을 한 적이 없었고 신의와 두터운 덕으로 한 것이었다.〔衣裳之會十有一, 未嘗有歃血之盟也, 信厚也.〕"라고 한 데에서 유래하였다. 여기에서는 두 표현 모두 정조가 《팔가수권》을 저술함으로써 조선 문단에서 고문(古文)의 회복을 주창(主唱)하였음을 비유한 것이다.

이에 직간(直諫)은 육지를 가장 추앙했음을 알겠으니 從知直諫先推陸
본디 종신이 당나라에 있었음이라 自是宗臣盖有唐
산정하고 기술함은 오로지 성인의 궤범을 남기는 것이 중요하거니와[265] 删述秖要存聖軌
최초로 한 획을 그음은 복희씨를 뒤따름이네[266] 源頭一畫跡羲皇

화답시

한 줄기 유학 발원이 장구하니 斯文一派發源長
가득한 원기에 많은 묘리(妙理) 감춰져 있네 元氣沖融衆妙藏

265 산정(删定)하고……중요하거니와 : 산정하고 기술한다는 것은 본래 공자가 《시경》을 산삭(删削)하고 《서경》을 편차한 일과 스스로 저술함에 '기술하되 짓지 않는다.〔述而不作〕'라고 원칙을 밝힌 것을 가리키는 말이며, 전대의 문헌을 바탕으로 저술하는 것을 의미하기도 한다. 그리고 이 구절은 주희의 〈재거감흥(齋居感興)〉의 "노나라 공씨 노인 어찌 일정한 스승이 있었으랴, 산정하고 기술한 데 성인의 궤범이 남아 있는 것을.〔魯叟何常師? 删述存聖軌.〕"이라고 한 것을 차용한 것이다.

266 최초로……뒤따름이네 : 정확한 의미는 미상이다. 복희씨(伏羲氏)는 삼황(三皇)의 한 사람으로 팔괘를 처음 만들어 《주역》의 시원(始原)을 열었다. 정조 때 내각직제학 겸 성균관대사성(內閣直提學兼成均館大司成)을 지낸 이만수(李晩秀)는 정조로부터 하사받은 《사부수권》에, "마지막 구절에 '최초로 한 획을 그음은 복희씨를 뒤따름이네.'라고 하였으니, 이는 성상의 뜻이 박문약례(博文約禮)의 가르침에서 이 책으로 멀리 용마(龍馬)의 점괘의 대통(大統)을 이으신 것이다.〔結句曰: "源頭一畫跡羲皇.", 盖聖意在於博文約禮之敎, 而以是書遠接龍繇之大統也.〕"라고 적은 바 있다. 《屐園遺稿 卷2 御定手圈識》

규수와 벽수[267] 하늘에 달려 빽빽하게 형상을 이루고

奎壁麗天森有象

하도와 낙서[268] 상서를 바치니 교화가 끝이 없어라 圖書呈瑞化無方

성인이 걸출하게 나와 기수와 미수 사이[269]에 있으니

聖人首出當箕尾

문자를 마음으로 전수함은 태호와 창힐로 거슬러 올라가네[270]

文字心傳遡皥蒼

옥두와 주형[271] 우주를 마름질하고 玉斗珠衡裁宇宙

천경지위의 도로 삼강사유 붙들었네[272] 天經地緯絜維綱

267 규수(奎宿)와 벽수(壁宿) : 이십팔수 중 두 별자리로 문운(文運)을 주관하는 별자리이다.

268 하도(河圖)와 낙서(洛書) : 하도는 복희씨 때 황하(黃河)에서 나온 용마(龍馬)가 등에 지고 있었다는 그림으로 복희씨가 이를 보고 팔괘를 만들었다고 하며, 낙서(洛書)는 우(禹) 임금 때 낙수(洛水)에서 나온 거북이의 등에 새겨져 있었다는 무늬로, 홍범구주의 기원이 되었다고 한다.

269 기수(箕宿)와 미수(尾宿) 사이 : 이십팔수 중 두 별자리로 동방의 분야에 해당하는 별자리인데, 여기에서는 조선을 가리킨다.

270 문자를……올라가네 : 조선이 유구한 중국 문명의 전통을 이었음을 말한 것이다. 태호(太皥)는 태호(太昊)와 통하는데, 삼황의 한 사람인 복희씨로 팔괘를 처음으로 만들었으며, 창힐(蒼頡)은 황제(黃帝)의 신하로 새의 발자국을 보고 최초로 한자(漢字)를 만들었다는 인물이다. 이 두 사람은 중국 한자문명의 시조(始祖)에 해당한다.

271 옥두(玉斗)와 주형(珠衡) : 북두칠성의 세 번째, 네 번째 별이다. 당나라 왕발(王勃)의 〈익주부자묘비(益州夫子廟碑)〉에, "주형과 옥두는 하늘에서 천상(天象)과 성수(星宿)의 이치를 나타내고, 웅크린 범과 서린 용은 땅에서 바람과 구름을 모은다.〔珠衡玉斗, 徵象緯於天經, 虎踞龍蹲, 集風雲於地紀.〕"라고 하였다.

272 천경지위(天經地緯)의……붙들었네 : 천경지위의 도는 천지간에 존재하는 절대불변의 도리를 뜻하는데, 예(禮)를 가리킨다. 《춘추좌씨전(春秋左氏傳)》 소공(昭公)

창을 잡고 백왕의 방을 오르내리고[273] 操戈上下百王室
고삐를 곧게 펴고 삼례의 마당을 종횡무진 直轡縱橫三禮場
여러 성인 은미한 말씀 아직 땅에 떨어지지 않았고 群聖微言未墜地
두 서울의 훌륭한 역사 성대하게 문장을 이루었네 二京良史紛成章
한 사람 육씨의 경륜은 문채가 빛났고 經綸一陸明絺繡
여덟 대가의 문장은 서책에 배열되었네 辭藻八家排素緗
홀로 낙민[274]의 높은 도통을 높였고 獨闡洛閩尊統緖
거듭 추로[275]의 빛나는 의관 되돌렸네 重回鄒魯賁冠裳
크구나 필삭함에 사수를 이어받았고[276] 大哉筆削承洙泗

25년에 "예란 상하 간의 벼리요 천지의 날실과 씨실이다.〔禮, 上下之紀, 天地之經緯也.〕"라고 하였다. 삼강사유(三綱四維)는 유교적 인륜질서의 기본적인 강령과 원칙으로, 군위신강(君爲臣綱)·부위자강(父爲子綱)·부위부강(夫爲婦綱)의 삼강(三綱)과 예(禮)·의(義)·염(廉)·치(恥)의 사유(四維)를 가리킨다.

273 창을……오르내리고 : 정조가 역사서를 읽으며 성군(聖君)들에 대해 비평하였음을 말한 것이다. 창을 잡는다는 것은 후한(後漢)의 하유(何休)가 공양학(公羊學)에 심취하여 저술한《공양묵수(公羊墨守)》·《좌씨고황(左氏膏肓)》·《곡량폐질(穀梁廢疾)》을 정현(鄭玄)이 《발묵수(發墨守)》·《침고황(鍼膏肓)》·《기폐질(起廢疾)》을 지어 반박하자 하휴가 보고 탄식하기를 "강성(康成)은 내 방에 들어와 내 창을 들어 나를 치는가?〔康成入吾室, 操吾戈以伐我乎?〕"라고 했다는 '조과입실(操戈入室)' 고사를 인용한 것이다.

274 낙민(洛閩) : 이정(二程) 형제와 주자(朱子)의 학문을 가리킨다. 낙(洛)은 낙양(洛陽)이고, 민(閩)은 복건(福建) 지방인데, 송나라의 유학자 정호(程顥)·정이(程頤) 형제가 낙양 출신이고 주희(朱熹)가 복건의 건양(建陽)에 우거한 적이 있기 때문에 이렇게 칭한다.

275 추로(鄒魯) : 맹자의 고향인 추(鄒)와 공자의 고향인 노(魯)나라를 가리키는 말로, 예교(禮敎)가 퍼진 고장을 가리킨다.

276 크구나……이어받았고 : 정조가 여러 서적을 추려 편찬하고 손수 권점한 것이

작구나 규모는 한과 당을 누추하게 여기네　　　　小矣規模陋漢唐
빛나는 사업 간책에 드리우고　　　　事業煌煌垂簡策
천고의 문장 절충하라고 인재들에게 조서를 내리시네
折衷千古詔思皇

공자의 엄정한 춘추필법(春秋筆法)을 본받았음을 말한 것이다. 필삭(筆削)이란 기록할 것은 기록하고 삭제할 것은 삭제한다는 말로, 역사서를 저술하는 것을 뜻한다. 《사기》 〈공자세가(孔子世家)〉에 "《춘추》를 저술함에 기록할 것은 쓰고 삭제할 것은 삭제하여, 자하 등의 문도들이 한 마디도 보태지 못하였다.〔至於爲春秋, 筆則筆, 削則削, 子夏之徒不能贊一辭.〕"라고 한 데에서 온 말이다. 사수(泗洙)는 공자가 제자들을 모아 강학한 곳인 사수(泗水)와 수수(洙水)로, 공자를 가리킨다.

성상께서 경봉각에 제하신 시의 운에 삼가 화답하다[277]

賡和謹題敬奉閣詩韻

경봉각은 예전에 양궐(兩闕)[278]의 괴원(槐院)[279]에 있었는데, 황조(皇朝)의 고칙(誥勅)을 봉장(奉藏)한 곳이었다. 기미년(1799, 정조23) 가을에 황단(皇壇)[280] 서쪽으로 옮겨 세우고 고칙을 옮겨 봉장한 뒤

277 성상께서……화답하다 : 경봉각은 중국 황제의 위패(位牌)와 어필(御筆), 고문(誥文)과 칙서(勅書) 등을 보관하기 위해 만든 전각이다. 1770년(영조46)에 경희궁(慶熙宮)과 창경궁(昌慶宮)의 승문원(承文院) 옆에 전각을 두고 영조가 직접 쓴 경봉각과 흠봉각(欽奉閣)이라는 현판을 걸었으며, 본래 명(明)·청(淸) 구분 없이 중국 황제로부터 받은 문서를 보관하던 것을 1774년(영조50)에 경봉각 옆에 봉안각(奉安閣)을 마련하여 청나라의 칙서는 따로 보관하도록 하였다. 1799년에 정조는 무너진 승문원 건물 옆에 전각만 남아 있어 보기 좋지 않다며 철거하고, 창덕궁 후원의 황단 서쪽에 새로 전각을 짓고 영조가 썼던 경봉각과 흠봉각의 편액을 안팎으로 걸었다. 《承政院日記 英祖 45年 12月 4日, 46年 潤5月 25日, 7月 20日》《英祖實錄 46年 7月 12日》《正祖實錄 23年 7月 21日》

정조는 경봉각을 명나라 황제를 제사 지내는 황단 옆으로 이건(移建)하면서 임진왜란 때 원군을 보내 나라를 보전해준 명나라의 은혜를 상기하였다. 이계 역시 정조의 이러한 마음에 화답하여, 명 신종의 은덕은 미물에게도 미치고 천지가 다 아는 바라며 칭송하고, 중화 문명이 남아 있는 마지막 나라, 즉 소중화(小中華)로서 조선에 대한 자부심을 드러내었다. 평성 '호(豪)'운의 측기식 수구용운체 칠언율시이다.

278 양궐(兩闕) : 창경궁과 경희궁을 가리킨다.

279 괴원(槐院) : 승문원의 이칭이다.

280 황단(皇壇) : 대보단(大報壇)이라고도 하며, 명 태조(明太祖)·명 신종(明神宗)·명 의종(明毅宗)에게 제사 지내기 위해 건축한 제단이다. 명 신종은 임진왜란 때 조선에 원군을 보내준 천자로, 이에 제사를 지내는 것은 청나라에 대한 불복의 의미가 내포된

에, 어제시를 내려 화답하여 바치라고 명하셨다.

어제시

강한이 만 리 파도 이는 바다로 흐르니[281] 江漢朝宗萬里濤
황제의 은혜 드넓어 역사서[282]에 적혀 있지 皇恩浩蕩注麟毫
당나라 요 임금과 나란히 섬에 산하가 공고하고[283] 唐堯幷立山河鞏
주나라 후직이 거듭 빛남에 일월처럼 드높아라[284] 周稷重光日月高

것이다. 1704년(숙종30) 1월에 숙종이 발의하여 예조 판서 민진후(閔鎭厚)의 의견에 따라 금원(禁苑)의 옛 내빙고(內氷庫) 터에 짓기 시작하였고, 이해 12월 21일에 완성하였다. 매년 2월 상순에 제사를 행했으며, 갑오경장(甲午更張) 이전까지 계속되었다.

281 강한(江漢)이……흐르니 : 강한은 장강(長江)과 한수(漢水)이다. 《서경》〈하서(夏書) 우공(禹貢)〉에 "강수와 한수가 바다로 조종(朝宗)한다.〔江漢朝宗于海〕"라고 하였는데, 여기서 '조(朝)'는 제후가 봄에 천자에게 조회하는 것이고 '종(宗)'은 여름에 조회하는 것으로 이는 강물이 바다로 흘러가는 것을 제후가 천자에게 조회하는 것에 비유한 것이다. 여기에서는 조선이 명나라를 받드는 것이 끊임없이 바다로 흘러가는 강물처럼 한결같음을 나타내기 위해 한 말이다.

282 역사서 : 원문은 '인호(麟毫)'인데, '인(麟)'은 기린, '호(毫)'는 붓으로 본래 공자가 기린이 잡혔다는 소식을 듣자 절필(絶筆)한 역사서인 《춘추》를 가리킨다. 여기에서는 역사서라는 의미로 사용되었다.

283 당(唐)나라……공고하고 : 우리나라가 중국과 대등할 정도로 오랜 기간 역사를 지켜온 나라임을 말한 것이다. 《삼국유사》 권1 〈기이(紀異) 고조선(古朝鮮)〉에 "당나라 요 임금이 즉위한 지 50년째인 경인년에 평양성에 도읍하여, 비로소 조선이라 칭했다.〔以唐高卽位五十年庚寅都平壤城, 始稱朝鮮.〕"라고 하였다.

284 주(周)나라……드높아라 : 후직(后稷)은 순(舜) 임금의 신하로 농사를 관장하였으며 주(周)나라의 시조이기도 하다. 이 구절은 명나라의 번국(藩國)인 조선이 명나라의 구원 덕에 임진왜란 속에서도 나라를 보존한 것을 비유한 것이다.

초목도 모두 지금의 접역[285]을 알고 草木皆知今鰈域
바람과 구름은 아직도 옛 곤룡포를 두르고 있네 風雲猶帶舊龍袍
별빛이 감도는 북원[286]의 새로 지은 경봉각 바라보니
昭回北苑瞻新構
우리 동방에 백세토록 전할 적도[287]를 받들었구나 百世吾東奉赤刀

화답시

토벌하던 황제의 위세 바다의 파도[288]를 가라앉혔고 撻伐皇威靜海濤
넘어짐을 지탱한 황제의 힘 추호에까지 미쳤네 扶顚帝力及秋毫
벌레와 고기[289]도 낳고 이루어주는 은택에 아울러 길러지고
蟲魚幷育生成澤

285 접역(鰈域) : '접(鰈)'은 가자미로, 《이아(爾雅)》 〈구부(九府)〉에 "동방에 눈이 나란한 물고기가 나니 두 마리가 나란히 몸을 맞대지 않으면 다니지를 못한다. 그 이름은 '접'이라고 한다.〔東方有比目魚焉, 不比不行. 其名謂之鰈.〕"라고 하였다. 예부터 중국에선 우리나라에 가자미가 많이 난다고 하여 우리나라를 접역이라고 불렀다.

286 북원(北苑) : 창덕궁 후원(後苑)의 별칭이다. 금원(禁苑)·비원(秘苑) 등으로도 불렀다.

287 적도(赤刀) : 주 무왕이 주(紂) 임금을 정벌할 때 사용한 보검으로, 《서경》 〈주서(周書) 고명(顧命)〉에 주 성왕(周成王)이 죽었을 때 보물을 진열한 것을 묘사하며 "옥을 5중으로 진열하고 보물을 진열하니, 적도·대훈(大訓)·홍벽(弘璧)·완염(琬琰)은 서쪽 행랑에 있고 대옥(大玉)·이옥(夷玉)·천구(天球)·하도(河圖)는 동쪽 행랑에 있었다.〔越玉五重陳寶, 赤刀大訓弘璧琬琰在西序, 大玉夷玉天球河圖在東序.〕" 하였다. 여기에서는 명나라 천자가 남긴 보물이라는 의미로 사용하였다.

288 바다의 파도 : 바다를 건너와 조선을 침략한 무리, 즉 왜적을 가리킨다.

289 벌레와 고기 : 미물을 뜻한다.

삼광 오악[290]이 하늘[291]의 높음을 다투어 보네　　光岳爭瞻覆燾高
북원에 백년토록 고칙을 보관하고　　北苑百年藏誥勑
동한 삼천리가 유독 갓과 도포를 지켜오네　　東韓千里獨冠袍
볼지어다 중국 유민의 문집을　　須看中土遺民集
고려 사신의 칼에 눈물 훔쳤다네　　揮涕高麗使者刀

고(故) 상신(相臣) 정재숭(鄭載嵩)[292]이 부친을 따라 연경(燕京)에 갔을 때 길에서 문사(文士) 위상(魏祥)[293]을 만나 패도(佩刀)를 주었는데, 위상

290 삼광(三光) 오악(五岳) : 삼광은 해〔日〕·달〔月〕·별〔星辰〕이고 오악은 태산(泰山)·숭산(崇山)·형산(衡山)·화산(華山)·항산(恒山)으로, 천지(天地)를 가리킨다.

291 하늘 : 원문은 '복도(覆燾)'인데, '도(燾)'는 '도(幬)'와 통용해 쓴 것으로 만물을 덮어주고 감싸주는 하늘을 의미한다. 《중용장구》 제30장에 "비유하자면 천지가 모든 것을 부지하고 받쳐주며 모든 것을 덮어주고 감싸주는 것과 같고, 비유하자면 사계절이 번갈아 행해지며 해와 달이 번갈아 빛나는 것과 같다.〔辟如天地之無不持載, 無不覆幬, 辟如四時之錯行, 如日月之代明.〕"라고 한 데에서 유래하였다.

292 정재숭(鄭載嵩) : 1632~1692. 본관은 동래(東萊), 자는 자고(子高), 호는 송와(松窩)이다. 1660년(현종1) 식년 문과에 병과로 급제하여 지평(持平)·정언(正言)·수찬(修撰)·개성 유수(開城留守)·한성부 판윤(漢城府判尹)·대사간·병조 판서 등을 거쳤다. 1685년(숙종11)에 우의정에 올라 이듬해 진주사(陳奏使)로 청나라에 다녀온 뒤 노환으로 사직, 영중추부사(領中樞府事)가 되었다.

본문에서 언급한 사건은 그가 관계에 나아가기 전인 1662년(현종3)의 일이다. 이때 그의 부친 정태화(鄭太和)가 진주사(陳奏使)의 정사(正使)로 청나라에 다녀왔다.

293 위상(魏祥) : 1620~1677. 출신지는 강서(江西) 영도(寧都), 자는 선백(善伯), 호는 백자(伯子) 혹은 동방(東房)이다. 뒤에 제서(際瑞)로 개명하였다. 어려서부터 기억력이 좋았고 문장으로 이름을 날렸으며, 예악과 법률, 형정(刑政)과 법률(法律)을 심도 있게 연구하여 아우인 위희(魏禧)·위례(魏禮)와 함께 영도삼위(寧都三魏)라 일컬어졌다. 1677년(숙종3) 오삼계(吳三桂)의 난 때 청나라 장수 철이긍(鐵爾肯)의 명을 받아 오삼계의 부하 한대임(韓大任)에게 투항을 권고하다 죽임을 당했다. 저서로 《오잡

의 아들 세걸(世傑)의 문집에 실려 있는 〈고려도기(高麗刀記)〉에 보물로 간직하며 대대로 전한다고 한다.[294]

조(五雜俎)》가 있었으나 일실되었고, 문집으로 《위백자문집(魏伯子文集)》이 전한다.

294 위상이…… 한다 : 위세걸(魏世傑, 1645~1677)은 출신지는 강서 영도, 자는 홍사(興士) 혹은 재실(梓室)이다. 종제(從弟)인 위세효(魏世效)·위세엄(魏世儼)과 함께 문명(文名)이 있어 소삼위(小三魏)라고 일컬어졌다. 부친 위상이 한대임에게 살해당하자 숙부를 따라 달아났다가 부친의 시신을 수습하였다. 장례를 마친 뒤 칼로 목을 찔러 자결하려 하였는데, 주변 사람들이 붙들어서 못하게 막자 가슴을 주먹으로 치다가 건강을 해쳐 24일 만에 사망하였다. 문집으로 《재실문고(梓室文稿)》가 있다.

본문에서 언급한 〈고려도기〉의 내용은 이덕무(李德懋, 1741~1793)가 명나라의 유민들을 입전한 〈뇌뢰낙락서(磊磊落落書)〉에 발췌되어 있다. 1662년(숙종3) 위상은 영평역(永平驛)에서 조선 사신을 만나 밤새도록 이야기하고 패도를 선물로 받았는데, 이를 위세걸에게 주며 잘 보관하도록 하였다고 한다. 위세걸은 칼집에 싸여 있는 검의 모습에 궁벽한 지방에서 태어난 자신을 감정이입하여 자주 어루만지고 시험해보았다고 하며, 그때 부친을 모시고 고려 사신을 만나 이야기해보지 못한 것을 아쉬워했다고 한다. 《靑莊館全書 卷41 磊磊落落書 魏世傑》

헌릉을 배알하려고 할 적에 새벽에 배다리에 머무르며 예전 무자년의 시에 보운하여 지은 시의 운에 삼가 화답하다[295]

賡和將拜獻陵 曉次舟橋 步戊子前韻詩韻

영종 무자년(1768, 영조44)에 헌릉을 전알할 때, 상께서 세손으로서 어가를 모시셨다. 32년 뒤인 기미년(1799, 정조23) 가을 9월에 다시 본릉(本陵)에 거둥하셨는데, 예전 무자년의 시에 보운하여 지은 어제시 두 수와 삼가 재실에 적으신 어제 율시 한 수를 내리며 화답하여 바치도록 명하셨다. 이는 조정에 있는 신하 중에 상께서 다시 이

295 헌릉을……화답하다 : 헌릉은 태종(太宗)과 원경왕후(元敬王后) 민씨(閔氏)의 능으로, 현재의 서울시 서초구 내곡동에 위치한다. 1768년 3월 21일에 영조는 세손이었던 정조의 수행을 받으며 광진(廣津)을 용주(龍舟)로 건너 헌릉에 나가 제사를 지냈다. 그로부터 31년이 지난 1799년 8월 19일에 정조는 다시 헌릉에 나아가 친제(親祭)를 올리기 위해 도성을 출발하여, 남관왕묘(南關王廟)에 들러 융복으로 환복하고 말에 올라 광진을 배다리로 건너 과천행궁(果川行宮)에 머물렀다. 정조는 이날 배다리를 건널 때 31년 전 영조를 수가(隨駕)하며 광진을 건널 때 지었던 시에 화운하여 칠언절구 1수와 칠언율시 1수를 내려 화답하게 하였다.《日省錄 英祖 44年 3月 21日》《日省錄 正祖 23年 8月 19日》

정조가 1768년에 지은 원시(原詩)는《홍재전서(弘齋全書)》권1〈춘저록(春邸錄)〉에〈강두청망(江頭晴望)〉과〈광진선상(廣津船上)〉이란 제목으로 수록되어 있다. 정조는 이 시에 화운하며 선왕 영조에 대한 그리움을 중점적으로 말하였고, 이계는 수가 행렬의 위풍당당한 모습과 거둥길에 보이는 가을 풍경, 30여 년 만에 임금을 다시 모시고 헌릉을 찾는 감회를 말하였다. 제1수는 평성 '지(支)'운의 칠언절구, 제2수는 평성 '선(先)'운의 측기식 수구용운체 칠언율시이다.

능에 거둥하시는 것을 우러러본 자가 고작 세 사람 남았고 신이 그중 한 사람이었기 때문이다.

어제시

어가가 맑은 가을에 백로 노니는 물가에 이르니	鑾蹕秋晴鷺水湄
강가 가득 적신 이슬[296]에 옛날을 생각하네	滿江濡露想前時
아련토다 무자년 춘삼월에	依然戊子春三月
십리에 배 띄우고 칠언시 지었지	十里船開七字詩
우림[297]의 깃발과 북 푸른 안개를 둘렀고	羽林旗鼓匝青煙
나루터의 용과 봉황 누각[298]에는 달이 하늘에 떴네	龍鳳津樓月上天

296 적신 이슬 : 원문은 '유로(濡露)'이다. 《예기》〈제의(祭義)〉에 "봄에 비와 이슬이 내려 축축하게 젖은 땅을 군자가 밟게 되면 반드시 섬뜩하게 느껴지는 마음이 들 것이니, 마치 금방이라도 부모님을 뵐 것 같아서이다.〔春雨露旣濡, 君子履之, 必有怵惕之心, 如將見之.〕"라고 하였는데, 여기에서는 이슬이 내린 강가에 오자 예전에 조부인 영조와 함께 전알하러 가던 때가 그리움을 말하기 위해 인용한 것이다.

297 우림(羽林) : 금군(禁軍)을 뜻한다. 한 무제(漢武帝) 때 농서(隴西)・천수(天水)・안정(安定)・북지(北地)・상군(上郡)・서하(西河) 여섯 고을의 양갓집 자제를 선발하여 건장궁(建章宮)에 숙위하게 하며 이를 건장궁위(建章宮衛)라고 불렀는데, 뒤에 나라의 우익이 되기를 무성한 숲처럼 하라는 의미에서 이름을 우림기(羽林騎)로 고쳤다. 조선시대에도 금군(禁軍) 3위(衛)의 하나로 우림위(羽林衛)를 두었다.

298 나루터의……누각 : 용양봉저정(龍驤鳳翥亭)을 가리킨다. 현재의 서울특별시 동작구 본동에 있는 누정으로 현재 서울특별시 시도유형문화재 제6호로 지정되어 있으며, 축조 시기는 정조 연간으로 추정된다. 정조가 현륭원을 비롯한 한강 이남의 능묘(陵墓)를 전알하기 위해 노량진(鷺梁津) 혹은 광진을 건너고 나서 잠시 쉬거나 점심을

광릉[299] 봄 물결 너머를 다시 추억하고　　却憶廣陵春水外

창오산 아롱진 구름[300]가를 돌아보노라　　回瞻梧岫彩雲邊

역력한 등불은 강물소리에 일렁이고　　燈光歷歷江聲動

삼엄한 군기 들 빛에 이어졌네　　兵氣森森野色連

한강 나루 동남쪽에 소나무와 측백나무 길이 이어졌으니

漢渡東南松栢永

이때에 그리운 마음[301] 더욱 일어나네[302]　　此時孺慕更多情

먹는 장소로 이용되었고, 이 때문에 주정소(晝停所)라고 불리기도 하였다. 본래는 정문과 두어 채의 건물이 더 있었을 것으로 추정되나 소실되었다. 여기에서는 정조가 이날 용양봉저정 앞길을 경유하여 과천 행궁에 머물렀기 때문에 언급한 것이다. 《日省錄 正祖 23年 8月 19日》

299 광릉(廣陵) : 경기도 광주(廣州)의 별칭이다. 헌릉이 있던 현재의 서초구 내곡동 일대는 조선시대에 광주에 속했다. 《신증동국여지승람(新增東國輿地勝覽)》 〈경기(京畿) 광주목(光州牧)〉에서는 헌릉의 위치를, "주 서쪽 30리 대모산(大母山) 남쪽에 있다.〔在州西三十里大母山之陽〕"라고 하였다.

300 창오산(蒼梧山) 아롱진 구름 : 창오산은 순(舜) 임금이 남방을 순행하다가 사망했을 때 장사지낸 곳으로 왕의 능침을 뜻하는데, 여기에서는 헌릉을 가리킨다.

301 그리운 마음 : 원문은 '유모(孺慕)'로 마치 어린아이가 부모를 사모하듯이 돌아가신 부모를 간절히 그리워하는 마음을 뜻하는 말이다. 《예기》 〈단궁 하(檀弓下)〉에 "유자(有子)가 자유(子游)와 서 있었는데 어린아이처럼 부모를 사모하는 자를 보았다. 유자가 자유에게, '나는 항상 상례에 발을 구르는 이유를 알지 못하여 내 없애고자 한 지가 오래되었는데, 인정(人情)에 이 발을 구르는 것에 있는 까닭이 이것이구나.' 하였다.〔有子與子游立, 見孺子慕者, 有子謂子游曰: "予壹不知夫喪之踊也, 予欲去之久矣, 情在於斯, 其是也夫."〕"라고 한 데에서 온 말이다.

302 더욱 일어나네 : 한국문집총간본 《이계집》과 《이계선생삼편전서(耳溪先生三編全書)》에는 원문이 '경다정(更多情)'으로 되어 있는데, 《홍재전서》 권7 〈장배헌릉 효차주교 보무자전운 이지감회(將拜獻陵曉次舟橋步戊子前韻以志感懷)〉에는 '경다전(更多

화답시

천 명 관원 만 명 기수 강가에 서니 千官萬騎壓江湄
맑은 이슬 줄풀에 내린 팔월 무렵이라 白露香菰八月時
들판 가득한 황색 구름[303]은 으뜸 상서[304]를 바치고 滿野黃雲呈上瑞
농부들 노래는 다투어 누풍시[305]를 올리네 農謳爭獻屢豐詩

보배 일산 용 깃발[306] 새벽 안개를 떨치고 寶繖龍旂拂曉煙
중추의 달빛 강가 하늘에 가득해라 中秋月色滿江天
비휴[307]의 진영은 높은 산 밖에 이어지고 貔貅陣接喬山外
아관[308] 먼지는 한수 가에 맑아지네 鵝鸛塵淸漢水邊

前)'으로 되어 있다. 운자로 볼 때 《홍재전서》의 표기가 옳은 것으로 판단된다.

303 황색 구름 : 251쪽 주73 참조.

304 으뜸 상서 : 풍년이 들어 백성들이 양식 걱정을 하지 않는 것을 뜻한다. 소식(蘇軾)의 〈여지탄(荔支嘆)〉에 "비와 바람 순조로워 풍년이 들어야 할 것이니, 추위와 굶주림 면하는 게 백성의 최고의 복일지라.〔雨順風調百穀登, 民不飢寒爲上瑞.〕"라고 하였다.

305 누풍시(屢豐詩) : 나라가 안정되어 해마다 풍년이 드는 것을 노래하는 시이다. 《시경》〈주송(周頌) 환(桓)〉에 "만방을 편안하게 하시니, 여러 차례 풍년이 들도다.〔綏萬邦, 屢豐年.〕"라고 한 데에서 유래하였다.

306 용 깃발 : 244쪽 주55 참조.

307 비휴(貔貅) : 고양잇과 맹수의 일종으로 수컷을 '비(貔)', 암컷을 '휴(貅)'라고 한다. 옛날에 이를 길들여서 전쟁에 썼기 때문에, 용맹한 군사들을 가리키는 말로 쓰이게 되었다.

308 아관(鵝鸛) : 군진(軍陣)을 뜻한다. 《춘추좌씨전(春秋左氏傳)》 소공(昭公) 21년에 "정편은 관(鸛)을 사용하고자 하였고 그 전차를 모는 이는 아(鵝)를 사용하고자

백 리에 걸친 운하는 짙게 방울질 듯 百里雲霞濃欲滴
만 년 묵은 송백은 푸르게 이어졌네 萬年松栢翠相連
거룩하고 신묘하신 임금 왕업을 찬란하게 이으시니 聖神光繼無疆業
서른 해 전 성상의 문장을 다시 받잡네 奎藻重攀卅載前

하였다.〔鄭翩願爲鸛, 其御願爲鵝.〕" 하였는데, 두예(杜預)는 관과 아 모두 진법(陣法)이라 하였다.

공경히 헌릉의 재실에 적으신 시의 운에 삼가 화답하다[309]

賡和敬題獻陵齋室詩韻

어제시

땅이 종산[310]과 한수로부터 이어지니	地自鍾山漢水行
진룡의 형세[311]에 크게 경영하였네	眞龍體勢大經營
서른 해 전의 예식은 오늘 아침에 다시 거행되고	禮三十載今朝又
팔천 년의 기업[312]은 지난밤에 송축하여 노래하였네	基八千年宿夜聲

309 공경히……화답하다 : 이 작품은 정조가 1799년(정조23) 8월 19일에 헌릉의 제사를 마치고 재실(齋室)로 돌아와 내린 시에 화답한 것으로, 역시 정조가 31년 전에 지은 시에 화운한 것이며 원시는 《홍재전서》 권1 〈춘저록〉에 〈배가예헌릉경숙(陪駕詣獻陵經宿)〉이란 제목으로 수록되어 있다. 이계는 이 시를 통해 제사를 거행할 때의 엄숙함을 묘사하였고, 30년 만에 임금을 모시고 헌릉에 제사를 올린 감회를 말하며 조선 왕조의 무궁한 국운을 기원하였다. 평성 '경(庚)'운의 평기식 수구용운체 칠언율시이다.

310 종산(鍾山) : 중국 남경(南京)의 동북쪽에 있는 자금산(紫金山)인데, 여기에서는 북한산(北漢山)을 가리킨다.

311 진룡(眞龍)의 형세 : 풍수(風水)에서 생기(生氣)가 산줄기를 타고 흐르는 것을 용 혹은 용맥(龍脈)이라고 한다. 용맥 중에서도 형세가 수려한 조종산(祖宗山)에서 끊이지 않고 힘찬 기세로 내려오고 주위의 산들과 조화를 이루고 있는 것을 진룡이라고 하고, 그렇지 않은 것을 가룡(假龍)이라고 한다.

312 팔천 년의 기업(基業) : 무궁하게 이어질 조선의 왕업을 뜻한다. 태조(太祖) 이성계(李成桂)가 잠저(潛邸)에 있을 때 어떤 사람이 지리산(智異山)의 석벽(石壁) 속에서 비서(秘書)를 발견하여 바쳤는데, 비서에 "조선은 대(代)로는 8백 대, 해로는 8천 년 동안 이어질 것이다.〔朝鮮卜世八百, 卜年八千.〕"라고 적혀 있었다고 한다. 《三峯集

바다에 닿는[313] 풍성한 공은 근본에 따른 것이고　薄海豐功仍本本
하늘을 받든 큰 덕은 생생[314]한 것이라　承天大德曰生生
제례를 올림에 어슴푸레[315] 어디에서 혼령을 뵐꼬　周旋僾僾於何覿
상서로운 해 가을 하늘에 뜨니 만 리가 맑구나　瑞日秋天萬里淸

화답시

용양봉저정에서 옥로 탐에[316] 군대 행렬 출발하니[317]　龍驤玉輅啓戎行
즐비한 막사 모래펄에 물을 끼고 군영을 이뤘네　萬幕平沙夾水營

卷2 受寶籙》

313 바다에 닿는 : 원문은 '박해(薄海)'로, 바다 안팎의 광대한 지역 즉 온 누리를 뜻한다.

314 생생(生生) : 천지가 음양의 순환을 통해 만물을 끊임없이 낳음을 뜻하는데, 여기에서는 백성들을 생육(生育)해준 태종의 공덕을 비유하였다. 《주역》〈계사전 상(繫辭傳上)〉에 "낳고 낳음을 역(易)이라 한다.〔生生之謂易〕"라고 한 데에서 유래한 말이다.

315 어슴푸레 : 원문은 '애애(僾僾)'로, 사모하는 마음과 정성이 간절하여 죽은 사람의 영혼이나 모습이 보이는 듯한 모양을 나타내는 의태어이다. 《예기》〈제의(祭義)〉에, "제삿날에 사당에 들어가면 반드시 어슴푸레 그 신위에서 모습을 보고, 두루 돌고서 문을 나오면 반드시 엄숙하게 그 거동 소리를 들으며, 문을 나와서 들으면 반드시 개연하게 탄식하는 소리를 듣는다.〔祭之日, 入室, 僾然必有見乎其位, 周還出戶, 肅然必有聞乎其容聲, 出戶而聽, 愾然必有聞乎其歎息之聲.〕"라고 하였다.

316 용양봉저정에서 옥로(玉輅) 탐에 : 용양봉저정은 325쪽 주298 참조. 옥로(玉輅)는 고대에 임금이 타던 옥으로 장식한 수레이다.

317 군대 행렬 출발하니 : 원문은 '계융행(啓戎行)'으로, 《시경》〈소아(小雅) 유월(六月)〉에 "큰 병거(兵車) 열 대로 먼저 길을 떠나도다.〔元戎十乘, 以先啓行.〕"라고 한 것을 인용한 것이다. 여기에서는 정조의 어가와 호위하는 부대가 출발하는 모습을 비유한 것이다.

해가 교산[318]에 뜨니 구름에는 광채가 어리고　日出喬山雲有色
바람이 거둥길에 산들 부니 새들은 지저귀지 않네　風微輦路鳥無聲
만 년에 통서(統緖)를 드리우니 공이 더욱 원대할 것이요
萬年垂統功逾遠
삼십 년 만에 광화를 뵈니 감회가 다시 생겨나네　卅載覲光感更生
오직 무자년에 따르던 신하 지금은 백발이 되었으니
惟戊從臣今白髮
삼가 아름다운 송시(頌詩) 올림에 심장하기가 맑은 바람 같네[319]
恭將嘉頌穆如淸

318 교산(喬山) : 교산(橋山)이라고도 하는데, 황제(黃帝)가 묻힌 곳이다. 여기에서는 헌릉(獻陵)을 비유하였다.

319 삼가……같네 : 《시경》 〈대아(大雅) 증민(烝民)〉에 "길보(吉甫)가 송시(誦詩)를 지으니 심장하기가 맑은 바람 같도다.〔吉甫作誦, 穆如淸風.〕"라고 하였다. 여기에서 이계는 선왕을 그리워하는 정조의 마음을 헤아리고 조선의 왕업이 오래도록 이어가기를 바라는 깊은 뜻을 담았음을 말하기 위해 이 구절을 인용하였다.

정성왕후의 만사[321] 정축년(1757, 영조33)

貞聖王后輓詞 丁丑

큰 나라에 지금 하늘에 비길 여인 있으니[322] 大邦今俔妹

320 〈애만록(哀輓錄)〉은 이계가 지은 애사(哀詞)와 만사(輓詞)를 수록한 것이다. 애사와 만사의 주인공은 영조와 정조를 비롯한 왕족들, 조정의 선후배, 자각시사(紫閣詩社)의 동인(同人) 등 다양하며, 이를 통해 이계의 생애와 인간관계를 간접적으로 살필 수 있다. 총 23제(題) 71수(首)이다.

321 정성왕후의 만사 : 정성왕후(貞聖王后, 1692~1757)는 영조(英祖)의 비(妃)로 성은 서씨(徐氏), 본관은 달성(達城), 휘호(徽號)는 단목장화(端穆章和), 시호는 혜경장신강선공익인휘소헌단목장화정성왕후(惠敬莊愼康宣恭翼仁徽昭獻端穆章和貞聖王后), 능호는 홍릉(弘陵)이다. 1704년(숙종30)에 연잉군(延礽君)이던 영조(英祖)와 혼인하여 달성군부인(達城君夫人)으로 봉해졌고, 1721년(경종1) 영조가 왕세제로 책봉됨에 따라 세제빈(世弟嬪)이 되었다가 1724년(영조 즉위년)에 영조가 즉위하자 왕비가 되었다. 소생(所生)이 없었으나 후궁 영빈 이씨(暎嬪李氏)가 낳은 사도세자(思悼世子)를 무척 아꼈고, 1757년에 창덕궁(昌德宮) 관리각(觀理閣)에서 사망하였다. 평성 '진(眞)'운의 평기식 수구불용운체 오언배율이다.

322 큰……있으니 : 《시경》〈대아(大雅) 대명(大明)〉에 "큰 나라에서 따님을 두셨으니, 하늘에 비할 여인이로다.〔大邦有子, 俔天之妹.〕"라고 하였는데, 이는 주 문왕(周文王)의 후비(后妃)인 태사(太姒)의 덕을 칭송한 것이다. 여기에서는 정성왕후가 일찍부

일찍이 왕실의 빈(嬪)이 되었지 京室早于嬪
잠룡 시절[323]에 경사를 길러냈고 慶毓龍潛際
적불 탈 때[324] 위의가 드높았네 儀尊翟御辰
옥을 울리며 장락궁[325]에서 모셨고 鳴璜侍長樂
거문고 타며 대궐에서 벗했네[326] 調瑟友中宸
해와 짝하니[327] 문장이 환히 빛나고 儷日文章煥
건도를 받드니[328] 은택이 고루 적셨네 承乾雨露均
선원전[329]의 감회를 매양 품었고 每懷璿殿感

터 왕가의 배필이 될 만한 덕을 가지고 있었음을 비유한 것이다.

323 잠룡(潛龍) 시절 : 《주역》 〈건괘(乾卦) 초구(初九)〉에 "못에 잠긴 용이니 쓰지 말아야 한다.〔潛龍, 勿用.〕"에서 온 말로, 아직 제때를 만나지 못한 영웅이나 왕위에 오르지 못한 왕자를 가리키며, 여기에선 영조의 세제(世弟) 시절을 가리킨다.

324 적불(翟茀) 탈 때 : 정성왕후가 영조에게 시집온 때를 가리킨다. 위 장공(衛莊公)이 장강(莊姜)을 아내로 맞아들일 때 위나라 백성들이 장강의 모습을 보고 "네 필 수말 건장하고 붉은 재갈도 선명한데 적불을 다고 조회하니, 대부들은 일찍 물러나 임금을 수고롭게 하지 말라.〔四牡有驕, 朱幩鑣鑣, 翟茀以朝, 大夫夙退, 無使君勞.〕"라고 노래하였는데, 적불은 앞뒤에 가리개를 설치하고 꿩의 깃털로 장식한 수레로 부녀자가 타는 수레이다. 《詩經 衛風 碩人》

325 장락궁(長樂宮) : 288쪽 주171 참조.

326 거문고……벗했네 : 영조와 정성왕후의 금슬이 좋았음을 말한다. 《시경》 〈주남(周南) 관저(關雎)〉에 "들쭉날쭉한 마름풀을 좌우로 취하여 가리도다. 요조숙녀를 거문고와 비파로 친히 하도다.〔參差荇菜, 左右采之. 窈窕淑女, 琴瑟友之.〕"라고 한 데에서 취한 표현이다.

327 해와 짝하니 : 원문은 '려일(儷日)'이다. 하늘의 해와 짝이 된다는 말로, 임금의 배필이 되었음을 비유하는 말이다.

328 건도(乾道)를 받드니 : 건도는 하늘의 도로, 임금의 도리 혹은 임금을 가리키는 말이다. 건도를 받들었다는 것은 정성왕후가 영조를 잘 내조하였음을 말한다.

묘원의 제사를 게을리하지 않았네　匪懈廟園禋
몸소 갖은 어려움을 두루 겪었고　躬歷艱難備
하늘이 순수한 복록을 주어 편안하도다[330]　天綏福履純
규방에서 요순 같은 성인이었으니　閨房堯舜聖
왕가[331]에 자손이 무성하리　家壼子孫詵
주나라 궁궐의 새벽에 시선하였고[332]　視膳周宮曉
한나라 궁전의 봄에 엿을 물었네[333]　含飴漢殿春
말이 헤엄치는 용 같더라는 경계[334]를 단단히 하셨고　深存游馬誡

329 선원전(璿源殿) : 창덕궁에 있는 전각으로 조선 역대 왕과 왕후의 어진(御眞)을 봉안한 전각이다. 여기에서는 역대 왕과 왕후를 가리키는 말로 사용하였다.

330 하늘이……편안하도다 : 정성왕후가 인덕이 있고 질투가 없어 후궁들의 흠모를 받았음을 말한 것이다. 주 문왕의 후궁들이 후비인 태사의 덕에 감복하여 "남쪽에 가지가 늘어진 나무가 있으니 칡덩굴이 감겨 있도다. 즐거운 군자여, 복록으로 편안히 하도다.〔南有樛木, 葛藟纍之. 樂只君子, 福履綏之.〕"라고 노래한 데에서 취한 표현이다. 《詩經 周南 樛木》

331 왕가 : 원문의 '곤(壼)'은 궁중의 골목이란 뜻으로, '가곤(家壼)'은 왕실 혹은 왕가를 뜻하는 말이다. 《시경》 〈대아 기취(旣醉)〉에 "그 좋음은 무엇인고? 집안이 궁중의 길처럼 심원하고 엄숙하도다. 군자가 만년 동안 길이 복록과 자손을 주리라.〔其類維何? 室家之壼. 君子萬年, 永錫祚胤.〕"라고 한 데에서 유래한 말이다.

332 주(周)나라……시선(視膳)하였고 : 시선은 왕세자나 왕비가 아침저녁으로 임금의 수라상을 몸소 살피는 것을 뜻한다. 《예기》 〈문왕세자(文王世子)〉에 "수라를 올릴 때는 반드시 음식의 차고 따뜻한 절도를 살피셨고, 수라를 물리시면 드신 바를 물으셨다.〔食上, 必在視寒煖之節, 食下, 問所膳.〕"라고 한 데에서 유래한 절차이다.

333 한(漢)나라……물었네 : 288쪽 주172 참조. 여기에서는 정성왕후가 노년에 어린 정조와 정답게 놀며 한가롭게 지냈음을 말한 것이다.

334 말이……경계 : 왕후가 친정 식구들에게 검소하고 자중하라고 타이르는 것을 뜻한다. 후한(後漢) 장제(章帝)가 명덕황후(明德皇后) 마씨(馬氏)를 태후(太后)로 받들

닭 우는 소리 들리는 새벽에 자주 일어나셨지[335] 頻起聽鷄晨
한결같은 덕으로 황극에 참여하였고[336] 一德參皇極
열 사람 잘 다스리는 신하 중에도 부인이 있었네[337] 十臣有婦人
숨은 공덕 비록 드러나지 않으나 陰功雖寂默

어 극진히 모시자 태후에게 아부하려는 자들이 황제에게 태후의 형제들을 제후로 봉해주기를 청하였는데, 이에 태후는 "전에 탁룡문 곁으로 지나다가 보니, 친정집에서 문안하러 온 자들이 수레는 흐르는 물과 같고 말은 헤엄치는 용과 같았으며 노복들조차 녹색 토시를 하고 옷깃과 소매가 새하얗더라.〔前過濯龍門上, 見外家問起居者, 車如流水, 馬如遊龍, 倉頭衣綠褠, 領袖正白.〕"라고 하며 친정 형제들의 사치스러움을 꾸짖고 아첨꾼들의 청탁을 일갈한 데에서 유래하였다.《後漢書 卷10上 皇后紀 明德馬皇后紀》

335 닭……일어나셨지 : 왕비가 왕이 정사에 힘쓰도록 부지런히 내조하는 것을 말한다.《시경》〈제풍(齊風) 계명(鷄鳴)〉에 "닭이 이미 울었으니 조정에 신하들이 가득할 것이라더니, 닭이 운 것이 아니라 창승(蒼蠅)의 소리였도다.〔雞既鳴矣, 朝既盈矣, 匪雞則鳴, 蒼蠅之聲.〕"라고 한 데에서 유래하였다.

336 한결같은……참여하였고 : 정성왕후가 영조를 잘 내조하였음을 의미한다. 황극(皇極)은 임금이 세우는 정치의 표준이다. 기자(箕子)가 주 무왕(周武王)에게 베푼 가르침인 홍범구주(洪範九疇)에, "다섯 번째인 황극(皇極)은 임금이 정치의 표준을 세우는 것이니, 다섯 가지 복을 거두어 모아 백성들에게 베풀어주면 백성들 역시 그 표준을 준수하여 황극을 지켜줄 것이다.〔五皇極, 皇建其有極, 斂時五福, 用敷錫厥庶民, 惟時厥庶民, 于汝極, 錫汝保極.〕" 하였다.《書經 周書 洪範》

337 열……있었네 : 주 무왕(周武王)이 "나에게는 잘 다스리는 신하 열 사람이 있다.〔予有亂臣十人〕"라고 하였는데, 열 사람이란 주공 단(周公旦)·소공 석(召公奭)·태공망(太公望)·필공(畢公)·영공(榮公)·태전(太顚)·굉요(閎夭)·산의생(散宜生)·남궁괄(南宮适)과 주 문왕의 후비(后妃)인 태사(太姒)이다.《書經 周書 泰誓中》 공자는 이 말을 두고 "인재를 얻기 어렵다는 것이 정말이지 아니한가! 당우의 시대만이 지금보다 융성하였는데도, 열 사람 중에 부인이 끼어 있었고 남자는 아홉 사람뿐이었다.〔才難, 不其然乎? 唐虞之際, 於斯爲盛, 有婦人焉, 九人而已.〕"라고 하였다.《論語 泰伯》

현묘한 덕화(德化)가 절로 무르익도다 玄化自醲醇
황상의 길함[338]에 진실로 부합하니 允叶黃裳吉
빈번한 옥첩을 마침내 받았도다[339] 終膺玉牒頻
별은 돌아 거듭 갑자를 시작하고[340] 星回重甲子
만수무강 기원한 것은 옛날 임신년이라[341] 岡祝昔壬申
어머니의 모범으로 삼기를 임하고[342] 母範臨三紀
신령한 산가지는 일흔 해를 누렸도다[343] 靈籌嚮七旬

338 황상(黃裳)의 길함 : 《주역》 〈곤괘(坤卦) 육오(六五)〉에 "황색 치마이니, 크게 선하여 길하다.〔黃裳, 元吉.〕" 하였는데, 이는 음(陰)이 제왕의 자리인 오(五)에 거하면서 정도(正道)와 분수를 지키는 것을 의미한다. 여기에서는 정성왕후가 왕비로서 정도를 지켰음을 의미한다.

339 빈번한……받았도다 : 옥첩(玉牒)은 옥책(玉冊)으로, 왕이나 왕비의 존호(尊號)를 올릴 때 그 덕을 기리는 글을 새긴 옥 조각을 엮어 만든 책(冊)이다. 정성왕후는 1740년(영조16)에 혜경(惠敬), 1752년(영조28)에 장신(莊愼), 1756년(영조32)에 강선(康宣)이라는 존호를 받았다. 《英祖實錄 33年 3月 12日》

340 별은……시작하고 : 정성왕후가 환갑을 넘게 장수하였음을 뜻한다. 정성왕후는 1752년에 회갑을 맞았다.

341 만수무강……임신년이라 : 원문의 '강축(岡祝)'은 장수를 기원한다는 말로, 옛날에 임금의 장수를 기원할 때 "산과 같고 구릉과 같으리라.〔如岡如陵〕"라고 한 데에서 유래한 말이다. 《詩經 小雅 天保》 임신년은 1752년으로 정성왕후가 '장신(莊愼)'이라는 존호를 받은 때인데, 이때 영의정 김재로(金在魯) 등에게 축수를 받은 바 있다. 《英祖實錄 28年 5月 26日》

342 어머니의……임하고 : 정성왕후가 재위한 기간을 말한 것이다. 1기(紀)는 세성(歲星)이 한 바퀴 공전하는 12년으로 3이기는 36년이다. 정성왕후는 역대 조선의 왕비 중 재위 기간이 가장 긴 왕비로 1724년(영조 즉위년)에 왕비가 되어 1757년에 사망할 때까지 33년을 재위하였고, 세제빈으로 책봉된 1721년부터 계산하면 36년이 된다.

343 신령한……누렸도다 : 원문의 '영주(靈籌)'는 상대방의 많은 나이를 높여서 이르

능금 비녀 순식간에 참언(讖言)을 전하니[344] 柰簪俄報讖
계수나무 혼백이 홀연히 져 버렸네[345] 桂魄忽沉輪
견관[346]에는 시든 뽕잎 남아 있고 繭館餘殘葉
초도[347]는 어두운 먼지 속에 닫혀 있네 椒塗閉暗塵
어찰을 상자에 봉하여 남겼으니[348] 函封留御札
평생에 걸친 갱장의 사모[349]를 볼 수 있네 墻慕見終身
온 나라가 어머니를 잃은 듯하니 薄海如喪妣
왕후의 은혜 백성에게 스몄기 때문이라 慈恩蓋浹民

는 말로, 여기에서는 정성왕후의 보령(寶齡)을 가리킨다. 어원은 309쪽 주244 참조. 정성왕후는 향년 66세로, 일흔 살 가까이 살았기 때문에 이렇게 말한 것이다.

344 능금……전하니 : 정성왕후가 훙서(薨逝)하였음을 말한 것이다. 진 성제(晉成帝)의 황후인 두황후(杜皇后)가 죽기 전에 삼오(三吳)의 여자들이 머리에 흰 꽃을 비녀처럼 꽂아 멀리서 바라보면 마치 흰 능금나무 같았다고 한다. 이는 천공(天公)의 직녀(織女)가 죽었기 때문에 입은 것이라는 말이 전해졌는데, 이것이 두씨가 세상을 떠날 징조였다고 한다. 《晉書 卷32 后妃列傳 成恭杜皇后》

345 계수나무……버렸네 : 왕비가 훙서하였음을 말한 것이다. 계수나무 혼백은 달을 가리키지만 왕비를 비유하는 말로도 쓰인다.

346 견관(繭館) : 왕후가 직접 누에를 치던 잠실(蠶室)이다. 옛날에는 백성들에게 양잠(養蠶)을 권장하기 위해 왕후가 직접 누에를 치는 친잠(親蠶)이라는 제도가 있었다.

347 초도(椒塗) : 왕후의 처소를 뜻하며, 초방(椒房), 초위(椒闈), 초전(椒殿), 초각(椒閣)이라고도 한다. 산초는 열매가 많이 열리므로 왕후의 다산(多産)을 기원하며 왕후가 거처하는 궁전의 벽에 바르는 진흙에 섞은 데에서 유래한 말이다.

348 어찰(御札)을……남겼으니 : 영조가 지은 정성왕후의 행장(行狀)에, 정성왕후를 입관(入棺)하는 날에 어찰 및 입궐한 이후 사명(賜名)을 받은 문서를 모아서 봉한 것을 보고 정성왕후가 항상 선왕을 추모하였음을 알았다는 내용이 보인다. 《英祖實錄 33年 3月 12日》

349 갱장(羹墻)의 사모 : 239쪽 주43 참조.

난초 휘장[350] 적막해지자마자　蘭幃纔永閴
원추리 궁궐도 멀리 떠나버렸네[351]　萱掖又遐賓
백성들이여 아아 복이 없으니　黔首嗟無祿
푸른 하늘은 어찌 어질지 않으신가　蒼穹豈不仁
대궐은 펼쳐진 흰 휘장으로 구분되고　殿分開素幄
조정은 곡하는 많은 신하로 나뉘었네　庭別哭群紳
이달에 따스한 바람 부는데　是月溫風至
장추궁[352]의 장삿날[353]이 이르렀네　長秋遠日臻
산에는 금 사발[354]을 이어서 묻었고　山連金盌葬
꽃은 백옥난간에서 함께 돌아보며 감상하였네[355]　花共玉欄巡

350 난초 휘장 : 원문인 '난위(蘭幃)'는 '난액(蘭掖)' 혹은 '난규(蘭閨)', '난궁(蘭宮)'과 같은 말로 왕비가 거처하는 궁액(宮掖)을 뜻하며, 여기에서는 정성왕후를 가리킨다.

351 원추리……떠나버렸네 : 원문은 '훤액(萱掖)'인데, '훤(萱)'은 모친을 뜻하는 말로 289쪽 주176 참조. '액(掖)'은 궁궐 곁의 작은 건물을 뜻한다. 여기에서 원추리 궁궐은 인원왕후(仁元王后) 김씨(金氏)를 가리키는 말로, 정성왕후가 홍서한 뒤 불과 한 달 남짓 만에 인원왕후도 세상을 떠났으므로 이렇게 말한 것이다.

352 장추궁(長秋宮) : 한 고조(漢高祖)가 거처하던 궁전인데, 한 고조가 죽은 뒤에 태후(太后)가 거처하였다. 여기에서는 정성왕후를 가리킨다.

353 장삿날 : 원문은 '원일(遠日)'로 상례(喪禮)와 관련된 날을 뜻하는데, 여기에서는 정성왕후를 매장하는 날을 가리킨다. 《예기》 〈곡례 상(曲禮上)〉에 "날짜를 점쳐 정할 때에는 열흘 이후는 '먼 어느 날'이라고 하고, 열흘 이내는 '가까운 어느 날'이라고 한다. 상사에는 먼 날을 먼저 점치고, 길사에는 가까운 날을 먼저 점친다.〔凡卜筮日, 旬之外曰遠某日, 旬之內曰近某日. 喪事先遠日, 吉事先近日.〕"라고 한 데에서 유래한 말이다.

354 금 사발 : 죽은 사람과 함께 묻는 부장품을 뜻한다. 두보(杜甫)의 〈제장오수(諸將五首)〉 제1수에, "전날에 옥어를 장지(葬地)에 묻었는데, 일찍도 금 사발이 인간 세상에 나왔네.〔昨日玉魚蒙葬地, 早時金盌出人間.〕"라고 하였다.

혼령이 오르내리기에 멀지 않으리니　　陟降應無遠
아침저녁으로 행여 다시 뵐 수 있을까　　晨昏倘復親
아름다운 계책은 보묵[356]에서 징험되니　　芳猷徵寶墨
아름다운 시호를 옥돌에 새기네　　美謚勒貞珉
구운 돌[357]은 신령스러운 공덕을 거두었고　　鍊石神功斂
수의[358]는 검소한 뜻을 따랐네　　容衣儉志遵
자욱한 구름 속에 월어[359]를 옮기고　　雲迷移月御
우는 듯한 비 속에서 상여를 보내노라　　雨泣送靈輴

355 꽃은……감상하였네 : 세상을 떠난 정성왕후가 이미 천상에 올라 돌아올 수 없음을 뜻한다. 송 신종(宋神宗)이 모후(母后)인 자성광헌황후(慈聖光獻皇后)가 홍(薨)하자 슬픔과 그리움을 못 이겨 방술사(方術士)의 신술(神術)을 시험해보았는데, 방술사가 끝내 황후를 살려내지 못하고 "신이 뵈오니, 태황태후께서 방금 인종과 연회를 하시고 백옥 난간에 납시어 모란꽃을 감상하시면서 다시 인간에 돌아오실 뜻이 없었습니다.〔臣見太皇太后, 方與仁宗宴, 臨白玉欄干, 賞牡丹, 無意復來人間也.〕"라고 말했다고 한다. 《東軒筆錄 卷11》

356 보묵(寶墨) : 왕의 글이나 글씨를 뜻하는 말인데, 여기에서는 영조가 친히 지은 정성왕후의 행장을 가리킨다. 《英祖實錄 33年 3月 12日》

357 구운 돌 : 원문은 '연석(鍊石)'이다. 고대에 공공씨(共工氏)가 전욱(顓頊)과 싸우다 화가 나서 부주산(不周山)을 들이받자 하늘을 받치고 있던 기둥이 무너지면서 하늘은 서북쪽으로 기울고 땅은 동남쪽으로 기울었는데, 이에 여신(女神)인 여와(女媧)가 돌을 구워 하늘을 메웠다는 연석보천(鍊石補天)의 고사에서 취한 말이다. 《淮南子 覽冥訓》

358 수의(壽衣) : 원문은 '용의(容衣)'이다. 본래 왕과 왕비가 생전에 입던 옷으로 장례식 때 이를 진설하는데, 전하여 수의라는 뜻으로 사용된다.

359 월어(月御) : 월어(月馭)라고도 한다. 본래는 달을 실은 수레를 모는 신으로, 달을 가리키기도 한다. 흔히 태양은 임금, 달은 왕비를 비유하는바, 여기에서는 정성왕후를 가리킨 것이다.

다하지 않는 청위[360]의 눈물　　不盡青闈淚
아침마다 거울을 어루만짐에 새로 흘리리　　朝朝撫鏡新

360 청위(青闈) : 왕세자가 거처하는 동궁(東宮)으로, 왕세자를 뜻한다. 여기에서는 왕세손(王世孫)인 정조를 가리킨다.

인원왕후의 만사[361] 정축년(1757, 영조33). 6수

仁元王后輓詞 六首 丁丑

361 인원왕후의 만사 : 인원왕후(仁元王后, 1687~1757)는 숙종(肅宗)의 두 번째 계비(繼妃)로 성은 김씨(金氏), 본관은 경주(慶州), 휘호는 혜순자경헌렬광선현익강성정덕수창영복융화휘정정운정의장목인원왕후(惠順慈敬獻烈光宣顯翼康聖貞德壽昌永福隆化徽靖正運定懿章穆仁元王后), 능호는 명릉(明陵)이다. 1701년(숙종27)에 인현왕후(仁顯王后) 민씨(閔氏)가 죽자 계비로 간택되었고, 이듬해 왕비로 책봉되었다. 경종이 즉위한 뒤에는 왕대비(王大妃), 영조가 즉위한 뒤에는 대왕대비(大王大妃)가 되었다. 숙종의 후궁인 숙빈 최씨(淑嬪崔氏)·영빈 김씨(寧嬪金氏)와 사이가 좋아 숙빈 최씨 소생인 영조를 왕세제로 책봉하는 데 결정적인 역할을 하였으며, 영조가 역모사건에 연루되었을 때도 비호하였다. 며느리인 정성왕후가 세상을 떠난 지 약 한 달 뒤인 1757년 3월 26일에 창경궁(昌慶宮) 경춘전(景春殿)에서 사망하였다. 저서로는 한글로 저술한 《션군유사》·《션비유사》·《뉴아육장》이 있다.

이계는 인원왕후가 세상을 떠나기 전날 영조의 명으로 자신이 인원왕후의 병을 대신 받겠다는 내용의 제문을 지은 바 있다. 본래 문임(文任)을 패초하여 작성하여야 하나 인원왕후의 용태가 위독하여 겨를이 없었기 때문에 당시 숙직 중이던 이계에게 명한 것이었다. 이계는 이날 밤 숙직하며 비탄에 빠진 영조와 궁중을 눈으로 목도하였으며, 영조를 위로하고 인원왕후를 애도하기 위해 이 여섯 수의 만시(輓詩)를 지었다. 제1수에서는 왕후로서의 인원왕후 덕망을, 제2수에서는 영조를 왕세제로 책봉하여 조선 왕가의 종통을 지켜낸 인원왕후의 공로를, 제3수에서는 인원왕후의 장수와 영조의 효심(孝心)을, 제4수에서는 인원왕후가 사망하던 날의 슬픔을, 제5수에서는 장례를 검소하게 치르라는 인원왕후의 유언을, 제6수에서는 세상을 떠난 인원왕후에 대한 슬픔과 그리움을 표현하였다. 각각 평성 '소(蕭)'운의 측기식 수구용운체, 평성 '진(眞)'운의 측기식 수구용운체, 평성 '미(微)'운의 측기식 수구용운체, 평성 '문(文)'운의 측기식 수구용운체, 평성 '어(魚)'운의 평기식 수구용운체, 평성 '회(灰)'운의 측기식 수구용운체 칠언율시이다.

오기 동안 높은 데 임하심[362]에 부녀자의 모범이 빛나니
五紀尊臨壼範昭

자성(慈聖)의 은혜 오랫동안 뿌려져 골목길에서도 노래하네
慈恩久播巷閭謠

주나라의 열 사람 다스리는 신하로는 문모를 일컬었고[363]
周家十亂稱文母

송나라의 세 조정에선 여요를 받들었네[364] 宋代三朝仰女堯

척속들은 모두 거마의 훈계[365]를 따르고 戚屬皆遵車馬戒

백성들의 근심에는 항상 기후가 순조롭지 못한 것을 진념하셨네
民憂常軫雨暘調

휘음은 영왕의 덕에 능히 짝하였으니[366] 徽音克配寧王德

362 오기(五紀)……임하심 : 1기(紀)는 세성(歲星)이 한 차례 도는 주기인 12년으로, 5기는 60년이다. 인원왕후는 왕비로 책봉된 1702년(숙종28)부터 사망하는 1757년까지 55년 동안 왕비 및 왕대비(王大妃)로 있었다.

363 주(周)나라의……일컬었고 : 문모(文母)는 주 문왕(周文王)의 후비이자 주 무왕(周武王)의 모친인 태사(太姒)이다. 335쪽 주337 참조.

364 송(宋)나라의……받들었네 : 여요(女堯)는 여자 중의 요순(堯舜)이라는 뜻이다. 송 영종(宋英宗)의 비이자 신종(神宗)의 모후(母后)이며 철종(哲宗)의 조모인 선인태후(宣仁太后) 고씨(高氏)는 신종이 세상을 떠나자 어린 철종을 대신하여 9년 동안 수렴청정(垂簾聽政)을 하였는데, 이때 왕안석(王安石)을 물리치고 사마광(司馬光) 등을 등용하여 원우(元祐) 초기의 훌륭한 치적을 이루어 여요(女堯)라는 칭송을 받았다. 《宋史 卷242 后妃列傳 英宗宣仁聖烈高皇后》

365 거마의 훈계 : 334쪽 주334 참조.

366 휘음(徽音)은……짝하였으니 : 휘음은 왕비로서의 훌륭한 명성을 뜻하는 말로, 《시경》 〈대아(大雅) 사제(思齊)〉에 "엄숙하고 경건하신 태임이 문왕의 어머니시니, 주강께 사랑을 받아 왕실의 며느리가 되셨는데, 태사께서 그 휘음을 이으시니 아들이

열 옥책으로 천양한들[367] 어찌 다 그려낼 수 있으랴 十冊揄揚詎盡描

나라의 안위가 신축년에 달려 있었는데[368] 邦國安危歲在辛

백 명이나 되도다.〔思齊大任, 文王之母, 思媚周姜, 京室之婦, 大姒嗣徽音, 則百斯男.〕"라고 한 데에서 유래하였다. 영왕(寧王)은 선왕(先王)을 뜻하는 말로, 여기에서는 숙종을 가리킨다. 《서경》〈주서(周書) 대고(大誥)〉에 주 성왕(周成王)이 "영왕이 나에게 큰 보배인 거북을 물려주심은 하늘의 밝은 명(命)을 소개(紹介)하신 것이다.〔寧王遺我大寶龜, 紹天明.〕"라고 하여 부왕인 무왕(武王)을 일컬은 데에서 유래한 말이다.

367 열 옥책으로 천양한들 : 옥책은 왕이나 왕비의 존호(尊號)를 높일 때 송덕문을 적은 옥으로 만든 간책(簡冊)이다. 인원왕후는 1713년(숙종39)에 혜순(惠順)을 시작으로, 1722년(경종2)에 자경(慈敬), 1726년(영조2)에 헌렬(獻烈), 1740년(영조16)에 광선(光宣)과 현익(顯翼), 1747년(영조23)에 강성(康聖), 1751년(영조27)에 정덕(貞德), 1752년(영조28)에 수창(壽昌), 1753년(영조29)에 영복(永福), 1756년(영조32)에 융화(隆化)라는 존호를 받아, 평생 총 열 차례 존호를 받았다. 《肅宗實錄 39年 3月 9日》《景宗實錄 2年 5月 6日》《英祖實錄 2年 7月 2日, 16年 2月 22日, 7月 20日, 23年 2月 19日, 27年 2月 27日, 28年 5月 26日, 29年 12月 26日, 32年 1月 1日》

368 나라의……있었는데 : 신축년(1721, 경종1)과 임인년(1722, 경종2) 두 해 동안 노론(老論)과 소론(少論)이 뒷날의 영조인 연잉군(延礽君)의 세제(世弟) 책봉 및 대리청정을 두고 대립한 신임사화(辛壬士禍)를 가리킨다. 이때 남인(南人) 역관의 딸 희빈장씨(禧嬪張氏) 소생인 경종은 남인에 동정적이던 소론의 보호를 받아왔는데, 경종이 즉위하자 과거 그가 세자로 책봉되는 것을 반대했던 노론은 위기를 느껴 그가 병약하고 후사(後嗣)가 없다는 것을 구실로 연잉군의 세제 책봉과 대리청정을 추진하였다. 그러자 소론의 김일경(金一鏡) 등이 목호룡(睦虎龍)을 사주하여 노론 사대신(老論四大臣)인 김창집(金昌集), 이이명(李頤命), 이건명(李健命), 조태채(趙泰采)를 역모로 무고하게 함으로써 사대신 이하 노론 일파를 극형에 처하게 하였다. 《承政院日記 景宗 1年 8月 20日·23日, 10月 17日, 12月 6日·9日·14日, 2年 3月 27日》

넓은 기업을 심대하고 치밀하게 다진 것[369]은 자성의 어짊 덕택이라 鴻基宥密賴慈仁
근심은 사직에 깊어 종통(宗統)을 부지하였고 憂深社稷扶宗緖
계책을 발 뒤에서 결정하여 한 자 윤음 내리셨네[370] 策決簾帷降尺綸
여와의 돌 구워 만드니 하늘이 오색 빛이요[371] 媧石鍊成天五色
우연에서 건져 올리니 해가 거듭 빛나도다[372] 虞淵捧出日重輪
지금까지 온 누리[373]가 극으로 돌아오니[374] 于今薄海咸歸極

369 심대하고……것 : 원문은 '유밀(宥密)'이다. 《시경》〈주송(周頌) 호천유성명(昊天有成命)〉에 "하늘이 정한 명이 있거늘, 문왕과 무왕이 받으셨다. 성왕이 감히 편안히 지내지 못하고 밤낮으로 그 명을 다져 심대하고 치밀하게 하셨다.〔昊天有成命, 二后受之. 成王不敢康, 夙夜基命宥密.〕"라고 한 데에서 유래하였다.

370 계책을……내리셨네 : 숙종이 죽고 경종이 즉위하자 김창집·이건명 등 노론 세력은 연잉군(延礽君)의 왕세제 책봉을 추진하였는데, 이를 결정하는 자리에서 인원왕후가 내린 봉투를 뜯자 해서(楷書)로 "연잉군"이라고 적힌 종이와 언문으로 "효종 대왕(孝宗大王)의 혈맥과 선대왕(先大王)의 골육(骨肉)으로는 다만 주상과 연잉군뿐이니, 어찌 딴 뜻이 있겠소? 나의 뜻은 이러하니 대신들에게 하교하심이 옳을 것이오."라고 적힌 교서(敎書)가 들어 있었던 일을 언급한 것이다.《景宗實錄 1年 8月 20日》

371 여와(女媧)의……빛이요 : 인원왕후가 위기에 빠진 조선을 구하는 데 기여했음을 의미한다. 339쪽 주357 참조.

372 우연(虞淵)에서……빛나도다 : 우연은 서쪽에 있는 해가 진다는 연못이다.《淮南子 天文訓》 이곳에서 해를 건져 올렸다는 것은 조선 왕조를 위기에서 구했음을 의미한다. 원문의 '일중륜(日重輪)'은 본래 한 명제(漢明帝)가 태자로 있을 때 악공들이 그의 덕을 칭송하여 바친 노래 네 곡 중 하나이다. 여기에서는 인원왕후가 훗날의 영조인 연잉군의 왕세제 책봉에 큰 기여를 했기 때문에 이렇게 말한 것이며, 동시에 조선이 국세를 회복하였음을 말한 것이기도 하다.

373 온 누리 : 330쪽 주313 참조.

374 극(極)으로 돌아오니 : 사심이 없는 공명정대한 상태가 됨을 뜻한다.《서경》〈주

바야흐로 곤원의 덕화[375] 신묘한지 알겠노라　　方驗坤元化有神

남극성이 우뚝한 보무에 조회하니[376]　　南極星朝寶婺巍
왕가의 복록 칠십 년이라[377]　　天家茀祿古來稀
선도반 다투어 바치니 곤륜산과 나란히 나이를 셈하였고[378]
桃盤競獻齊崑算
원추리 심은 섬돌[379]에 우두커니 서니 햇볕의 따스함 아까워하였네[380]

서(周書) 홍범(洪範)〉에 "편벽됨이 없고 편당함이 없으면 왕의 도가 탕탕(蕩蕩)하며, 편당함이 없고 편벽됨이 없으면 왕의 도가 평평(平平)하며, 떳떳한 도에 어긋남이 없고 기울어짐이 없으면 왕의 도가 정직할 것이니, 그 극(極)에 모이고 그 극에 돌아올 것이다.〔無偏無黨, 王道蕩蕩, 無黨無偏, 王道平平, 無反無側, 王道正直, 會其有極, 歸其有極.〕"라고 한 데에서 취해 쓴 말이다.

375 곤원(坤元)의 덕화(德化) : 곤원은 왕비의 덕을 뜻하는데, 《주역》〈곤괘(坤卦) 단(彖)〉에 "지극하다, 곤의 원이여! 만물이 의뢰하여 생겨나니, 이에 순히 하늘을 받든다.〔至哉坤元. 萬物資生, 乃順承天.〕"라고 한 데에서 유래한 말이다.

376 남극성이……조회하니 : 남극성은 111쪽 주222 참조. 보무는 280쪽 주151 참조. 여기에서는 인원왕후가 장수한 것을 비유한 것이다.

377 왕가의……년이라 : 복록의 원문인 '불록(茀祿)'은 '불록(第祿)'이라고도 쓴다. 《시경》〈대아(大雅) 권아(卷阿)〉에 "그대가 천명을 받음이 장구하니 복록으로 그대가 편안하도다.〔爾受命長矣, 茀祿爾康.〕"라고 한 데에서 유래한 말인데, 여기에서는 인원왕후가 장수한 것을 가리킨 것이다. 원문의 '고래희(古來稀)'는 70세를 뜻하는 말로, 두보(杜甫)의 〈곡강(曲江)〉에 "외상 술값이야 늘 어디에나 있지만, 사람살이 70년은 예부터 드물다네.〔酒債尋常行處有, 人生七十古來稀.〕"라고 한 데에서 유래한 말이다. 인원왕후는 71세까지 장수하였다.

378 선도반(仙桃盤)……셈하였고 : 선도반은 선도(仙桃)를 담은 쟁반이다. 곤륜산과 나이가 나란하다는 것은 장수하고 있다는 뜻으로, 세 노인이 자신의 나이를 자랑하는 자리에서 한 노인이 자신이 먹은 선도(仙桃)의 씨를 곤륜산 아래에 버렸는데, 이제는

萱砌長停愛日暉

거룩한 아들은 일흔 살로 노래자의 옷을 입었고[381] 聖子七旬萊是服

증손은 백손원에서 옷의 길이를 더했네[382] 曾孫百院尺添衣

가을부터는 더 이상 강작을 일컫지 못하고[383] 秋來不復稱康爵

그 씨의 더미가 곤륜산과 나란할 정도가 되었다고 말한 고사를 인용한 것이다.《東坡志林 卷7》 또《한무내전(漢武內傳)》에 서왕모(西王母)가 선계에서 내려와 한 무제(漢武帝)에게 선도(仙桃) 4개를 주었다는 이야기가 있는데, 이 이야기가 헌선도(獻仙桃)라는 이름의 당악정재(唐樂呈才)로 만들어져 고려·조선시대에 임금이나 왕족의 장수를 비는 자리에서 공연되기도 하였다. 서왕모 역을 맡은 무용수가 선도반을 무구(舞具) 삼아 춤추고 치사(致詞)하여 임금이나 왕족의 장수를 기원하는 형식이었다.

379 원추리 심은 섬돌 : 289쪽 주176 참조.

380 햇볕의 따스함 아까워하였네 : 원문은 '애일휘(愛日暉)'인데, 부모를 모실 날이 얼마 남지 않았음을 알고 날을 아까워하는 효자의 마음을 뜻하는 '애일지성(愛日之誠)'이라는 말에서 따온 표현으로 보인다. 여기에서는 인원왕후가 영조에게 지극히 정성스러운 봉양을 받았음을 말한 것이다.

381 거룩한……입었고 : 거룩한 아들은 영조를 가리킨다. 노래자의 옷은 162쪽 주355 참조. 여기에서는 영조가 고령임에도 인원왕후를 효성으로 모셨음을 말한 것이다.

382 증손은……더했네 : 증손은 정조를 가리키며, 옷의 길이를 더한다는 것은《예기(禮記)》〈곡례 하(曲禮下)〉에 "천자의 나이를 물으면 대답하기를 '듣건대 비로소 약간 척(尺)의 옷을 입는다 합니다.'라고 한다.〔問天子之年, 對曰: "聞之始服衣若干尺矣."〕"라고 한 데에서 나온 말로 정조가 무럭무럭 성장하고 있음을 말한 것이다. 백손원(百孫院)은 당나라 현종이 손자들을 위해 지은 궁원(宮院)으로,《구당서(舊唐書)》권107〈현종제자열전(玄宗諸子列傳) 양왕선(涼王璿)〉에 "외손들이 자라자 다시 십왕택(十王宅) 바깥에 백손원을 두었다. 매년 화청궁(華淸宮)에 행차하였는데, 화청궁 옆에도 십왕원(十王院)과 백손원이 있었다.〔外諸孫成長, 又於十宅外, 置百孫院. 每歲幸華淸宮, 宮側亦有十王院百孫院.〕"라는 기록이 보인다.

383 가을부터는……못하고 : 강작(康爵)은 본래 큰 술잔을 뜻인데, 경건하게 술을 올리며 축수하는 것을 이른다.《시경》〈소아(小雅) 빈지초연(賓之初筵)〉에 "저 강작에

장락전[384]은 쓸쓸하게 성긴 휘장에 가려 있으리　　長樂凄凉掩繐幃

깊고 깊은 내액(內掖)에 밤이 깊어갈 제　　內掖深深夜漏分
오열하는 옥음을 가까운 신하들이 들었네　　玉音嗚咽近臣聞
좋은 약으로는 헌원씨와 기백의 의술의 도움을 받지 못했고[385]
　　靈丹莫賴軒岐術
금궤에는 부질없이 책문과 축문이 담겨 있네　　金匱空藏冊祝文
방금 병이 바로 나음을 축하하자마자[386] 다시 옥을 묻었고[387]
　　纔賀翌瘳還瘞璧
한창 장수를 빌려는데 갑자기 구름 타고 떠났네　　正祈岡壽忽升雲
등불 앞에 대신 초안 쓰던 붓이 있으니[388]　　燈前代草殘毫在

술을 따라 너의 시제(時祭)에 올리도다.〔酌彼康爵, 以奏爾時.〕"라고 한 데에서 유래하였다. 가을부터 강작을 일컫지 못한다는 것은 인원왕후의 생일이 가을인 음력 9월 29일이지만 사망하여 앞으로는 축수를 받을 수 없기 때문에 이렇게 말한 것이다.

384 장락전(長樂殿) : 288쪽 주171 참조. 여기에서는 인원왕후와 그의 처소를 가리킨다.

385 좋은……못했고 : 갖가지 약과 의원도 끝내 인원왕후를 살리지 못했음을 뜻한다. 황제(黃帝) 헌원씨(軒轅氏)와 그 신하 기백(岐伯)은 의가(醫家)의 시조로 일컬어지는 인물들이다.

386 방금……축하하자마자 : 인원왕후는 사망하기 한 달 전인 1757년(영조33) 2월 말에 담증(痰症)을 앓았는데, 삼다(蔘茶)와 약을 올리자 약 열흘 만에 건강을 회복하였다. 영조는 이를 기뻐하여 친히 경변송(慶忭頌)을 지어 축하하였다.《英祖實錄 33年 2月 27日, 3月 6日》

387 옥을 묻었고 : 원문의 '예벽(瘞璧)'이란 옥을 묻는다는 뜻으로 인원왕후가 사망하여 매장하였음을 뜻한다.

388 등불……있으니 : 인원왕후가 사망하기 전날인 1757년 3월 25일 밤에 인원왕후

만사(輓詞)를 쓰려 하건만 어지러이 눈물만 뿌리네 欲寫哀章雪涕紛

소용[389]이 열 줄 교서[390]를 받들고 나와 昭容擎出十行書
받들어 읽음에 조정 신료들 눈물이 옷깃을 적시네 捧讀庭僚泣濺裾
제기는 경자년에 올린 것이 아직 남아 있고 寢器尙留庚歲薦
상자의 돈은 호조의 저축을 허비하지 않았네[391] 箱金不費地官儲
온 나라의 자제들 다투어 상여 끈을 잡고 窮瀛子弟爭攀紼
대질의 임금[392]이 멀리서 상여를 지키네 大耋君王遠護轝

의 병세가 위독해지자 영조는 입직하고 있던 이계를 불러, 당장 종묘와 사직에 기도를 올려야 하는데 문임(文任)을 미처 패초(牌招)하지 못하였으므로 인원왕후의 병환을 자신이 대신 받겠다는 내용의 제문(祭文)을 지으라고 명하였다. 인원왕후는 결국 이튿날인 26일 사시(巳時)에 사망하였다.《英祖實錄 33年 3月 26日》

389 소용(昭容) : 조선시대 궁녀에게 내리던 내명부(內命婦)의 정3품 품계이다. 왕의 후궁(後宮)으로서 비(妃)의 보좌와 부례(婦禮)를 담당하였다.

390 열 줄 교서(敎書) : 원문은 '십항서(十行書)'이다. 후한(後漢) 광무제(光武帝)가 조서(詔書)를 내릴 때 반드시 친필로 글자를 작게 써서 종이 한 장, 열 줄로 내린 고사에서 온 말로, 분량에 상관없이 왕이나 왕족의 전교(傳敎)를 의미한다. 여기에서는 인원왕후가 사망하기 전에 자신의 장례를 간소하게 치러 비용을 절약하라는 내용으로 내린 유교(遺敎)를 가리킨다.《英祖實錄 33年 3月 26日》

391 제기(祭器)는……않았네 : 경자년은 숙종이 사망한 1720년(숙종46)을 가리킨다. 인원왕후가 사망하기 전에 미리 내린 유교에, 내탕고(內帑庫)에 따로 비축해놓은 백금 1,500냥(兩)과 어고(御庫)의 금단(錦緞)·사초(紗綃)를 내어 장례 비용에 쓰게 하고 숙종이 사망했을 때 사용하고 보관해두었던 은기(銀器)를 다시 쓰도록 하였다.《英祖實錄 33年 3月 26日》

392 대질(大耋)의 임금 : 영조를 가리킨다. 대질은 여든 살, 일설에는 일흔 살을 뜻하는데, 영조는 이 당시 64세였다.

성대한 공렬 어찌 사관[393]이 번거롭게 기록할 것이 있으랴
盛烈何煩彤史紀

눈부신 보묵[394]이 해와 별 같은걸 煌煌寶墨日星如

통곡하는 장례 의식 쉴 새 없이 잇따르니 痛哭歛儀次第催

적위가 먼저 죽은 지 겨우 몇십 일이라[395] 翟褘先陟數旬纔

꽃구경하는 난간[396]은 신선 수레와 함께 멀어지고 看花欄共仙軿遠

대나무에 눈물 흘렸던 산[397]은 보탑에 잇달아 열리었네
泣竹山聯寶榻開

성상이 편액에 적은 세 글자 당호[398] 차마 우러러볼 수 있으랴
宸扁忍瞻三字號

엄려[399]에선 육시[400]의 슬픔을 오래도록 안으리 嚴廬長抱六時哀

393 사관 : 원문은 '동사(彤史)'이다. 275쪽 주140 참조.

394 보묵(寶墨) : 임금의 글이나 글씨를 뜻하는 말인데, 여기에서는 영조가 친히 지은 인원왕후의 행록(行錄)을 가리킨다.《英祖實錄 33年 3月 26日》

395 적위(翟褘)가……일이라 : 적위는 꿩 문양을 수놓은 왕비의 예복으로, 왕비를 가리킨다. 여기에서는 정성왕후를 가리키며, 인원왕후는 정성왕후가 사망한 지 약 40일 만에 세상을 떠났다.

396 꽃구경하는 난간 : 339쪽 주355 참조.

397 대나무에……산 : 순(舜) 임금이 천하를 순행하다가 창오산(蒼梧山)에서 죽자 이 소식을 들은 순 임금의 두 왕비인 아황(娥黃)과 여영(女英)이 소상강(瀟湘江)가에서 창오산 쪽을 바라보며 눈물을 흘렸는데, 이때 눈물이 떨어진 대나무에 검붉은 얼룩이 생겼다는 전설이 있다.《述異記 卷上》 여기에서는 숙종과 인현왕후(仁顯王后)·인원왕후가 매장된 명릉(明陵)을 비유한 말이다.

398 성상이……당호 : 영조는 인원왕후가 사망한 건물에 영모당(永慕堂)이라는 이름을 붙여 효도하는 마음을 간직했다.《英祖實錄 33年 3月 26日》

매년 성절에 단휘문[401]에서는	年年聖節端暉閤
구월이 돌아옴에 사반에 슬픔을 더하리[402]	社飯悲添九月回

399 엄려(嚴廬) : 상주가 거처하는 여막이다.

400 육시(六時) : 하루 종일을 의미한다. 본래 불가에서 하루를 여섯으로 나눈 시간으로 새벽, 정오, 일몰, 초야(初夜), 중야(中夜), 후야(後夜)이다.

401 단휘문(端暉門) : 창덕궁에 있던 문으로, 대내(大內)에서 조선 왕실의 진전(眞殿)인 선원전(璿源殿)으로 가기 위해 경유해야 하는 문이었다. 본집(本集) 본권(本卷)의 〈영종대왕의 만사〔英宗大王輓詞〕〉 제3수를 보건대 이때 단휘문 안에서 정조가 인원왕후의 병이 낫기를 기원하는 제사를 올렸기 때문에 언급한 듯하다.

402 구월이……더하리 : 인원왕후의 생일이 9월 29일이기 때문에 이렇게 말한 것이다. 사반(社飯)이란 봄과 가을의 사일(社日)에 토지의 신에게 제사를 지내고 차려 먹던 고기를 얹은 밥이다. 송 철종(宋哲宗)의 황후(皇后)인 선인태후(宣仁太后)가 위독하자 범순인(范純仁)과 여대방(呂大防) 등이 병문안을 왔는데, 선인태후가 사반을 내리며 "내년에 사반을 먹을 때면 이 늙은이가 기억날 것이다.〔明年社飯時, 思量老身也.〕"라고 말한 고사가 있다. 《宋史全文 卷13下 宋哲宗》

영종대왕의 만사[403] 병신년(1776, 영조52). 10수

英宗大王輓詞 十首 丙申

부상[404]의 상서로운 해가 태평성세를 여니 扶桑瑞旭啓休明

원기가 동방에 돈독히 성군을 낳았네[405] 元氣東方有篤生

403 영종대왕의 만사 : 영조는 이계가 53세인 1776년(영조52)에 사망하였다. 이계는 1752년(영조28)에 출사하여 23년이라는 오랜 시간 동안 영조를 섬기며, 그의 정치적·학문적인 면모는 물론 인간적인 면모도 두루 경험하였다. 이계가 지은 이 10수의 만사는 자신이 경험한 영조의 다양한 면모를 보여준다. 제1수는 영조의 즉위를, 제2수는 영조의 검소함과 백성을 위해 노심초사하는 모습을, 제3수는 영조의 효심과 인자(人子)로서의 인간적 모습을, 제4수는 영조의 대명의리(大明義理)를, 제5수는 영조의 교화와 심법(心法)을, 제6수는 왕세손(王世孫)의 책봉과 정조에게서 받은 극진한 봉양을, 제7수는 영조의 죽음을, 제8수는 사망한 영조에 대한 슬픔을, 제9수는 영조를 섬기던 때의 추억과 그에 대한 그리움을, 제10수는 영조의 장례 행렬이 출발할 때의 슬프고 칙집한 마음을 노래하였다. 각각 평성 '경(庚)'운의 평기식 수구용운체, 평성 '진(眞)'운의 측기식 수구용운체, 평성 '진(眞)'운의 평기식 수구용운체, 평성 '양(陽)'운의 측기식 수구용운체, 평성 '선(先)'운의 측기식 수구용운체, 평성 '소(蕭)'운의 평기식 수구불용운체, 평성 '문(文)'운의 측기식 수구용운체, 평성 '경(庚)'운의 평기식 수구용운체, 평성 '동(冬)'운의 측기식 수구용운체, 평성 '양(陽)'운의 평기식 수구용운체 칠언율시이다.

404 부상(扶桑) : 동쪽 바다 끝의 해가 뜨는 곳에 있다는 신목(新木)이다. 여기에서는 조선을 가리킨다.

405 돈독히 성군을 낳았네 : 하늘이 성군을 내줌을 뜻한다. 《시경》 〈대아(大雅) 대명(大明)〉에 "천명이 하늘로부터 내린지라 이 문왕에게 명하시기를 주(周)나라의 경사(京師)에 하시거늘 태임(太任)의 여사(女事)를 이을 자를 신(莘)나라에서 장녀(長女)로 시집보내오니 돈독히 무왕(武王)을 낳게 하셨다.〔有命自天, 命此文王, 于周于京, 纘女維莘, 長子維行, 篤生武王.〕"라고 한 데에서 유래한 말이다.

운수는 빨간 꼬투리[406]와 같으니 첫해가 갑진년이요[407]

運叶丹蓂初載甲

상서로움은 붉은 저택[408]에 내리니 대횡경경의 운수[409]로다

祥符朱邸大横庚

406 빨간 꼬투리 : 원문은 '단명(丹蓂)'으로 명협(蓂莢)이라고도 하는데, 요 임금의 대궐 섬돌에 자라났다는 상서로운 식물이다. 매달 1일부터 15일까지 꼬투리가 하나씩 맺히고 16일부터 그믐날까지 꼬투리가 하나씩 져서 이를 통해 한 달의 주기를 알 수 있었으므로, 이를 역초(曆草)라고 불렀다고 한다.《竹書紀年 卷上 帝堯陶唐氏》 여기에서는 요 임금을 가리키는 말로 사용하였다.

407 첫해가 갑진년이요 :《사기》〈오제본기(五帝本紀)〉의 "제요(帝堯)는 이름이 방훈이니, 그 어짊은 하늘과 같았고 그 슬기는 신과 같았으며, 가까이 나아가면 햇볕과 같았고 멀리서 바라보면 구름 같았다.〔帝堯者, 放勳, 其仁如天, 其知如神, 就之如日, 望之如雲.〕"라고 하였는데, 황보밀(皇甫謐)이 여기에 "요 임금은 갑신년에 태어났고 갑진년에 제위에 즉위했다.〔堯以甲申歲生, 甲辰卽帝位.〕"라는 주석을 달았다. 영조가 즉위한 1724년도 갑진년이다.

408 붉은 저택 : 왕족의 저택을 뜻한다. 한나라 때 제후왕(諸侯王)의 저택에 붉은 칠을 한 데에서 유래한 말이다.《문선주(文選註)》에 "《사기》에 '제후가 천자에게 조회할 때 천자가 있는 곳에 세우는 집을 저(邸)라고 한다.'라고 하였고,《한서》에 '대왕(代王)이 대저(代邸)에 들어갔다.' 하였다. 제후왕은 문을 붉게 칠했으므로 '주저'라고 한 것이다.〔史記曰: "諸侯朝天子, 於天子之所立宅舍曰邸.", 漢書曰: "代王入代邸." 諸侯王朱戶, 故曰朱邸.〕"라는 주석이 있다. 여기에서는 연잉군(延礽君)의 사저(私邸)를 가리킨다.

409 대횡경경(大横庚庚)의 운수 : 왕위에 오를 운수를 뜻한다. 한 문제(漢文帝)가 대왕(代王)으로 있던 시절 거북점을 쳤는데 "대횡경경 여위천왕(大横庚庚余爲天王)"이라는 점괘가 나왔다. 이 점괘에서 '횡(横)'은 거북이 등껍질이 가로로 갈라지는 것이고, '경(庚)'은 '경(更)' 즉 바뀐다는 의미로, 점괘를 풀이하는 이들이 한 문제가 제후로서 제위(帝位)에 오를 징조라 하였다. 뒤에 한 문제는 점괘대로 제위에 올랐다.《史記 卷10 孝文本紀》

단군과 기자의 강역 포괄하고 망라하여 멀리 이르고 檀箕幅域包羅遠
희씨와 사씨의 문장을 덜고 보태어 이루도다[410] 姬姒文章損益成
요기를 한번에 쓸어냄에 하늘이 맑아지니 一掃妖氛天宇淨
청대[411]에서는 태계가 안정되었다고 보고하네[412] 靑臺報道泰階平

은나라 왕의 욕조에 새긴 글[413]은 몸을 검속하기 위함이었고 殷后銘盤在檢身

410 희씨(姬氏)와……이루도다 : 희씨와 사씨(姒氏)는 하(夏)나라와 주(周)나라를 가리킨다. 하나라를 연 우(禹) 임금의 성명이 사문명(姒文命), 주나라를 연 주 문왕(周文王)의 성명이 희창(熙昌)이기 때문이다. 문장을 덜고 보태어 이루었다는 것은《논어》〈위정(爲政)〉에 "은나라는 하나라의 예를 인습했으니, 덜거나 보탠 것을 알 수 있으며, 주나라는 은나라의 예를 인습했으니, 덜거나 보탠 것을 알 수 있다.〔殷因於夏禮, 所損益, 可知也, 周因於殷禮, 所損益, 可知也.〕"라고 한 데에서 유래한 말로, 여기에서는 조선이 전대 중국 왕조의 문물과 제도를 잘 취사하여 훌륭한 제도를 완성하였음을 뜻한다.

411 청대(靑臺) : 조선시대에 천문(天文)·역수(曆數)·측후(測候) 등을 담당하던 관서인 관상감(觀象監)의 별칭이다.

412 태계(泰階)가 안정되었다고 보고하네 : 태계는 삼계(三階)라고도 하며, 상계(上階)·중계(中階)·하계(下階)라는 세 쌍의 별로, 각각 천자(天子)·공경대부(公卿大夫)·사서인(士庶人)을 상징한다. 이 세 쌍의 별이 안정되면 음양의 기운이 조화롭고 날씨와 기후가 안정되어 천하가 태평해진다고 한다.《漢書 卷65 東方朔傳》

413 은(殷)나라……글 : 은나라의 탕왕(湯王)은 욕조에 "진실로 어느 하루에 새로워졌거든 나날이 새로워지고 또 나날이 새로워져야 한다.〔苟日新, 日日新, 又日新.〕"라고 새겨놓고 목욕할 때마다 나날이 덕을 쌓을 것을 다짐했다고 한다.《大學章句 傳2章》

주나라 왕이 해가 져서야 식사한 것[414]은 백성을 걱정해서였지

周王昃食是憂民

비의의 교화[415]는 궁궐로부터 시작하였고 菲衣化自宮闈始

양포를 줄인 은혜[416]는 부리[417]를 먼저 균등히 하였네

減布恩先夫里均

세밑에도 오히려 삼주의 자리[418]를 부지런히 하였고 暮歲尙勤三晝席

414 주(周)나라……것 : 왕이 백성들을 돌보느라 식사할 겨를도 없음을 말한다. 《서경》 〈주서(周書) 무일(無逸)〉에 주 문왕(周文王)을 두고, "아름답게 부드럽고 공손히 하여 백성을 보호하고 홀아비와 과부를 아껴 아침부터 해가 기울도록 밥 먹을 겨를도 없이 만민을 화합하게 하였다.〔徽柔懿恭, 懷保小民, 惠鮮鰥寡, 自朝至于日中昃, 不遑暇食, 用咸和萬民.〕"라고 하였다.

415 비의(菲衣)의 교화 : 군주가 자신의 의식주를 검소히 하는 것을 뜻한다. 《논어》 〈태백(泰伯)〉에 공자가, "우 임금은 내가 흠잡을 데가 없으시다. 음식은 간소하게 드시면서 제사에는 효성을 다하셨고 평상복은 허술하게 입으시면서 제례복은 최대한 아름답게 하셨으며, 궁실은 낮게 지으면서 치수 사업에는 온 힘을 다하셨으니, 우 임금은 내가 흠잡을 데가 없으시다.〔禹吾無間然矣. 菲飮食而致孝乎鬼神, 惡衣服而致美乎黻冕, 卑宮室而盡力乎溝洫, 禹吾無間然矣.〕"라고 한 데에서 유래한 말이다. 영조는 화재나 가뭄, 낙뢰 등이 있을 때마다 감선(減膳)하여 근신(謹愼)의 뜻을 보이기도 하였다. 《英祖實錄 1年 10月 23日, 7年 6月 4日, 12年 10月 17日》

416 양포(良布)를 줄인 은혜 : 영조가 균역법(均役法)을 실시하였음을 말한 것이다. 조선시대에는 16세부터 60세까지의 양민 남자에게 부과하는 신역(身役)인 양역(良役)을 면제해주는 대가로 베 2필(疋)씩을 징수하였는데, 영조 26년(1750)에 이를 1필로 줄이고 부족한 재원은 균역청(均役廳)에서 각종 세목(稅目)을 마련하여 충당하게 하였다. 《英祖實錄 26年 7月 2日・3日・9日》

417 부리(夫里) : 전국시대에 직업이 없는 백성에게 부과하던 세금인 부포(夫布)와 뽕나무와 삼을 심지 않는 사람에게 부과하던 세금인 이포(里布)이다. 여기에서는 조선시대에 백성들이 부역(賦役) 대신 바치던 세금인 신포(身布)를 가리킨다.

원춘에 항상 열 줄 권농윤음[419]을 내리셨지 元春每降十行綸

하전[420]에서는 한결같이 오직 절후가 조화롭지 못할까 걱정하셨으니 廈氈一念惟暘雨

가까이서 모시는 신하들 자주 용안[421] 찌푸리는 것을 우러러보았지 近侍頻瞻八彩嚬

아아 드러나지 않으랴 덕의 순수함이여[422] 於乎不顯德之純

《소학》 책의 내용 진실하게 실천하였도다[423] 小學書中踐履眞

418 삼주(三晝)의 자리 : 임금이 신하를 하루에 세 번 접견하며 정사에 힘쓰는 것을 의미하며, 하루에 경연(經筵)을 세 차례 하는 것을 의미하기도 한다. 《주역》 〈진괘(晉卦) 괘사(卦辭)〉에 "진(晉)은 나라를 편안히 하는 제후에게 말을 하사하기를 많이 하고 낮에 세 번 접견함이로다.〔晉, 康侯, 用錫馬蕃庶, 晝日三接.〕"라고 한 데에서 유래한 말이다.

419 열 줄 권농윤음(勸農綸音) : 열 줄은 348쪽 주390 참조. 《영조실록》에 영조가 정월을 맞아 권농윤음을 내린 기사가 자주 보인다. 《英祖實錄 3年 1月 1日, 6年 1月 1日, 14年 1月 1日, 17年 1月 1日, 18年 1月 1日, 19年 1月 1日, 23年 1月 1日, 26年 1月 1日, 30年 1月 1日, 33年 1月 1日, 34年 1月 1日, 34年 12月 30日, 39年 12月 29日, 43年 1月 1日, 45年 1月 2日, 47年 1月 1日, 48年 1月 1日, 51年 1月 1日》

420 하전(廈氈) : 넓은 집과 큰 털방석이란 뜻으로 대궐 혹은 어좌(御座)를 뜻한다.

421 용안(龍顔) : 원문은 '팔채(八彩)'이다. 232쪽 주22 참조.

422 아아……순수함이여 : 《시경》 〈주송(周頌) 유천지명(維天之命)〉에 "하늘의 명이 아아, 심원하여 그치지 않으시니, 아! 드러나지 않으랴, 문왕의 순수한 덕이여.〔維天之命, 於穆不已, 於乎不顯. 文王之德之純.〕"라고 한 것을 인용한 것이다.

423 소학……실천하였도다 : 《영조실록》에 영조가 평소 《소학》을 애독하였다는 기사가 보이며, 영조 스스로도 자신의 학문이 《소학》에서 힘을 얻었다고 말한 바 있다. 《英祖實錄 51年 12月 27日, 附錄 英祖大王誌文·英祖大王謚冊文》

백행에 근원이 있어 동쪽으로 바다와 수준이 같았고[424]
百行有源東準海

한결같은 정성 끊어짐이 없어 위로 신명과 통하였네
一誠無間上通神

봄이 온 장락전[425]에서는 몸소 축수를 올리시고 春回長樂躬稱斝

해마다 전알한 교릉[426]에서는 눈물이 수건을 적셨네 歲展喬陵涕迸巾

아직도 기억하노니 정축년 삼월의 밤[427]에 尙憶丁年三月夜

단휘문 안에서 이슬 맞으며 북극성에 기도하셨지 端暉門內露祈辰

황금빛 일산 나부끼고 보배 장막 펼쳐지니 黃傘葳蕤寶帟張

424 백행(百行)에……같았고 : 영조의 지극한 효심을 말한 것이다. 백행에 근본이 있다는 것은 효(孝)가 백행의 근본〔百行之源〕이라고 불리기 때문에 이렇게 말한 것이고, 동쪽으로 바다를 기준으로 한다는 것은 《예기》 〈제의(祭義)〉에 "효란 쌓아두면 하늘과 땅에 가득 차고 펼쳐두면 사해에 퍼지며 후세에 전하면 아침저녁이 없게 될 것이다. 이것을 밀어서 동해에 이르게 하면 동해와 수준이 같아지고 이것을 밀어서 서해에 이르게 하면 서해와 수준이 같아지며, 이것을 밀어서 남해에 이르게 하면 남해와 수준이 같아지고 이것을 밀어서 북해에 이르게 하면 북해와 수준이 같아진다.〔夫孝, 置之而塞乎天地, 溥之而橫乎四海, 施諸後世而無朝夕, 推而放諸東海而準, 推而放諸西海而準, 推而放諸南海而準, 推而放諸北海而準.〕"라고 한 것을 인용한 것이다.

425 장락전(長樂殿) : 288쪽 주171 참조. 여기에서는 인원왕후를 가리킨다.

426 교릉(喬陵) : 교산(喬山)에 있는 능으로, 296쪽 주201 참조. 여기에서는 영조의 부왕(父王)인 숙종과 인현왕후・인원왕후가 묻힌 명릉(明陵)을 가리킨다.

427 정축년 삼월의 밤 : 인원왕후가 승하하기 전날인 1757년(영조33) 3월 25일 밤을 가리킨다. 347쪽 주388 참조.

하나의 제단에 향기로운 음식으로 세 황제를 나란히 모셨네[428]

一壇芬苾並三皇

슬픔은 날 저묾에 깊어지니 할 말이 아직 남았고 悲深日暮言猶在

황하 맑아질 꿈[429]을 깨고 나니 감회가 더욱 일어나네

夢斷河淸感更長

재실에서 엄숙한 자세로[430] 밤에 제기를 받들고 齋殿凝旒宵秉瓚

대궐[431]에서 촛불 밝히고 새벽에 향을 맞이했네 彤庭明燭曉迎香

임헌[432]함에 매번 충성스럽고 어진 신하들의 후손을 시험하니[433]

臨軒每試忠良後

428 하나의……모셨네 : 영조가 대보단(大報壇)에 명 태조(明太祖)·신종(神宗)·의종(毅宗) 세 황제를 모시고 제사지낸 것을 말한 것이다. 대보단은 본래 임진왜란 때 조선에 원군을 보내준 신종에게 제사하기 위한 제단이었는데, 1749년(영조25)에 처음으로 태조와 의종을 함께 제사하는 제도를 마련하였다.《英祖實錄 3月 14日·23日》

429 황하(黃河) 맑아질 꿈 : 황하가 맑아진다는 것은 삼국시대 위(魏)나라 이강(李康)의 〈운명론(運命論)〉에 "황하가 맑아지면 성인이 출현한다.〔夫黃河淸而聖人生〕"라고 한 것을 취한 것인데, 여기에서는 한족(漢族)이 북방민족이 세운 국가인 청(淸)나라를 몰아내고 한족의 국가를 이룩하는 것을 뜻한다.

430 엄숙한 자세로 : 242쪽 주52 참조.

431 대궐 : 원문은 동정(彤庭)이다. 142쪽 주294 참조.

432 임헌(臨軒) : 임금이 정전(正殿)을 나와 처마 아래 평대(平臺)에 거둥하는 것을 뜻한다.

433 충성스럽고……시험하니 : 충량과(忠良科)를 설행(設行)했음을 말한 것이다. 충량과는 정시(庭試)의 일종으로, 병자호란 때 순절한 이들의 충절을 기리고 그 후손들을 위로할 목적으로 실시되었다. 1764년(영조40)에 처음 실시되었고, 1770년(영조46), 1772년(영조48)에도 실시되었다. 처음에는 윤집(尹集)·홍익한(洪翼漢)·오달제(吳達濟) 삼학사(三學士)와 김상용(金尙容)·김상헌(金尙憲) 등 병자호란에 순절

곧장 풍성을 세워 만세에 드날리고저 直樹風聲萬世揚

황극의 다스림[434]이 옛 성인으로부터 전해지니 皇極治從古聖傳
굉장한 규모 뭇 왕보다 월등하였네 宏規高出百王前
삼천리 강산에 닭이 울고 개가 짖고[435] 鷄鳴犬吠三千里
오십 년[436] 동안 바다는 안정되고 산은 맑게 개었네 海晏山晴五十年
인재는 뛰어난 이 못한 이 있으나 척도에 맞게 쓰고 材有短長歸尺度
사물은 고울 것 추할 것 없이 교화[437]에 들어가네 物無姸醜入陶甄
휘황찬란한 문물 여기에서 성대하니 輝煌制作於斯盛
심법(心法)은 먼저 《자성편》[438]에서 구해야 하리 心法先求自省編

한 신하들의 후예에게만 응시 자격이 주어졌으나 뒤에 임진왜란 이후 귀화한 명나라 유민들에게까지 확대되었다.

434 황극의 다스림 : 335쪽 주336 참조.

435 닭이……짖고 : 어진 정치로 사람들이 많이 모여들어 옆집의 닭 우는 소리와 개 짖는 소리까지 들릴 정도로 인가(人家)가 오밀조밀 붙어 있다는 뜻이다. 《맹자》 〈공손추 상(公孫丑上)〉에 "닭 우는 소리와 개 짖는 소리가 서로 들려서 사방 국경에 이른다.〔鷄鳴狗吠相聞而達乎四境〕"라고 한 데에서 유래한 말이다.

436 오십 년 : 영조가 햇수로 53년 동안 재위하였으므로 이렇게 말한 것이다.

437 교화 : 원문은 '도견(陶甄)'으로, 임금이 백성들을 교화하는 것을 도공(陶工)이 질그릇과 기와를 만드는 것에 비유한 말이다.

438 자성편(自省篇) : 영조가 1746년(영조22)에 왕세자를 훈계하고 자기 생활을 반성하기 위해 평소 독서하고 생활하며 느낀 바를 엮은 책이다. 2권 2책으로, 1권은 유학의 수기치인(修己治人)을 좇아서 마음을 닦는 것을 주제로 한 내편(內篇)이고, 2권은 사물을 다스리는 것을 주제로 한 외편(外篇)이다.

요 임금의 나이[439]로 순 임금에게 타이름에[440] 거듭 빛남이 합치되니[441] 堯齡咨舜重華協

기산의 왕업 희창에게 전해져[442] 성덕이 빛났네 岐業傳昌聖德昭

팔역이 다투어 봄에 밝음이 두 번 일어나고[443] 八域爭瞻明兩作

439 요(堯) 임금의 나이 : 요 임금은 기원전 2377년경에 태어나서 기원전 2259년에 사망하여 근 120년을 살았다. 여기에서는 영조가 장수한 것을 비유한 것이다. 참고로 영조가 정조를 왕세손으로 책봉할 때 영조는 68세였다.

440 순(舜) 임금에게 타이름에 : 원문은 '자요(咨堯)'로, 요 임금이 순 임금에게 왕위를 선양할 때 "아, 너 순아! 하늘의 역수(曆數)가 너의 몸에 있으니, 진실로 그 중도를 잡을지어다. 사해가 곤궁하면 하늘의 녹이 영원히 끊길 것이다.〔咨爾舜. 天之曆數在爾躬, 允執其中. 四海困窮, 天祿永終.〕"라고 한 것에서 취한 말이다.《論語 堯曰》 여기에서는 영조가 정조를 왕세손으로 책봉한 것을 비유한 것이다.

441 거듭 빛남이 합치되니 : 성군이 연달아 즉위하는 것을 말한다.《서경》〈우서(虞書) 순전(舜典)〉에 "옛날의 순 임금을 상고하건대 거듭 빛남이 요 임금에게 합치되셨으니, 깊고 지혜롭고 문채 나고 밝으시며 온화하고 공손하고 성실하고 독실하시어 그윽한 덕이 위로 알려지므로, 요 임금이 마침내 직위를 명하셨다.〔曰若稽古帝舜, 曰重華協于帝堯, 濬哲文明, 溫恭允塞, 玄德升聞, 乃命以位.〕"라고 한 데에서 취한 말이다.

442 기산(岐山)의……전해져 : 기산의 왕업은 주(周)나라 왕조를 가리키는데, 주 문왕(周文王)의 조부 태왕(太王) 즉 고공단보(古公亶父)가 빈(邠) 땅에서 적인(狄人)들의 핍박을 받자 기산 아래로 옮겨와 정착했기 때문이다.《詩經 大雅 綿》 여기에서는 조선 왕조를 비유한 것이다. 희창(熙昌)은 주 문왕의 이름으로, 태왕이 삼남(三男)인 계력(季歷)의 아들 창(昌)에게 성덕(聖德)이 있어 그에게 왕위를 물려주고자 하자 장남인 태백(泰伯)과 차남인 중옹(仲雍)이 부친의 뜻을 알고 오(吳) 땅으로 도망쳐 왕위가 계력을 거쳐 창에게 이어지게 하였다.《論語集註 泰伯 註》 여기에서는 왕위가 형인 경종으로부터 동생인 영조에게, 다시 그 손자인 정조에게 이어졌음을 말한 것이다.

443 밝음이……일어나고 :《주역》〈이괘(離卦) 상(象)〉에 "밝음이 두 번 일어난 것이 이(離)이니, 대인이 이를 보고서 밝음을 이어 사방을 비춘다.〔明兩作離, 大人以,

만기를 나누어 돌보며 날마다 세 차례 조알하였네[444] 萬幾分聽日三朝

저녁에는 찰랑이는 옥 술잔 들고 대조(大朝)를 모시고 瑤觴瀲灩承歡夕

밤에는 화락한 낯빛으로 조부께 잠자리 살펴드렸네 玉色愉怡問寢宵

희화의 수레[445]는 멈추지 않아 봄도 저물려 하니 羲馭不停春欲暮

창망한 오야[446]에 흰 구름[447] 멀리 떴네 蒼茫梧野白雲遙

온 세상 산과 바다가 거룩한 임금 우러르니 薄海窮山仰聖君

금책과 옥첩 써낼 자 누구랴 金編玉簡詎能文

시골 아이도 시서(詩書)의 말을 욀 줄 알고 村童解誦詩書語

繼明, 照于四方.〕"라고 하였는데, 이는 성덕을 가진 군주가 왕위를 세습함을 뜻한다. 여기에서는 영조 말년에 정조가 대리청정(代理聽政)하였음을 말한 것이다.《英祖實錄 51年 12月 7日》

444 만기(萬幾)를……조알(朝謁)하였네 : 영조와 정조가 함께 청정(聽政)을 할 때, 정조가 영조에게 정성스럽게 문안하며 건강을 살폈음을 말한 것이다. 하루에 세 번 조알하였다는 것은 주 문왕(周文王)이 세자(世子) 시절에 닭이 처음 울었을 때, 점심 때, 저녁 때 부왕인 왕계(王季)의 침문(寢門) 밖으로 가 당번을 서고 있는 환관에게 왕계의 안부를 물은 고사에서 유래한 말이다.《禮記 文王世子》

445 희화(羲和)의 수레 : 희화는 중국 고대 신화 속의 신으로, 태양을 실은 수레를 몬다고 한다. 희화의 수레는 보통 해를 의미하는데, 여기에서는 세월의 흐름을 뜻한다.

446 오야(梧野) : 순 임금이 붕어한 창오산(蒼梧山)이다. 여기에서는 영조가 묻힌 원릉(元陵)을 가리킨다.

447 흰 구름 : 297쪽 주207 참조.

베틀에 앉은 여자도 비단 무늬 짜기를 부끄러워하네[448]

機女羞爲錦繡紋

천상에서는 남극성의 빛이 홀연히 거두어지니[449] 天上忽收南極曜

인간 세상에서는 허공의 구름 자취 감췄네[450] 人間無跡太虛雲

구슬픈 매미소리 속에 대화심성 서쪽으로 내려가는[451] 동문 밖 길에서

哀蟬流火東門路

노인 아이 부여잡고 통곡하며 어지러이 눈물 뿌리네

髫白攀號雪涕紛

화균[452]을 남겨 후대 왕의 법도로 삼으니 和勻留作後王程

448 베틀에……부끄러워하네 : 백성들이 영조를 본받아 사치를 멀리하고 있음을 뜻한다.

449 남극성의……거두어지니 : 남극성은 111쪽 주222 참조. 여기에서는 영조가 83세까지 장수하였으므로 이렇게 말한 것이고, 빛이 거두어졌다는 것은 영조가 사망하였음을 뜻한다.

450 허공의……감췄네 : 《이정수언(二程粹言)》 권하 〈천지편(天地篇)〉에 "당우(唐虞)의 사업도 요 임금과 순 임금의 관점에서 보면 뜬구름 한 점이 허공을 지나는 것에 지나지 않을 뿐이다.〔唐虞事業, 自堯舜觀之, 亦猶一點浮雲過於太虛耳.〕"라고 한 데에서 취한 말로, 영조의 사망으로 영조의 사업이 다 끝나버렸음을 뜻한다.

451 대화심성(大火心星) 서쪽으로 내려가는 : 원문은 '류화(流火)'로 음력 7월임을 뜻하는데, 《시경》 〈빈풍(豳風) 칠월(七月)〉에 "7월에 대화심성이 서쪽으로 내려가거든 9월에 옷을 만들어주느니라.〔七月流火, 九月授衣.〕"라고 한 데에서 유래하였다. 여기에서는 영조를 원릉(元陵)에 장사한 날이 7월 27일이기 때문에 이렇게 말한 것이다. 《英祖實錄 52年 3月 10日》

452 화균(和勻) : 균(勻) 혹은 균(鈞)은 30근(斤)에 해당하는 무게의 단위이다. 《서경》 〈하서(夏書) 오자지가(五子之歌)〉에 "관석화균(關石和勻)이 왕부(王府)에 있

기수가의 대나무 잊지 못함은 몰세의 마음이라[453] 淇竹難忘沒世情
책이 몇 상자에 담겼으니 묘호와 부합하고[454] 書帶數廚符廟號
어짊은 네 가지 덕을 포함하니 능호에 드러냈네[455] 仁包四德表陵名

다.〔關石和勻, 王府則有.〕"라고 하였는데, 화균이란 도를 공정하게 하여 분쟁이 없도록 한다는 뜻으로, 전하여 선왕이 남긴 공정하고 올바른 법도를 의미한다.

453 기수(淇水)……마음이라 : 영조는 세상을 떠났으나 백성들이 영조의 덕을 잊지 못하겠음을 말한 것이다. 기수가의 대나무를 잊지 못한다는 것은 춘추전국시대에 위(衛)나라 사람들이 위 무공(衛武公)의 덕을 기려 "저 기수가의 벼랑을 보니 푸른 대나무 야들야들하도다. 문채 나는 군자여 잘라놓은 듯 다듬어 놓은 듯, 쪼아놓은 듯 갈아놓은 듯하도다. 치밀하고 굳세며 빛나고 점잖으니, 문채 나는 군자여, 끝내 잊을 수가 없도다.〔瞻彼淇澳, 綠竹猗猗. 有匪君子, 如切如磋, 如琢如磨. 瑟兮僩兮, 赫兮喧兮, 有匪君子, 終不可諠兮.〕"라고 노래하였는데 《대학장구(大學章句)》 3장에서는 이를 "성대한 덕과 지극한 선을 백성들이 잊지 못함을 말한 것이다.〔道盛德至善, 民之不能忘也.〕"라고 풀이하였다. 몰세의 마음이란 임금이 세상을 떠난 뒤에도 임금을 잊지 않는 마음을 뜻하는데, 《대학장구》에 3장에 "《시경》에 '아! 선왕을 잊지 못한다.'라고 하였으니 군자는 선왕의 어짊을 어질게 여기고 선왕이 친애하던 이들을 친애하며 소인은 선왕이 내려준 안락을 안락하게 여기고 선왕이 준 이익을 이롭게 여기니, 이 때문에 임금이 세상을 떠나도 잊지 못하는 것이다.〔詩云: "於戲, 前王不忘.", 君子賢其賢而親其親, 小人樂其樂而利其利, 此以沒世不忘也.〕"라고 한 데에서 유래한 말이다.

454 책이……부합하고 : 영조가 송 영종(宋英宗)과 묘효가 '영(英)'으로 같기 때문에 이렇게 말한 것이다. 송 인종(宋仁宗)이 죽었을 때 후사가 없어 그의 4촌 조윤양(趙允讓)의 십삼남(十三男)인 조종실(趙宗實)이 영종(英宗)으로 즉위하였는데, 그가 궁궐로 들어올 때 수행하는 양민과 천민이 30인도 되지 않고 짐도 단출하여 책 몇 상자에 지나지 않았다고 한다. 《宋史紀事本末 卷7 英宗之立》

455 어짊은……드러냈네 : 네 가지 덕이란 건괘(乾卦)의 네 가지 미덕인 원(元)·형(亨)·이(利)·정(貞)인데, 각각 만물의 시작, 만물의 성장, 만물의 이룸, 만물의 완성을 의미한다. 《周易 乾卦 卦辭》 여기에서는 영조의 능호가 원릉(元陵)이기 때문에 이렇게 말한 것이다.

호수와 산의 고기와 새는 모두 생식하고 湖山魚鳥皆生息
벼슬하던 신하들의 손자와 증손 절반은 노인이 되었네 冠冕孫曾半老成
잠필[456]의 미천한 신하 지금은 백발이 되었으니 簪筆小臣今白髮
짤막한 애뢰에 울음소리 삼키고저 短篇哀誄欲呑聲

스무 해 동안 반열 따르며 구중궁궐에서 모셨으니 廿載從班侍九重
머리부터 발끝까지 온몸이 교화를 입었네 一身頂踵是陶鎔
금화전에서 대신 초안 쓴 것[457] 일찍이 어느 날이던고 金華代草曾何日
편전에서 경전 강독하던 지난겨울[458] 서글퍼라 便殿橫經愴去冬
상자 속에선 여전히 비백의 기운[459]이 날아오르고 篋裏尙騰飛白氣

456 잠필(簪筆) : 신하가 관(冠)에 붓을 꽂아 왕의 말이나 행동을 기록하는 데 대비하는 것을 이르는 말인데, 전하여 사관(史官)이나 시종신(侍從臣)을 뜻하기도 한다. 이계는 1752년(영조28) 정시 문과에 급제한 이래 예문관 검열(藝文館檢閱)·대교(待教), 도승지(都承旨) 등을 역임하였다.

457 금화전(金華殿)에서……것 : 금화전은 한(漢)나라 때의 궁궐로, 미앙궁(未央宮) 안에 있었다고 한다. 전하여 궁궐을 뜻한다. 대신 초안을 썼다는 것은 347쪽 주388 참조.

458 편전(便殿)에서……지난겨울 : 영조는 사망하기 전 해인 1775년(영조51) 12월 27일에 집경당(集慶堂)에서 세손(世孫)과 함께 《대학(大學)》 등을 강경(講經)하였다. 이날 영조는 세손과 함께 주강(晝講)을 한 것을 기뻐하며 〈조손유경송(祖孫有慶頌)〉을 지어 신하들에게 화운하게 하였고, 이튿날에는 전날 세손과 함께 강독한 《대학》의 보망장(補亡章)을 직접 쓰기도 하였다. 《英祖實錄 51年 12月 27日·28日》《日省錄 英祖 51年 12月 27日》

459 비백(飛白)의 기운 : 비백은 후한(後漢)의 채옹(蔡邕)이 홍도문(鴻都門)에 백분

꿈속에선 여전히 윤택하고 붉은 얼굴을 뵐 듯　　夢中如覩渥丹容
집경당[460] 앞길에서 마음 아파 하노니　　傷心集慶堂前路
아득한 물시계 소리 들으며 새벽종 기다리네　　淸漏依俙待曉鐘

천 명 관료 새벽에 서서 우모[461]를 펼치니　　千官曉立羽旄張
임금 행차 그대로이건만 상여가 방을 나오네　　仙蹕依然輦出房
구장은 영영 영수각을 저버렸고[462]　　鳩杖永違靈壽閣
용 상여는 멀리 건원릉[463]을 향하네　　龍輴遙指健元岡
활과 수염 아득하게 구름 속으로 사라지고[464]　　弓髥杳邈空雲影

(白粉)을 바르는 장인에게서 영감을 얻어 창시하였다고 전해지는 서체이다.《書斷 卷上》 여기에서는 영조의 어필(御筆)을 비유하였다.

460 집경당(集慶堂) : 경희궁(慶熙宮)에 있던 건물로 회상전(會祥殿) 서남쪽, 흥정당(興政堂) 서쪽에 있었다고 한다. 본래 명칭은 예연당(蘂淵堂)이었으나 숙종 때 천연두를 앓던 세자가 이곳에서 회복한 뒤에 개칭하였다. 정면 5칸에 팔작지붕의 형태이며 넓이는 약 12칸이었다. 영조는 노년을 주로 이곳에서 보냈으며, 1776년(영조52) 3월 5일에 이곳에서 사망하였다.

461 우모(羽旄) : 본래 새의 깃으로 장식한 깃발인데, 어가 행렬의 깃발을 뜻한다.

462 구장(鳩杖)은……저버렸고 : 구장은 154쪽 주332 참조. 영수각(靈壽閣)은 131쪽 주268 참조. 여기에서는 기로소(耆老所)의 일원이었던 영조가 세상을 떠났으므로 이렇게 말한 것이다.

463 건원릉(健元陵) : 조선 태조(太祖) 이성계(李成桂)의 무덤으로, 현재의 경기도 구리시 인창동에 있다.《영조실록》에 따르면 영조의 능인 원릉은 건원릉 오른쪽 두 번째 산등성이에 있다고 하였다.《英祖實錄 52年 3月 10日》

464 활과……사라지고 : 영조가 서거하였음을 의미한다. 전설에, 황제(黃帝)가 수산(首山)에서 캔 구리로 형산(荊山) 아래에 솥을 만든 뒤에 용을 타고 승천하자, 신하들이 따르고자 용의 수염을 붙잡았으나 용의 수염은 끊어지고 황제가 가지고 있던 활이 땅에 떨어져 남겨진 신하들이 수염과 활을 잡고 통곡했다고 한다.《史記 卷28 封禪書》

촛불과 등불은 휘황하여 새벽빛에 섞이네 燈燭熒煌雜曙光

황조의 작은 정성[465] 어디에 바치랴 黃鳥微誠何處效

한 번 돌아보며 눈물 닦음에 창자가 아홉 번 뒤틀리누나 一回揮涕九回腸

465 황조(黃鳥)의 작은 정성 : 영조 대신 죽고자 하는 이계의 마음을 가리킨다. 진(秦)나라 사람들이 진 목공(秦穆公)의 장례에 순장되는 자거씨(子車氏)의 세 아들을 보고 슬퍼하며 "이리저리 나는 황조여, 가시나무에 앉았도다. 누가 목공을 따르는고? 자거엄식이로다.……저 푸른 하늘이여, 우리 훌륭한 사람을 죽이도다. 만일 바꿀 수만 있다면 사람마다 그 몸을 백 번이라도 바치리.〔交交黃鳥, 止于棘. 誰從穆公? 子車奄息.……彼蒼者天, 殲我良人. 如可贖兮, 人百其身.〕"라고 한 데에서 유래한 말이다.《詩經 秦風 黃鳥》

또 지은 영종 대왕의 만사 7수[466] 대신 지었다.

又七首 代作

구름 걷히고 상서로운 해가 우연[467]에서 나오니 雲開瑞日出虞淵
하늘이 삼종을 보우하사 한 가닥 핏줄이 이어졌네[468]
天佑三宗一脉連
황극이 다시 기자의 나라에 전해지고[469] 皇極再傳箕子國
초원이 거듭 요 임금의 해에 이르렀네[470] 初元重届帝堯年

466 또……7수 : 다른 사람을 대신하여 지은 영조의 만사이다. 앞의 〈영종대왕의 만사〔英宗大王輓詞〕〉처럼 이계 자신이 직접 경험한 영조의 인간적인 모습이나 그와의 교감은 나타나지 않지만 영조의 모범적인 효심과 행실, 백성들에게 베푼 선정 등 그의 다양한 면모를 살필 수 있다. 각각 평성 '선(先)'운의 평기식 수구용운체, 평성 '한(寒)'운의 측기식 수구용운체, 평성 '경(庚)'운의 평기식 수구용운체, 평성 '어(魚)'운의 측기식 수구용운체, 통운이 되는 평성 '경(庚)'운과 평성 '청(靑)'운을 환운해가며 지은 평기식 수구용운체, 평성 '경(敬)'운의 측기식 수구용운체, 평성 '양(陽)'운의 평기식 수구용운체 칠언율시이다.

467 우연(虞淵) : 344쪽 주372 참조.

468 하늘이……이어졌네 : 삼종의 한 가닥 핏줄이란 효종(孝宗)·현종(顯宗)·숙종(肅宗)의 피를 이은 후손을 뜻한다. 경종과 영조가 이에 해당하는데, 영조가 왕세제로 책봉될 때 인원왕후가 언문 교서(諺文敎書)로 이를 거론하여 영조를 지지한 바 있다. 《景宗實錄 1年 8月 20日》

469 황극이……전해지고 : 조선 조종(朝宗)의 법통이 영조에게 이어졌음을 뜻한다. 황극은 335쪽 주336 참조. 기자(箕子)의 나라는 《사기》 권38 〈송미자세가(宋微子世家)〉에 "무왕이 이에 기자를 조선에 봉하되 신하로 삼지 않았다.〔武王乃封箕子於朝鮮而不臣也〕"라고 한 데에서 유래하여 조선을 가리킨다.

470 초원(初元)이……이르렀네 : 초원은 임금이 즉위한 첫해를 뜻하는데, 여기에서

신령한 창 휘두름에 뭇 어둠 다 쓸려나가고　群陰盡廓神戈掃
보배로운 거울 매달아놓으니 천태만상이 피하지 못하네[471]
萬象難逃寶鏡懸
압록강 동쪽으로부터 북쪽 백두산까지　鴨綠以東長白北
즐거이 우물 파고 함께 밭을 갈리라[472]　熙熙鑿井與耕田

부모를 그리는 마음[473]은 서인 필부에게도 보기 어려운 것이니
孺慕猶於匹庶難
순일한 정성 순 임금과 증자[474]와 나란히 보아야 하리
純誠宜竝舜曾看

는 영조가 요 임금과 똑같이 갑진년에 즉위하였기 때문에 이렇게 말한 것이다.

471 보배로운……못하네 : 영조의 총명으로 소인과 간신들이 정상을 숨길 수 없음을 비유한 말이다.

472 즐거이……갈리라 : 백성들이 태평성대를 누림을 뜻한다. 원문의 '희희(熙熙)'는 《도덕경(道德經)》 21장에 "뭇사람이 큰 잔칫상을 받은 듯 봄에 누대에 오른 듯 즐거워한다.〔衆人熙熙, 如享太牢, 如春登臺.〕"라고 한 데에서 유래한 말이다. 우물을 파고 밭을 간다는 말은 요 임금이 미복(微服)을 하고 민정(民情)을 살피러 길에 나갔을 때 만난 노인이 "해 뜨면 일어나 해가 지면 쉬며 밭을 갈아 밥을 먹고 우물을 파 물 마시니, 임금의 힘이 나와 무슨 상관이리오?〔日出而作, 日入而息, 耕田而食, 鑿井而飮, 帝力何有于我哉?〕"라고 노래하는 것을 듣고서 자신이 정치를 잘했음을 알고 기뻐했다는 고사에서 취한 것이다. 《論衡 卷5 感虛篇》

473 부모를 그리는 마음 : 326쪽 주301 참조.

474 순 임금과 증자(曾子) : 두 사람 모두 효자로 유명한 인물이다. 순 임금은 완악(頑惡)한 부친 고수(瞽叟)와 간악한 계모, 오만한 이복동생 상(象)이 자신의 목숨을 노렸음에도 효심으로 이들을 잘 대하여 끝내 뉘우치게 만들었다. 《書經 虞書 堯典》 증자는 공자의 제자인 증삼(曾參)으로 임종할 때 병석에서 제자들에게 자신의 성한 손발을

일곱 해 동안 시탕하며 옷 벗은 적 없었고[475] 七年侍湯衣無解
다섯 달 여막살이에 소매가 마를 새 없었네[476] 五月居廬袖不乾
장락궁에 대한 예우 드높아 열 옥책으로 천양했고[477]
長樂禮隆揚十冊
왕춘의 의리 정대하여 삼단에 질사하였네[478] 王春義大秩三壇
문손[479]이 잘 계술하여 솔선하는 가르침을 받드니 文孫善繼承身教

보여주며 자신이 이제야 부모에게 물려받은 몸을 온전히 지키는 책무에서 벗어나게 되었다고 말한 일화가 유명하다. 《論語 泰伯》

475 일곱……없었고 : 영조가 부왕(父王)인 숙종을 부지런히 시탕(侍湯)하였음을 의미한다. 영조는 자신이 임진년(1712, 숙종38)에 사부(師傅)로부터 《대학》을 배우던 것을 시탕 때문에 7년 동안 공부를 중단하였다가 신축년(1721, 경종1)에 세제가 되면서 끝마치게 되었다고 말한 적이 있다. 《英祖實錄 34年 11月 6日》

476 다섯……없었네 : 영조가 부왕인 숙종의 장례를 치르며 몹시 슬퍼하였음을 의미한다. 전국시대의 등 문공(滕文公)이 부왕 등 정공(滕定公)의 상에 5개월 동안 여막살이를 하며 명령과 경계를 내리지 않은 고사에서 취한 말이다. 《孟子 滕文公上》

477 장락궁(長樂宮)에……천양했고 : 288쪽 주171 참조. 여기에서는 인원왕후(仁元王后)를 가리킨다. 열 옥책으로 천양했다는 것은 343쪽 주367 참조.

478 왕춘(王春)의……질사(秩祀)하였네 : 영조가 대명의리(大明義理)를 지켜 대보단(大報壇)에 제사를 지냈음을 말한 것이다. 왕춘의 의리란 춘추대의(春秋大義)를 뜻하는 말로 《춘추(春秋)》에서 매년 첫머리를 "봄 주(周)나라 왕의 정월이다.〔春王正月〕"라고 써서 주나라 왕실에 쇠락했지만 아직도 권위가 남아 있다는 것을 나타낸 데에서 유래하였다. 여기에서는 명나라가 비록 멸망하였지만 임진왜란 때 원병을 보내준 데 대한 의리를 지켜야 한다는 사상인 대명의리(大明義理)를 가리킨다. 삼단(三壇)은 대보단으로, 명 태조(明太祖)·명 신종(明神宗)·명 의종(明毅宗) 세 황제를 모셨기 때문에 이렇게 일컫는다.

479 문손(文孫) : 본래 주 문왕(周文王)의 손자를 뜻하는데, 여기에서는 영조의 손자인 정조를 가리킨다. 《서경》 〈주서(周書) 입정(立政)〉에 "지금 이후로 문왕의 아들과

부드러운 안색으로 용루에 날로 문안하였지 愉色龍樓日問安

풍성한 공업 드넓어 명명하기 어렵거니와 豐功大業蕩難名
승척은 본래 《소학》의 법도를 따랐네[480] 繩尺元從小學程
정일을 집중함[481]은 전수의 묘법이요 精一執中傳授妙
봉삼[482]으로 아래에 임함은 규모의 광대함이었네 奉三臨下範圍宏
한밤중에 추위 속에서 빌자 얼음이 바로 얼었고[483] 寒祈半夜氷旋合

문왕의 손자는 서옥(庶獄)과 서신(庶愼)을 그르치지 마시고 오직 담당관을 다스리소서.〔繼自今, 文子文孫其勿誤于庶獄庶愼, 惟正是乂之.〕"라고 한 데에서 유래한 말이다.

480 승척(繩尺)은……따랐네 : 승척은 먹줄과 자로 몸가짐을 바루는 법도를 의미한다. 《소학》의 법도를 따랐다는 것은 355쪽 주423 참조.

481 정일(精一)을 집중(執中)함 : 극기복례(克己復禮)의 요체(要諦)를 뜻하는 말인데, 왕통(王統)의 전수를 의미하기도 한다. 요 임금이 순 임금에게, 순 임금이 우(禹) 임금에게 왕위를 물려주면서 "인심은 위태롭고 도심은 은미하나니, 오직 정밀하고 오직 한결같이 하여 그 중도를 잡아야 한다.〔人心惟危, 道心惟微, 惟精惟一, 允執厥中.〕"라고 깨우쳐준 데에서 유래한 말이다. 《書經 虞書 大禹謨》

482 봉삼(奉三) : 세 가지 공평무사(公平無私)함을 지키는 정치의 원칙을 뜻한다. 자하(子夏)가 공자(孔子)에게 천지(天地)에 참여했던 삼황(三皇)의 덕에 대해 묻자 공자가 "하늘은 사사로이 덮어줌이 없고 땅은 사사로이 실어줌이 없으며 일월은 사사로이 비춰줌이 없으니, 이 세 가지를 받들어 천하를 위로하는 것을 일러 '세 가지 사사로움이 없다.'라고 한다.〔天無私覆, 地無私載, 日月無私照, 奉斯三者以勞天下, 此之謂三無私.〕"라고 대답한 데에서 온 말이다. 《禮記 孔子閒居》

483 한밤중에……얼었고 : 고려·조선시대에는 겨울에 얼음이 얼지 않을 정도로 기후가 온난할 경우 날씨가 추워지기를 하늘에 비는 제사를 지냈는데, 이를 사한제(司寒祭) 혹은 기한제(祈寒祭)라고 한다. 1769년(영조45) 12월 8일에 영조는 겨울의 날씨가 춥지 않자 연화문 밖에서 사한제에 쓸 향을 지영(祗迎)하고 사한제를 거행하게 하였는데, 자신의 정성이 모자라다고 여겨 삼경(三更)에 추위를 무릅쓰고 자정전(資政殿)

무더위에 햇볕 아래에서 기도하자 비가 금방 쏟아졌지[484]

露禱炎天雨輒傾

오기[485] 동안 옷깃 드리움[486]에 누가 이와 같으리　五紀垂衣疇得似

강구[487] 이후의 두 번째 태평성세로세　康衢以後再昇平

기주관으로 있을 때 금려[488]의 곁에 있으면서　記注當時厠禁廬

짧은 붓으로 하늘 더듬자니 다 적을 수 없었네　摸天筆短不勝書

은혜로 감옥을 비워 먼저 낙형을 없앴고[489]　恩空囹圄先除烙

앞 행랑에 나가 엎드려 빌었다. 그날밤 동틀 무렵부터 날씨가 추워져 강물이 모두 얼었다고 한다.《英祖實錄 45年 12月 8日》

484 무더위에……쏟아졌지 : 《영조실록》에 영조가 기우제를 친히 지내자 비가 내렸다는 기록이 자주 보인다.《英祖實錄 3年 7月 26日, 7年 6月 11日・13日, 10年 8月 8日, 13年 7月 16日, 34年 5月 27日》

485 오기(五紀) : 1기(紀)는 세성(歲星)이 한 바퀴 공전하는 12년으로, 5기는 60년이다. 여기에서는 영조가 52년 동안 재위하였으므로 이렇게 말한 것이다.

486 옷깃 드리움 : 성군이 행하는 무위(無爲)의 덕치(德治)를 뜻한다.《주역》〈계사전 하(繫辭傳下)〉에 "황제(黃帝)와 요・순은 가만히 옷을 드리우고 있었는데도 천하가 다스려졌으니, 이는 건괘와 곤괘에서 취한 것이다.〔黃帝堯舜垂衣裳而天下治, 蓋取諸乾坤.〕"라고 하였다.

487 강구(康衢) : 본래 사방으로 통하는 큰길을 뜻하는 말인데, 요 임금이 통치한 태평시대를 가리킨다. 요 임금이 민정을 살피기 위해 큰길에 나갔다가 아이들이 "우리 백성들을 세운 것이 모두 임금의 덕이라. 백성들은 아무것도 모르고 임금의 법을 따를 뿐이다.〔立我蒸民, 莫匪爾極. 不識不知, 順帝之則.〕"라고 노래하는 것을 듣고 기뻐한 고사에서 유래하였다.《列子 仲尼》

488 금려(禁廬) : 대궐의 시종신(侍從臣)들이 거처하는 관사이다.

489 낙형(烙刑)을 없앴고 : 낙형은 달군 쇠붙이로 피부를 지지던 형벌이다. 주로 반역 죄인을 신문할 때 사용했다. 1733년(영조9) 8월 22일에 뜸뜰 때의 고통을 생각하여

세금은 조용을 줄여[490] 아래로 고기에 미쳤네[491] 稅減租庸下及魚
기로소의 예 세 차례 사양한 뒤에 이루어졌고[492] 耆老禮成三揖後
자성의 제물은 다섯 번 쟁기를 밀고 난 것을 바쳤네[493]
粢盛供是五推餘

낙형을 금지하도록 하였다.《英祖實錄 9年 8月 22日》

490 세금은 조용(租庸)을 줄여 : 조용이란 중국 당(唐)나라 때부터 확립된 조세 제도인 조용조(租庸調)로 토지세와 부역(賦役), 호(戶) 단위로 부과되던 현물(現物)을 말한다. 여기에서는 영조가 균역법을 실시하여 양포(良布)를 줄여준 것 등을 언급한 것이다. 354쪽 주416 참조.

491 아래로 고기에 미쳤네 : 은혜가 무지몽매한 백성들에게까지 고루 미쳤음을 뜻한다. 《주역》〈중부괘(中孚卦) 단(彖)〉에 "돼지와 고기에 미쳐 길함은 미더움이 돼지와 고기에까지 미친 것이다.〔豚魚吉, 信及豚魚也.〕"라고 하였는데, 여기에서 돼지와 고기는 무지몽매한 미물을 뜻하는 말이다.

492 기로소(耆老所)의……이루어졌고 : 1744년(영조20) 7월 29일에 여은군(礪恩君) 이매(李梅)가 영조에게 상소하여 기로소에 들 것을 청하였는데, 이날 영조는 감히 그렇게 할 수 없다고 말하면서도 기로소에 들고 싶다는 뜻을 보였다. 이를 두고 조선 조정에서는 갑론을박이 벌어졌는데, 영조는 영의정 김재로(金在魯), 좌의정 송인명(宋寅明), 우의정 조현명(趙顯命) 삼정승의 숙종조(肅宗朝)의 고사에 따라 기로소에 들라는 청은 사양하면서도 결국 많은 신하의 반대 의견을 무릅쓰고 이해 9월 9일에 기로소에 행차하여 영수각의 어첩(御帖)에 '지행순덕영모의열왕(至行純德英謨毅烈王)'이라고 적음으로써 51세의 나이로 기로소에 들었다.《英祖實錄 20年 7月 29日, 8月 11日·16日·29日, 9月 9日》

493 자성(粢盛)의……바쳤네 : 자성이란 종묘(宗廟)·사직(社稷)의 대제(大祭)에 제물로 바치는 정결한 곡식을 뜻하는데, 주로 임금이 적전(籍田)을 친경(親耕)하여 거둔 곡식을 사용하였다. 친경에는 '오퇴례(五推禮)'라 하여 임금이 다섯 번 쟁기를 미는 절차가 있었다. 《예기》〈월령(月令)〉에, "이에 길한 날을 가려 천자가 친히 쟁기와 보습을 갑옷 입은 호위무사와 마부 사이에 싣고, 삼공·구경·제후·대부를 이끌고 임금의 적전을 몸소 가는데, 천자는 세 번 밀고 삼공은 다섯 번 밀며, 경과 제후는

휘황찬란한 전고 은하수처럼 빛나니[494] 煌煌典誥昭雲漢
남겨진 금편[495] 석거각[496]에 가득해라 留得金編滿石渠

동방이 창성한 때 태형[497]에 속하니 東土昌期屬泰亨
서쪽 누각의 보첩 우뚝하게 이었네[498] 西樓寶帖繼崢嶸

아홉 번 민다.〔乃擇元辰, 天子親載耒耜措之于參保介之御間, 帥三公九卿諸侯大夫, 躬耕帝籍, 天子三推, 三公五推, 卿諸侯九推.〕"라고 하였다.

494 휘황찬란한……빛나니 : 전고(典誥)는 《서경》의 편명인 〈요전(堯典)〉·〈순전(舜典)〉·〈탕고(湯誥)〉·〈강고(康誥)〉 등에서 유래한 말로 전장(典章)·조령(詔令) 등의 글을 말한다. 은하수처럼 빛난다는 것은 제왕 즉 영조의 문장과 글씨가 훌륭함을 뜻하는 말이다. 《시경》〈대아(大雅) 운한(雲漢)〉에 "밝은 저 은하수여, 빛이 하늘에 감돌도다.〔倬彼雲漢, 昭回于天.〕"라고 밤하늘 은하수의 모습을 형용하였는데, 소식(蘇軾)이 〈송진백수찰원부궐(送陳伯修察院赴闕)〉에서 "영유릉(永裕陵)은 진실로 하늘이 낸 분이시라, 필적에도 은하수 같은 자태가 있도다.〔裕陵固天縱, 筆有雲漢姿.〕"라고 하여 은하수로 송 신종(宋神宗)의 글솜씨를 비유하면서부터 은하수가 제왕의 문장과 필적을 뜻하는 말로 쓰이게 되었다.

495 금편(金編) : 금실로 장정한 귀중한 간책이란 뜻인데, 여기에서는 영조의 저술을 가리킨다.

496 석거각(石渠閣) : 한나라 때의 궁중 장서각(藏書閣)이다.

497 태형(泰亨) : 편안하고 형통함을 뜻한다. 《주역》〈태괘(泰卦)〉에 "태괘는 작은 것이 가고 큰 것이 오니, 길하여 형통하다.〔泰, 小往大來, 吉亨.〕"라고 한 데에서 유래한 말이다.

498 서쪽……이었네 : 영조가 기로소의 영수각에 봉안된 어첩에 자기 휘호를 적음으로써 기로소에 든 역대 왕 중 한 사람이 되었다는 말이다. 조선 태조(太祖)가 예순을 맞아 기로소에 들며 기로소 서쪽 누각의 벽에 자신의 이름을 적었다고 하는데, 숙종이 1719년(숙종45)에 기로소에 들 때 이 고사에 대해 상고할 길이 없자 기로소 안에 영수각(靈壽閣)을 짓고 어첩을 새로 마련하여 태조의 휘호와 숙종의 존호를 적게 하였다. 《肅宗實錄 45年 1月 12日·24日·26日, 2月 11日, 6月 9日·24日》《燃藜室記述 別集

소의간식[499] 육대[500]하며 구장을 뒤따르고[501]　　宵衣六對隨鳩杖
봄 술로 천년 장수 빌며 무소뿔잔[502]에 술 따랐네　　春酒千年酌兕觥
팔역 안에 어쩌면 그리도 황발이 많은가[503]　　域內何多黃髮老
하늘 남쪽에 수성[504]이 밝음을 유독 깨닫겠네　　天南偏覺壽星明
신령한 단약도 성인을 기다려 나오나니　　靈丹亦待聖人出
아홉 이파리 삼이 동자의 형상 이루었구나[505]　　九葉蔘成童子形

卷6 官職典故 耆社》

499 소의간식(宵衣旰食) : 해가 뜨기 전에 옷을 입고 나와 밤이 된 뒤에야 밥을 먹는다는 말로, 임금이 정무에 힘쓰는 것을 뜻한다.

500 육대(六對) : 임금이 신하들과 정무를 논하기 위해 한 달에 여섯 차례 차대(次對)를 행하는 것이다. 영조는 조선 역대 왕 중에서도 특히 정무에 열심이어서 육대를 정지한 적이 없었고, 정섭(靜攝) 중에도 백성과 관련된 중요한 일이 있으면 지체없이 신하들을 불러들여 의논했다고 한다.《英祖實錄 附錄 英宗大王行狀》

501 구장(鳩杖)을 뒤따르고 : 영조가 기로소에 들었음을 뜻한다. 154쪽 주332 참조.

502 무소뿔잔 : 원문은 '시굉(兕觥)'으로, 축수하는 술잔을 뜻한다.《시경》〈빈풍(豳風) 칠월(七月)〉에 "시월에는 채마밭 깨끗이 청소하고 나서, 두 항아리 가득히 술을 거르고 염소와 양을 잡아 잔치를 열고, 저 공당에 올라가서, 무소뿔잔을 들어 비노니, 만수무강하리로다.〔十月滌場, 朋酒斯饗, 曰殺羔羊, 躋彼公堂, 稱彼兕觥, 萬壽無疆.〕"라고 하였다.

503 팔역……많은가 : 영조의 선정으로 많은 백성이 장수를 누리고 있다는 뜻이다. 황발은 하얗게 세었다가 다시 누런색으로 변한 머리라는 뜻으로 장수한 노인을 가리키는데,《시경》〈노송(魯頌) 비궁(閟宮)〉에 "대부와 서사(庶士)들에게 마땅하여 나라를 소유하시니, 이미 많은 복을 받으사 황발과 아이 이가 나셨도다.〔宜大夫庶士, 邦國是有, 旣多受祉, 黃髮兒齒.〕"라고 한 데에서 유래한 말이다.

504 하늘 남쪽에 수성(壽星) : 남극성(南極星)이다. 111쪽 주222 참조.

505 동자의 형상 이루었구나 : 동자삼(童子蔘)을 말한 것이다.《오주연문장전산고(五洲衍文長箋散稿)》〈인삼시문변증설(人蔘詩文辨證說)〉에 "대저 그 종류 중에 사람

만기를 나누어 돌보며 우러러 밝음을 이으니[506]　萬幾分勞仰繼明
넓은 기업 반석에 올려 종사(宗祊)를 안정시켰네　鴻基盤石奠宗祊
옥 술잔으로 축수하는 예는 삼조의 봉양[507]에 스며들었고　瑤觴禮洽三朝養
은도장[508]의 광채는 동궁의 정성에 빛나도다　銀印光生貳極誠
부지런함과 경건함으로 서로 전하며 열성을 이으니　勤敬相傳承列聖
구가가 돌아갈 데 있어[509] 뭇사람의 마음 위로되네　謳歌有屬慰群情
봄볕 저물어갈 제 운향이 머니　春暉欲暮雲鄉遠
효자의 마음에 익실로 맞이함[510]을 어이 견디랴　孝思那堪翼室迎

의 모습과 같은 것이 있으니, 동자삼이라고 한다. 그 거죽이 마치 사람의 피부와 같으니, 빛과 윤택, 무늬가 매우 유사하다. 그래서 옛사람들이 특별히 인삼이라고 이름을 붙였던 것이다.〔大抵其種有如人形者, 名童子蔘, 其皮恰似人皮膚, 色澤紋理甚類也, 故古人特命以人蔘.〕"라고 하였다.

506 만기(萬幾)를……이으니 : 만기를 나누어 돌본다는 것은 360쪽 주444 참조. 밝음을 이었다는 것은 359쪽 주443 참조.

507 삼조(三朝)의 봉양 : 360쪽 주444 참조.

508 은도장 : 영조는 1776년(영조52) 2월 9일에 정조에게 대리청정을 위임한다는 뜻으로 어사 은인(御賜銀印)과 어제 유서(御題諭書)를 내린 바 있다.《英祖實錄 52年 2月 9日》

509 구가(謳歌)가……있어 : 구가는 임금의 덕을 찬미하는 노래이다. 구가가 돌아갈 데가 있다는 것은 왕위를 이을 훌륭한 계승자가 있다는 뜻으로, 여기에서는 정조를 두고 한 말이다. 우(禹) 임금이 신하인 익(益)을 후계자로 하늘에 추천한 지 7년 뒤에 죽었는데, 우 임금의 상이 끝나자 천하의 조회하는 자, 송사하는 자, 구가하는 자들이 익에게 가지 않고 우 임금의 아들 계(啓)에게 몰려갔다는 고사가 있다.《孟子 萬章上》

510 익실(翼室)로 맞이함 : 익실은 노침(路寢) 좌우의 작은 방인데, 익실로 맞이한다는 것은 왕이 사망함에 따라 후계자가 상주(喪主)이자 새 왕이 되는 것을 뜻한다.《서

맑은 새벽 우림위[511]가 동상[512]을 나가니　　　清晨羽衛出東廂
온 성의 노인 아이 들에서 길이 탄식하네　　　髫白傾城野哭長
금척의 신령한 공적[513] 성조와 부합하고　　　金尺神功符聖祖
주구[514]의 길한 자리 높은 메[515]에 접했네　　　珠丘吉卜接崇岡
매달 내오는 의관[516]은 앞뒤로 이어지겠거니와　　　衣冠月出應先後
구름 속의 활과 검은 끝내 아득해졌네[517]　　　弓劒雲間竟杳茫

경》〈주서(周書) 고명(顧命)〉에 "태보(太保)인 소공(召公) 석(奭)이 중환(仲桓)과 남궁모(南宮毛)에게 명하여 제후(齊侯)인 여급(呂伋)으로 하여금 두 쌍의 창과 방패와 호분(虎賁) 백 명으로 아들 쇠(釗)를 남문 밖에서 맞이하여, 익실로 들어와 여막의 종주가 되게 하였다.〔太保命仲桓南宮毛, 俾爰齊侯呂伋, 以二干戈虎賁百人, 逆子釗於南門之外, 延入翼室, 恤宅宗.〕"라고 하였다.

511 우림위(羽林衛) : 325쪽 주297 참조.

512 동상(東廂) : 궁중 전각에 딸린 동쪽의 협실(夾室)이다. 야간이나 이른 새벽에 중요한 행사가 있을 때 관원들이 근신하며 대기하곤 하였다.

513 금척(金尺)의 신령한 공적 : 나라를 바로잡은 공적을 뜻한다. 태조 이성계가 잠저(潛邸) 시절 신인(神人)이 나타나 세상을 바로잡으라며 금으로 된 자를 주는 꿈을 꾼 적이 있다고 한다.《太祖實錄 1年 7月 17日》이 꿈은 당악정재(唐樂呈才)로 만들어져 궁중의 연회 때 공연되기도 하였다.

514 주구(珠丘) : 순 임금이 창오(蒼梧)의 들판에서 사망하자 빙소(憑霄)라는 새가 수시로 청사주(青砂珠)를 물고 와서 언덕을 이루었는데, 이 언덕을 주구(珠丘)라고 하였다.《拾遺記 卷1》이 고사에서 유래하여 이는 왕의 무덤을 뜻하는 말로 쓰이며, 여기에서는 영조의 능인 원릉(元陵)을 가리킨다.

515 높은 메 : 태조의 능인 건원릉을 가리킨다. 영조의 능인 원릉이 건원릉 오른쪽 두 번째 산등성이에 있기 때문에 이렇게 말한 것이다.《英祖實錄 52年 3月 10日》

516 매달 내오는 의관 : 영조의 제사가 앞으로 이어질 것임을 말한 것이다. 295쪽 주196 참조.

517 구름……아득해졌네 : 영조가 영영 세상을 떠나버렸음을 의미한다. 364쪽 주164

경연 모시던 미천한 신하 유독 은택을 입었으니　經幄小臣偏沐澤
차마 맑은 눈물 섞어 만사를 쓴단 말인가　忍和淸淚寫哀章

참조. 검은 황제(黃帝)가 스스로 죽을 날을 택하여 신하들과 작별한 후 교산에 묻혔는데, 뒤에 산이 무너지자 관에 황제의 시체는 간 데 없고 황제의 검과 신발만 남아 있었다는 고사에서 취한 것이다. 《列仙傳 卷上 黃帝》

문효세자의 만사[518] 병오년(1786, 정조10). 5수
文孝世子輓詞 五首 丙午

붉은 놀[519] 붉은 대추[520] 일찍 상서를 바치니	彤霞丹棗早呈祥
세 해 만에 승화문이 동궁에 열렸네[521]	三載承華闢少陽

518 문효세자의 만사 : 문효세자(文孝世子, 1782~1786)는 정조가 의빈 성씨(宜嬪成氏)에게서 얻은 장남이다. 이름은 순(暙), 시호는 온효(溫孝)였다가 문효(文孝)로 개칭되었다. 태어나자마 원자(元子)로 봉해졌고 3세 때인 1784년(정조8)에 세자로 봉해졌으나 1786년(정조10)에 홍역으로 갑자기 사망하였다. 왕자의 탄생을 희구하였던 정조는 문효세자의 탄생을 크게 기뻐하였는데, 갑작스러운 사망으로 영조와 조선 조정은 비통함에 빠지게 된다. 이 5수의 작품 역시 이러한 분위기가 서려 있다. 특히 제1수·2수·3수는 문효세자의 탄생과 성장, 성품과 영특함 등을 이야기하다가 분위기가 반전되어 비감(悲感)을 더한다. 제4수는 홍역을 앓던 문효세자가 숨을 거둘 때의 안타까움을, 제5수는 장례식 때의 침통함과 문효세자에 대한 그리움을 표현하였다. 각각 평성 '양(陽)'운의 평기식 수구용운체, 평성 '선(先)'운의 측기식 수구용운체, 평성 '미(微)'운의 평기식 수구용운체, 평성 '양(陽)'운의 평기식 수구용운체, 평성 '지(支)'운의 측기식 수구용운체 칠언율시이다.

519 붉은 놀 : 문효세자는 1782년(정조6) 9월 7일에 창덕궁 연화당(讌和堂)에서 태어났는데, 이날 밤에 한 줄기 붉은빛이 연화당을 비추다가 새벽 즈음에 문효세자가 탄생하였다고 한다.《夢梧集 卷7 文孝世子誌文》

520 붉은 대추 : 창경궁의 홍정당(興政堂) 뒤뜰에 원종(元宗)이 잠저(潛邸) 시절에 말을 매어두곤 했던 큰 대추나무 한 그루가 있었는데, 세월이 지나면서 시들어 버렸다가 1661년(현종2)에 되살아나 꽃을 피우더니 이해 가을에 숙종(肅宗)이 태어났다고 한다. 그 뒤에 나무가 다시 시들었다가 다시 살아나자 정조는 신기하게 여겨 이 나무를 1781년(정조5) 초계문신(抄啓文臣) 시강(試講)의 시제(試題)로 냈고, 이듬해에 현종 때와 마찬가지로 가을에 문효세자가 태어나자 정조는 기뻐하며 나무에 열린 대추를 신하들에게 나누어주었다.《日省錄 正祖 卽位年 7月 9日, 5年 9月 18日, 6年 9月 14日·19日》

북두칠성에 번개 치는 계절은 가을 구월에 부합하였고[522] 斗電節符秋九月

구가[523]의 경사는 해가 거듭 빛남[524]과 같았네 謳歌慶叶日重光

빈료들은 온화하고 문채 나는 몸가짐[525] 성취하길 다투어 송축하였고 賓僚競頌溫文就

백성들은 덕행과 업적 장구하기를 바랐지 黎庶咸祈德業長

521 세……열렸네 : 문효세자가 3세에 왕세자로 책봉되었음을 뜻한다. 문효세자는 1784년(정조8) 7월 2일에 왕세자로 책봉되었다.《正祖實錄 8年 7月 2日》 승화문(承華門)은 낙양(洛陽)에 있던 태자궁(太子宮)의 문 이름으로, 태자궁 혹은 태자를 상징하는 말이다. 원문의 '소양(少陽)'은 본래 동방을 뜻하는 말인데, 안연지(顔延之)의 〈삼월삼일곡수시서(三月三日曲水詩序)〉에서 "태자가 소양에서 덕을 기르네.〔正體毓德於少陽〕"라고 한 이래 태자의 거처인 동궁(東宮)의 별칭이 되었다.

522 북두칠성에……부합하였고 : 문효세자가 9월에 태어났음을 뜻한다. 문효세자는 1782년(정조6) 9월 7일에 태어났는데, 이날 조정의 대신들은 문효세자가 태어난 9월이 영조와 정조가 태어난 달과도 같다며 축하한 바 있다.《正祖實錄 6年 9月 7日》 북두칠성에 번개가 친다는 것은 왕자의 탄생을 뜻한다.《사기》 권1 〈오제본기(五帝本紀)〉 주석의 황제(黃帝)의 모친인 부보(附寶)가 기(祁) 땅에서 세찬 번개가 북두칠성의 첫 번째 별을 휘감는 것〔大電繞北斗樞星〕을 보고 나서 잉태하여 24개월 뒤에 황제를 낳았다는 전설에서 유래하였다.

523 구가(謳歌) : 374쪽 주509 참조.

524 해가 거듭 빛남 : 왕세자의 훌륭한 덕을 뜻한다. 한 명제(漢明帝)가 태자로 있을 적에 악인(樂人)들이 그의 덕을 찬양하기 위해 일중광(日重光)·해중윤(海重潤)·월중륜(月重輪)·성중휘(星重輝)라는 4장의 시가(詩歌)를 바친 데에서 유래하였다.《古今注 卷中 音樂》

525 온화하고 문채 나는 몸가짐 : 원문은 '온문(溫文)'이다.《예기》〈문왕세자(文王世子)〉에, "예와 음악이 속에서 교착하여 바깥으로 모습을 드러내기 때문에 그 이룸에 기쁘고, 공손하고 경건하여 온화하고 문채가 났다.〔禮樂交錯於中, 發形於外, 是故其成也懌, 恭敬而溫文.〕"라고 한 데에서 취한 말이다.

주나라 구령[526] 끝내 징험되지 않으리라 생각이나 했으랴 何意周齡終不驗
하늘의 뜻과 사물의 이치는 끝내 아득하구나 天心物理竟蒼茫

만세의 종황[527]에 계의 어짊[528]이 있으니 萬世琮璜有啓賢
칠장복과 유패[529] 이연[530]에서 엄숙하였네 七章瑜佩儼离筵

526 주(周)나라 구령(九齡) : 장수를 뜻한다. 주 무왕(周武王)이 천제(天帝)에게서 아홉 개의 이〔九齡〕를 받는 꿈을 꾸고 나서 부친인 주 문왕에게 아뢰자 문왕이 "나이도 령(齡)이라고 하고 이도 령이라고 한다. 나는 100년을 살 것이고 너는 90년을 살 것이니, 내 수명을 너에게 3년 떼어주겠다."라고 하였는데, 뒤에 과연 문왕은 97세, 무왕은 93세까지 살았다고 한다. 《禮記 文王世子》

527 종황(琮璜) : 종(琮)과 황(璜)은 모두 묘당(廟堂)에서 사용하는 옥기(玉器)인데, 증공(曾鞏)의 〈응거계(應擧啓)〉에 "삼가 아뢰건대 모관(某官)은 동량 같은 출중한 재주와 종과 황 같은 제기(祭器)로서 문장의 평소 온축한 바를 발하여 어질고 거룩한 성상이 다스리는 태평성세를 맞았습니다.〔伏以某官梁棟瑰材, 琮璜茂器, 發文章之素蘊, 當仁聖之盛期.〕"라고 한 이래 뛰어난 문사(文辭)나 재주를 비유하는 말로 쓰이게 되었다.

528 계(啓)의 어짊 : 왕세자로서의 훌륭한 덕을 뜻한다. 374쪽 주509 참조.

529 칠장복(七章服)과 유패(瑜佩) : 칠장복은 칠장면복(七章冕服)이라고도 하는데, 세자가 착용하던 일곱 줄을 드리운 면류관(冕旒冠)과 화충(華蟲)·불〔火〕·종이(宗彝)·마름〔藻〕·분미(粉米)·보(黼)·불(黻)의 일곱 가지 무늬를 수놓은 의복이다. 유패는 패옥으로 차는 미옥(美玉)인데, 특히 세자의 패옥을 가리킨다. 《예기》 〈옥조(玉藻)〉에 "세자는 패옥으로 유옥을 차고 여러 가지 색의 문채가 나는 끈을 단다.〔世子佩瑜玉, 而綦組綬.〕"라고 한 데에서 유래하였다.

530 이연(离筵) : 왕세자가 경서(經書)를 강론하는 자리인 서연(書筵)의 별칭인데, 이연(離筵)이라고도 한다. 《주역》 〈이괘(離卦)〉에 "밝음이 두 번 일어난 것이 이(離)이니, 대인이 이를 보고서 밝음을 이어 사방을 비춘다.〔明兩作離, 大人以, 繼明, 照于四

즐기는 것 전혀 없이 오직 책만 읽었고　都無嗜好惟書耳

즐거운 얼굴로 부모 섬김을 매번 보임은 곧 천성이었어라　每見怡愉卽性然

책봉하던 해 강경하던 날은 열성조를 따랐고[531]　冊歲講辰追列祖

구름이 개고 해가 맑아짐은 어진 하늘을 징험하였네[532]　晴雲朗日驗仁天

영명한 자태 남다른 행실 지금 어디서 보리오　英姿異行今安覩

성상의 만사 한 글자 한 글자에 함께 눈물 흘리네　字字宸辭共涕漣

곱디고운 가는 갈포 궁중의 베틀에서 나오니　纖纖細葛出宮機

方.〕"라고 하여 왕과 왕자가 모두 어짊을 말하였기 때문에 생긴 별칭이다.

531 책봉하던……따랐고 : 문효세자의 책봉 예식은 1784년(정조8) 8월 2일에 거행되었는데, 이것은 영조가 즉위한 1724년 8월 30일과 달이 같다. 정조는 1784년 7월 7일에 영조와 정성왕후(貞聖王后)·장헌세자(莊獻世子)에게 존호를 올리며 이를 언급한 바 있다.《正祖實錄 8年 7月 7日, 8月 2日》 문효세자가 처음 서연(書筵)을 행한 1785년(정조9) 9월 9일이 숙종이 잠저(潛邸) 시절 처음으로 서연을 행한 1665년(현종6) 9월 9일과 해의 간지(干支), 날짜가 같다. 정조는 본래 문효세자가 조금 더 자란 뒤에 서연에서 강학(講學)하게 할 생각이었는데, 이해 9월 6일에 정술조(鄭述祚)가 문효세자의 수업을 시작할 것을 상소하자 정조는 마침 올해가 숙종이 서연을 연 해와 을사년으로 간지가 같다며 돌아오는 9일부터 서연을 열게 하였다.《正祖實錄 9年 9月 6日·9日》

532 구름이……징험하였네 : 문효세자가 세자로 책봉되고 예식의 거행을 앞두고 있던 1784년 7월 하반기에는 연일 비가 내렸으며 특히 이달 21일에는 폭우가 쏟아져 황단(皇壇)의 망배례(望拜禮)를 취소하라는 청이 올라올 정도였는데, 24일에 사대문에서 기청제를 지내자 비가 그쳤다고 한다. 결국 8월 2일에 문효세자의 책봉 예식을 거행할 수 있었다.《日省錄 正祖 8年 7月 18日·19日·20日·21日·23日·24日·26日, 8月 2日》

아름다운 절기 단오에 몇 자 옷을 바쳤지[533] 佳節端陽獻尺衣

말 배우자마자 곧 사물에 따른 가르침을 받들었고 學語便承隨物誨

상 짚고 설 무렵에도 오히려 문안하고 돌아올 줄 알았네[534]

扶床猶解問安歸

건강이 손상되자 곧장 사흘 밤을 직숙하였고[535] 起居乍損三宵直

슬픈 일과 경사가 서로 이어짐에 만사가 글렀도다 哀慶相乘萬事非

치주례[536] 행하고 잔치 열 날 손꼽아 기다리고 있었는데

齒冑開筵方屈指

차마 상복 가지고 청위[537]로 향할 수 있으랴 忍將縞素向青闈

533 아름다운……바쳤지 : 중국 당(唐)나라 때 단오에 황제가 신하들에게 옷을 하사하는 관례가 있어서 두보의 〈단오일사의(端午日賜衣)〉에, "궁의 의복 하사 명단에 내 이름도 있어, 단오날 황제의 은총 입었네. 고운 갈포 옷은 바람 머금어 보드랍고, 향긋한 비단은 소복이 쌓인 눈처럼 가볍구나.〔宮衣亦有名, 端午被恩榮. 細葛含風軟, 香羅疊雪輕.〕"라고 하였기 때문에 이렇게 말한 것이나. 몇 자 옷은 346쪽 주382 참조.

534 말……알았네 : 문효세자가 말을 배우자마자 사물의 이치를 궁구할 정도로 영특하고 겨우 걸음마를 시작했을 무렵부터 부모에게 문안의 예를 올릴 정도로 효심과 몸가짐이 훌륭했음을 말한 것이다.

535 건강이……직숙하였고 : 문효세자가 1786년(정조10) 5월 3일에 홍역 증세를 보이자 정조는 의약청(議藥廳)을 설치하고 직숙하며 간호하게 하였는데, 사흘 만인 6일에 다 나은 듯하여 의약청을 철수하게 하였다. 그러나 문효세자는 9일 밤부터 갑자기 열이 나기 시작하였고, 정조는 의약청을 다시 설치하고 간호하였으나 결국 11일 미시(未時)에 사망하였다.《正祖實錄 10年 5月 3日·6日·10日·11日》

536 치주례(齒冑禮) : 왕세자가 학교에 입학할 때 신분을 따르지 않고 연령에 따라 다른 학생 사이에 자리를 정하는 의식이다.

537 청위(青闈) : 340쪽 주360 참조. 여기에서는 문효세자가 거처하던 세자궁을 가리킨다.

중희당 아래에서 모시는 신하들 황망하여　　　　重熙堂下侍臣忙
용렬한 의관 의술 훌륭하지 못하다 울며 말했지　　泣道庸醫術不良
다음 날 삼호하며 하례를 드리려 했더니[538]　　　　翼日三呼將獻賀
전성[539]이 하룻저녁에 홀연히 빛을 거두었네　　　　前星一夕忽收光
백 번 대신 죽지 못하고 부질없이 백발만 드리웠고[540]
百身未贖空垂白
여러 복을 징험할 수 없어 창천에 묻고 싶구나　　諸福無徵欲問蒼
애닯도다 우리 성상의 마음을 천신이 삼가 걱정스러워하니
戚我聖心臣竊恐
짧은 만사 목이 메어 문장을 이루지 못하네　　　短詞哽噎不成章

동룡문[541] 닫힌 채로 달이 여러 번 옮겨가니　　　　門掩銅龍月屢移

538 다음……했더니 : 삼호(三呼)는 만세삼창을 하며 장수를 기원하는 의식이다. 여기에서는 문효세자가 홍역이 사흘 만에 완쾌된 듯하여 이를 축하하며 장수를 빌려고 했기 때문에 이렇게 말한 것이다.

539 전성(前星) : 왕세자를 상징하는 별로 문효세자를 가리킨다. 《한서(漢書)》 권27 〈오행지(五行志)〉에 "심성(心星)은 큰 별이므로 천왕(天王)이고, 그 앞의 별은 태자이고 뒤의 별은 중자(衆子)이다.〔心, 大星, 天王也, 其前星, 太子, 後星, 庶子也.〕"라고 하였다.

540 백……드리웠고 : 아직 젊은 문효세자 대신 늙은 이계 자신이 죽고 싶다는 말이다. 365쪽 주465 참조.

541 동룡문(銅龍門) : 한(漢)나라 때 태자궁의 문 이름으로, 문루(門樓) 위에 구리로 된 용 모양의 장식이 있었다고 한다. 《한서》 권10 〈성제기(成帝紀)〉에 "황제가 한 번은 급하게 부르자 태자가 용루의 문으로 나왔다.〔上嘗急召, 太子出龍樓門.〕"라고 하였는데, 안사고(顔師古)가 이 부분에 문루 위에 구리 용이 있었다는 장안(張晏)의 주석을 인용한 바 있다.

자욱한 구름 속 생학[542]은 어디로 날아갔나　雲迷笙鶴去何之
동정[543]에는 승언색[544] 부르는 이 아무도 없고　彤庭莫喚承言色
묘실에는 전알하는 의례[545]만 부질없이 전하네　玄室空傳上謁儀
지척 거리의 주구[546]에는 귀신이 왕래할 수 있겠거니와　咫尺珠丘神不隔
어렴풋한 보책[547]은 꿈속에서 작별하는 듯했네　依俙寶幘夢如辭
장구한 천지에 다하지 않는 한은　天長地久無窮恨
성인이 인간 세상에 고작 다섯 해 살다 간 것일세　聖作人間只五朞

542 생학(笙鶴) : 신선이 타는 선학(仙鶴)이다. 주 영왕(周靈王)의 태자 왕자교(王子喬)는 생황을 잘 연주하여 생황에서 봉황 울음소리가 나는 것처럼 착각할 정도였는데, 그가 부구공(浮丘公)과 함께 숭산(嵩山)에 올라 도를 닦은 지 30여 년 만에 백학(白鶴)을 타고 승천하여 선계로 날아간 고사에서 유래한 말이다.《列仙傳 卷上 王子喬》 여기에서는 세상을 떠난 문효세자를 비유한 말이다.

543 동정(彤庭) : 142쪽 주294 참조.

544 승언색(承言色) : 세자궁(世子宮)에 소속되어 세자의 말을 전하는 일을 담당하는 환관이다.

545 전알하는 의례 : 세자의 상 때 백관이 문안하는 예를 가리킨다. 문효세자의 상 때 현실(玄室)에 재실(梓室)을 내려 안치한 뒤에 각 전(殿)과 각 궁(宮)에 백관이 문안하였다고 한다.《銀臺條例 禮攷 問安》

546 주구(珠丘) : 375쪽 주514 참조. 여기에서는 문효세자의 무덤인 효창원을 가리킨다.

547 보책(寶幘) : 문효세자의 공정책(空頂幘)을 가리킨다. 공정책은 왕세자가 관례(冠禮) 전에 착용하던 관모(冠帽)로, 평천판(平天板)이 없는 형태의 면류관이다. 여기에서는 위 구절에 있는 '주구'의 '주(珠)'와 대구를 맞추기 위하여 보책(寶幘)이라고 쓴 듯하다.

정종대왕의 만사[548] 경신년(1800, 정조24). 10수

正宗大王輓詞 十首 庚申

빛나는 운수가 동방에 크게 열린 날에	熙運東方大啓辰
비로소 넓은 기업 여니 또 임신년이었지[549]	肇開鴻業又壬申
주형과 옥두[550]는 오로지 하늘이 낸 것이요	珠衡玉斗惟天縱

548 정종대왕의 만사 : 정조는 이계가 53세인 1776년에 즉위하여 77세 때인 1800년(정조24)에 사망하였다. 정조의 재위 기간은 물론 세손 시절까지 온전히 관찰해온 이계는 그에 대한 만사를 10수 남겼는데, 전체적으로 슬픔을 절제하는 가운데 그의 다양한 면모를 드러내었다. 제1수는 성왕(聖王)으로서 정조의 면모를, 제2수는 정조의 소탈하고 검소한 성품을, 제3수는 정조의 지극한 효심을, 제4수는 정조의 호학(好學)과 학문적 능력을, 제5수는 영조를 계승한 정조의 정치 노선을, 제6수는 백성들을 사랑하는 정조의 마음과 선정을, 제7수는 정조의 교화와 인재 육성을, 제8수는 이계 자신과의 인연을, 제9수는 세상을 떠난 정조의 빈자리와 헛헛함을, 제10수는 순조의 왕위 계승과 장례식에서의 애통한 마음을 표현하였다. 각각 평성 '진(眞)'운의 측기식 수구용운체, 평성 '원(元)'운의 평기식 수구불용운체, 평성 '지(支)'운의 측기식 수구용운체, 평성 '우(虞)'운의 평기식 수구용운체, 평성 '양(陽)'운의 측기식 수구용운체, 평성 '우(尤)'운의 측기식 수구용운체, 평성 '회(灰)'운의 측기식 수구용운체, 평성 '호(豪)'운의 평기식 수구불용운체, 평성 '미(微)'운의 측기식 수구용운체, 환운이 되는 평성 '소(蕭)'운과 평성 '호(豪)'운을 환운해가며 지은 측기식 수구용운체 칠언율시이다.

549 빛나는……임신년이었지 : 태조가 조선을 개국한 1392년(태조1)과 정조가 태어난 1752년(영조28)이 모두 임신년이기 때문에 이렇게 말한 것이다.

550 주형(珠衡)과 옥두(玉斗) : 성현(聖賢)과 제왕의 관상을 뜻한다. 주형은 미간의 뼈가 구슬을 꿴 듯한 모양으로 불룩하게 솟은 것이다. 옥두는 술그릇 모양으로 불룩하게 솟은 가슴을 말하는 것으로, 우(禹) 임금이 태어날 때 가슴이 이러한 모습이었다고 한다.

현면과 황수[551]는 근엄한 성인의 초상일세　玄冕黃收儼聖眞
원기가 길러내니 과거의 철인들을 잇고　元氣養成承往哲
사문이 영원히 의지하니 후세 사람들에게 은혜를 끼쳤네
斯文永賴惠來人
천고의 성군들 중 누구와 닮았다 할까　皇王千古云誰似
탕왕의 공경함과 문왕의 순수함[552]이 몸가짐에 있었네
湯敬文純在檢身

삼조에 백뢰의 봉양을 받지 못했고[553]　三朝未洎百牢養
스무 해 동안 천승국의 존엄에 마음 두지 않았네　廿載匪心千乘尊

551 현면(玄冕)과 황수(黃收) : 현면은 검은색 면복(冕服)이고 황수는 황색 면류관으로, 《사기》 권1 〈오제본기(五帝本紀)〉에 요(堯) 임금의 의복을 "황색 면류관에 검게 물들인 의복, 붉은 수레에 백마를 탔다.〔黃收純衣, 彤車乘白馬.〕"라고 묘사한 데에서 유래한 말이다. 여기에서는 곤룡포를 갖춘 정조의 모습이 요 임금과도 같은 성군의 모습임을 말하기 위해 언급하였다.

552 탕왕(湯王)의……순수함 : 탕왕과 문왕의 성덕(聖德)을 말한 것이다. 탕왕의 공경함은 《시경》 〈상송(商頌) 장발(長發)〉에 "상제의 명이 어그러지지 않아 탕왕에 이르러 부합하시니 탕왕의 탄강이 늦지 아니하여 거룩함과 공경함이 날로 올랐다.〔帝命不違, 至于湯齊, 湯降不遲, 聖敬日躋.〕"라고 한 데에서 취한 말이고, 문왕의 순수함이란 《시경》 〈주송(周頌) 유천지명(維天之命)〉에 "하늘의 명이 아, 심원하여 그치지 않으시니, 아 드러나지 않겠는가? 문왕의 덕의 순수함이여.〔維天之命, 於穆不已, 於乎不顯, 文王之德之純.〕"라고 한 데에서 취한 말이다.

553 삼조(三朝)에……못했고 : 정조가 순조가 장성하기 전에 죽어 그로부터 극진한 봉양을 받지 못했다는 말이다. 삼조는 세자가 정성스럽게 부왕(父王)을 받듦을 뜻하는 말이다. '뢰(牢)'란 제사상나 잔칫상에 올리기 위해 잡는 희생의 가짓수를 뜻하는 말로, 백뢰란 백 가지 희생을 올린 성대한 음식상을 말한다.

낮은 집[554] 빨아 입은 옷[555]은 타고난 성품을 따른 것이니

卑室澣衣由所性

금니 옥간 누가 말할 수 있으랴[556] 金泥玉簡詎能言

덮어주고 감싸주는 하늘과 땅은 본래 자취가 없고 乾坤覆燾元無迹

살려주고 이루어주는 비와 이슬은 생색내지 않는 법이라네

雨露生成不自恩

밭 갈고 우물 팜에 알 게 무어랴 밥 먹고 물 마실 뿐이지[557]

耕鑿何知惟飮食

554 낮은 집 : 검소한 궁실(宮室)을 뜻한다. 공자(孔子)가 우(禹) 임금을 두고, "우 임금은 내가 흠잡을 데가 없으시다. 음식은 간소하게 드시면서 제사에는 효성을 다하셨고 평상복은 허술하게 입으시면서 제례복은 최대한 아름답게 하셨으며, 궁실은 낮게 지으면서 치수 사업에는 온 힘을 다하셨다.〔禹, 吾無間然矣. 菲飮食而致孝乎鬼神, 惡衣服而致美乎黻冕, 卑宮室而盡力乎溝洫.〕"라고 한 데에서 유래하였다. 《論語 泰伯》

555 빨아 입은 옷 : 원문은 '한의(澣衣)'로 낡은 옷을 여러 번 빨아가며 입는 것을 뜻하는데, 검소한 의복을 의미하기도 한다. 《예기》 〈예기(禮器)〉에 "안평중은 선조를 제사할 때 돼지다리가 제기를 다 채우지 않았고, 옷을 빨고 관을 씻어 조현하였다.〔晏平仲祀其先人, 豚肩不揜豆, 澣衣濯冠以朝.〕"라고 하였는데, 정현(鄭玄)의 주석에 "옷을 빨고 관을 씻는다는 것은 검소하여 새것을 갖추려고 힘쓰지 않는 것이다.〔澣衣濯冠, 儉不務新.〕"라고 하였다.

556 금니(金泥)……있으랴 : 정조가 생전에 검소하였으므로 감히 그의 장례에서 사치스럽게 덕을 칭송할 수 없다는 뜻이다. 금니는 금박(金箔)을 아교에 푼 것으로, 제왕과 관련한 문건(文件)을 봉함할 때 사용하였다. 옥간(玉簡)은 옥제(玉製)의 간책(簡冊)으로 옥첩(玉牒)이라고도 한다. 제왕이나 왕족의 휘호(徽號)나 존호(尊號), 시책문(諡冊文) 등을 올릴 때 사용하였다.

557 밭……뿐이지 : 정조의 선정으로 태평성대를 이루어졌음을 뜻한다. 264쪽 주107 참조.

드넓은 공적 세상을 떠나셨어도 끝내 잊기 어렵도다[558]

鴻功沒世竟難諼

모두가 인정하는 효심은 일찍이 호를 내린 데에서 알았고[559]

達孝曾從錫號知

큰 계책은 본래부터 독실한 행동에서 미룬 것이었지

大猷本自篤行推

봄 제사 여름 제사 모두 몸소 지냈고　春祠夏禴皆躬享

월근문 일첨문[560]에서 항상 눈물 흘리셨네　月覲日瞻常淚滋

악무의 예절을 밝히니 높이고 낮춤이 적절하였고　樂舞禮昭隆殺節

궁원의 의례 조절하니 고금에 마땅하였네[561]　宮園儀酌古今宜

558 드넓은……어렵도다 : 정조가 세상을 떠났지만 백성들이 그 덕을 잊지 못한다는 말이다. 362쪽 주453 참조.

559 모두가……알았고 : 정조는 1776년(영조52) 2월 4일에 세손 자리를 사양하려 하며 《승정원일기》의 사도세자 관련 내용을 삭제해줄 것을 청하였다. 이에 영조는 정조의 효심을 갸륵하게 여겨 해당 부분을 세초하였고, 정조에게 지효(至孝)라는 휘호를 내려주려고 하였다. 영의정 김상철(金尙喆)의 반대로 사호(賜號)는 결국 취소되었으나, 영조는 정조의 효심을 기려 그에게 '효손(孝孫)'이라고 새겨진 은인(銀印)을 주조하여 내려주었다. 《日省錄 英祖 52年 2月 4日·6日·7日·9日》《國朝寶鑑 卷68 英祖朝12》

560 월근문(月覲門) 일첨문(日瞻門) : 정조는 즉위한 후 사도세자의 사당을 경모궁(景慕宮)으로 격상하고, 전배하기 편리하도록 월근문·일첨문·유근문(逌覲門)·유첨문(逌瞻門)을 세워 매달 간소한 행차로 전배하였다. 이 문들 중 월근문은 창경궁 북동쪽, 일첨문은 경모궁 서쪽 담장에 있어, 매달 전배할 때 월근문을 통해 창경궁을 나가 일첨문을 통해 경모궁으로 들어갔다고 한다. 《正祖實錄 3年 10月 10日, 附錄 正宗大王行狀》《景慕宮儀軌 卷1 圖說 日瞻門圖說》

561 악무(樂舞)의……마땅하였네 : 정조가 사도세자를 기리는 의절(儀節)을 마련하

지지대[562] 위에서 해마다 말 멈추니　　遲遲臺上年年駐
신령한 비 유독 푸른 측백 가지 적셔주었지　　靈雨偏霑翠柏枝

대궐[563]의 규장각 서주[564]가 되니　　金門奎閣作書廚
도학의 연원이 공자와 주자에 닿았네[565]　　道學淵源接孔朱
《춘추좌씨전》의 정밀한 뜻 발휘해냈고[566]　　精義發揮左氏傳

였음을 의미한다. 정조는 즉위한 뒤 사도세자를 장헌세자(莊獻世子)로 추상(追上)하고 그의 사당인 수은묘(垂恩廟)를 경모궁(景慕宮)으로, 무덤인 수은묘(垂恩墓)를 영우원(永祐園)으로 승격시켰으며, 아울러 사도세자를 송(宋)나라 복왕(濮王)의 고사에 따라 왕의 백부(伯父)의 자격으로 제례(祭禮)와 악무(樂舞) 등을 제정하였다. 정조는 이때 제정한 경모궁과 영우원의 예식(禮式) 규정과 도설(圖說)을 《궁원의(宮園儀)》 상·하 2책으로 편찬하기도 하였다.《正祖實錄 卽位年 3月 20日, 5月 1日, 附錄 正宗大王行狀》《日省錄 正祖 卽位年 3月 20日, 5月 1日》

562 지지대(遲遲臺) : 296쪽 주203 참조.

563 대궐 : 원문은 '금문(金門)'이다. 134쪽 주278 참조.

564 서주(書廚) : 본래 서적을 보관하는 궤를 뜻하는데, 여기에서는 도서관이란 의미로 사용하였다.

565 도학(道學)의……닿았네 : 정조는 "내가 원하는 것은 공자를 배우는 것이다. 그런데 공자를 배우려면 주자(朱子)부터 배워야 한다.〔予所願學孔子也. 學孔子, 當自朱子始.〕"라고 하여 주희(朱熹)의 저술에 침잠하였고, 어원(御苑)에 작은 건물을 마련하여 주희의 유상(遺像)을 모시고서 그곳에 주희의 저술(著述)에 대한 전주(箋註)를 모은 서적을 엮어서 채울 것을 계획하였다고 한다.《正祖實錄 附錄 正宗大王誌文》

566 춘추좌씨전(春秋左氏傳)의……발휘해냈고 : 정조가 《춘추좌씨전》을 새로 편집하여 인쇄, 반포한 것을 말한다. 기존의 《춘추좌씨전》은 경문(經文)과 전문(傳文)이 따로 수록되어 있어서 내용을 이해하기 어려웠는데, 정조는 《자치통감강목(資治通鑑綱目)》의 범례에 따라 경문을 강(綱), 그에 해당하는 전문을 목(目)으로 편집하여 내용을 쉽게 이해할 수 있도록 하였으며, 제가(諸家)의 주해(註解)를 모아 정리하고 지도(地

태극도의 은미한 말 환히 분석하였네[567] 微言洞析濂溪圖
크고 넓은 문장은 은하수와 같고 文章浩瀚同河漢
넓고 깊은 윤음은 전모[568]와 합치하였지 綸綍宏深合典謨
넓은 흉금 누가 뚫고 우러를[569] 수 있으랴 恢廓靈襟誰鑽仰

圖)·세계도(世系圖)·인명보(人名譜) 등을 첨부하여 이해를 도왔다. 《正祖實錄 21年 12月 20日》《弘齋全書 卷184 群書標記 春秋左氏傳二十八卷》 그 외에도 정조는 두예(杜預)와 임요수(林堯叟)의 《춘추좌씨전》에 대한 주해를 모아서 취사한 《춘추주해고이(春秋註解考異)》를 편찬하기도 했다. 《弘齋全書 卷184 春秋註解考異二卷》

567 태극도(太極圖)의……분석하였네 : 정조는 성리학에 조예가 깊어 태극(太極)에 대해 "태극(太極)은 천지보다 앞서 있어도 먼저가 되지 않고, 천지보다 뒤에 있어도 나중이 되지 않는다. 정(靜)은 동(動)의 뿌리가 되고 유(柔)는 강(剛)의 바탕이 된다. 《주역》에 '한 번 음(陰)하고 한 번 양(陽)하는 것을 도(道)라고 한다.' 하였고, 또 '문을 닫는 것을 곤(坤)이라 한다.' 하였으며, 또 '낳고 낳음〔生生〕을 역(易)이라 한다.' 하였으니, 음을 먼저 말하고 양을 나중 말한 데에서 낳고 낳는 뜻이 드러난다. 상(商)나라의 역에 곤괘(坤卦)를 먼저 실은 것은 이유가 있는 것이다.〔太極在天地之先而不爲先, 在天地之後而不爲後. 靜爲動之根, 柔爲剛之本. 易曰: "一陰一陽之謂道.", 又曰: "闔戶謂之坤.", 又曰: "生生之謂易.", 先陰後陽, 生生之義見矣, 商易首坤, 蓋有以也.〕"라고 견해를 낸 바가 있다. 《正祖實錄 附錄 正宗大王誌文》 또 정조는 평소에 〈태극도(太極圖)〉·〈서명(西銘)〉 등의 주해(註解)를 모은 전서(全書)를 편찬하고자 하는 포부가 있음을 신하들에게 밝힌 바 있다. 《正祖實錄 23年 7月 16日》

568 전모(典謨) : 《서경》의 〈요전(堯典)〉·〈순전(舜典)〉과 〈대우모(大禹謨)〉·〈고요모(皐陶謨)〉를 병칭하는 말이다. 이 편들은 고문(古文)의 원류일 뿐 아니라 임금과 신하의 대화체로 이루어졌기 때문에 임금이 내리는 전교(傳教)의 모범이기도 하다.

569 뚫고 우러를 : 깊이 연구하고 본받는다는 뜻이다. 공자의 제자 안연(顏淵)이 공자의 학문과 덕을 찬양하여 "우러러볼수록 더욱 높고 뚫을수록 더욱 단단해지며, 바라보니 앞에 있다가 홀연히 뒤에 있다.〔仰之彌高, 鑽之彌堅, 瞻之在前, 忽焉在後.〕"라고 한 데에서 유래한 말이다. 《論語 子罕》

만 줄기 냇물을 비추는 밝은 달[570]만 하늘에서 빛나네

萬川明月晃天衢

정일의 가르침[571] 서로 전함에 덕업이 장구하게 이어지니

精一相傳德業長

초년에 대리청정하며 선왕을 도왔지[572] 初年代攝贊寧王

존왕양이의 대의는 명분과 절의를 높였고[573] 尊攘大義崇名節

570 만……달 : 정조의 자호(自號)가 '만천명월주인옹(萬川明月主人翁)'이기 때문에 이렇게 말한 것이다. 여기서 만천(萬川)은 백성, 명월(明月)은 자신의 비유로, 만 줄기 각기 다른 강에 똑같은 달의 형상이 비치듯 백성들을 각자의 개성에 따라 다스리고 가르치고자 하는 정조의 소망이 담긴 자호이다. 《弘齋全書 卷10 萬川明月主人翁自序》

571 정일(精一)의 가르침 : 369쪽 주481 참조.

572 초년에……도왔지 : 원문의 '영왕(寧王)'은 영조를 가리키는데, 어원은 342쪽 주366 참조. 영조는 죽기 1년 전인 1775년(영조51)부터 세손(世孫)인 정조의 대리청정을 추진하였는데, 홍인한(洪麟漢) 등의 노골적인 반대와 정조의 세 차례에 걸친 상소에도 이를 강행하였고, 대리청정을 위임한다는 의미로 어사 은인(御賜銀印)과 어제 유서(御題諭書)를 내리기도 하였다. 《英祖實錄 51年 11月 20日・30日, 12月 3日・7日, 52年 2月 9日》

573 존왕양이(尊王攘夷)의……높였고 : 정조는 영조의 존명배청(尊明排淸) 노선을 계승하여 명(明)나라 장수 이여송(李如松)의 사당에 편액하고 매년 제사를 지내게 했으며, 병자호란 때 절의를 지키고 죽은 삼학사(三學士)・칠의사(七義士)와 의병장 곽재우(郭再祐)・제말(諸沫)・양대박(梁大樸) 등도 현창하고 후손들을 녹용한 뒤, 이와 같은 사적들을 한데 모아 《존주휘편(尊周彙編)》으로 엮게 하였다. 《承政院日記 正祖 20年 3월 20日》《正祖實錄 附錄 正宗大王行狀》 참고로 《존주휘편》은 문헌에 따라 《존주록(尊周錄)》 혹은 《황단배향록(皇壇陪享錄)》 등의 제목으로 기록되어 있기도 하다.

탕탕평평한 넓은 규모는 선왕의 법도를 지키는 데 있었네[574]

平蕩弘規在憲章

우 임금의 솥 높이 메다니 이매망량 숨고[575] 禹鼎高懸魑魅伏

기린 경전 밝게 드니 해와 별처럼 빛나도다[576] 麟經昭揭日星光

휘황찬란한 예악 제도로 먼 미래에 계책을 전해주더니

煌煌制作詒謨遠

오월에 말명 남기실 줄 어찌 알았으랴[577] 末命那知五月揚

574 탕탕평평(蕩蕩平平)한……있었네 : 정조가 영조의 탕평책(蕩平策)을 계승하였음을 말한다. 정조는 침전(寢殿)에 '탕탕평평실(蕩蕩平平室)'이라는 편액을 걸고 여덟 개 창문에는 '정구팔황(庭衢八荒)'이라는 글자를 써서 자나 깨나 교훈으로 삼고 있다고 밝힌 바 있다. 《正祖實錄 16年 11月 6日》 원문의 '헌장(憲章)'은 선왕의 법도를 본받아서 지켜나간다는 뜻으로, 《중용장구(中庸章句)》 30장에 "중니는 요 임금·순 임금을 조술(祖述)하고 문왕·무왕을 본받으셨다.〔仲尼祖述堯舜, 憲章文武.〕"라고 하였다.

575 우(禹) 임금의……숨고 : 우 임금이 구목(九牧)의 쇠를 모아 솥을 주조했는데, 솥 위에 만물(萬物)의 형상을 새겨 넣었기 때문에 백성들이 신령한 것과 간악한 것을 구분할 줄 알게 되어 산림(山林)과 천택(川澤)에 들어갈 때에도 사람을 해치는 요괴나 이매망량(魑魅魍魎)을 만나지 않게 되었다고 한다. 《春秋左氏傳 宣公 3年》

576 기린……빛나도다 : 기린 경전은 《춘추(春秋)》를 가리킨다. 공자가 노(魯)나라 《춘추》를 저술하다가 기린이 잡혔다는 소식을 듣고 절필(絶筆)한 데에서 유래한 말이다. 앞의 주566 참조.

577 오월에……알았으랴 : 말명(末命)은 왕의 유명(遺命)을 뜻하는 말로, 《서경》 〈주서(周書) 고명(顧命)〉에 "위대한 임금께서 옥궤에 기대어 말명을 말씀하사, 너에게 명하여 교훈을 잇게 하셨다.〔皇后憑玉几, 道揚末命, 命汝嗣訓.〕"라고 한 데에서 유래하였다. 정조는 1800년(정조24) 5월 30일에 연석(筵席)에서 하교를 내린 바 있는데, 이것이 이른바 오회연교(五晦筵教)로 사실상 정조의 유명이 되었다. 정조는 이 하교에서 이만수(李晩秀)의 이조 판서 진출을 비판한 김이재(金履載)를 귀양 보낸 이유를 설명함으로써 국왕의 정치적 의리(義理)를 의심하고 분란을 일으키는 당파들에게 경고

구중궁궐에서 소의간식[578]하며 백성들의 근심에 마음 두었고 九重宵旰在民憂

닷새마다의 빈연[579]에서 방책 강구하길 우선하였네 五日賓筵首講求

향약으로 풍기를 바꿈에 뭇사람이 술 마시고 활 쏘고[580] 鄕約移風群飮射

농서로 응지하게 하니 농사에 힘쓰게 되었네[581] 農書應旨力鋤耰

하고 자신의 새로운 의리(義理)를 천명하여 군신 간의 화합과 당파 간의 통합을 이루고자 하였다. 《日省錄 正祖 24年 5月 30日》

578 소의간식(宵衣旰食) : 373쪽 주499 참조.

579 닷새마다의 빈연(賓筵) : 빈연은 빈대(賓對)를 하는 연석(筵席)이다. 빈대는 한 달에 여섯 차례 즉 닷새에 한 번씩 정승·대간(臺諫)·옥당(玉堂)들이 입시(入侍)하여 나랏일을 논하는 자리이다. 그러나 대신(大臣)들의 건강 문제로 정지(停止)되는 일이 잦아 재신(宰臣)들이 아뢸 일이 있어도 기회를 놓치곤 했는데, 정조는 빈대가 정지된 날도 자신의 직무와 관계된 사안을 가지고 승정원에 오는 것을 허락하였고, 그때마다 곧 소접(召接)을 허락하여 실질적으로 닷새마다 빈대를 행한 효과를 얻을 수 있도록 하였다. 《弘齋全書 卷68 日得錄》

580 향약(鄕約)으로……쏘고 : 정조가 《향례합편(鄕禮合編)》을 편찬한 것을 말한다. 정조는 1795년(정조19) 6월 18일에 모친 혜경궁 홍씨의 환갑을 맞아 풍속의 진작을 위해 향음주례(鄕飮酒禮)를 강습하게 하고 각신(閣臣)들에게 명하여 역대의 향음주례에 관한 서적을 편찬하고자 하였다. 그런데 마침 우의정 윤시동(尹蓍東)이 향약(鄕約)도 아울러 시행해야 한다고 극력 주장하므로 향음주례와 향약 등을 아우르는 서적을 서유구(徐有榘)·민종현(閔鍾顯) 등에게 편찬하게 하였고, 1797년(정조21) 6월 2일에 완성하여 반포하였다. 《正祖實錄 19年 6월 18日, 21年 6月 2日》 《향례합편》은 3권 1책으로 권1은 향음주례, 권2는 향사례(鄕射禮), 권3은 사관례(士冠禮)와 사혼례(士婚禮)에 대한 내용을 담고 있으며, 《의례(儀禮)》·《예기(禮記)》 등의 중국 예서(禮書)와 《국조오례의(國朝五禮儀)》 등 우리나라 예서의 원문과 주석을 수록하여 백성들이 실행하는 데 참고할 수 있도록 하였다.

581 농서(農書)로……되었네 : 정조는 1788년(정조22) 말에 농업의 생산성을 제고

굶주린 이 주휼한 은혜[582] 넓어 백성 중에 수척한 이 없고 賙飢澤溥民無瘠

시신 거두어준 어짊[583] 깊어 골목길에서 노래하네 掩胔仁深巷有謳

강토가 날로 개척되어 교화가 멀리 퍼져 疆土日開聲敎遠

후주를 북쪽에 설치하니 서쪽으로 자주일세[584] 厚州北設西慈州

하고자 농사를 권장할 방도와 농서를 구한다는 윤음을 궁중과 한성부 및 전국에 내렸는데, 이에 응해 상소를 올린 이가 27명, 농서를 올린 이가 40명이었다. 정조는 이를 신하들과 검토하며 타당한 부분은 시행하거나 새로 편찬할 농서에 수록하라고 명하였고, 상으로 서적을 내리기도 하였다.《正祖實錄 22년 11月 30日》《日省錄 正祖 22年 11月 30日, 12月 1日, 23年 4月 17日·20日·28日, 5月 22日, 6月 2日》

582 굶주린……은혜 : 정조 연간에는 1777년(정조1), 1782년(정조6), 1783년(정조7), 1788년(정조12), 1790년(정조14), 1794년(정조18) 등 여러 차례 기근이 들었다. 정조는 이때마다 지방관들을 신칙하여 진휼에 힘쓰게 하는 한편, 때로는 내탕고(內帑庫)에 비축된 재물을 내어 진휼에 보태기도 하였다.《日省錄 正祖 7年 1月 8日·11日·16日, 11月 13日, 12年 10月 10日, 17年 1月 1日》

583 시신 거누어순 어짊 : 정조는 돌림병, 홍수나 가뭄으로 인한 기근 등으로 사망자가 발생하였을 때 지방관들에게 시체를 매장해주라는 명을 내려 돌림병의 전염을 막고 민심을 수습하였으며, 지방관들이 이를 신속히 대처하지 못했을 경우 엄벌을 내리기도 하였다.《正祖實錄 6年 4月 4日, 7年 1月 18日, 10年 2月 4日, 14年 4月 30日, 23年 5月 22日》

584 후주(厚州)를……자주(慈州)일세 : 후주가 속한 무창군(茂昌郡)과 그 서쪽의 자성군(慈城郡)은 본래 조선 초에 여진(女眞)의 침략을 막기 위해 압록강 상류에 설치한 사군(四郡)의 일부로, 평소부터 교통이 불편하고 야인(野人)의 침입이 잦아 통치에 어려움이 많았다. 1455년(단종3)부터 몽골족이 일어나자 사군을 순차적으로 폐지하였다가 그 뒤 북방의 정세가 안정되자 불법으로 이곳에 이주하여 농사를 짓고 삼(蔘)을 캐는 백성들이 많아졌는데, 정조조(正祖朝) 조선 조정에서는 이를 인지하고 있었으나 백성들의 생계를 막을 수가 없어 이곳에 진(鎭)의 설치를 논의하였고, 결국 1796년(정조20) 11월 19일에 후주진(厚州鎭)을 설치하였다.《端宗實錄 3年 4月 13日》《世祖實錄

초하룻날 친히 임하여 강석을 여니[585] 月朔親臨講席開
온화한 바람 때에 맞은 비처럼 빛나는 문장 마름질하네[586]
和風時雨斐然裁
명망 있고 준걸스러운 문왕의 선비 즐비하고[587] 譽髦濟濟文王士
봉액 입은 궐리의 준재들 빈빈하였도다[588] 縫掖彬彬闕里才

5年 10月 3日》《正祖實錄 18年 7月 27日, 19年 11月 24日, 20年 5月 8日, 11月 19日》

585 초하룻날……여니 : 성균관에 월강(月講)을 실시하게 한 것을 말한다. 1778년(정조2) 1월 22일에 대사성(大司成) 유당(柳戇)이 성균관의 면학 분위기가 느슨하여 실질적인 학습 효과를 거둘 수 있도록 월강을 철저히 시행하고 학제(學製) 장소를 옮겨서 시행할 것을 건의하였는데, 정조는 이를 윤허하였다. 정조는 그 뒤로도 성균관의 월강에 관심을 가지고 꾸준히 권면하고 신칙하였으며, 때로는 월강에 친림(親臨)하기도 하였다.《日省錄 正祖 2年 1月 22日, 3月 27日, 3年 1月 23日, 5年 2月 16日・25日, 4月 20日, 9年 11月 29日》

586 빛나는 문장 마름질하네 : 정조가 월강을 통해 태학생(太學生)들의 학문에 부족한 점을 보완하여 성취시켰음을 말한 것이다. 공자가 진(陳)나라에 있으면서 도(道)가 행해지지 못할 것을 알고 "돌아가자꾸나, 돌아가자꾸나! 우리 당의 제자들은 뜻만 크고 행실은 소략하여 빛나게 문장을 이루었으되 마름질할 줄을 모르는구나!〔歸與, 歸與. 吾黨之小子狂簡, 斐然成章, 不知所以裁之.〕"라고 한 데에서 유래한 말이다.《論語 公冶長》

587 명망……즐비하고 : 정조가 학문적 모범을 보여 훌륭한 인재가 많이 길러졌음을 말한 것이다. 《시경》〈대아(大雅) 사제(思齊)〉에서 문왕이 덕으로 인재들을 성취시킨 것을 "그래서 성인들은 덕이 있고 소자들은 일을 하니, 옛사람이 싫어함이 없는지라 선비들을 칭찬하여 준걸스럽게 하였도다.〔肆成人有德, 小子有造, 古之人無斁, 譽髦斯人.〕"라고 칭송한 것과《시경》〈대아 문왕(文王)〉에서 주나라에 훌륭한 선비가 많이 배출된 것을 "즐비한 많은 선비여, 문왕이 이 때문에 편안하시도다.〔濟濟多士, 文王以寧.〕"라고 노래한 데에서 취한 표현이다.

588 봉액(縫掖)……빈빈(彬彬)하였도다 : 정조의 교화로 성균관에 훌륭한 인재가 많아졌음을 말한 것이다. 봉액은 옆구리를 트고 겨드랑이 부분부터 소매 끝까지 봉합한

규와 장을 새기고 다듬어[589] 아름다운 그릇을 이루었고
追琢圭璋成美器

거문고와 비파 소리 울려 퍼져[590] 옥 같은 인재를 길렀네
鏗鏘琴瑟養瓌材

지금까지 태학에 칭송하는 노래 울려 퍼지니 于今太學騰歌頌

가빈이라는 은 글자 새긴 술잔 하사하셨지[591] 銀字嘉賓有賜盃

도포(道袍)인데, 유자의 의복을 뜻한다. 노 애공(魯哀公)이 공자에게 "선생의 의복은 유자의 복장인가?"라고 묻자 "저는 어려서 노나라에 살 때 겨드랑이를 꿰맨 옷을 입었습니다.〔丘少居魯, 衣逢掖之衣.〕"라고 한 데에서 유래하였다.《禮記 儒行》 궐리(闕里)는 산동성(山東省) 곡부현(曲阜縣)의 공자가 태어난 마을이다.

589 규(圭)와……다듬어 : 우수한 인재들을 잘 성취시킴을 의미한다. 규와 장(璋)은 옥으로 만든 제기(祭器)로《예기(禮記)》〈예기(禮器)〉에 "규와 장을 올릴 때에는 다른 물건을 곁들이지 않는다.〔圭璋特〕"라고 하였는데, 이는 규와 장이 아주 귀한 제기로 취급되었기 때문이다. 전하여 유능한 인재를 뜻하는 말로 쓰인다. 새기고 다듬는다는 말은《시경》〈대아 역복(棫樸)〉에 "새기고 다듬은 그 문장이요, 금옥 같은 그 바탕이로다.〔追琢其章, 金玉其相.〕"라고 한 데에서 유래하였다.

590 거문고와……퍼져 : 성균관의 학풍이 진작되어 글 읽는 소리가 울려 퍼짐을 말한 것이다. 고대에 거문고와 비파를 타며 시를 읊는 것을 '현가(絃歌)'라고 하였으며, 이는 글을 배우고 읽는다는 의미로 쓰이기도 한다. 원문의 '갱장(鏗鏘)'은 악기나 사람의 목소리가 맑고 크게 울려 퍼지는 것을 형용하는 말이다.

591 가빈(嘉賓)이라는……하사하셨지 : 정조는 1798년(정조22) 10월에 성균관에 시제(試題)를 내려 일차유생(日次儒生)을 시험하고 효종 때 성균관에 은 술잔을 내렸던 고사를 본받아 평소 사용하던 은 술잔을 내리고, 잔 가운데에 전서(篆書)로 '아유가빈(我有嘉賓)'이라는 글자를 새겼다. 또 이 일을 기념하여 유생들에게 시를 지어 읊게 하고, 자신도 친히 서문을 써《태학은배시집(太學銀杯詩集)》으로 엮었다.《正祖實錄 附錄 正宗大王行狀》

미천한 신하가 잠필[592]이 된 것은 영묘 때부터로　微臣簪筆自英廟
선왕을 섬긴 것은 가장 성대한 만남이었네　服事先王最盛遭
몸이 귀문관에 떨어짐에 수고로이 이끌어주셨고[593]　身墜鬼門勞剪拂
이름이 문단에 오름에 덕화를 입었네　名登詞苑荷甄陶
왕업이 홍기한 보배로운 전적에 운한을 받들었고[594]
興王寶典擎雲翰
《팔가수권》에 제한 말엔 분에 넘치는 후한 칭찬을 받았네[595]
八子題辭侈袞褒
손꼽아 나이를 헤아려봄에 지극한 한 남는 것은　屈指數年餘至恨

592 잠필(簪筆) : 363쪽 주456 참조.

593 몸이……이끌어주셨고 : 귀문관(鬼門關)은 함경도 명천부(明川府) 북쪽 30리 지점에 있던 협곡이다. 이계는 1777년(정조1) 10월에 경흥 부사(慶興府使)로 폄적되었을 때 이곳을 지난 적이 있는데, 1780년(정조4) 9월에 홍국영(洪國榮)이 실각한 뒤에 수용(收用)되었다.

594 왕업(王業)이……받들었고 : 이계는 1799년(정조23) 12월 23일에 태조(太祖)가 북관(北關)에서 왕업을 일으킬 때의 사적을 모아 4편(編) 2책(冊)으로 엮은 《흥왕조승(興王肇乘)》을 정조에게 올렸다. 정조는 이를 가상히 여겨, 내각(內閣)으로 하여금 인쇄하여 보관하게 하겠다는 내용의 비답을 내렸다. 《日省錄 正祖 23年 12月 23日》《弘齋全書 卷46 批答 大提學洪良浩進興王肇乘箚批》

595 팔가수권(八家手圈)에……받았네 : 정조는 1797년(정조21)에 당송팔대가(唐宋八大家)의 작품을 추려 권점과 비점을 찍어 《팔가수권》이란 제목으로 엮었는데, 홍양호가 발문(跋文)을 썼다. 뒤에 정조는 《팔가수권》을 비롯한 《오자수권(五子手圈)》·《양경수권(兩京手圈)》·《삼례수권(三禮手圈)》 등을 완성하고 칠언십운의 어제시를 내려 이계에게 화답하게 하였다. 이계의 발문은 본집 권16에 〈팔가수권발(八家手圈跋)〉이란 제목으로 수록되어 있고, 정조와의 화답시는 본집 본권 〈갱재록(賡載錄)〉에 〈손수 권점하신 책들에 제한 시의 운에 삼가 화답하다〔賡和題手圈諸書詩韻〕〉라는 제목으로 수록되어 있다.

영수각에서 반도를 영영 바치지 못하게 되어서이지[596]

永違靈閣獻蟠桃

정전에는 여전히 우뚝한 옥좌 보이건만 前殿猶瞻寶座巍
단문[597]에서는 어째서 용 깃발[598]을 들었는가 端門何事擧龍旂
만백성이 상여 붙잡음에 문득 놀라고 纔驚萬姓攀雲馭
뭇 생령 자미성[599]을 옹위함을 홀연히 보네 忽見群靈擁紫微
하늘 위에는 은하수가 형체 거두고 天上星河收影子
인간 세상에는 초목에까지 광휘가 남아 있네 人間草木餘光輝
백발 되어 황조를 따르지 못함이 한스러우니[600] 白頭恨未隨黃鳥
슬픔 참으며 사필[601] 잡고 아름다운 덕 찬술하노라 忍把彤毫撰德徽

덕을 쌓은 넓은 기업으로 열성조 우러르고 積德洪基仰列朝
만년 버틸 반석으로 종묘를 공고히 하였네 萬年磐石鞏宗祧
중화를 잇는 거룩함으로 문자에게 전하고[602] 重華繼聖傳文子

596 손꼽아……되어서이지 : 정조가 기로소에 들지 못하고 사망하였으므로 이렇게 말한 것이다. 영수각(靈壽閣)은 131쪽 주268 참조. 반도(蟠桃)는 345쪽 주378 참조.

597 단문(端門) : 궁전의 정문인 남문(南門)을 뜻한다.

598 용 깃발 : 244쪽 주55 참조. 여기에서는 정조의 상여 행렬을 가리킨다.

599 자미성(紫微星) : 303쪽 주227 참조.

600 백발……한스러우니 : 365쪽 주465 참조.

601 사필(史筆) : 원문은 '동호(彤毫)'이다. 275쪽 주140 참조.

602 중화(重華)를……전하고 : 순조가 정조를 훌륭하게 계승하였음을 말한다. 중화는 359쪽 주441 참조. 문자는 《서경》 〈주서(周書) 입정(立政)〉에 "지금 이후로 문왕의

원우의 깊은 어짊으로 여요를 받들었네[603] 元祐深仁戴女堯
천지간에 비장된 선굴은 가깝고 天地秘藏仙隧近
새벽과 저녁에 시봉하는 옥난간은 높아라[604] 晨昏侍奉玉欄高
풍패루[605] 앞길에서 상심하노니 傷心豐沛樓前路
상복 입은 유민들 우모[606]를 인도하네 縞素遺民導羽旄

아들과 문왕의 손자는 서옥(庶獄)과 서신(庶愼)을 그르치지 마시고 오직 담당관을 다스리소서.〔繼自今, 文子文孫其勿誤于庶獄庶愼, 惟正是乂之.〕"라고 한 데에서 유래한 말로, 여기에서는 순조를 가리킨다.

603 원우(元祐)의……받들었네 : 정조가 정순왕후(貞純王后)를 잘 받들었음을 말한다. 342쪽 주364 참조.

604 천지간에……높아라 : 정조의 무덤인 건릉(健陵)이 부친 사도세자 즉 장조(莊祖)의 무덤인 융릉(隆陵)과 인접하여 있기 때문에 이렇게 말한 것이다. 원문의 '수(隧)'는 관을 묻을 수 있도록 묘혈(墓穴)에 경사지게 낸 굴로, 본래 천자(天子)만이 사용할 수 있는 무덤의 제도였다. 여기에서는 무덤을 비유한 말이다. 옥 난간은 천제(天帝)와 선인(仙人)들이 산다는 옥루(玉樓)에서 나온 말로, 이 역시 무덤을 비유하는 말이다.

605 풍패루(豐沛樓) : 화성행궁(華城行宮)의 정문인 신풍루(新豐樓)를 가리킨다. 풍패(豐沛)는 본래 한 고조(漢高祖) 유방의 고향으로 제왕의 고향을 뜻하기도 하는데, 정조는 사도세자의 능이 있는 수원을 제2의 고향처럼 여긴다는 뜻에서 화성행궁의 정문을 신풍루라 명명하였다.

606 우모(羽旄) : 364쪽 주461 참조. 여기에서는 정조의 상여 행렬을 가리킨다.

여암 신 승지를 애도하다[607] 신승지는 신경준이다.

哀旅菴申承旨 景濬

선생은 남국[608]의 수재로	夫子南國秀
자신만만하게 드넓은 우주를 보며	高視宇宙寬

607 여암……애도하다 : 신경준(申景濬, 1712~1781)은 본관은 고령(高靈), 자는 순민(舜民), 호는 여암(旅菴)이다. 젊은 시절 이곳저곳 거처를 옮기며 살다가 33세부터 43세까지 고향인 순창에서 저술활동에 몰두하였다. 43세인 1754년(영조30)에 향시에 합격하였고 같은 해 여름에 증광 문과에 합격하였다. 정언(正言)・장령(掌令)・북청 부사(北青府使)・강계 부사(江界府使)・순천 부사(順天府使)・제주 목사(濟州牧使)・승지 등을 역임하였다. 지리학에 조예가 깊어《여지승람(輿地勝覽)》・《동국여지도(東國輿地圖)》를 감수하였고《문헌비고(文獻備考)》를 편찬할 때 〈여지고(輿地考)〉를 담당하기도 하였다. 문집으로《여암유고(旅菴遺稿)》, 저서로《운해훈민정음(韻解訓民正音)》・《강계지(疆界誌)》・《산수경(山水經)》・《도로고(道路考)》 등이 있다.

이계는 신경준이 향시에 응시할 때 시험관으로서 처음 인연을 맺었고, 신경준이 문과에 합격하면서 두 사람은 함께 서울 생활을 하게 되었다. 신경준은 제주 목사로 재직할 때의 삼성혈(三姓穴)에 대한 견문을 이계에게 전해주어 그가 〈탐라삼성기(耽羅三姓記)〉를 저술하는 데 영향을 준 바 있으며, 이계는 그에 대한 정이 깊어 황해도 관찰사가 되어 장연(長淵)에 갈 때 그가 있는 북청부(北青府)에 편지를 보낸 적이 있고, 그가 사망했을 때 묘갈명(墓碣銘)을 짓기도 했다.《本集 卷4 過長淵憶申舜民簡寄北青任所, 卷14 耽羅三姓記, 卷25 左承旨旅庵申公墓碣銘》이계는 이 작품을 통해 그와의 젊은 날의 교유, 노년 시절 인생의 엇갈림으로 오랫동안 만나지 못하던 사이에 그가 사망했을 때의 슬픔, 장마로 길이 막혀 조문하러 가지 못하는 안타까움 등을 표현하였다. 평성 '한(寒)'운의 30운 오언고시이다.

608 남국(南國) : 호남지방을 가리킨다. 신경준이 순창(淳昌) 출신이므로 이렇게 말한 것이다.

학문은 천근의 오묘함[609]까지 꿰뚫고	學貫天根奧
문장은 창해의 물결을 뒤집은 듯했네	文倒滄海瀾
천문서와 지리지	星經與地誌
종횡무진 손바닥 가리키듯 환히 보았네	錯落指掌看
사책[610] 보러 경사를 구경함에	射策觀上都
갖가지 패옥 소리 울리나니 구림과 낭간[611]이라	雜佩鳴琳玕
드넓은 걸음으로 구름 속 길[612]을 달리고	闊步騁雲衢
고아한 풍모는 높은 관을 떨쳤으며	高標振峨冠
북쪽으로는 호시의 숲을 밟았고[613]	北躡楛矢林

609 천근(天根)의 오묘함 : 음양(陰陽)의 이치를 말한다. 312쪽 주254 참조.

610 사책(射策) : 과거시험을 뜻한다. 본래 한나라 때 과거 시험의 한 방식으로, 경서(經書)의 의의(疑義)나 시무(時務)에 대한 문제의 답안을 죽간에 적어서 제출하는 방식이었다.

611 구림(球琳)과 낭간(琅玕) : 《서경》 〈하서(夏書) 우공(禹貢)〉에 "그 공물은 구림과 낭간이다.〔厥貢, 惟球琳琅玕.〕" 하였는데, 채침(蔡沈)의 주에 "구림은 아름다운 옥이고 낭간은 옥돌로서 진주와 비슷한 것이다.〔球琳美玉也, 琅玕石之似珠者.〕"라고 하였고, 《이아(爾雅)》 〈석지(釋地) 구부(九府)〉에 "서북쪽의 아름다운 것은 곤륜허(崑崙虛)의 구림과 낭간이다.〔西北之美者, 有崑崙虛之璆琳琅玕焉.〕"라고 하였다.

612 구름 속 길 : 원문은 '운구(雲衢)'로 높은 자리를 뜻한다. 매요신(梅堯臣)의 〈유운사인안배성(劉運使因按拜省)〉에 "여기에서 얼마 되지도 않았는데, 곧장 구름 속 길로 오르네.〔于茲亦未幾, 用直升雲衢.〕"라고 하였다.

613 북쪽으로는……밟았고 : 신경준이 1764년(영조40)에 장연 현감(長淵縣監), 1771년(영조47)에 북청 부사, 1773년(영조49)에 강계 부사가 되어 서북지방을 두루 다녔음을 말한 것이다. 호시(楛矢)는 호목(楛木)으로 만든 화살인데, 고대에 한반도 북부를 점유했던 동이족(東夷)의 일파 숙신씨(肅愼氏)가 중국에 공물로 바쳤다는 기록이 있다. 《국어(國語)》 〈노어 하(魯語下)〉에, 진(陳)나라 제후의 궁정(宮庭)에 떨어져 죽은 송골매의 몸에 돌촉의 호시가 박혀 있었는데, 공자(孔子)가 이것을 보고 "송골매

남쪽으로는 주조의 깃을 끌어당겼지[614] 南掣朱鳥翰
한만한 유람[615] 공연히 이루었거니와 空成汗漫遊
회오리바람 타고 오른 비행[616] 아직 끝나지 않았네 未窮扶搖搏
세상에 짝할 이 적었던 내가 我於世寡偶
그대와 금란지교[617] 맺었지 與子托金蘭
흉금은 담박하여 물과 같았고 襟期淡若水

는 먼 곳에서 온 것이다. 박힌 화살은 숙신씨의 화살이다. 옛날 무왕이 상나라를 정복한 뒤에 사방 오랑캐들과 교통하며 각기 토산물로 공물을 바치게 하면서 직분을 잊지 않게 하니, 이에 숙신씨가 호시와 석노를 바쳤다.〔隼之來也遠矣. 此肅愼氏之矢也. 昔武王克商, 通道于九夷百蠻, 使各以其方賄來貢, 使無忘職業, 於是肅愼氏貢楛矢石砮.〕"라고 하였다.

614 남쪽으로는……끌어당겼지 : 신경준이 1773년(영조49)에 순천 부사, 1774년(영조50)에 제주 목사가 되어 남방을 두루 다녔음을 말한 것이다. 주조(朱鳥)는 남방(南方)을 관장하는 성수(聖獸)인 주작(朱雀)이며, 별자리 28수(宿) 중 남방 7수 즉 정(井)・귀(鬼)・유(柳)・성(星)・장(張)・익(翼)・진(軫)을 지칭하기도 한다.

615 한만(汗漫)한 유람 : 신선처럼 속세 밖을 유람하며 노니는 것을 말한다. 옛날 진(秦)나라 노오(盧敖)가 북해(北海)에서 노닐다가 선인(仙人)인 약사(若士)를 만나 함께 벗으로 노닐자고 청하자, 약사가 "나는 구해(九垓) 밖에서 한만(汗漫)과 만날 약속이 되어 있으니 오래 머물러 있을 수가 없다."라고 하고는 곧바로 구름 속으로 들어가 보이지 않았다는 고사에서 유래하였다.《淮南子 道應訓》

616 회오리바람……비행 : 웅대한 포부를 마음껏 펼치는 것을 뜻한다.《장자》〈소요유(逍遙遊)〉에 "붕새가 남쪽 바다로 옮겨 갈 때에는 물결을 치는 것이 3천 리요, 회오리바람을 타고 9만 리를 올라가 여섯 달을 가서야 쉰다.〔鵬之徙於南冥也, 水擊三千里, 摶扶搖而上者九萬里, 去以六月息者也.〕"라고 한 데에서 유래한 말이다.

617 금란지교(金蘭之交) : 의기투합으로 이룬 깊고 두터운 우정을 뜻한다.《주역》〈계사전 상(繫辭傳上)〉에 "두 사람이 마음을 하나로 하니 그 예리함이 쇠를 자르고, 한마음에서 나온 말은 그 향기로움이 난초와 같다.〔二人同心, 其利斷金, 同心之言, 其臭如蘭.〕"라고 한 데에서 유래한 말이다.

정신은 빛나 간담(肝膽)을 통하니　精神炯透肝
구삭[618]의 사이를 평론하였고　揚扢丘索際
조화의 끄트머리에서 자유로이 노닐었네　揮霍造化端
그대는 내달리는 천리마가 긴 비탈을 내려가는 듯　奔驥下長坂
돌을 날려 층층 여울 가르는 듯하니　飛石劈層湍
나는 뒤쫓음에 아득하여 미치기 어려워　追攀邈難及
느린 걸음으로 두려워하며 절뚝절뚝 따랐네　短武惕蹣跚
때때로 한마디 말이라도 합치되면　有時片言合
만족스레 밥 먹는 것도 잊었고　充然便忘餐
자신만만한 눈빛으로 천고를 가벼이 여기며　傲睨空千古
대지는 작디작은 하나의 탄환으로 보았네　大地一彈丸
교분 맺은 지 서른 해　結交三十年
취향에 달거나 신 차이가 없었네[619]　臭味無甘酸
지난해에 북쪽으로 좌천됨[620]에　曩歲投有北
내 갈 길 험난함을 위로해주었지　愍我行路難
늙은 나이에 멀리 이별하게 되었으나　衰年作遠別
의기만은 여전히 깎이지 않았어라　意氣猶不刓
삼 년 만에 비로소 남쪽으로 돌아왔더니[621]　三載始南還

618 구삭(丘索) : 구주(九州)의 토산물을 기록한 서적인 《구구(九丘)》와 팔괘(八卦)에 대한 해설서인 《팔삭(八索)》의 합칭으로, 고서(古書)를 뜻하는 말이다.

619 취향에……없었네 : 이계와 신경준의 취향이 잘 맞아 오랫동안 서로에게 거스름이 없었음을 말한 것이다.

620 지난해에 북쪽으로 좌천됨 : 이계가 1777년(정조1)에 경흥 부사로 좌천된 것을 가리킨다.

공은 이미 말 타고 떠날 채비를 하였네[622] 公已俶歸鞍
서글퍼라 마음이 편치 않아 悵然心不怡
편지 보내 안부 물었더니 寄書問平安
올해 다시 보기를 기약하며 今年卜後期
봄 추위 지나면 보자 하였네 謂言度春寒
봄이 가고 여름이 절반 지나려 할 제 春徂夏將半
소식 전하는 서찰 끊어지니[623] 消息斷尺竿
채석강에서 홀연히 고래를 타고[624] 采石忽騎鯨
구산에서 아득히 난새가 끄는 수레를 탔네[625] 緱山杳驂鸞

621 삼……돌아왔더니 : 이계는 경흥 부사로 좌천된 지 햇수로 3년째인 1779년(정조3) 2월에 해직되었고, 이듬해 9월에 홍국영(洪國榮)이 실각하면서 수용(收用)되었다.

622 공은……하였네 : 신경준은 1776년(영조52) 7월 27일에 영조를 인산(因山)한 뒤에도 소식(素食)을 하며 애도하다가 1779년(정조3)까지 3년을 채운 뒤에 고향인 순창 남산리(南山里)로 돌아갔다고 한다. 《旅菴遺稿 卷13 行狀》

623 봄이……끊어지니 : 신경준이 5월 21일에 사망하였으므로 이렇게 말한 것이다. 신경준은 1781년(정조5) 5월 20일에 두 아들을 불러 자신의 생명이 얼마 남지 않았다며 자신이 평생 겪은 일을 상세히 서술하였고, 다음 날 손님과 바둑을 두다 잠깐 잠이 들어 침상으로 옮겨졌을 때 홀쩍 세상을 떠났다고 한다. 《旅菴遺稿 卷13 行狀》

624 채석강(采石江)에서……타고 : 신경준이 세상을 떠났음을 뜻한다. 이백(李白)이 채석강에서 뱃놀이를 하다 술에 취해 강물에 비친 달을 잡으려다 물에 빠져 죽자 신선이 되어 고래를 타고 하늘로 올라갔다는 전설에서 온 말이다. 송(宋)나라 마존(馬存)의 〈연사정(燕思亭)〉에 "이백이 고래 타고 하늘에 오르고 나니, 강남의 풍월 한가해진 지 오래로다.〔李白騎鯨飛上天, 江南風月閑多年.〕"라고 하였다.

625 구산(緱山)에서……탔네 : 신경준이 세상을 떠났음을 뜻한다. 주 영왕(周靈王)의 태자 왕자교(王子喬)가 숭산(嵩山)에서 30년 동안 도를 닦고 구산의 꼭대기로 내려와서 사람들에게 작별한 뒤 학을 타고 떠났다는 전설이 있다. 《列仙傳 卷上 王子喬》 난새가 끄는 수레를 탄다는 것은 신선이 되어 하늘에 오른다는 뜻으로 죽음을 비유하는

후학들은 장차 누구를 본받으랴 後生將安放
좋은 벗은 멍하니 길이 탄식만 할 뿐이네[626] 良朋悅永嘆
계속 이어진 장마가 강해를 가득 채우니 積雨滿江海
하늘 남쪽 길은 멀기만 해라 天南路脩曼
아득히 상상컨대 풍림의 혼[627]에 緬想楓林魂
붉은 여지[628] 올리는 이 없으리 莫薦荔子丹
남아의 한 오랫동안 남으니 男兒恨長在
벗의 도가 이지러져 완전하지 못하네 友道缺不完
마융의 피리만 공연히 홀로 슬퍼하고[629] 馬笛空自悲

말이다. 강엄(江淹)의 〈별부(別賦)〉에 "학을 타고 은하수에 오르고 난새를 타고 하늘에 오른다.〔駕鶴上漢, 驂鸞騰天.〕"라고 하였다.

626 좋은……뿐이네 : 신경준의 장례에 즉시 달려가지 못함을 탄식한 것이다. 《시경》 〈소아(小雅) 상체(常棣)〉에 "저 할미새 들판에서 호들갑 떨듯, 급할 때는 형제들이 서로 돕는 법이라오. 매양 좋은 벗이 있다고 해도, 그저 길게 탄식만을 늘어놓을 뿐이라오.〔鶺鴒在原, 兄弟急難. 每有良朋, 況也永歎.〕"라고 하였다.

627 풍림(楓林)의 혼 : 신경준의 영혼을 가리킨다. 두보(杜甫)가 유배된 이백(李白)을 그리며 쓴 〈몽이백(夢李白)〉 시에 "그대 혼이 올 때에는 단풍 숲 푸르렀건만 그대 혼이 돌아갈 때에는 변방 요새 검다오.〔魂來楓林靑, 魂返關塞黑.〕"라고 하였다.

628 붉은 여지 : 제수를 뜻한다. 한유(韓愈)의 〈유주나지묘비(柳州羅池廟碑)〉에 "여지는 빨갛고 바나나는 노란데, 고기와 채소를 섞어 자사의 사당에 올리네.〔荔子丹兮蕉黃, 雜肴蔬兮進侯堂.〕"라고 하였다.

629 마융(馬融)의……슬퍼하고 : 자신을 잘 이해해주는 이가 없어졌음을 슬퍼한다는 뜻이다. 후한(後漢)의 마융은 거문고와 피리에 조예가 깊었는데, 독우(督郵)로 재직 중에 양오(陽鄔)의 객사에서 어느 객이 피리를 연주하는 것을 듣고 감회가 일어 〈장적부(長笛賦)〉를 지었다. 그는 이 작품에서 피리 제작 과정의 어려움과 정교함, 피리 소리의 아름다움과 감화 작용 등을 노래하고 피리에 대해 제대로 이해하는 이가 없음을 슬퍼하였다. 《文選 卷18 長笛賦》

백아의 거문고는 더 이상 연주되지 않으니[630]	牙絃不復彈
쓸쓸하게 강과 산이 가리고 있는데	蕭瑟江山掩
긴가민가 두성과 우성 사이에 빛이 서렸네[631]	然疑斗牛蟠
인간 세상에 저술을 남겼으니	人間留述作
뇌락하고 기이함 결코 마멸되지 않으리	磊奇定不刊
슬픈 노래 곡을 이루지 못하니	哀歌不成曲
바람 향해 눈물만 떨굴 뿐	臨風涕自汍

630 백아(伯牙)의……않으니 : 지기(知己)가 세상을 떠났다는 뜻이다. 120쪽 주240 참조.

631 긴가민가……서렸네 : 하늘 멀리서 세상을 떠난 신경준의 영혼이 승천하는 것이 보이는 듯하다는 말이다. 진 무제(晉武帝) 때 장화(張華)가 두성(斗星)과 우성(牛星) 사이에 보랏빛 기운이 솟구치는 것을 보고 뇌환(雷煥)을 빛이 솟구치던 곳인 풍성(豐城)으로 보내어 춘추전국시대의 명검인 용천(龍泉)과 태아(太阿)를 발굴한 고사에서 취한 표현이다. 《晉書 卷36 張華列傳》

월암 이 참봉을 애도하다[632] 이 참봉은 이광려이다.

哀月巖李參奉 匡呂

선생은 어떤 분인가 夫子何爲者
아는 이 아마도 드물리라 知者蓋鮮矣
나라 사람들이 공의 시를 외지만 國人誦公詩
시는 공이 좋아하는 바 아니었고 詩非公所喜
배우는 이들은 공의 명성을 흠모하지만 學者慕公名
명성 또한 공이 부끄러워하는 바였네 名亦公所耻
세속의 선비들 구이의 학문[633]을 숭상할 때 世儒尙口耳
공은 쭉정이에 비겼고 公則比糠粃
큰 체하는 사내들은 수레와 의복[634]을 좋아하였지만 夸夫愛軒裳

632 월암……애도하다 : 이광려(李匡呂, 1720~1783)는 본관은 전주(全州), 자는 성재(聖載), 호는 월암(月巖)·칠탄(七灘)이다. 정종(定宗)의 열째 왕자 덕천군(德泉君)의 후손으로 강화도에 터를 잡고 학문과 문학에 힘쓴 8명의 10대손, 일명 팔광(八匡)의 한 사람이다. 선릉 참봉(宣陵參奉)을 지냈으며, 당대에 문명(文名)이 있었다. 문집으로 《이참봉집(李參奉集)》이 있다. 이계는 이광려를 부귀영달에 연연하지 않고 고고하게 세상을 살다간 사람으로 묘사하고, 그가 세상을 떠난 데 대한 슬픔을 담담하게 표현하였다. 상성 '지(紙)'운의 14운 오언고시이다.

633 구이(口耳)의 학문 : 뜻을 탐구하지 않고 들은 것을 그대로 읊을 뿐인 천박한 학문을 말한다. 《순자(荀子)》〈권학(勸學)〉에 "소인이 배울 때에는, 귀로 들어와서 입으로 나가 버린다. 입과 귀의 사이는 4치에 불과하니 어떻게 7자의 몸뚱이를 아름답게 할 수가 있겠는가.〔小人之學也, 入乎耳, 出乎口. 口耳之間則四寸耳, 曷足以美七尺之軀哉?〕"라고 한 데에서 유래한 말이다.

공은 도리어 진흙탕처럼 보았네 公乃視泥滓
안으로는 갓난아기의 마음[635]을 보전하였고 內全赤子心
밖으로는 유인의 행실을 올곧게 하였네[636] 外貞幽人履
폭넓은 독서는 구삭[637]을 섭렵하였고 博觀淹丘索
신묘한 깨달음은 명리를 분석하였지 妙契析名理
때때로 희음[638]을 내니 有時發希音
천구[639]에서 구름을 울리는 소리가 일어나네 天球戛雲起
인간 세상에 홀로 서서 獨立人間世
초연하게 태곳적에 노니네 超然遊太始
빛나기가 연못 속의 진주[640] 같으니 瑩如淵中珠

634 수레와 의복 : 고관들이 타는 수레와 입는 관복으로, 높은 벼슬을 가리킨다.

635 갓난아기의 마음 : 갓난아기처럼 천진하고 순수한 마음을 뜻한다. 《맹자》 〈이루 하(離婁下)〉에 "대인이란 갓난아기의 마음을 잃지 않은 사람이다.〔大人者, 不失其赤子之心者也.〕"라고 한 데에서 유래하였다.

636 유인(幽人)의……하였네 : 부드러운 몸가짐으로 차분하고 평탄하게 도를 행하였음을 뜻한다. 《주역》 〈이괘(履卦) 구이(九二)〉에 "행하는 도가 평탄하니, 유인이라야 올곧고 길하다.〔履道坦坦, 幽人貞吉.〕"라고 한 데에서 유래한 말이다.

637 구삭(丘索) : 402쪽 주618 참조.

638 희음(希音) : 다른 사람들이 이해하기 어려울 정도로 높고 깊은 문학과 학문의 경지를 뜻한다. 《도덕경(道德經)》 41장에 "큰 소리는 소리가 들리지 않으며, 큰 형상은 형체가 없는 것처럼 보인다.〔大音希聲, 大象無形.〕"라고 한 데에서 유래한 말이다.

639 천구(天球) : 《서경》 〈주서(周書) 고명(顧命)〉에서 주 성왕(周成王)이 사망하였을 때 동서(東序)에 진열되었다고 하는 보배인데, 이는 주석가에 따라 악기인 옥경(玉磬) 혹은 명구(鳴球)라고 한다. 송(宋)나라 양만리(楊萬里)의 〈정월십이일유(正月十二日游)〉 시에 "금 같은 문장 옥 같은 구절은 천구를 울리는 듯하네.〔金章玉句鳴天球〕"라고 한바, 여기에서는 이광려의 시문이 훌륭함을 비유한 말이다.

맑고 투명하여 안팎 구별 없고　　清澈無表裏
빼어나기는 소나무 사이의 학과 같으니　　矯如松間鶴
꼿꼿하여 더위잡고 기대길 사양하네　　偃蹇絶扳倚
옛사람을 다시 보지 못하니　　古人不復見
억지로 이름 붙여 고결한 선비라 하네　　强名謂高士
오셨을 때에는 짝하지 못하였고　　其來不可偶
가실 때에는 막지 못했네　　其去不可止
내 노래 누굴 위해 짓겠나　　我歌誰爲爲
매미만 쉬지 않고 슬피 우누나　　哀蟬鳴不已

640 빛나기가……같으니 : 내면에 쌓인 재주와 인덕이 뛰어나 저절로 드러남을 뜻한다. 《순자》〈권학〉에 "옥이 산에 있으면 초목에도 윤기가 흐르고 진주가 나오는 연못은 물가가 마르지 않는다. 선을 행하고 사악함을 쌓지 않는다면 어찌 명성이 나지 않겠는가?〔玉在山而木草潤, 淵生珠而崖不枯. 爲善不積邪, 安有不聞者乎?〕"라고 하였다.

강한 황 태사를 애도하다[641] 황 태사는 황경원이다.

哀江漢黃太史 景源

동방은 해가 뜨는 고장이라 東方日出鄕

신령한 기운이 모이고 길러지는 곳이로다 靈氣所亭毓

옛날 신라 고려시대로부터 粵自羅麗際

준걸들 자못 뇌락하였네 才傑頗磊落

우리 왕조가 황둔[642]을 쓸어내니 我朝掃荒屯

문운이 이에 크게 열렸어라 文運乃大闢

생황과 대종으로 재잘거리고 들렌 소리를 변화시키고[643]

笙鏞變嘈哇

641 강한……애도하다 : 황경원(黃景源, 1709~1787)은 본관은 장수(長水), 자는 대경(大卿), 호는 강한유로(江漢遺老), 시호는 문경(文景)이다. 1740년(영조16)에 증광 문과를 통해 벼슬길에 나아갔고, 대사헌·대사간·대제학·예조 판서·공조 판서 등을 역임했다. 고문(古文)과 예학(禮學)에 조예가 깊었으며, 문집으로 《강한집(江漢集)》, 저서로 《명조배신전(明朝陪臣傳)》·《남명서(南明書)》가 있다. 이계는 전반부에서는 조선 문학사(文學史)의 흐름 속에 고문(古文) 부흥에 기여한 황경원의 공로를, 중반부에서는 문단과 조정의 선배로서 자신을 지도해준 황경원과의 인연을, 후반부에서는 황경원이 위독했을 때 꿈에 나온 그를 보고 문안을 간 일화를 이야기하였다. 통운이 되는 입성 '옥(屋)'운·'옥(沃)'운·'각(覺)'운·'약(藥)'운과 입성 '맥(陌)'운·'석(錫)'운·'직(職)'운을 환운해가며 지은 50운 오언고시이다.

642 황둔(荒屯) : 황폐하고 힘들었던 이전 시대를 뜻한다. 반고(班固)의 〈동도부(東都賦)〉에 "역대 왕들의 황둔한 시대를 잇고 조물주의 구습을 탕척하라는 뜻을 따랐다.〔紹百王之荒屯, 因造化之盪滌.〕"라고 한 데에서 유래하였다.

643 생황(笙簧)과……변화시키고 : 예악(禮樂)으로 풍속을 교화하였음을 뜻한다.

현송[644]으로 봉액[645]을 교화하였지 絃誦化縫掖
준걸스러운 이들 성대하게 일어나니 髦俊斐然興
내달리며 다투어 나라를 빛냈네 馳騖競華國
거처하면 글을 전공하고 居而攻翰墨
조정에 나아가면 관각(館閣)[646]을 울리는데 進則鳴館閣
그 폐단은 꾸밈이 실질을 가려 其弊文揜質
문채에 조탁과 수식을 일삼는 것이라네 藻綵事雕飾
쓸쓸하게 백년 사이에 寥寥百年間
법도를 세우는 이 없었는데 無人執繩尺
동고[647]가 고문을 창도하자 東皐倡古文

생황과 대종〔笙鏞〕은 고대의 제례악(祭禮樂)에서 동쪽과 서쪽에 진열하여 연주하던 악기이다. 《서경》〈우서(虞書) 익직(益稷)〉에 "당(堂) 아래에는 관악기와 도고(鼗鼓)를 진열하고, 음악을 합하고 멈추되 축(柷)과 어(敔)로 하며 생황과 대종을 번갈아 울리니, 새와 짐승이 너울너울 춤을 추며, 〈소소(簫韶)〉 아홉 장이 끝까지 연주되자 봉황이 와서 춤을 춥니다.〔下管鼗鼓, 合止柷敔, 笙鏞以間, 鳥獸蹌蹌, 簫韶九成, 鳳凰來儀.〕"라고 하였다.

644 현송(絃誦) : 독서를 통해 교육하는 것을 뜻한다. 고대 중국에서 《시경》과 《서경》을 가르칠 때 거문고나 비파 같은 현악기의 음악에 맞추어 읊는 것을 현가(絃歌), 반주 없이 낭독하는 것을 송(誦)이라고 한 데에서 유래하였다.

645 봉액(縫掖) : 394쪽 주588 참조.

646 관각(館閣) : 조선시대에 문한(文翰)을 담당하던 관서인 홍문관(弘文館)·예문관(藝文館)·규장각(奎章閣)을 가리킨다.

647 동고(東皐) : 최립(崔岦, 1539~1614)의 호이다. 본관은 통천(通川), 자는 입지(立之), 호는 간이(簡易) 혹은 동고이다. 1559년(명종14)에 식년 문과에 장원한 이래 공주 목사·전주 부윤·형조 참판 등을 역임하였으며 문집으로 《간이집(簡易集)》이 전한다.

문호가 처음 활짝 열렸고 門戶肇廣拓
계곡[648]과 농암[649]이 발자취를 이으며 일어나니 谿農接跡起
저술이 마침내 빈빈하고 성대하였네 制作遂彬郁
문장의 규범이 올바른 원칙[650]을 얻어 文軌得範驅

그는 시부(詩賦)에 뛰어났을 뿐 아니라 산문에서 고문사(古文辭)라고 일컬어지는 새로운 문체를 시도하기도 하였다. 그의 산문은 선진고문(先秦古文)의 자구를 억지로 모방하려 하였다는 비판이 있기도 하지만, 장유(張維) 같은 이는 그를 고문의 선구자로 일컬었다.

648 계곡(谿谷) : 장유(張維, 1587~1638)의 호이다. 본관은 덕수(德水), 자는 지국(持國), 호는 계곡 혹은 묵소(默所), 시호는 문충(文忠)이다. 1609년(광해군1) 증광문과를 거쳐 관계에 진출하였으나 1612년 김직재(金直哉)의 무옥(誣獄)에 연루되어 파직되었다. 인조반정 이후 기용되어 이괄(李适)의 난 때 인조(仁祖)를 호종하였고, 대사간·대사헌·대사성·예조 판서·이조 판서 등을 역임하였다. 고문(古文)에 뛰어나 이식(李植)·신흠(申欽)·이정귀(李廷龜)와 더불어 고문 사대가(四大家)로 일컬어졌으며, 문집으로 《계곡집(谿谷集)》, 저서로 《계곡만필(谿谷漫筆)》·《음부경주해(陰符經注解)》를 남겼다.

649 농암(農巖) : 김창협(金昌協, 1651~1708)의 호이다. 본관은 안동(安東), 자는 중화(仲和), 호는 농암 혹은 삼주(三洲), 시호는 문간(文簡)이다. 1682년(숙종8) 증광문과에 장원급제하였고, 병조 좌랑(兵曹佐郎)·사헌부 지평(司憲府持平)·함경북도 병마평사(咸鏡北道兵馬評事)·대사간 등을 역임하였다. 기사환국(己巳換局)으로 부친인 김수항(金壽恒)이 유배되자 은거하다가 1694년(숙종20) 갑술옥사(甲戌獄事) 이후로 신원되자 벼슬이 내려졌으나 사양하고 학문과 저술에 전념하였다. 문집으로 《농암집(聾巖集)》이 전하며, 자법(字法)·구법(句法)·장법(章法)·편법(篇法) 등 다양한 층위의 산문 작법을 중시한 문학이론을 전개하고 주자학(朱子學)적 의리(義理)를 담을 산문을 창작하여 후대 문단에 큰 영향을 주었다.

650 올바른 원칙 : 원문은 '범구(範驅)'로, 원칙과 법도를 지키는 것을 뜻하는 말이다. 전국시대에 수레를 잘 몰기로 유명했던 왕량(王良)이 조간자(趙簡子)의 총신(寵臣)을 위해 수레를 몰고 나서 "내가 그를 위해 법도에 맞게 수레를 몰았더니 종일 한 마리의

위로 한유와 구양수의 맥을 거슬러 오르더니	上遡韓歐脉
후생들은 모의(模擬)하는 데 익숙하여	後生習摸擬
흘러갈수록 점차 천박하고 나약해졌네	流波漸卑弱
지천[651]이 근원을 크게 열어	芝川發源大
글의 물결이 큰 산을 쓰러뜨리자	文瀾倒華岳
종횡으로 좌구명과 사마천을 섭렵하고	縱橫泛左馬
준결하게 《공양전》과 《곡량전》을 곱씹었네	峻潔咀公穀
백가(百家)의 영화(英華)를 망라하고	網羅百氏英
당송팔가의 규범을 절충하니	折衷八家則
손으로 쳐서 용문산을 가르자	抵掌劈龍門

짐승도 잡지 못하였고, 이번에는 그를 위하여 부정한 방법으로 짐승을 만나게 하였더니 하루 아침나절에 열 마리의 짐승을 잡았다.〔吾爲之範我馳驅, 終日不獲一, 爲之詭遇, 一朝而獲十.〕"라고 한 데에서 유래하였다. 《孟子 滕文公上》

651 지천(芝川) : 황정욱(黃廷彧, 1532~1607)의 호이다. 본관은 장수(長水), 자는 경문(景文), 호는 지천, 시호는 문정(文貞)으로, 황경원의 8대조이다. 1558년(명종13)에 식년 문과에 급제해 벼슬길에 올랐고, 시강원 설서(侍講院說書)·진주 목사(晉州牧使)·충청도 관찰사를 역임하였으며, 1584년에 종계변무주청사(宗系辨誣奏請使)로 명나라에 가서 사명을 완수한 뒤로 동지중추부사(同知中樞府事)·대제학·호조 판서·예조 판서·병조 판서 등을 역임했다. 임진왜란 때 왕자 순화군(順和君)을 배종하여 관동으로 피신하던 도중 왜장 가토 기요마사(加藤淸正)에게 사로잡혔는데, 왕자를 살해하겠다는 가토의 협박에 못 이겨 선조에게 보내는 투항 권고문을 작성하기도 했다. 뒤에 이 일이 동인(東人)·서인(西人) 간의 정치 쟁점이 되면서 길주(吉州)에 유배되었고, 1597년(선조30)에 왕의 특명으로 해배되긴 하였으나 생전에 복권되진 못하였고 1621년(인조1)에야 신원되었다. 문집으로 《지천집(芝川集)》이 전하며, 당시풍(唐詩風)의 시를 잘 지어 정사룡(鄭士龍)·노수신(盧守愼)과 더불어 관각삼걸(館閣三傑)로 일컬어졌다.

뭇 물결이 다투어 도랑으로 돌아갔네[652] 衆流爭歸壑

남씨[653]와 조씨[654] 무리 이끌며 提挈南趙輩

652 손으로……돌아갔네 : 황경원이 고문의 모범을 보이자 사람들이 글의 조탁에 치력하는 습속을 버리고 고문을 추구할 줄 알게 되었다는 말이다. 용문산을 가른다는 것은 《사기》 권87 〈이사열전(李斯列傳)〉에 "우(禹) 임금이 용문산을 뚫어 구하(九河)을 소통시키느라 손과 발이 부르트고 굳은살이 생겼으며 얼굴이 새까맣게 그을렸다.〔禹鑿龍門, 疏九河, 手足胼胝, 面目黧黑.〕"라고 한 데에서 유래하였다. 뭇 물결이 도랑으로 돌아간다는 것은, 구양수(歐陽脩)가 1057년에 지공거(知貢擧)가 되어 소식(蘇軾)・소철(蘇轍) 형제를 선발하자 경박한 선비들이 구양수와 소식 형제를 비난하였으나 곧 구양수의 뜻과 소식 형제의 글솜씨를 알게 되어 장맛비가 갑자기 도랑으로 돌아가는 것처럼 더 이상 비난하는 이들이 한 명도 보이지 않았던 데〔忽焉若潦水之歸壑, 無復見一人者.〕에서 유래한 말이다. 《東坡全集 卷100 太息送秦少章》

653 남씨(南氏) : 남유용(南有容, 1698~1773)을 가리킨다. 본관은 의령(宜寧), 자는 덕재(德哉), 호는 뇌연(雷淵) 혹은 소화(小華), 시호는 문청(文淸)이다. 1721년(경종1)에 진사가 되어 강릉 참봉(康陵參奉)・형조 좌랑(刑曹佐郎)・영춘 현감(永春縣監) 등을 지내고 1740년(영조16)에 알성 문과에 급제하였다. 이후에 사간(司諫)・대사성・예조 참판・형조 판서 등을 역임하였다. 문집으로 《뇌연집(雷淵集)》, 저서로 《명사정강(明史正綱)》・《천의리편(闡義理編)》이 전한다. 남유용은 황경원・이천보(李天輔)・오원(吳瑗)과 교유하여 영조대(英祖代)의 사가(四家)로 일컬어질 정도로 고문(古文)에 두각을 나타내었다.

654 조씨(趙氏) : 조귀명(趙龜命, 1692~1737)을 가리킨다. 본관은 풍양(豐壤), 자는 보여(寶汝) 혹은 석여(錫汝), 호는 동계(東谿)이다. 1711(숙종37)에 생원시(生員試)에 합격하였고, 영희전 참봉(永禧殿參奉)・사축서 별제(司畜署別提)・공조 좌랑(工曹佐郎)・태인 현감(泰仁縣監) 등에 제수되었으나 사양하였다. 뒤에 세자익위사 시직(世子翊衛司侍直)・세자익위사 익위(世子翊衛司翊衛)를 지냈다. 문집으로 《동계집(東溪集)》이 전한다.

그는 당대 팔문장(八文章)의 한 사람으로 지목될 만큼 산문으로 이름을 날렸으며, 삼대(三代) 이래 문운(文運)이 쇠하여 도(道)와 문(文)이 분리된 상황이므로 산문 창작에서 모의를 지양하고 개인의 개성(個性)과 시의(時宜)를 추구할 것을 주장했다.

기치와 북 높은 성벽에 세웠네	旗鼓抗高壁
질타하면 무지개가 생겨나는 듯하여[655]	叱吒生雲蜺
천 사람이 모두 물러났네	千人皆辟易
십 년 동안 문단의 맹주를 맡아	十載尸詞盟
사방에 저술을 전했네	四方傳述作
성인께서 밝은 세상 다스려	聖人御休明
규장을 군옥에 보관하였고[656]	奎章貯群玉
처음으로 옛 궁빈을 맞이하여	首延宮賓舊
홍유석학(弘儒碩學)으로서 고문에 대비하게 하였네[657]	顧問待鴻碩
윤색은 운한을 만지고[658]	潤色摸雲漢

또한 그는 황경원의 부친인 황기(黃璣)의 행장을 쓴 적이 있는데, 황경원이 일찍부터 고문을 연마하여 당대 문단의 종주가 되고 있다고 칭찬한 바 있다.《東溪集 卷4 黃聖齊行狀》

655 무지개가 생겨나는 듯하여 : 기세가 대단함을 뜻한다. 흔히 말이나 시문 등의 기세가 강한 것을 "무지개를 토해낸다.〔吐虹〕"라고 표현하기도 한다.

656 규장(奎章)을 군옥(群玉)에 보관하였고 : 정조가 조선 역대 국왕의 어제(御製)를 보관하는 도서관인 규장각(奎章閣)을 설치하였음을 말한 것이다. 규장은 임금의 문장을 뜻한다. 군옥은 왕실의 서적을 보관하는 곳을 뜻하는 말로, 주 목왕(周穆王)이 북정(北征)을 마치고 돌아올 때 동쪽으로 돌아오며 흑수(黑水)를 따라 오다가 제왕들의 서책(書冊)을 보관해두던 군옥산(群玉山)에 이르렀다는 전설에서 유래하였다.《穆天子傳 卷2》

657 처음으로……하였네 : 궁빈(宮賓)은 왕세자의 속관(屬官)을 뜻하는 말이다. 황경원은 영조조(英祖朝)에 세자시강원 겸보덕(世子侍講院兼輔德)・세자시강원 겸필선(世子侍講院兼弼善)을 역임하였으므로 이렇게 말한 것이다. 황경원은 정조가 규장각을 세울 때 규장각 제학(奎章閣提學)에 제수되었다.

658 윤색(潤色)은 운한(雲漢)을 만지고 : 황경원이 예문관(藝文館)과 홍문관(弘文

명성과 공렬을 금석에 새겼네[659]　　聲烈被金石
높은 연치는 기로소에 끼고　　高年列耆社
높은 작질은 괴극[660]에 나란하니　　崇秩竝槐棘
은혜로운 보살핌엔 예수를 갖추었고　　惠養禮數備
다달이 곡식과 고기를 내리셨네[661]　　月致有粟肉
화전[662] 밟는 소리 높다랗게 울리는데　　花甎履聲高
백발로 고니처럼 꼿꼿이 서 계시니　　皓髮立如鵠
내가 뒤늦게 조정에 나감에　　而我晩進也
외람되게도 문학으로 교분을 맺어주셨네　　文契猥見托

館)의 대제학 즉 양관 대제학(兩館大提學)을 지내며 임금의 글을 윤색하는 일을 맡았음을 말한 것이다. 운한(雲漢)은 372쪽 주494 참조.

659 명성(名聲)과……새겼네 : 황경원이 뛰어난 글솜씨로 여러 비문(碑文)을 지었음을 말한다. 황경원은 우리 역사의 명장인 김유신(金庾信)·이지란(李之蘭)·임경업(林慶業) 등과 명신인 허조(許稠)·박연(朴堧)·임유후(任有後) 등의 신도비문(神道碑文)을 지었다.

660 괴극(槐棘) : 홰나무와 멧대추나무를 뜻하는데, 삼공(三公)과 구경(九卿) 즉 고관을 가리킨다. 주(周)나라 때 궁궐의 뜰에 홰나무 세 그루와 멧대추나무 아홉 그루를 심어놓고 삼공과 구경들이 자리를 나누어 앉은 데에서 유래하였다. 황경원이 형조 판서·예조 판서·공조 판서·판중추부사를 역임하였기 때문에 이렇게 말한 것이다.

661 다달이……내리셨네 : 조선시대에는 치사(致仕)한 신하들에게 다달이 식료를 지급하던 제도가 있었다. 치사한 신하들에게 다달이 고기를 보냈으며 대신(大臣) 이상에게는 세초(歲初)와 봄가을에 미(米)·태(太)·어염(魚鹽)·땔감을 지급하였다.《典律通補 卷3 禮典 惠恤》

662 화전(花甎) : 꽃무늬를 새긴 벽돌이다. 당나라 때 한림원(翰林院) 앞길에 꽃무늬가 새겨진 벽돌을 깔았는데, 한림원은 조선의 예문관(藝文館)에 해당하는 관서이다. 황경원이 양관 대제학을 역임한 것을 말한 것이다.

썩은 목재를 훌륭한 재목으로 보시고　朽木視良材
거장께서 수고로이 도끼로 깎아주셨네　大匠勞斤斲
때때로 가마 타고 방문하시어　有時肩輿訪
마음 다 쏟으며 구삭[663]을 궁구했지　傾倒窮丘索
부질없는 천년 오만하게 보고　傲視千載空
한마디말로 즉시 연낙하였지　片言卽然諾
거친 말을 번번이 바로잡아주시니　蕪辭輒就正
단연[664]이 현란하게 눈에 가득했네　鉛朱爛盈矚
꼴 베고 나무하는 이[665]의 말에서도 택해주심이 있었으니
芻蕘亦有擇
자황[666]을 감히 더하고 뺄 수 있으랴　雌黃敢點摘
형체를 잊고[667] 지음으로 허여하여　忘形許知音

663　구삭(丘索) : 402쪽 주618 참조.

664　단연(丹鉛) : 글을 교정하거나 비평할 때 사용하던 주사(朱砂)와 연분(鉛粉)이다.

665　꼴……이 : 식견이 없는 미천한 사람이란 뜻으로, 이계가 자신을 겸손하게 이른 것이다. 《시경》〈대아(大雅) 판(板)〉에 "내 하는 말 긴급한 일이니 웃어넘기지 말라. 선현의 말씀에 꼴 베고 나무하는 이에게도 물어보라 하였느니라.〔我言維服, 勿以爲笑. 先民有言, 詢于芻蕘.〕"라고 한 데에서 유래한 말이다.

666　자황(雌黃) : 광물의 일종으로 비소(砒素)와 유황(硫黃)의 화합물이다. 주로 황색 안료(顔料)를 추출해내는 데에 쓰이는데, 고대에 글씨를 쓸 때 누런색 종이에 쓰다가 잘못 쓴 글자가 있을 경우 자황에서 추출한 안료를 발라 지웠으므로 글을 수정하거나 비평하는 것을 의미하게 되었다.

667　형체를 잊고 : 원문은 '망형(忘形)'이다. 나이나 빈부, 지위 등 외형적인 요소에 구애되지 않고 의기투합하여 교분을 맺는 것을 말한다. 백거이(白居易)의 〈효도잠체시(效陶潛體詩)〉 제7수에 "내게 형체를 잊고 사귄 벗이 있으니 멀리 있는 이(李) 아무개와 원(元) 아무개라네.〔我有忘形友, 迢迢李與元.〕"라고 하였다.

쉬지 않고 편지를 날려 보냈네　聯翩飛尺牘
이보다 더한 즐거움이 없다고 하니[668]　謂言樂莫樂
후인이 탄식할 만하여라　後人堪歎息
어느 날 저녁 꿈에 공이 나와　一夕夢公至
글을 논함에 마침내 무릎 꿇고 마주 앉았네　論文竟膝席
나를 격려하시기를 남는 것을 덜어내고　勖我損有餘
연마하여 격조와 힘을 기르며　硏磨進格力
문장에 간결함과 준엄함을 중시하고　文章貴簡嚴
넓히고 나서는 이젠 요약해야 하나니라　旣博斯可約
또렷하게 말씀이 귀에 남건만　歷歷言在耳
대들보 사이에 뜬 달이 창을 밝게 비추고 있었네　樑月照窓白
이때에 공이 편찮으심을 들었으니　是時聞公疾
황망하여 마음속으로 놀랐어라　懍然心內愕
날 밝자마자 급히 찾아가보니　天明趣駕往
미약한 숨결 한창 대자리[669]에 의지하고 있었네　微息方寄簀
세 번 부르자 눈을 떴는데　三呼便開睫

668 이보다……하니 : 마음이 맞는 사람을 새로 사귀게 된 즐거움을 말한다. 《초사(楚辭)》 권2 〈구가(九歌) 소사명(少司命)〉에 "슬픔으로는 살아서 이별하는 것보다 더 큰 슬픈 것이 없고, 즐거움으로는 새로 사귀어 아는 것보다 더 즐거운 것이 없다.〔悲莫悲兮生別離, 樂莫樂兮新相知.〕"라고 한 데에서 유래한 말이다.

669 대자리 : 원문의 '책(簀)'은 증자(曾子)가 와병 중일 때 계손씨(季孫氏)에게서 받은 대자리를 깔고 누워 있었다가 자신은 대부(大夫)가 아니므로 이것에 누운 채로 죽을 수 없다며 원래 자신이 갖고 있던 대자리로 바꾼 다음에 죽었다는 '역책(易簀)'의 고사에서 취한 말이다. 역책은 본래 현인(賢人)이나 스승의 죽음을 뜻하는 말로, 여기에서는 '책'만을 떼어 현인의 병상이라는 의미로 사용하였다.

반기는 듯도 하고 근심하는 듯도 하였고　如喜復如慽
목구멍 속에서 몇 마디 내어　喉中作數語
따스하게 곡진한 마음 드러냈지　藹然見情曲
손을 들어 어루만져보게 하였으나　擧手使之拊
입을 열어도 소리가 이어지지 못하였네　開口聲不續
문을 나가자마자 영영 세상을 등지시니　出戶便長辭
내 눈물 가만히 방울지려 하네　我淚欲暗滴
정성이 꿈자리에 감응하였으니　精誠感宵寐
신교[670]는 예부터 들어보았다네　神交聞古昔
사별 앞두고 준 선물임을 알겠으니　死別知有贈
지극한 말 진실로 가슴에 새길 만하여라　至言良可服
문성[671]이 홀연히 광채를 거두고　文星忽斂彩
강과 산은 기운이 쓸쓸해졌네　江山氣寥廓
홀로 인간 세상에 남겨져　獨留人間世
백발로 아직도 촛불 잡고 밤을 지새네　白首猶秉燭
흐르는 물에는 끊어진 현이 있고[672]　流水有斷絃

670 신교(神交) : 정신으로 사귀어 의기투합한다는 뜻이다.

671 문성(文星) : 문창성(文昌星) 혹은 문곡성(文曲星)이라고도 하며, 문운(文運)을 관장한다고 한다.

672 흐르는……있고 : 옛날에 백아(伯牙)는 거문고를 잘 타고 벗 종자기(鍾子期)는 거문고를 잘 감상하였는데, 백아가 높은 산을 생각하고 연주하면 종자기는 대번에 "좋구나! 우뚝하기가 태산 같도다!〔善哉, 峨峨兮若泰山.〕" 하며 감탄하였고, 흐르는 물을 생각하고 연주하면 "좋구나! 넘실대는 것이 강하와 같도다.〔善哉, 洋洋兮若江河.〕"라고 감탄할 정도로 백아의 마음을 잘 이해하였다. 뒤에 종자기가 죽자 백아는 자기의 연주를

하늘 높은 곳에서 외로운 학이 울어대네　長空唳孤鶴
봄바람에 맑은 여울이 출렁이니　春風動淸湍
구름 수레[673]는 아득히 날아가 버렸네　雲車飛邈邈
천추 간의 《강한집》　千秋江漢集
부질없이 읽을 양자운[674]이 있으리　空有子雲讀

이해할 사람이 없다며 더 이상 거문고를 연주하지 않았다고 한다. 《列子 湯問》

673 구름 수레 : 신령이 하늘을 오르내릴 때 탄다는 수레인데, 신령은 바람을 말로 삼고 구름을 수레로 삼기〔風馬雲車〕 때문에 이렇게 일컫는다. 여기에서는 황경원이 죽은 것을 신령이 되어 하늘에 오른 것에 비유하기 위해 언급한 것이다.

674 양자운(揚子雲) : 황경원을 잘 이해해줄 후인(後人)을 뜻한다. 양자운은 한(漢)나라의 양웅(揚雄)으로 《태현경(太玄經)》을 저술하였을 때 남들이 비웃자, "세상이 나를 알아주지 않아도 무방하다. 후세에 반드시 또다시 양자운이 있어서 반드시 이를 좋아할 것이다.〔世不我知無害也, 後世復有揚子雲必好之.〕"라고 하였다고 한다. 《昌黎先生集 卷17 與馮宿論文書》

간옹 이 경윤을 애도하다[675] 이 경윤은 이헌경이다.

哀艮翁李京尹 獻慶

옛날에 내가 북쪽 변방으로 좌천되었을 때 昔我投北荒
공은 청주를 지키고 있었네[676] 公則守青州
함관성[677]에서 우연히 만나 邂逅咸關城
함께 낙민루[678]에 올랐지 同登樂民樓
산하에서 왕의 자취[679]를 더듬고 山河撫王跡

675 간옹……애도하다 : 이헌경(李獻慶, 1719~1791)은 본관은 전주(全州), 자는 몽서(夢瑞), 호는 간옹(艮翁), 초명(初名)은 성경(星慶)이다. 1743년(영조19)에 진사가 되었고, 정언·수찬·북청 부사(北青府使)·삼척 부사(三陟府使)·대사간·동부승지·한성부 판윤 등을 역임하였다. 문집으로 《간옹집(艮翁集)》이 있다. 이계는 이 작품에서 이헌경과 함께 관북을 유람하며 문학을 논했던 추억, 연경에 다녀와서 수창한 시문, 그의 뛰어난 문학적 능력과 세상에 알려졌던 그의 대표작들에 대해 언급하였다. 평성 '우(尤)'운의 30운 오언고시이다.

676 옛날에……있었네 : 이계는 1777년(정조1) 10월에 경흥 부사로 좌천되었다. 청주(青州)는 북청(北青)의 고호(古號)로, 이헌경은 이때 북청 부사로 있었다.

677 함관성(咸關城) : 함흥성(咸興城)을 가리킨다. 조선시대 함흥부(咸興府)의 읍성(邑城)으로, 현재의 함경남도 함흥시 동흥산구역 동흥산동에 있었다. 고려시대 북관을 개척할 때 축조되었다가 조선시대 중기에 들어 퇴락하여 1746년(영조22)에 다시 쌓았고, 일제강점기 때 일제에 의해 파괴되어 성벽 일부와 터만 현존하고 있다.

678 낙민루(樂民樓) : 함흥부 서쪽 2리 지점 성천강(城川江)가에 있다. 옛날에 낙민정(樂民亭)이 있었는데 1592년(선조25)에 불에 탄 뒤 1607년(선조40)에 감사 장만(張晩)이 누각을 새로 지었다. 성천강과 만세교(萬歲橋)의 풍경이 바라보이는 명승지이다.

679 왕의 자취 : 함흥 지방에는 함흥본궁(咸興本宮)·치마대(馳馬臺)·격구정(擊毬亭)·독서당(讀書堂)·경흥댁(慶興宅) 등 태조(太祖) 이성계(李成桂)와 관련한 유적

한잔 술로 객지 시름 풀었네　盃酒豁羈愁
나의 철령사[680]를 읽고는　讀我鐵嶺詞
무릎을 치며 장쾌한 유람이라 감탄했지　擊節嘆壯遊
또 천 리 밖으로 이별하니　分手又千里
꿈속의 혼은 서로를 그리워하였는데　魂夢兩悠悠
삼 년 만에 모두 남쪽으로 돌아와[681]　三載俱南還
시문을 번갈아 수창하였네　風雅迭唱酬
내 수레가 서쪽으로 달리려 할 적[682]에　我車方西騁
그대는 봉구[683]를 다스리고 있었지　公乃領蓬丘

지가 다수 있으며, 함흥 남쪽 30리 지점에 있는 함관(咸關)은 1362년(공민왕11) 동북면 병마사(東北面兵馬使)로 있으면서 원(元)나라 장수 나하추(納哈出)를 격파한 곳이기도 하다. 이계가 이때 둘러본 유적지를 읊은 작품들이 본집 권5 〈삭방풍요(朔方風謠)〉에 수록되어 있다.

680 철령사(鐵嶺詞) : 이계가 경흥 부사로 보임되었을 때 지은 〈철령 높은지고〔鐵嶺高〕〉로, 본집 권5 〈삭방풍요〉에 수록되어 있다. 철령은 회양(淮陽)과 안변(安邊)의 경계에 있는 고개로 철관(鐵關)이라고도 하며, 관동(關東) 지방과 관북(關北) 지방을 나누는 기준이 된다.

681 삼……돌아와 : 이계는 경흥 부사가 된 지 3년째인 1779년(정조3) 2월에 해직되었고, 이듬해 9월에 홍국영(洪國榮)이 실각하면서 수용(收用)되었다. 이헌경은 북청 부사로 재직하던 중 단대봉(單代捧)의 죄로 처벌받았고, 이때 사직한 것으로 보인다. 1780년(정조4) 5월 2일에 정조는 그를 탕척(蕩滌)하여 서용(敍用)하라는 명을 내렸다. 《日省錄 正祖 4年 5月 2日》

682 내……적 : 이계는 1782년(정조6) 10월에 동지 겸 사은사(冬至兼謝恩使)의 부사(副使)로 연경(燕京)에 가서, 이듬해 3월에 복명(復命)하였다.

683 봉구(蓬丘) : 동해에 있다는 선산(仙山)인 봉래산(蓬萊山)으로, 보통 금강산 혹은 영동지방의 고을을 비유할 때 쓰인다. 이헌경은 이 시기에 삼척 부사(三陟府使)·회양 부사(淮陽府使)를 지냈다. 《日省錄 正祖 4年 11月 13日, 9年 12月 27日》

중화의 거대함을 마음껏 보고　縱觀中華大
조화의 그윽함을 깊이 더듬었네　深探造化幽
시가 찬란하게 상자를 가득 채워　篇章爛盈笥
경옥과 모과를 서로 던져주었네[684]　瓊瓜互相投
포고로 뇌문에 대적하고[685]　布鼓當雷門
질장구로 옥 경쇠에 응하는 꼴이라[686]　瓦缶應鳴璆

684 경옥(瓊玉)과……던져주었네 : 《시경》 〈위풍(衛風) 모과(木瓜)〉에 "나에게 모과를 던져주기에 경옥(瓊玉)으로써 갚는다.〔投我以木瓜, 報之以瓊琚.〕"라고 하였다. 이는 본래 우호를 맺기 위해 상대의 흔한 선물을 귀한 물건으로 갚는다는 말인데, 시문을 주고받는다는 의미로도 쓰인다.

685 포고(布鼓)로 뇌문(雷門)에 대적하고 : 이계 자신의 시문이 이헌경에게 적수가 되지 못한다는 겸사(謙辭)이다. 포고는 베로 만들어 소리가 잘 나지 않는 북이고, 뇌문은 회계성(會稽城)의 성문으로 거대한 북이 설치되어 있었다고 한다. 한(漢)나라 때 왕존(王尊)이 동평왕(東平王)의 상(相)이 되었을 때 태부(太傅)가 왕 앞에서 《시경》의 〈상서(相鼠)〉 시를 강론하자 "포고를 가지고 뇌문 앞을 지나가지 말라.〔毋持布鼓過雷門〕"라고 꾸짖은 고사가 있다. 《漢書 卷76 王尊傳》

686 질장구로……꼴이라 : 이계 자신이 시문으로 이헌경에게 대적하지 못한다는 겸사이다. 질장구는 흙을 구워 만든 동이 모양의 악기로, 막대기로 쳐서 소리를 낸다. 춘추전국시대에 조(趙)나라와 진(秦)나라가 민지(澠池)에서 회맹하였을 때 진왕(秦王)이 조왕(趙王)을 얕보고 비파(琵琶)를 연주할 것을 요구하자 조나라의 경(卿)인 인상여(藺相如)가 진왕에게 진나라 악기인 질장구〔缶〕를 쳐서 화답해줄 것을 청하였고, 진왕이 언짢은 기색을 보였으나 협박하여 끝내 질장구를 한번 치게 하였다. 이는 진왕에게 음이 단조롭고 보잘것없는 악기인 질장구를 치게 함으로써 진나라의 문화 수준을 비웃고 진왕에게 망신을 주고자 함이었다. 《史記 卷81 廉頗藺相如列傳》 원문의 '구(璆)'는 경쇠의 재료가 되는 아름다운 옥이다. 《서경》 〈하서(夏書) 우공(禹貢)〉에서 양주(梁州)를 두고 "그 공물은 구(璆)·쇠·은·강철·석경, 곰·큰곰·여우·살쾡이, 직물과 가죽옷이다.〔厥貢璆鐵銀鏤砮磬熊羆狐狸織皮〕" 하였는데, 채침(蔡沈)의 주석에서 "구는 옥경이다.〔璆, 玉磬.〕"라고 하였다.

일백 운 희암공의 만시[687] 百韻希菴誄
물결이 은빛 연못을 뒤집는 듯하니 波瀾倒銀湫
깊고 웅건하기는 두보와 황정견의 가락이요 沈雄杜黃調
맑고 빼어나기는 심전기와 송지문의 부류일세 淸越沈宋流
고문 또한 비근하면서도 바라서[688] 古文亦爾雅
위로 장주 사마천과 모의하였네 上與莊馬謀

공은 평소《이아(爾雅)》를 좋아하여 자신의 집을 이름하고 내게 글을 부탁하였으므로 말한 것이다.[689]

서학을 물리치라 앞장서 말함은 倡言闢西學

687 일백……만시(輓詩) : 이헌경이 지은 채팽윤(蔡彭胤)의 만시인 〈희암채선생만백운(希菴蔡先生輓百韻)〉을 가리킨다. 이헌경이 10세 남짓에 지은 시를 채팽윤이 칭찬한 적이 있는데, 이헌경은 폐백을 갖춰 찾아뵙고자 하였으나 부친을 따라 낙향하느라 실행하지 못하였고, 몇 년 뒤에 채팽윤은 세상을 떠났다. 뒤에 이헌경은 채팽윤의 종손(從孫)인 채제공(蔡濟恭)으로부터 채팽윤의 문집인《희암집(希菴集)》을 구해 읽고, 그가 지은 이서우(李瑞雨)의 만시인 〈송파이참판만(松坡李參判輓)〉에 차운하여 〈희암채선생만백운〉을 지음으로써 흠모와 애도의 마음을 표했다.《艮翁集 卷6 讀新刊蔡希菴集, 卷8 希菴蔡先生輓百韻》《希菴集 卷13 松坡李參判輓》

688 고문(古文)……바라서 : 이헌경은 자신의 집을 '이아헌(爾雅軒)'이라 이름하고 벽에 이름을 이렇게 지은 까닭을 다음과 같이 써놓았다고 한다. "이(爾)란 가까움〔邇〕이니 풍속에 가깝다는 것이요, 아(雅)란 바름〔正〕이니 도(道)에 한결같다는 것이다. 비근하기만 하고 바르지 않으면 질탕해지고, 바르기만 하고 비근하지 않으면 편협해지나니, 비근하면서도 바른 것은 내가 지키고 실천할 바일 것이다.〔爾者邇也, 近於俗也, 雅者正也, 一於道也. 爾而不雅則流, 雅而不爾則隘, 爾而雅, 吾所操履也歟.〕"《艮翁集 卷24 家庭聞見錄》

689 공은……것이다 : 이계가 이헌경의 이아헌에 대해 써준 기문인 〈이아헌기(爾雅軒記)〉가 본집 권13에 수록되어 있다.

우리 유학을 깊이 걱정했기 때문이었네[690] 深爲吾道憂

내가 연경(燕京)에 갈 때 공이 송서(送序)를 주어 서학이 중국에서 치성(熾盛)하여 장차 우리나라를 조금씩 물들일 우려가 있음을 힘껏 이야기하였으므로 말한 것이다.

거장이 먹줄과 도끼를 쥐니 鴻匠握繩斧

향리(鄉里)에서 재잘대는 들렌 소리 일소되었네 下里掃哇啾

수레와 인끈[691] 뜬구름처럼 보았는데 軒組視浮雲

만년까지 절조 지키다 성상의 우대를 받게 되니 晩節遭逢優

경월[692]의 반열에 끼어 班聯齒卿月

조정에서 계책을 도왔네 廊廟贊謨猷

난여 따라 선침을 전알함에 鑾輿謁仙寢

맑은 한강에 배다리 띄우니[693] 淸漢舟梁浮

690 서학(西學)을……때문이었네 : 1782년(정조6) 10월에 이계가 동지 겸 사은사의 부사로 청나라에 가게 되었을 때 이헌경은 서문(序文)을 써서 이계에게 중국에서 치성하고 있는 천주교(天主敎)를 유학(儒學)의 의리를 들어 물리칠 것을 당부하였다. 이계는 당시에는 천주교에 대해 대수롭지 않게 여기고 있었으나 귀국하고 몇 년 뒤에 천주교가 조선에서 크게 유행하는 것을 보고 이헌경의 선견지명에 감복하였다. 본집 권13의 〈이아헌기〉에 자세하다.

691 수레와 인끈 : 원문은 '헌조(軒組)'이다. 벼슬아치들이 타는 수레와 그들이 휴대하는 관인(官印)의 끈으로, 벼슬을 뜻한다.

692 경월(卿月) : 재신(宰臣) 등 높은 관료의 반열을 뜻한다. 《서경》〈주서(周書) 홍범(洪範)〉에 "왕이 살필 것은 해이고 경사(卿士)는 달이고 사윤(師尹)은 날이다.〔王省惟歲, 卿士惟月, 師尹惟日.〕"라고 한 데에서 유래한 말이다.

693 난여(鑾輿)……띄우니 : 1789년(정조13)에 영우원(永祐園)을 화성(華城)으로 천장(遷葬)한 것을 말한다. 정조는 본래 양주(楊州) 영우원의 원침(園寢)이 협소하여 천장하고자 하였는데, 이해 7월 11일에 금성위(錦城尉) 박명원(朴明源)의 상소가 올라

공이 이때 직책이 사농이라 公時職司農
헌의하여 가부 결정에 참여하였네[694] 獻議參可不
임금께서 그대는 송(頌)을 지으라 하시니[695] 王曰汝作頌
맑고 온화하기가 길보의 짝이라[696] 穆如吉甫儔
구중궁궐에서 칭찬[697]을 내리니 重宸垂華袞

온 것으로 말미암아 천장을 결정하였고 이달 21일의 황단망배례(皇壇望拜禮)에서 앞으로 공식 행사에서 나루를 건널 때 선창(船艙) 대신 부교(浮橋)를 사용할 것을 명하였다. 결국 이해 10월 5일에 천장이 시행되었다.《正祖實錄 13년 7月 11日・21日, 10月 5日》

694 공이……참여하였네 : 사농(司農)은 상고시대에 백성들에게 농사를 가르치는 일을 담당하던 농관(農官)이었는데 한(漢)나라 이래로 전곡(錢穀)을 관장하는 관직이 되었기 때문에 호조(戶曹)를 가리키는 말이기도 하다. 이헌경은 당시 호조 참판으로 재직하면서 영우원의 천장 발인을 혹한기를 피해 10월 상순으로 옮기고, 발인 경로도 기존에 정한 송파(松坡)・삼전도(三田渡)가 아닌 두모포(豆毛浦)나 서빙고(西氷庫) 쪽을 경유할 것을 건의한 바 있다.《正祖實錄 13年 7月 26日》

695 임금께서……하시니 : 이헌경은 이때 영우원의 천장을 위한 부교가 완성되자 정조의 명을 받고 부교를 가서 살폈다. 또 봉원(封園) 설치가 끝나자 천장을 담당했던 유사(有司)들이 정조의 뜻에 따라 이헌경에게 부교의 장대한 모습을 시로 지을 것을 부탁하였는데, 이에 이헌경은 칠언고시 〈부교행(浮橋行)〉을 지어 올려 정조에게 큰 칭찬을 받았다.《艮翁集 卷9 浮橋行》《正祖實錄 13年 10月 5日》

696 맑고……짝이라 : 이헌경이 지어 올린 〈부교행〉이 매우 훌륭하다는 말이다. 주선왕(周宣王) 때에 대신(大臣) 중산보(仲山甫)가 성(城)을 쌓으러 나갔을 때 윤길보(尹吉甫)가 중산보를 사모하여 부른 노래에 "길보가 이 노래 지어 부르니, 맑고 온화하기 청풍 같도다. 중산보가 임금을 깊이 생각하는지라, 이 노래로 그의 마음 위로하노라.〔吉甫作誦, 穆如淸風. 仲山甫永懷, 以慰其心.〕"라고 한 것을 취한 말이다.《詩經 大雅 烝民》

697 칭찬 : 원문은 '화곤(華袞)'으로 귀족들이 입던 화려한 문양의 비단옷으로 지극한 영예를 의미하기도 하는데, 여기에서는 영예로운 칭찬이라는 의미로 쓰였다. 진(晉)나라의 범녕(范寧)이 지은 〈춘추곡량전서(春秋穀梁傳序)〉에 "한 글자의 칭찬은

사방에서 전해가며 노래하네　　四方傳歌謳

나에게 발문을 부탁하였는데[698]　　屬余識其尾

담비 꼬리를 이었으니[699] 참으로 부끄럽도다　　續貂良可羞

뒤따르길 수십 년　　追隨數十載

같은 소리로 서로를 구했네[700]　　同聲自相求

손뼉 치며 기이한 기운 토해내고　　抵掌吐奇氣

형형하게 맑은 눈동자 굴리니　　炯然動淸眸

뛰어난 재주와 우아한 몸가짐　　高才與雅操

말세에 짝할 이 적었네　　季世實寡仇

구름 사이의 학이 한창 홀로 날아오르고　　雲鶴方孤翔

바람 말[701]은 잠시도 머무르지 않는도다　　風馬不暫留

날 때는 문성을 타고 내려오더니　　生以文星降

비단옷을 내리는 것보다도 큰 총애이고 한마디의 비판은 시정과 조정에서 매질을 당하는 것보다도 큰 치욕이다.〔一字之褒, 寵踰華袞之贈, 片言之貶, 辱過市朝之撻.〕"라고 하였다.

698 나에게 발문을 부탁하였는데 : 이계가 지은 〈부교행〉의 발문이 본집 권16에 〈간옹 이몽서의 부교행에 쓰다〔題艮翁李夢瑞浮橋行〕〉란 제목으로 수록되어 있다.

699 담비 꼬리를 이었으니 : 자신이 지은 발문이 이헌경의 글에 걸맞지 못하다는 겸사이다. 진(晉)나라 때 조왕(趙王) 사마윤(司馬倫)의 일당이 모두 경상(卿相)이 되고 하리(下吏)·노예들까지도 작위(爵位)를 받게 되자 관(冠)을 장식할 담비 꼬리가 부족하여 개의 꼬리로 대신한 것을 당시 사람들이 "담비 꼬리가 부족하여 개 꼬리로 잇는다.〔貂不足, 狗尾續.〕"라며 비웃은 고사에서 유래한 말이다. 《晉書 卷59 趙王倫列傳》

700 같은……구했네 : 뜻이 같은 사람을 만나 의기투합하는 것을 뜻한다. 《주역》〈건괘(乾卦) 문언(文言)〉에 "같은 소리끼리 서로 응하고, 같은 기운끼리 서로 구한다.〔同聲相應, 同氣相求.〕"라고 하였다.

701 바람 말 : 신령이 하늘을 오를 때 타는 수레를 끄는 말이다. 419쪽 주673 참조.

갈 때는 문성과 함께 거두어지는구나 去與文星收

공이 태중(胎中)에 있을 때 모친이 별 꿈을 꾸었으므로 처음에 이름과 자를 이로써 지었고,[702] 졸할 때에도 별이 떨어지는 이적(異蹟)이 있었으므로 말한 것이다.[703]

후생들 지남침(指南針)을 잃었으니 後生失指南

누가 문단의 맹주 되어 소의 귀 잡으리[704] 文盟誰執牛

백아의 현은 부질없이 끊어졌고[705] 伯牙絃空斷

산양의 피리는 영영 연주되지 않네[706] 山陽笛長休

서글피 바라보며 한 번 휘파람 불고 悵望一悲嘯

천추의 지음을 기다리노라 知音俟千秋

702 공이……지었고 : 이헌경이 태중에 있을 때 그의 부친 이제화(李齊華)가 뭇별이 하늘에 모두 뜨고 달이 여러 개가 떠서 천지를 대낮처럼 비추는 꿈을 꾸었고, 그의 모친이 그를 임신했을 때에는 별과 달이 나오는 꿈을 꾸고 낳던 날 저녁에는 신선이 침실 창 밖에 구름을 타고 내려오는 꿈을 꾸었다고 한다. 이 때문에 초명을 성경(星慶), 자를 몽서(夢瑞)라고 지었다고 한다.《艮翁集 卷24 家庭聞見錄》 이헌경은 1763년(영조39) 6월 5일에 자신의 이름이 혐명률(嫌名律)에 저촉된다며 개명하길 청하였고, 영조로부터 윤허를 받았다.《英祖實錄 39年 6月 5日》

703 졸(卒)할……것이다 : 이헌경이 사망하던 날에 묘당(廟堂)에 큰 별이 떨어졌다고 한다.《艮翁集 卷24 家庭聞見錄》

704 소의 귀 잡으리 : 소의 귀를 잡는다는 것은 314쪽 주264 참조.

705 백아(伯牙)의……끊어졌고 : 120쪽 주240 참조.

706 산양(山陽)의……않네 : 벗이 죽어 영영 만날 수 없다는 뜻이다. 삼국시대 말기에 혜강(嵇康)과 여안(呂安)이 사마소(司馬昭)에게 주살(誅殺)된 뒤 상수(向秀)가 전에 그들과 어울려 지내던 산양(山陽) 지방의 옛집을 지나다 이웃의 피리 소리를 듣고 그리움이 복받쳐 〈사구부(思舊賦)〉를 지은 고사가 있다.《晉書 卷49 向秀列傳》

지계 송 처사를 애도하다[707] 송 처사는 송재도이다.

哀芝溪宋處士 載道

시의 도는 대균[708]에서 나왔으니 詩道出大勻
인뢰[709]가 조화에 참여하네 人籟參化工
희음[710]은 거리의 노래에서 시작되고 希音始巷謠

707 지계……애도하다 : 송재도(宋載道, 1727~1793)는 본관은 은진(恩津), 자는 덕문(德文), 호는 지계(芝溪)이다. 관직에 나가지 않고 시서(詩書), 거문고, 바둑 등을 즐기며 생애를 보냈으며, 특히 바둑과 서예에 일가견이 있었다. 자지동(紫芝洞)에서 살며 이계, 홍병철(洪秉喆, 1727~?), 홍경후(洪景厚, 1734~1798) 등과 자각시사(紫閣詩社)를 결성하여 활동하였다. 이계는 자각시사의 다른 구성원들보다 오래 생존하여 그들의 애사(哀詞)와 만사(輓詞)를 많이 남겼는데 이 작품들은 〈애만록(哀輓錄)〉의 여타 작품들에 비해 비감(悲感)이 두드러지는 편으로, 이계가 자각시사의 구성원들과 특히 친분과 정이 깊었음을 추측할 수 있다. 이 작품에서는 송재도의 문학적 지향과 함께 평양을 유람한 추억, 이계가 연행에서 돌아와 그의 부음을 들었을 때 느낀 감정을 살필 수 있다. 평성 '동(東)'운의 20운 오언고시이다.

708 대균(大勻) : 대균(大鈞)이라고도 하는데, 천지와 자연을 뜻한다. 가의(賈誼)의 〈복조부(鵩鳥賦)〉에 "구름이 피어올라 비가 내림이여, 뒤섞여 분분하도다. 대균이 만물을 낳고 기름이여, 넓디넓어 끝이 없도다.〔雲蒸雨降兮, 糾錯相紛. 大鈞播物兮, 坱圠無垠.〕"라고 하였다.

709 인뢰(人籟) : 본래 생황이나 퉁소 등 대나무 악기에서 나는 소리를 뜻하는 말인데, 의미가 확대되어 사람이 내는 모든 소리를 뜻하기도 한다. 바람·새·물 등 자연이 내는 소리인 천뢰(天籟), 바람이 대지의 구멍에 불어서 나는 소리인 지뢰(地籟)와 더불어 삼뢰(三籟)로 일컬어진다. 《장자(莊子)》〈제물론(齊物論)〉에 "너는 인뢰는 들었더라도 지뢰는 들어보지 못했을 것이고, 지뢰는 들었더라도 천뢰는 들어보지 못했을 것이다.〔汝聞人籟而未聞地籟, 汝聞地籟而未聞天籟.〕"라고 하였다.

전아한 울림이 국풍[711]에 전해지네 雅響傳國風
차차 후대로 내려올수록 浸淫逮後代
홍몽[712]의 원기가 깎여나가고 元氣鑿鴻濛
근래의 시체는 조직이 지나쳐 近體傷組織
부화한 말이 진실한 뜻을 가렸네 靡辭掩眞衷
지계에 숨어 사는 선비가 있는데 芝溪有逸士
천기가 절로 가득 차니 天機自冲融
넓은 걸음은 위나라 진나라에 오르고[713] 高步躡魏晉
소탈한 가락은 궁성과 우성[714]에 필적할 듯 疏節抗羽宮
번뜩이는 흰 돌에 노래가 이루어지고[715] 歌成白石爛

710 희음(希音) : 407쪽 주638 참조.

711 국풍(國風) : 주(周)나라 때의 채시관(采詩官)들이 민간에서 수집한 노래들이다. 이 노래들은 《시경》의 〈국풍(國風)〉에 전하며, 당대 각국 백성들의 생활과 정서를 꾸밈없이 보여준다.

712 홍몽(鴻濛) : 천지가 나뉘고 우주가 형성되기 이전 태초의 혼돈 상태이다.

713 천기(天機)가……오르고 : 송재도의 시가 위(魏)나라·진(晉)나라 이전의 진솔하고 자연스러운 시풍이었음을 말한 것이다. 천기는 하늘이 사람에게 부여한 참된 성령(性靈)을 뜻하는데, 이처럼 자연스럽고 꾸밈없이 표현함을 중시하는 시론을 천기론(天機論)이라고 한다. 중국 문학사에서 대체로 위나라·진나라·남북조(南北朝) 이후로 작위적으로 문장을 조탁하고 대구를 맞추는 변려문(騈儷文)이 성행하면서 문학에서 천기가 상실되었다고 본다.

714 궁성(宮聲)과 우성(羽聲) : 궁(宮)·상(商)·각(角)·치(徵)·우(羽) 오음(五音)을 대표해서 쓴 말로, 전아하고 바른 음율인 정성(正聲)을 뜻한다.

715 번뜩이는……이루어지고 : 시대를 만나지 못한 은일자의 기풍이 있음을 뜻한다. 춘추시대 위(衛)나라의 영척(甯戚)이 제 환공(齊桓公)에게 등용되길 원하여 제(齊)나라에 가 남의 소 먹이는 일을 하면서 제 환공이 지나갈 때 "남산은 빛나고 흰 돌은

떨기 진 그윽한 계수나무에 흥취 부치네[716] 興寄幽桂叢
나귀 타고 경사에 이르러 騎驢到京洛
자각에서 서리 맞은 단풍에 취하였네[717] 紫閣醉霜楓
백발에 뒤늦게 시사를 결성하여 白首晩結社
호탕하게 화답시 주고받으니 佚宕聯郵筒
광활한 진택자[718]와 汪洋震澤子
뛰어난 소영옹[719]이로다 卓犖小瀛翁

번뜩이도다. 태어나서 요순이 서로 선양하던 시대 못 만나, 짧은 베 홑옷도 겨우 정강이만 가릴 뿐인데, 이른 새벽부터 한밤중까지 소를 먹이자니, 지루한 긴 밤은 언제나 아침이 오려나?〔南山矸, 白石礀. 生不逢堯與舜禪, 短布單衣裁至骭, 長夜漫漫何時旦?〕"라고 소뿔을 두드리며 상성(商聲)으로 처량하게 노래하자 제 환공이 이를 듣고 그를 재상으로 삼았다고 한다.《藝文類聚 卷94 獸部 牛》

716 떨기……부치네 : 고고한 은일자의 기상이 있음을 말한다. 송(宋)나라의 허윤(許尹)이 도연명(陶淵明)과 위응물(韋應物)의 시를 두고, "도연명과 위응물의 시는 적막하고 고고하기가 마치 떨기의 난초나 그윽한 계수나무 같아서 산림 속에나 어울릴 뿐이요 조정 위에는 둘 수가 없다.〔陶淵明韋蘇州之詩, 寂寞枯槁, 如叢蘭幽桂, 可宜於山林而不可置於朝廷之上.〕"라고 한 바 있다.《山谷內集詩注 黃陳詩注原序》

717 자각(紫閣)에서……취하였네 : 자각은 자각봉(紫閣峯) 즉 남산을 가리킨다. 송재도는 현재의 종로구 창신동 근처인 자지동(紫芝洞)에서 살며 이계, 홍병철, 홍경후 등과 자각시사를 결성하여 활동하였다.

718 진택자(震澤子) : 신광하(申光河, 1729~1796)의 호이다. 본관은 고령(高靈), 자는 문초(文初), 호는 진택(震澤)으로 석북(石北) 신광수(申光洙)의 동생이다. 형조 좌랑, 인제 현감, 공조 참의, 좌승지 등을 역임하였다. 시문에 뛰어나고 산수 유람을 좋아하여 수많은 기행시(紀行詩)와 기행문을 남겼으며 목만갑(睦萬甲)·이헌경(李獻慶)·정범조(丁範祖) 등과 함께 당대 사문장(四文章)으로 꼽혔다. 저서로《진택문집(震澤文集)》이 전한다.

719 소영옹(小瀛翁) : 홍병철의 호이다. 본관은 남양(南陽), 자는 성기(聖幾) 혹은

내가 옛날에 관서에 거처할 적에[720] 我昔居浿西
그대가 한양 동쪽에서 와주니 君來自漢東
홍범구주 펼친 은나라 태사를 방문하였고[721] 龜疇訪殷師
기린굴[722]의 주몽을 떠올렸네 麟窟想朱蒙
붓 휘둘러 거울 같은 물결 가르고 揮筆劈鏡波
강산과 웅장함 다투더니 江山與爭雄
지난해에 유연 지방 갔을 적에[723] 去歲涉幽燕

보량(保良), 호는 소영거사(小瀛居士)이며, 《사마방목(司馬榜目)》 등의 문헌에는 이름이 상철(相喆)로 되어 있는 곳도 있다. 1759년(영조35)에 진사시에 합격하였으나 50세가 넘도록 문과에 급제하지 못하여 귀향하였다. 권만형·송재도와 더불어 이계와 친분이 깊었다.

720 내가……적에 : 이계는 1791년(정조15)년 4월에 평안도 관찰사에 제수되었고, 이듬해 11월에 파직되었다. 그는 이 시기에 평양의 명승지와 유적지는 물론 강동(江東)·삼화(三和)·의주(義主)·창성(昌城) 등의 고을을 유람하며 견문과 흥취를 담은 작품들을 다수 창작하였는데, 본집 권7의 〈관서록(關西錄)〉에 수록되어 있다.

721 홍범구주(洪範九疇)……방문하였고 : 평양의 기자(箕子) 유적을 방문하였음을 말한다. 은(殷)나라 태사(太史) 기자는 주왕(紂王)의 폭정을 간언하다 유폐되었고, 은나라가 패망한 뒤 주 무왕(周武王)이 그를 찾아가자 그는 우(禹) 임금이 낙수(洛水)에서 나온 거북 등의 형상을 바탕으로 만든 정치 철학인 홍범구주를 주 무왕에게 전해주었다. 조선시대에는 주 무왕이 기자를 조선에 봉했다는 각종 사료의 기록과 평양에 있는 은나라의 정전(井田)과 유사한 형태의 유적지, 일명 기자정전(箕子井田)을 보고 기자가 평양에 와서 정사를 펼쳤다고 믿었다.

722 기린굴(麒麟窟) : 대동강(大同江) 부벽루(浮碧樓) 아래 서쪽 기슭의 동굴로 고구려의 시조 동명왕(東明王)이 이곳에서 기른 기린마(麒麟馬)를 타고 승천했다는 전설이 있다. 현재의 평양시 중구역 경상동에 있다.

723 지난해에……적에 : 유연(幽燕) 지방은 중국의 하북(河北)·요녕(遼寧) 일대를 가리키는 말로, 이 지역이 당(唐)나라 이전의 유주(幽州), 전국시대의 연(燕)나라에

큰병이 나 산중에 누웠네 一病臥山中
쓸쓸한 몇 구의 시를 寂寥數句詩
멀리 보내자니 얼마나 황급했을까 送遠何悤悤
올봄에 압록강을 건너올 때에 今春渡鴨水
구름 밖에서 슬픈 기러기 소리 들었네 雲外聞哀鴻
땅 꺼지게 긴 휘파람 불고 砉然放長嘯
우러러보니 하늘은 캄캄할 뿐 仰視天懵懵
요동의 학이 공연히 혼자 돌아왔으니[724] 遼鶴空自返
우 임금의 비석은 누구와 궁구하랴[725] 禹碑與誰窮
오골[726]이 거친 언덕에 묻히니 傲骨埋荒丘

속했던 데에서 유래한 명칭이다. 연경(燕京)과 조선으로부터 연경까지의 경유지들이 이 지역에 속한다. 이계는 1794년(정조18)에 동지사(冬至使)의 정사로 연경에 가서 이듬해 윤2월에 돌아왔다. 사실 송재도는 1793년(정조17)에 이미 사망하였으나, 이계는 이때에 와서야 송재도가 사망하였다는 소식을 들은 듯하다.

724 요동(遼東)의……돌아왔으니 : 이계가 돌아왔을 때 송재도가 이미 세상을 떠났음을 말한다. 후한(後漢) 요동에 살던 정령위(丁令威)가 선술(仙術)을 배워 신선이 된 뒤 천 년 만에 학으로 변해 돌아왔으나 자신이 살던 때의 사람들은 다 죽고 무덤만 즐비하게 남아 있었다는 고사를 인용한 것이다. 《搜神後記 卷1》

725 우(禹) 임금의……궁구하랴 : 우 임금의 비석이란 중국 호남성(湖南省) 형산현(衡山縣) 운밀봉(雲密峯)에 있던 비석으로, 우 임금이 치수(治水)할 때 세운 것이라고 전해지지만 실제로는 후세 사람의 위작(僞作)으로 알려졌다. 조선에는 낭선군(朗善君) 이우(李俁)가 1663년(현종4)에 청나라에서 탁본을 구해옴으로써 전해졌다. 《記言 卷9 衡山碑記》 송재도는 평소 서예에 조예가 깊어 성대중(成大中)이 일본에서 다호비(多胡碑)를 구해왔을 때 그 서체가 한나라의 옛 예서(隸書)임을 알아보기도 하였다. 《青城集 卷8 書多胡碑》

726 오골(傲骨) : 자존심이 강해 남에게 고개를 숙이지 않는 사람을 뜻한다. 당나라

기이한 기운 먼 하늘까지 닿네 奇氣摩遠空
뭇 구멍[727] 어지러이 조잘대지만 衆竅紛嘈哳
내 귀는 지금부터 안 들린다네 我耳從此聾

때 사람들이 이백(李白)의 자존심 강한 성격을 보고 "이백이 자기 몸을 굽히지 못하는 것은 허리 사이에 오골이 있기 때문이다.〔李白不能屈身, 以腰間有傲骨.〕"라고 한 데에서 유래하였다. 《鼠璞 卷上 傲骨》

727 뭇 구멍 : 원문은 '중규(衆竅)'로 바람을 맞아서 소리를 울려내는 대지의 온갖 구멍들을 뜻한다. 《장자》 〈제물론〉에 "지뢰는 뭇 구멍이 울리는 소리가 이것이다.〔地籟則衆竅是已〕" 하였다.

소영 홍 진사를 애도하다[728] 홍 진사는 홍병철이다.

哀小瀛洪進士 秉哲

나는 세상에 짝할 이 적었는데 我於世寡偶
뒤늦게 지계[729]와 소영을 만났네 晚得芝與瀛
두 선생은 동방의 문호(文豪)라 二子東方豪
희음[730]이 함영[731]을 안았네 希音抱咸韺
만 그루 소나무 두른 자각에서 紫閣環萬松
시단을 우뚝하게 세워[732] 詩壇抗峥嵘

728 소영……애도하다 : 홍병철(洪秉喆, 1727~?)은 430쪽 주719 참조. 이계는 자각시사(紫閣詩社)의 다른 구성원들보다 오래 생존하여 그들의 애사(哀詞)를 많이 남겼는데 이 작품들은 〈애만록(哀輓錄)〉의 여타 작품들에 비해 비감(悲感)이 두드러지는 편으로, 이계가 자각시사 구성원들과 특히 친분과 정이 깊었음을 추측할 수 있다. 이 작품에서는 홍병철의 문학과 풍류도 살필 수 있지만, 무엇보다도 자각시사의 성쇠에 대한 이계의 안타까움과 슬픔이 중심에 놓여 있다. 이계는 젊은 시절 의기투합하여 시문을 즐기던 벗들이 각자의 사정에 의해 흩어지고 어느새 노인이 되어 하나둘 세상을 떠난 과정과 자각시사의 동년배 중 마지막 생존자인 홍병철과 죽기 전에 마지막으로 만나서 즐긴 일을 차례대로 그려내고, 마침내 그마저도 세상을 떠나 세상에 홀로 남겨진 슬픔을 드러내고 있다. 통운이 되는 평성 '경(庚)'운과 평성 '청(靑)'운을 환운해가며 지은 40운 오언고시이다.

729 지계(芝溪) : 송재도(宋載道, 1727~1793)의 호이다. 428쪽 주707 참조.

730 희음(希音) : 407쪽 주638 참조.

731 함영(咸韺) : 요(堯) 임금의 악곡인 함지(咸池)와 제곡(帝嚳)의 악곡인 육영(六韺)의 병칭이다.

732 만……세워 : 430쪽 주717 참조.

봄에 꽃 피고 가을에 국화 필 제　春花與秋菊
거문고와 술잔이 종횡으로 어우러졌네　琴樽縱復橫
담박하고 온화함은 〈대아〉[733]를 떨치고　冲和振大雅
깊고 유장함은 정성과 합치하니　淵永叶正聲
뭇 선비 풍문을 듣고 뒤따라　群彦聞風趨
명성이 한 시대를 풍미했지　聲名一代傾
따라 노닐기를 대여섯 해　追遊五六年
문채가 한양을 비췄으나　文彩照洛城
성대한 일은 끝내 오래가기 힘든 법이고　盛事終難久
사물의 이치에는 차고 기욺이 있나니라　物理有虧盈
아아 그대는 서하에서 곡하고[734]　嗟君哭西河
온 집안이 동쪽으로 가버리니　盡室于東征
남산 골목에 아무도 없어　終南巷無人
외롭게 떨어져 있기가 새벽별 같았네　散落如晨星
지난해에 내가 마침 연경에 가게 되어[735]　去歲我適燕

733 대아(大雅) : 《시경》의 편명(篇名)인데, '아(雅)'는 바르다는 뜻으로 시가(詩歌)의 바른 소리라는 의미이다. 왕정(王政)의 흥폐, 그중에서도 주(周)나라 왕실의 선조로부터 주 무왕(周武王)과 주 선왕(周宣王)에 이르기까지의 공적을 칭송하는 내용이 많으며, 조회(朝會) 등의 국가 공식 행사에서 연주되었다. 중국 문학사에서 전아(典雅)한 시가(詩歌)의 모범으로 일컬어진다.

734 서하(西河)에서 곡하고 : 자녀가 죽었음을 뜻한다. 공자(孔子)의 제자 자하(子夏)가 공자가 죽은 뒤 서하(西河)에서 거처할 때, 자식을 잃고 너무 슬프게 곡을 하다가 시력을 잃었다는 고사가 있다. 《禮器 檀弓上》

735 지난해에……되어 : 이계는 1794년(정조18)에 동지사(冬至使)의 정사로 연경에

그대가 와서 먼 길을 전송하니 君來送遠行
상가[736]로 쇠한 기운 돋아주자 商歌鼓衰氣
만 리가 앞뜰처럼 보였네 萬里視階庭
해를 넘겨 압록강 건너옴에 經年渡鴨水
집안과 나라가 안녕함을 기뻐하였는데 家國喜安寧
문득 친구의 편지를 받아보니 忽得故人書
지계옹이 이미 고래를 탔네[737] 芝翁已騎鯨
노령에 좋은 벗을 잃었으니 老齡失良朋
서글퍼서 눈물이 떨어지려 했네 悽然淚欲零
남은 이라고는 소영옹 한 사람 있으니 惟餘一瀛在
만나면 악수하려 맞으려 하였네 將見握手迎
돌아와 소식을 물어보자 歸來問消息
그대 또한 두 동자를 만났다 하니[738] 君亦二豎嬰
편지를 보내 잠과 식사를 면려하며 寄書勉寢飯

가서 이듬해 윤2월에 돌아왔다.

736 상가(商歌) : 본래 처량하고 슬픈 노래를 뜻하는데, 영척(甯戚)이 제 환공(齊桓公)에게 등용되기 위해 불렀다는 〈반우가(飯牛歌)〉를 가리킨다. 429쪽 주715 참조. 여기에서는 세상에 쓰이고자 하는 포부를 담은 시가라는 의미로 사용하였다.

737 고래를 탔네 : 송재도가 세상을 떠났음을 말한다. 403쪽 주624 참조.

738 두……하니 : 중병에 걸렸다는 뜻이다. 춘추시대 진 경공(晉景公)이 병이 들어 의원을 기다리는 사이에 꿈을 꾸었는데, 꿈속에서 병이 두 동자〔二豎〕로 변해서 이번에 오는 용한 의원에게 다칠지 모르니 황(肓)의 위와 고(膏)의 아래에 숨자고 이야기하는 것을 보았다. 꿈에서 깬 경공은 의원에게 병이 이미 고황(膏肓)에 들어 있어 치료할 수 없다는 진단을 들었고, 얼마 지나지 않아 죽고 말았다. 《春秋左氏傳 成公 10年》

만날 기약 정성스레 하였지 後期示叮嚀
가을바람 불 제 병이 비로소 나아 秋風病始蘇
여윈 말 타고 와 우리 집 문을 두드리니 羸驂叩我扃
기뻐하며 문을 나와 웃었고 歡然出門笑
무릎 맞대고 앉아 떨어져 지낸 회포를 폈네 接膝舒離情
촛불 내오라 하여 연경을 읊은 시 구하니 呼燭索燕詩
한밤중까지 소리 높여 읊조렸네 高吟抵深更
갈석산[739]의 바람 속 파도는 희고 碣石風濤白
계문의 이내 낀 숲[740]은 푸르러라 薊門煙樹青
기이한 기운 다시 격앙되어 奇氣更激昂
속된 흉금 덕분에 맑아지니 塵襟賴廓清
손뼉 치며 주미를 치고[741] 抵掌擊麈尾
수염 치키며 술잔 기울였네 掀髯倒兕觥

739 갈석산(碣石山) : 중국 하북성(河北省) 창려현(昌黎縣) 북쪽의 산으로 황하가 바다로 들어가는 곳에 있으며, 만리장성(萬里長城)이 시작되는 곳이기도 하다.

740 계문(薊門)의……숲 : 계문은 북경성 서쪽 덕승문(德勝門) 밖 서북쪽 지역을 일컫는다. 북경으로 가는 조선의 사신들은 옥전현(玉田縣)을 지날 때 계문 지역의 숲에 낀 이내에 푸른 호수가 비치는 모습을 자주 목격하였다. 이는 계문연수(薊門煙樹)라 하여 태액지의 가을바람〔太液秋風〕, 경도의 봄빛〔瓊島春陰〕, 금대의 석양〔金臺夕照〕, 서산의 개인 눈〔西山晴雪〕, 옥천의 출렁거리는 물결〔玉泉趵突〕, 노구교의 새벽달〔蘆溝曉月〕, 거용관의 첩첩한 푸른 산〔居庸疊翠〕과 함께 연경팔경(燕京八景)으로 일컬어졌다.

741 주미(麈尾)를 치고 : 주미는 고라니의 꼬리털로 만든 먼지떨이로, 선승(禪僧)이나 도사(道士)들이 설법(說法), 담론할 때 소지했다. 여기에서는 청담(淸談)을 나누었음을 의미한다.

마음껏 담론함에 하늘의 이치에 닿고 縱談及理數
분석함에 병을 거꾸로 세운 듯하니[742] 劈劃同建瓴
수천 년을 아우름에 範圍數千載
환하여 손바닥 가리키듯 명확하였네 皎如指掌明
돌아보건대 나는 연찬 속에서 늙어왔으나 顧我老鑽研
손 모으고 휘둥그레 놀랄 뿐이었고 斂手瞠然驚
그대의 시는 《문선》과 〈이소〉에서 나왔으니 君詩出選騷
빼어난 운치가 장중하게 울려퍼졌네 逸韻動鏜鏗
굳센 필력은 천리마가 달리는 듯 健筆如奔驥
종횡무진 달림에 누가 감히 막으리오 方佯誰敢攖
바다 같은 흉금은 곤어와 붕새를 삼키고[743] 胸海呑鯤鵬
무기고에는 창과 깃발이 빽빽하네 武庫森戈旌
안타까워라 재주가 시대를 만나지 못함이여 惜哉才不遇
공허하게 아무것도 이루지 못했으니 濩落竟無成
나 또한 장차 시골로 돌아감에 我亦將歸田
서로 의지하며 여생을 보내려 했네 相依度餘生

742 병을……듯하니 : 형세가 막힘이 없고 세찬 것을 비유하는 말이다. 한(漢)나라의 전긍(田肯)이 한 고조(漢高祖)에게 진(秦)나라의 지형이 용병(用兵)에 유리함을 설명하며 "높은 지붕 위에 올라 물병을 거꾸로 세운 것과 같다.〔居高屋之上建瓴水〕"라고 한 데에서 유래하였다. 《史記 卷8 高祖本紀》

743 바다……삼키고 : 포부가 매우 크고 넓다는 의미이다. 곤어(鯤魚)는 북명(北溟)에 사는 물고기로 그 크기가 몇천 리인지도 모를 정도라고 한다. 곤어가 남명(南溟)으로 옮겨갈 때 붕새라는 새가 되어 회오리바람을 타고 하늘로 오르는데, 이때 일어나는 물결이 3천 리이며, 9만 리를 날아가서야 쉰다고 한다. 《莊子 逍遙遊》

이틀 밤 자고 헤어지니 信宿仍分袂
다시 만날 기약은 날아가는 꾀꼬리를 가리켰는데[744] 後會指流鸎
이월 봄에 강물 넘실대고 二月春江渙
동쪽 동산의 나무엔 꽃피려 하네 東園木向榮
그대를 기다리건만 어이하여 오지 않고 待君胡不來
홀연히 구름수레[745]를 탔느뇨 倏已駕雲駢
영주로 돌아간 것이거나 得非歸瀛洲
백옥경에 조회하러 간 것이 아니겠는가[746] 無乃朝玉京
된서리 뭇꽃을 떨어뜨리고 嚴霜隕百花
괴이한 새는 날며 슬피 울건만 怪鳥自飛鳴
그대는 달관하여 君兮有達觀
드넓은 마음으로 요절과 장수를 똑같이 보았네 浩然齊殤彭
백발로 나 혼자 남아 白首我獨存
어이하여 부질없이 갓끈 적시며 우나 何爲漫沾纓

744 다시……가리켰는데 : 내년 봄에 다시 만나기로 약속했다는 의미이다. 꾀꼬리는 중국 남부, 말레이반도, 미얀마, 인도차이나반도 등지에서 겨울을 나다가 양력 4월 하순에서 5월 초순 사이에 한반도로 날아온다.

745 구름수레 : 원문은 '운변(雲駢)'으로 '운병(雲軿)'이라고도 하며, 신선이 타는 구름으로 된 수레를 뜻한다. 남조(南朝) 심약(沈約)의 〈적송간(赤松澗)〉에 "신령한 단약으로 여기에서 신선이 되었고, 구름수레는 여기에서 승천했네.〔神丹在玆化, 雲軿於此陟.〕"라고 하였다.

746 영주(瀛洲)로……아니겠는가 : 영주는 발해 동쪽 먼바다에 있다는 산으로, 신선이 산다 하여 방장(方丈)·봉래(蓬萊)와 함께 삼신산(三神山)으로 불리며, 백옥경(白玉京)은 천제(天帝)가 산다는 천상 세계이다. 여기에서는 홍병철이 죽어서 세상에 없으므로 이렇게 말한 것이다.

바람 향해 슬픈 노래 부르지만　　臨風作悲歌
아득하여라 끝내 누가 들어줄까　　漠漠竟誰聽

수정 정 상서를 애도하다[747] 정 상서는 정경순이다.

哀修井鄭尙書 景淳

슬프고 또 슬프도다	惻惻復惻惻
친구는 지금 와서 곡을 하네	故人今來哭
울음 삼키고 또 삼키자니	呑聲又呑聲
목이 메어 말을 잇지 못하겠네	聲斷不能續
옛날에 내가 연계에 갈 적에[748]	昔我赴燕薊
그대는 그때 병상에 있었어라	公時在枕席

747 수정……애도하다 : 정경순(鄭景淳, 1721～1795)은 본관은 동래(東萊), 자는 시회(時晦), 호는 수정(修井)이다. 1744년(영조20) 식년 진사시에 합격하고 문과에는 합격하지 못했으나 음직(蔭職)으로 벼슬길에 나아가 장성 부사(長城府使)・양주 목사(楊州牧使)・사직(司直)・공조 판서 등을 역임하였다. 이 작품은 특이하게도 주인공의 생선 이력이나 일화, 지은이와의 인연보다도 사후 복권(復權)의 과정에 많은 부분을 할애하고 있다. 전반부에서는 정경순이 사망하기까지의 과정을 간단히 설명하고, 사후에 조카 정동준(鄭東浚, 1753～1795)의 자살을 계기로 받은 모함, 정조 즉위 이후 조카 정동유(鄭東遊, 1744～1808)의 착복 혐의가 풀리면서 이루어진 복권 과정을 중반부에서 소상하게 서술하고 있다. 이계는 아마도 벗 정경순이 죽어서도 떳떳한 인물임을 밝히고 싶었던 듯하다. 후반부에서는 그의 문학적 재능과 품성, 자신과의 인연과 교분을 이야기한 뒤 그의 죽음을 애도한다. 통운이 되는 입성 '옥(屋)'운・'옥(沃)'운・'각(覺)'운・'약(藥)'운과 입성 '맥(陌)'운・'직(職)'운・'석(錫)'운을 환운해가며 지은 고체시이다.

748 내가……적에 : 연계는 북경(北京)과 하북성(河北省) 일대를 가리킨다. 연(燕)은 연경(燕京)으로 지금의 북경 일대이고, 계(薊)는 계주(薊州)로 현재의 하북성 계현(薊縣)이다. 여기에서는 이계가 1794년(정조18)에 동지사(冬至使)의 정사(正使)로 연경에 다녀온 것을 가리킨다.

일흔 살에 만 리 밖으로 헤어지자니　耆齡萬里別
다시 만날 기약을 하기 어려웠지　後會難可卜
정성스레 애써 이야기하고 웃었으나　款款强言笑
암담하여 속마음은 앓는 듯하였네　黯黯疚心曲
해를 넘겨 동쪽으로 돌아오며　經年始東還
수레 달려[749] 봉책[750]에 닿았네　間關到鳳柵
집안과 나라가 평안함에 기뻐하고　家國喜平安
친구들의 소식을 물었지　知舊問消息
난보[751]를 누가 전했던고　有誰傳爛報
인간사는 너무도 바뀌어 있었어라　人事劇遷易
공의 몸은 이미 황천에 있고　公身已黃泉

749 수레 달려 : 원문은 '간관(間關)'으로 수레를 몰기 위하여 수레에 걸쇠를 설치할 때 나는 소리를 형용한 말이다. 《시경》〈소아(小雅) 거할(車舝)〉에 "간관하게 수레에 걸쇠 걸고, 어여쁜 막내딸 생각하며 가도다.〔間關車之舝兮, 思孌季女之逝兮.〕"라고 하였는데, 주희(朱熹)의 주석에 "간관은 걸쇠를 설치하는 소리이다.〔間關, 設舝聲也.〕"라고 하였다.

750 봉책(鳳柵) : 봉황성(鳳凰城)과 책문(柵門)이다. 봉황성은 현재의 요녕성(遼寧省) 단동현(丹東縣) 봉성시(鳳城市)에 있던 성이고, 책문은 봉황성과 구련성(九連城) 사이에 설치한 목책이다. 이곳들은 의주(義州)에서 압록강을 건너면 지척에 위치하여 조선 사신들이 연경을 왕래할 때 경유하는 곳이었으며, 책문을 통과하기 위해서는 봉황성 책임자인 봉성장군(鳳城將軍)의 승인을 받아야 했다.

751 난보(爛報) : 승정원(承政院)에서 처리한 일을 아침마다 적어서 반포하던 것으로 조보(朝報)라고도 하는데, 송(宋)나라 왕안석(王安石)이 《춘추(春秋)》를 학관(學官)에서 축출하며 "끊어지고 문드러진 조보〔斷爛朝報〕"라고 장난삼아 일컬은 데에서 유래한 말이다. 《宋史 卷327 王安石列傳》 여기에서는 조정에 관한 단편적인 소식이라는 의미로 사용하였다.

공의 이름은 백간에 걸려 있었네[752] 公名掛白牘
경악스러워 속마음이 꺾여 愕然心內折
하늘 올려다봄에 아득하였어라 仰視天漠漠
삶과 죽음은 진실로 떳떳한 이치이거니와 死生固常理
어쩌다가 또 그물에 걸리었소 網羅又何觸
나 또한 법에 걸려 我亦罹文法
물여우가 독기(毒氣)를 어두운 곳에서 쏘았네[753] 蜮弩從暗射

752 공의……있었네 : 백간(白簡)은 벼슬아치를 탄핵하는 주장(奏章)을 뜻한다. 《진서(晉書)》 권47 〈부현열전(傅玄列傳)〉에, 부현(傅玄)의 준엄하고 강직한 성격을 두고 "매번 탄핵을 위해 상주(上奏)할 일이 있으면 혹 날이 저물었더라도 백간을 받들고 의관을 정제하고서 초조해하며 잠을 자지 않고 앉은 채로 아침이 되기를 기다리곤 하였다.〔每有奏劾, 或値日暮, 捧白簡, 整簪帶, 竦踊不寐, 坐而待旦.〕"라고 하였다.

정경순의 조카 정동준(鄭東浚)은 정조의 총애를 받아 사관(史官)으로부터 재신(宰臣)의 반열에 올랐는데, 정조는 그가 혐의를 피하게끔 하기 위해 권요직(權要職)은 피하게 하였다. 정동준이 정조의 이러한 조치에 불만을 품고 정조에 대한 유언비어를 퍼뜨리고 비방하자, 1795년(정조19) 1월 11일에 첨지중추부사(僉知中樞府事) 권유(權裕)가 상소를 올려 정동준을 탄핵하였다. 정동준은 처벌이 두려워 이달 19일에 음독자살하였는데, 공교롭게도 정동준이 자살하던 날에 정경순도 중풍(中風)으로 사망하였기 때문에 이 뒤로 정경순을 정동준의 배후 조종자로 엮은 탄핵이 수차례나 올라왔다. 《正祖實錄 19年 1月 11日・18日, 2月 28日, 潤2月 27日, 5月 22日・25日》

753 나……쏘았네 : 물여우〔蜮〕는 단호(短狐)라고도 하는데, 자라와 비슷하고 세 발이 달렸으며, 입속에 독이 있는 쇠뇌〔弩〕처럼 생긴 물건을 지니고 있다가 사람을 쏘아 해친다고 한다. 또 일설에는 입에 머금고 있던 모래를 물에 비친 사람의 그림자에 뿜어서 맞히면 그 사람이 병에 걸린다고도 한다. 《시경》 〈소아 하인사(何人斯)〉에 "귀신이나 물여우는 볼 수나 없거니와, 너는 버젓이 얼굴이 있어 끝도 없이 사람을 보는구나.〔爲鬼爲蜮, 則不可得, 有靦面目, 視人罔極.〕"라고 하였다. 여기에서는 이계가 판의금부사(判義禁府事)로 있으면서 사간(司諫) 이현도(李顯道)의 의율(擬律)을 잘못하여 처벌받은 일을 가리킨다. 1795년(정조19) 윤2월 27일에 이현도는 상소하여 영돈녕부사(領

몸을 숨긴 채 강가 언덕에 투탁하여　屛身投江皐
어부 나무꾼과 섞여 초야의 옷 입었지　漁樵混野服
계절이 지나고 또 해가 지남에　經時復經歲
이름이 조적에서 끊어졌네　名字斷朝籍
봄이 와서 뇌우가 일어남[754]에　方春雷雨解
헌 비녀와 신발[755]을 기억해주셨네　簪履垂記憶
옥으로 이루어주는 은혜[756]를 깊이 미루어　深推玉汝恩

敦寧府事) 김이소(金履素)와 판중추부사(判中樞府事) 이병모(李秉模)가 정동준이 정조를 무함한 일에 대한 책임을 지고 사직하게 하고 대간(臺諫)의 풍기를 바로잡을 것을 촉구했는데, 정조는 이현도의 상소가 사실과 다르고 의리를 무너뜨린다며 체차하고 원악절도(遠惡絶島)에 유배할 것을 명하였다. 이계는 이 과정에서 이현도의 배소(配所)를 법에 맞게 초기(草記)하지 못하여 이달 29일에 삭직되었고, 3월 3일에 문외출송(門外出送)의 명이 추가로 내려졌다.《日省錄 正祖 19年 潤2月 27日・29日, 3月 3日》

754 뇌우(雷雨)가 일어남 : 임금의 사면(赦免)이 내렸음을 뜻한다.《주역》〈해괘(解卦) 상(象)〉에 "뇌우가 일어나는 것이 해(解)이니, 군자가 이를 보고서 잘못을 저지른 자를 사면하고 죄 지은 자를 용서한다.〔雷雨作解, 君子以, 赦過宥罪.〕"라고 한 데에서 유래한 말이다.

755 헌 비녀와 신발 : 원문은 '잠리(簪履)'로, 구신(舊臣)을 비유하는 말이다. 북위(北魏)의 우충(于忠)이 영태후(靈太后) 호씨(胡氏)에게 올린 표(表)에 "폐하께서 밝은 지혜로 천하를 다스리시고 황태후께서 거룩함과 선함으로 조정에 임하시면서 옛날의 깔개를 바꾸지 않으시고 헌 비녀와 신발을 버리지 않으셨습니다.〔陛下以叡明御寓, 皇太后以聖善臨朝, 衽席不遺, 簪履弗棄.〕"라고 하여 구신들을 잊지 않고 거두어준 것에 감사한 데에서 유래한 말이다.《魏書 卷31 于栗磾列傳 于忠》

756 옥(玉)으로 이루어주는 은혜 : 옥을 쪼고 다듬어 완성하듯 사람을 꾸짖고 훈계함으로써 훌륭한 인물로 만들어준다는 뜻이다.《시경》〈대아(大雅) 민로(民勞)〉에 "왕께서 너를 옥으로 만들고자 하시기에, 이 때문에 크게 간하노라.〔王欲玉女, 是用大諫.〕"라고 한 데에서 유래하였다.

다시 금오의 직임을 제수하셨네[757] 復授金吾職
누차 사양하고서야 직분에 나아가니 屢辭乃供職
감격스럽고 또 두려웠네 感激仍踧踖
중용[758]은 어진 관리라 일컬어졌으니 仲容稱良吏
인끈 풀고 사직함은 두려워하고 조심해서였네[759] 解紱由畏約
비단옷과 도끼의 위엄이 중하여 繡斧威稜重
날개 단 범처럼 호시탐탐 耽耽虎而翼
글로 열 가지 큰 죄를 꾸며내니 文致十大罪
죄수처럼 산발한 채 왕의 옥사에 끌려갔네[760] 囚首繫王獄

757 다시……제수하셨네 : 금오(金吾)는 의금부(義禁府)를 가리킨다. 이계는 1795년(정조19) 판의금부사에서 삭직되고 문외출송된 지 2년 만인 1797년(정조21)에 판의금부사로 복직되었다.

758 중용(仲容) : 진(晉)나라 때 죽림칠현(竹林七賢)으로 명성이 드높았던 완적(阮籍)과 완함(阮咸)은 숙질간이었는데, 완함의 자가 중용이었으므로 남의 조카를 높여 시칭하는 말로 쓰이게 되었다. 여기에서는 정경순이 조카 정동유(鄭東愈, 1744~1808)를 가리킨다. 정동유는 본관은 동래(東萊), 자는 유여(愉如), 호는 현동(玄同)이다. 1777년(정조1) 진사시에 합격한 뒤 동몽교관(童蒙敎官)·사옹원 주부(司饔院主簿)·공조 정랑(工曹正郎)·세자익위사 위솔(世子翊衛司衛率)·익산 군수(益山郡守)·담양 부사(潭陽府使)·홍주 목사(洪州牧使) 등을 역임하였고, 만년에 의빈부 도사(儀賓府都事)와 장악원 정(掌樂院正)에 제수되었으나 부임하지 못하고 사망하였다. 문집으로 《현동실유고(玄同室遺稿)》가 전하고, 저서로는 《주영편(晝永篇)》이 있다.

759 인끈……조심해서였네 : 정동유는 1792년(정조16)에 홍주 목사에 제수되어 재직하던 중 1795년(정조19) 봄에 중부(仲父)인 정경순이 무함을 당하자 사직하였다. 《屐園遺稿 卷11 玉局集 掌樂院正鄭公墓碣銘》

760 비단옷과……끌려갔네 : 비단옷과 도끼는 어사(御史)를 뜻한다. 한 무제(漢武帝)가 기원전 99년에 직지사자(直指使者) 포승지(暴勝之) 등을 지방에 파견하여 군도(群盜)를 잡게 할 때, 비단옷 차림에 도끼와 부절을 지니게 한 데에서 유래하였다.

관명이 의언이라 하지만	官名雖議讞
원서를 감히 분석하랴[761]	爰書敢分析
백 마디 천 마디 말 나열하여	羅列百千言
밝으신 임금의 채택에 우러러 대비했네	仰備明主擇
비답이 한밤중에 내렸는데	墨批半夜降
실정을 다 헤아려주셨네	情實盡照燭
그 죄를 사면하라 급히 명하시고	亟命釋其罪
이어서 그대의 숙부에게 미쳤네[762]	因之及乃叔

《漢書 卷6 武帝紀》 여기에서는 당시의 호서 암행어사(湖西暗行御史) 정만석(鄭晩錫)을 가리킨다. 그는 1795년(정조19) 12월 22일에 정조에게 호서지방의 전·현직 지방관들을 고발하는 서계(書啓)를 올렸는데, 여기에 전 홍주 목사 정동유에 대한 내용도 있었다. 정동유는 이때 위태(位太)를 내고 남은 돈, 영곡(營穀)과 대동(大同)의 곡상여미(斛上餘米)를 바꾼 돈을 착복하고 탕감해준 증렬미(拯劣米)를 임의로 진휼곡(賑恤穀)에 자비(自備)하여 유용하였으며 여염(閭閻)의 양녀(良女)를 약취(掠取)하였다는 등 총 10가지 의혹을 받았고, 이로써 의금부의 조사를 받았다.《日省錄 正祖 19年 12月 22日, 20年 2月 1日》

761 관명(官名)이……분석(分析)하랴 : 의언(議讞)은 죄의 경중을 따져 형량(刑量)을 정한다는 뜻으로, 여기에서는 이때 이계가 재직하던 판의금부사(判義禁府事)를 가리킨다. 원서(爰書)는 죄인의 공초(供招)를 기록한 문서인데, '원(爰)'은 바꾼다는 뜻으로 옛날에 중형을 선고할 때 개인적인 호오(好惡)가 개입될까 염려하여 서류를 교환하여 다른 관리에게 고실(考實)하게 한 데에서 유래한 말이다. 원서를 감히 분석할 수 없다는 것은 이계가 정동유의 공초를 맡은 의금부의 수장이지만 감히 사적인 감정을 개입하여 그를 변호할 수 없다는 의미이다.

762 비답(批答)이……미쳤네 : 1796년(정조20) 2월 1일 의금부는 정동유가 관곡(官穀)과 세금의 잉여분을 취하여 재원을 확보한 것은 선한 의도로 한 일이라고 보아 용인하더라도 증렬미를 세곡(稅穀) 납부에 유용한 것과 읍비(邑婢)를 간음한 일에 대해서는 해당 형률을 적용해야 한다고 하였다. 이에 정조는 관곡(官穀)과 세곡(稅穀)에 관한

은혜로운 말로 안타까워하는 뜻을 보이심에　恩言示嗟惜
의심과 비방 다 분명히 해명되니　疑謗悉昭晰
온 친족이 다투어 손을 모아 하례함에　闔族競攢手
썩어버린 뼈에 다시 살이 붙었네　朽骨還傅肉
광채가 꺼진 재에 미치고　容光及死灰
온화한 기운 그늘진 골짝에 닿았으니　和氣達陰谷
길 가는 행인들조차 감격하여 흐느끼거늘　行路尙感唏
내 마음 어찌 억누르랴　我心當何抑
젊은 날의 교분을 돌이켜 생각해봄에　回思少日契
여기에 이르러 흉억을 한 차례 토로하노라　到此一吐臆
어린 나는 스스로를 헤아리지 못하고　幼余不自量
자신만만하게 옛날을 흠모하였지　昂然慕古昔
교유하는 이들은 모두 호걸 준재였는데　交遊盡豪俊
그대를 가장 존경하고 따랐으니　於君最畏服
정춘에 함께 백선[763]을 하느라　靑年交白戰

문제는 수령으로서 원망을 감수하고 한 일이므로 착복으로 볼 수 없고 읍비를 간음한 문제에 대해서는 주색(酒色)의 문제는 사람의 죄를 논하는 데 제외하여야 한다고 하였으며, 이에 덧붙여 숙부 정경순에게도 무함의 혐의가 없음을 선언하였다.《日省錄 正祖 20年 2月 1日》

763 백전(白戰) : 본래는 맨손으로 싸운다는 뜻인데, 금체시(禁體詩) 즉 주제와 관련된 글자들을 모두 쓰지 못하도록 규칙을 정해놓고 시를 지어 솜씨를 겨루는 것을 의미하기도 한다. 송나라 구양수(歐陽脩)가 영주 태수(潁州太守)로 재직하며 손님들과의 연회에서 눈이 내리는 모습을 시로 지을 때, 옥(玉)·월(月)·이(梨)·서(絮)·은(銀) 등 눈을 비유하는 말들을 쓰지 말도록 했다. 뒤에 소식(蘇軾)이 눈이 온 것을 기념하여 취성당(聚星堂)에서 손님들과 술을 마실 때 이 고사를 떠올리며, "당시의 규칙을 그대들

눈 내리는 뜰에서 언 먹물을 호호 불었지　雪庭呵凍墨
그대가 매번 남을 놀라게 하는 시구를 내면　每出驚人句
휘둥그레 놀라 붓을 자주 멈췄네　瞠然筆屢閣
지조는 풍속을 바로잡을 수 있었고　志操以礪俗
문장은 나라를 빛내기 충분했으며　文章足華國
날카로운 칼날은 힘줄과 골수를 가르고　利刃劈筋髓
지혜로운 눈은 쇠와 돌을 투시했네　慧眼透金石
나는 화로 속의 쇠와 같고　我如爐中鐵
그대는 상자 속의 옥[764]과 같았으니　君似櫝裏玉
화로 속의 쇠는 녹이고 두드려야 하지만　爐鐵待鎔鍊
상자 속의 옥은 쪼고 다듬을 필요 없었네　櫝玉無追琢
나는 마구간에 엎드린 말[765] 신세　我同伏櫪蹄
그대는 하늘로 솟구치는 새와 같았으니　君如冲霄翮
마구간에 엎드린 말은 먹이에 연연하지만[766]　伏櫪戀棧豆

은 받아들이라. 맨손으로 싸워야지 작은 쇠붙이 지니는 것도 허락하지 않으리.〔當時號令君聽取, 白戰不許持寸鐵.〕"라는 시를 읊었다.《東坡全集 卷19 聚星堂雪》

764 상자 속의 옥 : 뛰어난 재주를 품고 세상에 쓰일 준비를 하고 있음을 비유한 말이다. 공자(孔子)의 제자 자공(子貢)이 공자가 앞으로 벼슬하여 도를 행하고자 하는지의 의향을 알기 위해 "여기에 아름다운 옥이 있다면, 상자에 감춰 보관해야 하겠습니까, 아니면 좋은 값을 기다려 팔아야 하겠습니까?〔有美玉於斯, 韞櫝而藏諸? 求善賈而沽諸?〕"라고 물은 것에서 유래한 말이다.《論語 子罕》

765 마구간에 엎드린 말 : 제때를 만나지 못해 포부를 펴지 못하고 늙어간다는 의미이다. 위 무제(魏武帝) 조조(曹操)의 〈보출하문행(步出夏門行)〉에 "늙은 천리마는 마구간에 엎드렸어도 뜻은 천 리 밖에 있고, 열사(烈士)는 늙었어도 장한 마음 변함이 없네.〔老驥伏櫪, 志在千里, 烈士暮年, 壯心不已.〕"라고 하였다.

하늘로 솟구치는 새는 주살을 벗어나지 沖霄絶矰弋
검은 머리가 백발이 되도록 玄首至皓髮
서로의 마음 이해해주는 것은 그대와 나뿐이었으니 知心爾我獨
출처에서는 길을 달리했으나 出處雖異塗
취향은 오랫동안 어긋남이 없었네 臭味久無斁
벼슬과 녹봉은 스스로 취한 것이 아니었거니와 爵秩非自有
수명인들 어찌 부족하다 할까 年壽詎不足
조정과 재야에 노성한 이 잃었으니 朝野失老成
후생들 어디서 본받을까 後生安矜式
으슥한 골목에는 조문객 없고 深巷無弔客
고택에는 교목만 남았네[767] 故宅餘喬木
길게 한탄하고 이 세상 내려다봄에 長嘯俯一世
대지는 텅 빈 듯해라 大地空寥廓
우짖는 새 괴로운 소리 많이 내고 啼鳥多苦音

766 먹이에 연연하지만 : 능력이나 식견이 부족하여 눈앞의 작은 이익을 잊지 못한다는 뜻이다. 삼국시대 위나라 사마의(司馬懿)가 위나라의 수도 허창(許昌)을 장악하였을 때 지모가 뛰어났던 환범(桓範)이 궁궐에서 달아나자 다른 사람들은 환범이 위나라의 종친 조상(曹爽)에게 가서 토벌군을 조직하여 올 것을 두려워하였으나 사마의는 "조상은 환범과 속으로는 소원하고 슬기는 미치지 못하니, 노둔한 말은 먹이를 잊지 못하는 법이므로 환범의 말을 따르지 않을 것이다.〔爽與範內疎而智不及, 駑馬戀棧豆, 必不能用也.〕"라고 한 고사에서 유래하였다. 《晉書 卷1 宣帝紀》

767 고택에는 교목만 남았네 : 정경순의 집안인 동래 정씨(東萊鄭氏)가 대대로 벼슬하는 세신(世臣) 집안임을 말한 것이다. 《맹자》〈양혜왕 하(梁惠王下)〉에, "이른바 오래된 나라라는 것은 교목이 있음을 말한 것이 아니요, 대대로 벼슬하는 신하가 있음을 말한 것이다.〔所謂故國者, 非謂有喬木之謂也, 有世臣之謂也.〕"라고 하였다.

뜬구름은 일정한 빛깔 없네 浮雲無定色
어젯밤 꿈에 그대를 보았더니 昨夜夢覿君
숲속에 선 여윈 학 같았는데 林間立瘦鶴
바라만 볼 뿐 다가갈 수 없어 相望不可親
두 사람 다 애틋한 눈빛만 보낼 따름이었지 兩眼俱脉脉
아득한 천고의 뜻 悠悠千古志
영영 가버렸으니 누가 알리오 去去何人識
강에 임하여 한 차례 눈물 뿌리니 臨江一瀉淚
강물은 다함없이 흐르네 江水無終極

진택 신 승지를 애도하다[768] 신 승지는 신광하이다.

哀震澤申承旨 光河

동한에 기이한 선비 있으니	東韓有奇士
자호하기를 진택이라 하였네	自號曰震澤
물외(物外)에서 마음껏 노닐고	遨遊物之外
담박한 데 마음을 깃들였네[769]	棲心於淡泊
문장은 본래 진기하였고	文章自瑰奇
의기는 어쩌면 그렇게 뇌락한지	意氣何磊落
필마 타고 삼천리 달려	疋馬三千里
표연하게 백두산에 올랐네[770]	飄然上長白

768 진택……애도하다 : 신광하(申光河, 1729～1796)는 430쪽 주718 참조. 이계는 자각시사(紫閣詩社)의 다른 구성원들보다 오래 생존하여 그들의 애사(哀詞)와 만시(輓詞)를 많이 남겼는데 이 작품들은 〈애만록(哀輓錄)〉의 여타 작품에 비해 비감(悲感)이 두드러지는 편으로, 이계가 자각시사의 구성원들과 특히 친분과 정이 깊었음을 알 수 있다. 신광하는 이계보다는 다소 후배이지만 백두산 기행시(紀行詩)로 이름이 난 시인이었다. 이계는 이 작품에서는 그의 시재(詩才)와 함께 노닐던 추억을 회상하고, 그가 갑자기 세상을 떠난 데 대한 슬픔을 드러내고 있다. 통운이 되는 입성 '옥(屋)'운·'옥(沃)'운·'각(覺)'운·'약(藥)'운과 입성 '맥(陌)'운·'석(錫)'운·'직(職)'운을 환운해가며 지은 40운 오언고시이다.

769 담박한……깃들였네 : 담담하고 무욕한 마음으로 정신을 수양한다는 뜻이다. 허승(許升)이 주희(朱熹)에게 보낸 편지에 "마음을 담박한 데 깃들이고 세상에 관심 두지 않으며 성현의 말씀을 완미하니 나의 정신을 돕고 나의 참된 기운을 기를 수 있다.〔棲心淡泊, 與世少求, 玩聖賢之言, 可以資吾神養吾眞.〕"라고 한 데에서 취한 말이다. 《晦庵集 卷39 答許順之》

천지 물로 갓끈을 씻고　濯纓天池水
대각봉[771]에 기대어 길이 휘파람을 불었네　長嘯倚大角
내려다보니 모두 개밋둑 같고　頫視皆蟻垤
기수(箕宿)와 두수(斗宿)도 손으로 딸 수 있을 듯　箕斗可手摘
바람 향해 호탕한 노래 부르니　臨風發豪唱
여음이 산골짝을 울렸네　餘音振山谷
그대의 명성은 내 귀를 시끄럽게 했고　君名聒我耳
그대의 시는 내 눈을 놀라게 했네　君詩駭我目
재사에서 우연히 만나　邂逅淸齋舍
손뼉 치며 밤새 이야기 나눴지　抵掌談永夕
놀라운 파도가 혀끝에서 일어나고　驚濤起舌端
길다란 무지개가 콧김에서 뿜어지네　長虹出鼻息
어느새 서로 형체를 잊고[772]　於焉兩忘形
마음 쏟으며 허식을 벗어던졌네　傾倒絶皮膜

770 필마……올랐네 : 신광하는 1783년(정조7)에 장질(長姪) 신우상(申禹相)이 경성 판관(鏡城判官)으로 재직해서 경성 일대와 백두산을 유람할 수 있었다. 그는 이해 8월 18일에 경성(鏡城)을 출발하여 25일에 백두산 정상에 올랐고, 9월 3일에 경성으로 돌아왔다. 그는 이 유람을 통해 유기(遊記)인 〈백두록(白頭錄)〉과 한시 여러 편을 남겼다.

771 대각봉(大角峯) : 백두산 줄기 동쪽에 솟은 봉우리로 높이는 2,121m이며, 현재의 행정구역 기준으로 양강도 백암군 양흥노동자구 서쪽에 있다. 신광하는 백두산을 유람할 때 대각봉에 오르고 나서 〈등대각봉(登大角峯)〉이라는 4수의 연작시를 지었는데, 이 시가 매우 훌륭하다는 소문이 나서 윤대(輪對) 때 정조가 신광하에게 읊어보라고 한 적이 있다. 《日省錄 正祖 14年 8月 11日》《震澤文集 卷6》

772 형체를 잊고 : 416쪽 주667 참조.

지계[773]와 소영[774]과 芝溪與小瀛
자각에서 시사를 결성했네[775] 結社在紫閣
꽃이 필 때마다 함께 감상하고 有花輒同賞
술 있으면 매번 서로를 불렀지 有酒每相速
예전에 내가 패수가에 있을 때 曩余居浿上
설악산에서 다섯 마리 말이 끄는 수레가 왔네[776] 五馬自雪嶽
수염 치키고 붓 한 번 휘두르니 掀髯一揮毫
깃발과 북을 더 이상 대적할 수가 없었지 旗鼓更無敵
글은 장주와 사마천을 좋아하여 文亦好莊馬
종횡무진 속박을 벗어났네 縱橫脫羈束
자신만만한 눈빛으로 한 시대를 공허하게 여기며 傲眼空一世
녹록한 아이들을 비웃었지 兒曹笑碌碌
아아 내가 늙어 세상에서 물러나자 嗟余老謝世

773 지계(芝溪) : 송재도(宋載道, 1727~1793)의 호이다. 428쪽 주707 참조.

774 소영(小瀛) : 430쪽 주719 참조.

775 자각(紫閣)에서 시사(詩社)를 결성했네 : 430쪽 주717 참조.

776 예전에……왔네 : 이계는 1791년(정조15) 4월에 평안도 관찰사가 되어 평양과 평안도 일대를 돌아볼 때 신광하가 방문하였다는 말이다. 다섯 마리 말이 끄는 수레는 한(漢)나라 때 태수의 수레를 말 다섯 마리가 끌었던 데에서 유래하여 지방관 혹은 지방관의 수레를 뜻하는데, 이 당시에 신광하가 인제 현감(麟蹄縣監)으로 재직하였으므로 설악산에서 이를 타고 왔다고 한 것이다. 이계가 이때 신광하와 함께 평양의 명승지를 돌아보고서 지은 시인 〈인제 현감 신문초가 천 리 먼 길을 찾아왔기에 이끌고서 강루에 오르다〔麟蹄倅申文初千里遠訪携上江樓〕〉 〈인제 현감이 상원 관아에 머물면서 시를 부쳐왔기에 급히 차운하다〔麟蹄倅住祥原衙中寄詩走次〕〉가 본집 권7에 수록되어 있다.

한묵을 함께할 이 없었는데	無與共翰墨
놀라고 기뻐 문에 나가 맞이하니	驚喜出門迎
이 만남 어찌 생각이나 했으랴	此會那曾卜
연광정[777]에서 가기(歌妓)를 부르고	徵歌練光亭
조천석[778]에 배 끌고 가서	挐舟朝天石
봄바람에 흰머리 날리며	春風吹華髮
강 위에 뜬 달에 깊은 잔 기울였네	江月倒深杓
취객이 쓴 모자는 절로 떨어지고	醉帽從自落
허리에 찬 인끈 웃으며 던져버리려 했네	腰綬笑欲擲
남아는 뜻을 이룸이 중요하니	男兒貴得意
명승지에서 삼숙연을 이루었네[779]	勝地成三宿
조금 뒤에 해직되어	俄爾解郡符

777 연광정(練光亭) : 평양의 대동강가 덕암(德巖) 위에 서 있는 정자이다. 본래 고구려가 평양성을 건설할 때 처음 세웠고, 1111년(고려 예종6)에 현재 위치에 다시 세워 '산수정(山水亭)'이라고 부르다가 그 뒤 보수하고 재건하며 현재 이름으로 부르게 되었다. 현존하는 정자는 1670년에 재건한 것이고, 예부터 경관이 수려하기로 유명해 예부터 관서팔경(關西八景)의 하나로 꼽혔다.

778 조천석(朝天石) : 평양 부벽루(浮碧樓) 앞에 있는 바위로 고구려 동명성왕(東明聖王)이 이곳 근처에 있는 기린굴(麒麟窟)에서 기른 기린마(麒麟馬)를 타고 하늘에 올라가 천제(天帝)에게 조회했다는 전설이 있다. 《新增東國輿地勝覽 卷51 平安道 平壤府》

779 삼숙연(三宿戀)을 이루었네 : 짧은 만남 끝의 아쉬운 이별을 뜻한다. 《후한서(後漢書)》 권30 〈양해열전(襄楷列傳)〉에 "불자가 뽕나무 아래에서 사흘 밤 이상을 묵지 않는 것은 오래되면서 애착이 생기지 않도록 하려는 것이니, 정진의 극치이다.〔浮屠不三宿桑下, 不欲久生恩愛, 精之至也.〕"라고 하였다.

별안간 계적에 오르더니[780] 倏然登桂籍
시명이 구중궁궐 울려 詩名動九重
한 해에도 여러 번 발탁되니 一歲屢遷擢
훨훨 나는 기성의 당직[781]이요 翶翔騎省直
청절한 은대의 자리라[782] 淸切銀臺席
내가 연경에서 돌아왔을 때 我歸自燕都
공이 강가 성곽[783]을 찾아왔네 公來敲江郭
술잔 들고 길었던 사행 위로하고 把酒慰遠役
상자 열어 시를 꺼내 크게 읽었네 開篋仍大讀
높다란 만리장성 崔嵬萬里城
감개한 삼하역[784]이여 感慨三河驛

780 조금……오르더니 : 계적(桂籍)은 과거 급제자의 명부이다. 진(晉)나라의 극선(郤詵)이 과거에 현량 대책(賢良對策)에 급제하여 관원으로 선발되었을 때 진 무제(晉武帝)가 스스로를 평가해보라고 하자 자신은 계수나무 숲속의 한 가지〔桂林一枝〕이자 곤륜산의 한 조각 옥〔崑山片玉〕이라고 비유한 데에서 유래한 말이다.《晉書 卷52 郤詵列傳》 신광하는 1792년(정조16) 식년시에 병과(丙科) 26위로 급제하였다.

781 기성(騎省)의 당직 : 기성은 병조(兵曹)의 별칭이다. 신광하는 병조 좌랑(兵曹佐郎)을 역임하였다.

782 청절(淸切)한 은대(銀臺)의 자리라 : 청절함은 청귀(淸貴)하고 절근(切近)하다는 뜻으로 왕을 가까이서 모시는 요직을 형용하는 말이다. 두보(杜甫)의 〈증헌납사기거전사인징(贈獻納使起居田舍人澄)〉에 "헌납원(獻納院)은 임금의 은택 가까이에 있으니, 청절한 자리라 어진 인재를 임용한다네.〔獻納司存雨露邊, 地分淸切任賢才.〕"라고 하였다. 은대(銀臺)는 승정원의 별칭으로, 신광하는 동부승지・우부승지를 역임하였다.

783 강가 성곽 : 이계는 두 번째 연행(燕行)을 다녀온 뒤 용산강(龍山江)가에서 우거(寓居)한 적이 있다. 본집 권13의 〈쌍호정기(雙湖亭記)〉에 자세하다.

황금 바퀴[785]는 요동 벌판에서 솟아나고	金輪湧遼野
얼음 수레[786]는 태액지[787]에서 떠올랐지	氷車躡太液
뜬구름 몇 번이나 변하고 사라졌나	浮雲幾變滅
바른 소리는 이제 적막하게 멎었다네	正聲今寂寞
격앙하여 천고를 담론하니	激昂談千古
흉금이 시원하게 씻겼지	胸襟廓蕩滌
내 일찍이 공의 시를 논함에	我嘗論公詩
넓고 깊기가 위진의 혈맥이라 했으니[788]	汪汪魏晉脈
세차게 쏟아질 땐 장강삼협의 물결[789]이요	急瀉三峽浪
느릿하게 흐를 땐 천 리마다 꺾이는 황하라네[790]	慢流千里曲

784 삼하역(三河驛) : 현재의 하북성(河北省) 삼하시(三河市)에 있던 역참이다. 명나라 때 산해관(山海關)에서 북경에 이르는 교통의 요지이자 북경 방위의 거점으로 옹성(甕城)이 있었는데, 이 시대에는 명청 교체기 때 후금(後金)의 침입으로 성이 무너져 폐허만 남고 고을도 쇠락하였다.

785 황금 바퀴 : 태양을 비유한 말이다.

786 얼음 수레 : 달을 비유한 말이다.

787 태액지(太液池) : 166쪽 주369 참조.

788 넓고……했으니 : 신광하의 시문이 위(魏)나라·진(晉)나라 이전의 유장하고 자연스러운 풍격이 있었음을 말한 것이다. 이계는 본집 권15의 〈신문초에게 답하는 편지〔答申文初書〕〉에서 그의 시문을 두고, "시는 한나라·위나라의 수준에 오르고 산문은 사마천과 한유를 본받아 그 빛깔은 창연하면서도 그윽하고 그 소리는 우렁차면서도 유장하였으니, 이는 옛날의 글이요 지금의 글이 아니었습니다.〔詩則步漢魏, 文則軌馬韓, 其色蒼然而幽, 其音訇然而長, 乃古之文, 非今之文也.〕"라고 평한 바 있다.

789 장강삼협(長江三峽)의 물결 : 장강(長江)의 상류(上流)는 사천성(四川省)과 호북성(湖北省)의 경계를 흐르는데, 이곳의 구당협(瞿塘峽)·무협(巫峽)·서릉협(西陵峽) 세 협곡은 물살이 세차기로 유명해 장강삼협이라 불린다.

그대들이 있었던 덕에 賴有二三子

그런대로 촛불 밝히는 공부[791]를 대신할 수 있었는데 聊可代炳燭

어찌 몇 년 사이에 夫何數年來

측백나무 열매[792]처럼 쇠락하였나 零落同秋柏

시를 읊은들 누가 나와 화답해주며 有唱誰我和

의문이 있은들 누구와 변석하랴 有疑誰與析

심수[793]에는 옛날의 시가 전해지고 沁水傳舊詞

이원[794]에는 옛 피리소리 끊겼네 梨園罷古笛

790 느릿하게……황하라네 : 황하는 곤륜산(崑崙山)에서 발원하여 천 리에 한 번씩 꺾이며 9천 리를 흘러 발해(渤海)로 들어간다고 한다.《初學記 卷6 地部 河》여기에서는 신광하의 시문이 느긋하면서도 막힘없고 힘이 있음을 비유한 것이다.

791 촛불 밝히는 공부 : 노년의 공부를 뜻한다. 춘추시대 진 평공(晉平公)이 악사(樂師) 사광(師曠)에게 자신의 나이가 일흔이므로 배우기에 늦었다고 하자 사광이, "어려서 학문을 좋아하는 것은 해가 뜰 때의 햇빛 같고 장성하여 학문을 좋아하는 것은 해가 중천에 떴을 때의 빛과 같으며 늙어서 학문을 좋아하는 것은 밝혀놓은 촛불의 빛과 같으니 촛불의 빛이라도 캄캄한 길을 가는 것과 비교해 어느 쪽이 낫습니까?〔少而好學, 如日出之陽, 壯而好學, 如日中之光, 老而好學, 如炳燭之明, 炳燭之明, 孰與昧行乎?〕" 라고 대답한 데에서 유래한 말이다.《說苑 卷3 建本》

792 측백나무 열매 : 고인(故人)을 의미한다. 춘추시대 정(鄭)나라의 유자(儒者) 완(緩)이 동생인 묵자(墨者) 적(翟)과 논쟁할 때 부친이 동생의 편을 들었는데 10년 뒤에 자살한 완이 부친의 꿈에 나와 "당신의 아들을 묵자로 만든 것은 나인데, 어째서 한 번도 무덤에 와 보지 않으십니까? 저는 이미 무덤가의 측백나무 열매가 되었습니다.〔使而子爲墨者, 予也, 闔胡嘗視其良? 旣爲秋柏之實矣.〕"라고 한 고사에서 유래하였다.《莊子 列禦寇》

793 심수(沁水) : 강화도(江華島)의 별칭이다. 심도(沁島), 심도(沁都)라고도 한다.

794 이원(梨園) : 장악원(掌樂院)의 별칭이다. 당 현종(唐玄宗) 때 궁정에서 가무(歌舞)하는 예인(藝人)들을 육성하던 지방의 이름에서 유래하였다. 신광하는 장악원

공이 강도 경력(江都經歷)에서 얼마 전에 체직되었고 또 장악원에 있을 때 옛 피리소리 듣기를 좋아하였으므로 말한 것이다.

높은 하늘에는 학 한 마리 날아오르고　層空一鶴擧
넓은 바다에는 외로운 붕새 물을 박차는데[795]　大海孤鵬擊
긴 노래로 먼 길 전송하니　長歌送遠征
구름 수레[796]는 아득히 날아가버렸구나　雲車飛邈邈

정(掌樂院正)을 역임한 바 있다.

795 넓은……박차는데 : 401쪽 주616 참조. 여기에서는 신광하가 세상을 영영 떠났음을 비유한 말이다.

796 구름 수레 : 419쪽 주673 참조. 여기에서는 신광하가 세상을 떠났으므로 언급한 것이다.

100세 노인 이 지사의 만사[797] 8수. 이지사는 이박이다.

百歲老人李知事 墣 輓 八首

지극한 다스림의 훈김을 오십 년 동안 쪄내어　　至治薰蒸五十春
인수지역[798]에 우리 백성을 올려놓았네　　域中仁壽奠斯民
비로소 알겠네 원기의 조화[799]가 성대하여　　始知元氣陶勻盛

797 100세……만사 : 이박(李墣, 1668～1767)은 지사(知事)를 지냈으며, 노년에 《소학(小學)》을 읽으며 소일한 노인이다. 1767년(영조43) 4월 27일에 영조는 100세인 그를 소견한 뒤 표리(表裏)와 연수(宴需)를 내렸는데, 이때까지만 해도 이가 하나도 빠지지 않고 《주역》을 강송할 수 있을 정도로 건강한 그를 보고 왕세손인 정조에게 그의 손을 잡게 하여 이박처럼 장수하기를 바란다고 말했다. 이해 12월에 이박이 죽자, 영조는 애석해하며 부의(賻儀)하였다.《英祖實錄 43年 4月 27日, 12月 21日》 이계는 1767년 4월에 영조가 이박을 소견하는 것을 지켜보고 그와 이야기를 나눴으며, 그가 이계의 조부인 홍중성(洪重聖, 1668～1735)과 젊은 시절 교유한 적이 있다는 것을 전해들었다. 이계는 그가 죽은 뒤 이날의 기억을 떠올리며 이 작품 8수에서 그의 건강했던 모습과 맑은 정신, 영조를 알현하고 돌아오던 날의 광경, 조부와 인연, 장수의 비결, 그의 죽음 등을 노래하였다. 각각 평성 '진(眞)'운, 평성 '선(先)'운, 평성 '어(魚)'운, 평성 '지(支)'운, 평성 '경(庚)'운, 평성 '진(眞)'운, 평성 '선(先)'운, 평성 '청(靑)'운의 칠언절구이다.

798 인수지역(仁壽之域) : 태평성대가 이루어져 모든 사람이 천수를 누릴 수 있는 지역을 뜻한다. 《한서(漢書)》 권22 〈예악지(禮樂志)〉에 "옛날의 예법을 찬술하고 왕의 제도를 밝혀서 온 세상의 백성들을 몰아 인수지역에 오르게 하면, 풍속이 어찌 주나라 성왕과 강왕 때와 같지 않겠으며 수명이 어찌 은나라 고종과 같지 않겠습니까.〔述舊禮明王制, 驅一世之民, 躋之仁壽之域, 則俗何以不若成康, 壽何以不若高宗?〕"라고 한 데에서 유래한 말이다.

799 조화(造化) : 원문은 '도균(陶勻)'으로 '도균(陶鈞)'이라고도 쓴다. 본래 도자기

늠름한 100세 노인을 길러냈음을　養得昂藏百歲人

성시에 다시 옴이 몇 년 만인지 기억하지 못하겠는데
城市重來不記年
팔순의 원로가 상 앞에서 절하네　八旬元老拜床前
사람 만나면 성명 묻고 이어서 친교를 맺으니　逢人問姓仍論契
증손 현손 같은 이들이 모두들 벗이었다네　盡是朋儕曾若玄

원로는 영상(領相) 유척기(兪拓基)이다.

선관[800]이 부축 받으며 궁궐 섬돌을 오름에　仙官扶掖上瑤除
성상께서 두 손을 잡아주시고 다정히 말씀하시네　天語慇懃執手餘
금띠와 보랏빛 도포 황발[801]을 비추니　金帶紫袍映黃髮
거리에 가득한 남녀들 돌아오는 수레를 에워싸네　闐街士女擁歸車

뺨을 지나는 긴 눈썹과 턱까지 드리운 귀　眉長過頰耳垂頤
빼어난 기골에 여윈 모습 늙은 학 같은 자태로다　秀骨癯形老鶴姿
무엇보다도 두 눈의 광채 형형하여　最是雙瞳光燁燁
자리에 임하여 붓 찾아 당시를 쓰더라　當筵索筆寫唐詩

를 만드는 물레를 뜻하는데, 천지의 조화를 비유하는 말이기도 하다.

800 선관(仙官) : 도교에서 신선 중에 지위가 높은 이를 일컫는 말로 도사를 비유하는 말이기도 하다. 여기에서는 이박이 장수하였으므로 이렇게 말한 것이다.

801 황발 : 373쪽 주503 참조.

우리 할아버지께서 무신년에 태어나셨는데[802] 吾祖戊申以降生
오늘날 동갑인 분을 볼 줄 어찌 알았으랴 那知今日見同庚
낙송루[803] 안에서의 성대한 일 전해주시니 洛誦樓中傳盛事
못난 손자 듣고 나자 눈물이 갓끈 적셨네 孱孫聽罷淚沾纓

낙송루는 삼연(三淵) 김공(金公)이 시를 짓던 누각으로, 공이 젊었을 때 이곳에서 왕고(王考)를 따라 노닌 적이 있다고 말하였다.

어르신은 천균[804]을 얻은 이 아니신가 丈人無乃得天均
무슨 방법으로 오랜 세월 동안 곡신[805]을 기르셨소 何術長年養谷神
《참동계》[806]도 읽지 않고 선약도 복용하지 않고 不讀參同不服藥

802 우리……태어나셨는데 : 이계의 조부 홍중성(洪重聖)은 무신년인 1668년(현종 9)생으로, 이박과 동갑이다.

803 낙송루(洛誦樓) : 김창흡(金昌翕)이 1682년(숙종8)에 백악산(白岳山) 아래에 건설하여 지인들과 시를 짓고 즐기던 누각이다. 현재는 청와대 경내에 터만 남아 있다.

804 천균(天均) : '천균(天鈞)'으로도 쓴다. 시비(是非)를 따져서 대상을 차별하지 않고 만물을 평등하게 보는 이치를 뜻한다. 《장자》 〈제물론(齊物論)〉에 "이 때문에 성인은 시비를 조화시켜 천균에서 편히 쉬니, 이를 양행(兩行)이라 한다.〔是以聖人和之以是非而休乎天鈞, 是之謂兩行.〕"라고 한 데에서 유래한 말이다.

805 곡신(谷神) : 《도덕경(道德經)》 6장에 "곡신은 죽지 않으니 이를 현빈(玄牝)이라고 하고, 현빈의 문을 천지의 근원이라고 한다.〔谷神不死, 是謂玄牝, 玄牝之門, 是謂天地根.〕"라고 하였다. 여기서 곡신이 무엇을 의미하는지는 주석가에 따라 해석이 다른데, 골짜기의 신이라 풀어 허령한 마음을 뜻한다고 보기도 하고 '곡신(穀神)'과 통하는 것으로 보아 양생(養生)의 신 혹은 도(道)를 뜻한다고 보기도 한다.

806 참동계(參同契) : 한(漢)나라 위백양(魏伯陽)이 지은 《주역참동계(周易參同契)》를 가리킨다. 《주역》의 효상(爻象)을 통해 도가(道家)의 연단법(鍊丹法)을 해설한 책으로, 도교 수련의 중요 경전으로 꼽힌다.

맑은 샘 한 사발에 맑은 새벽 기운 들이마셨다네　清泉一椀吸淸晨

푸른 소가 지나는 관문 밖에서 처음 도를 전하였고[807]
青牛關外初傳道

백부의 그림에서 가장 나이가 많았네[808]　白傅圖中最大年

공의 집에 본래 신선의 보록(譜錄) 있으니　公家自有神仙譜

천년 세월 속의 세 사람이 허물없이 지낼 수 있으리[809]
千載三人可拍肩

향산구로회(香山九老會)에서 이원상(李元爽)은 나이가 136세로 최고령이었으므로 제2구에서 말하였다.

807　푸른……전하였고 : 춘추시대에 함곡관(函谷關)의 관령(關令) 윤희(尹喜)가 하늘에 뜬 보랏빛 기운을 보고 진인(眞人)이 지나갈 것을 알았는데, 얼마 뒤에 과연 푸른 소를 탄 노자(老子)가 함곡관을 지났고, 윤희는 그에게 책을 지어달라고 부탁하여《도덕경(道德經)》을 받았다고 한다.《列仙傳 上》노자의 생몰년은 확실하지 않으나《사기》권63〈노자한비열전(老子韓非列傳)〉에 따르면 160세 혹은 200세까지 살았다는 설이 있다고 한다.

808　백부(白傅)의……많았네 : 백부는 당나라의 시인인 백거이(白居易)로, 만년에 태자 소부(太子少傅)를 지냈으므로 이렇게 일컫는다. 백거이는 치사한 후 회창(會昌) 5년(845)년 3월에 호고(胡杲)·길민(吉旼)·정거(鄭據)·유정(劉貞)·장혼(張渾)·노정(盧貞)과 함께 낙양(洛陽)에서 시와 술을 즐겼고, 이해 여름에 여만(如滿)·이원상(李元爽) 두 사람을 모임에 받아들여 자신들의 초상화를 그리고 각자의 나이를 적은 뒤〈향산구로도(香山九老圖)〉라 하였다. 이들 가운데 이원상이 136세로 나이가 가장 많았다고 한다.《白香山詩集 卷40 九老圖詩》

809　허물없이……있으리 : 원문은 '박견(拍肩)'이다. 남의 어깨를 가볍게 친다는 뜻으로 허물없이 친하게 지냄을 뜻한다. 노자·이원상·이박 세 사람이 모두 100세 이상으로 장수하였기 때문에 이렇게 말한 것이다.

풍진 세상에 귀양 와서[810] 또한 고령에　　謫來塵世亦遐齡
조화 타니[811] 참으로 한바탕 꿈에서 깬 듯　　乘化眞如一夢醒
분명히 알겠네 바람 수레[812]가 하늘 위로 돌아가　　定知風馭歸天上
남극성[813] 몇 번째 별로 더해졌을 줄을　　南極新添第幾星

810 풍진(風塵)……와서 : 문재(文才)가 뛰어난 이를 비유하는 표현으로, 당(唐)나라의 하지장(賀知章)이 이백(李白)을 귀양 온 신선〔謫仙人〕이라고 평한 데에서 온 말이다.《李太白集 卷22 對酒憶賀監》

811 조화 타니 : 원문은 '승화(乘化)'로 본래 자연의 이치를 따른다는 뜻인데, 도잠(陶潛)의 〈귀거래사(歸去來辭)〉에 "애오라지 조화를 타서 다함으로 돌아가리니, 저 천명을 즐기는데 무엇을 의심하랴?〔聊乘化以歸盡, 樂夫天命復奚疑?〕"라고 한 바 여기에서는 죽음의 의미로 사용하였다.

812 바람 수레 : 원문은 '풍어(風馭)'로, 중국 고대 전설에 나오는 신선이 타는 수레로, 바람을 몰며 날아다닌다고 한다.

813 남극성(南極星) : 111쪽 주222 참조.

승지 정성종의 만사[814] 정성종은 정순검이다.

鄭承旨聖從 純儉 輓

시와 술 즐기던 풍류 한 시대의 호걸 詩酒風流一代豪
젊은 나이에 봉래각에서 붉은 붓을 잡았네[815] 妙年蓬閣握彤毫
가슴속의 기격에는 청하[816]가 성하고 胸中氣格靑霞蔚
취한 후의 노래에는 백설 가락이 고상했네[817] 醉後歌吟白雪高

814 승지 정성종의 만사 : 정순검(鄭純儉, 1710~1767)은 본관은 동래(東萊), 자는 성종(聖從)이다. 1735년(영조11) 증광 문과에 합격하여 벼슬길에 나아갔고, 사변가주서(事變假注書)·정언(正言)·교리(校理)·집의(執義)·대사간(大司諫) 등을 지냈다. 이계는 그가 생전에 보여주었던 호방한 면모에 주목, 죽음 역시 아쉬워할 것이 없다며 그의 성격에 걸맞은 위로와 애도를 전하고 있다. 평성 '호(豪)'운의 측기식 수구용운체 칠언율시이다.

815 봉래각(蓬萊閣)에서……잡았네 : 봉래각은 중국 비서성(秘書省) 혹은 비서감(秘書監)의 이칭인데, 조선의 승정원(承政院)이 여기에 해당한다. 붉은 붓은 275쪽 주140 참조. 여기에서는 정순검이 26세~28세 때인 1735년(영조11)~1737년(영조13) 동안 승정원의 사변가주서와 가주서(假注書)를 역임하였기 때문에 이렇게 말한 것이다.

816 청하(靑霞) : 고원한 뜻을 의미한다. 강엄(江淹)의 〈한부(恨賦)〉에서 혜강(嵇康)을 두고 "무성했던 청하의 기이한 뜻이 햇빛 없는 긴 밤으로 접어들었다.〔鬱靑霞之奇意, 入脩夜之不暘.〕"라고 한 데에서 유래하였다.

817 백설(白雪) 가락이 고상했네 : 정순검의 시가 당대에 월등히 고상한 풍격이 있었음을 뜻한다. 백설 가락이란 초(楚)나라의 가곡인 〈백설곡(白雪曲)〉이다. 초나라 수도 영(郢)에서 어느 사람이 〈하리곡(下里曲)〉·〈파인곡(巴人曲)〉을 부르자 수천 명이 화답하고 〈양아곡(陽阿曲)〉·〈해로곡(薤露曲)〉을 부르자 수백 명으로 화답하는 이가 줄었으며 〈양춘곡(陽春曲)〉과 〈백설곡(白雪曲)〉을 부르자 그 고상함과 심오함을 이해

산과 바다 정처 없이 다녀도 여전한 오골[818]이요　嶺海棲遑猶傲骨
구름 낀 하늘 날아오르니 태반이 아이들이라　雲霄騰翥半兒曹
수문랑 지하로 돌아감[819]에 한할 게 무어랴　修文地下歸何恨
구림과 낭간[820] 남겨 초나라의 《이소》를 이었으니　留得琳琅繼楚騷

하는 이가 없어 불과 수십 명이 화답할 뿐이었다고 한다. 《文選 卷45 對楚王問》

818 오골(傲骨) : 432쪽 주726 참조.

819 수문랑(修文郎) 지하로 돌아감 : 문인의 죽음을 비유하는 말이다. 수문랑은 천상에서 글을 짓는 관원이다. 진(晉)나라의 소소(蘇韶)가 죽은 후 사촌인 소절(蘇節)에게 나타나 하늘의 일에 대해 말하며 "안연(顔淵)·복상(卜商)이 지금 수문랑으로 있으니, 수문랑은 모두 8인이고 귀신 중의 성인이다.〔顔淵卜商, 今見在爲修文郎, 修文郎凡有八人, 鬼之聖者.〕"라고 하였다는 고사가 있다. 《太平廣記 卷319 鬼 蘇韶》 또 두보(杜甫)의 〈곡이상시역(哭李常侍嶧)〉에 "일대의 풍류가 다하였으니, 지하 깊은 곳에서 수문랑이 되었으리. 이 사람을 다시 볼 수 없으니, 늙어가는 때에 지음을 잃었도다.〔一代風流盡, 修文地下深. 斯人不重見, 將老失知音.〕"라고 하였다.

820 구림(球琳)과 낭간(琅玕) : 정순검이 세상에 남긴 훌륭한 시문을 비유한 말이다. 400쪽 주611 참조.

정 여주의 만사[821] 4수. 정 여주는 정하언이다.

鄭驪州 夏彦 輓 四首

시단에 북과 피리 울려 일천 적군 쓸어내고　騷壇鼓吹掃千群
풍진 세상의 수레와 의복[822]은 한 점 구름처럼 보았네　塵世軒裳視點雲
무엇보다도 흉중의 바다 호수같이 넓은 기상으로　最是胸中湖海氣
눈앞에 있는 이들의 분분함을 비웃었지　眼前諸子笑紛紛

문장과 명필 겸비하여　詞宗墨妙兩兼之
한 시대의 영웅호걸들과 나란히 말을 달렸네　一代英豪竝轡馳
선배들 십 년 사이에 모두들 시들어 없어졌으니　先輩十年零落盡
유풍과 여운 누구에게 다시 의지하리오　流風餘韻更憑誰

821 정 여주의 만사 : 정하언(鄭夏彦, 1702～1769)은 본관은 영일(迎日), 자는 미중(美仲), 호는 지당(止堂) 또는 옥호자(玉壺子)이다. 1735년(영조11) 증광 문과를 통해 관직에 나아갔고, 의주 부윤(義州府尹)・여주 목사(驪州牧使)・병조 참의(兵曹參議)・대사간(大司諫) 등을 역임하였다. 문학과 서예에 뛰어났으며, 문집으로 《지당집(止堂集)》이 있다. 제1수에서는 정하언의 문학적 재능과 호방한 기상을, 제2수에서는 뛰어난 선배가 타계한 데 대한 안타까움을, 제3수에서는 정하언과 이웃해 살며 정답게 지내던 추억과 그의 빈자리로 인한 상실감을, 제4수에서는 여주에서 함께 노닌 추억과 그의 부고를 받았을 때의 충격을 살필 수 있다. 각각 평성 '문(文)'운・평성 '지(支)'운・평성 '제(齊)'운・평성 '경(庚)'운의 칠언절구이다.

822 수레와 의복 : 407쪽 주634 참조.

공은 담장 동쪽에 살고 나는 마을 서쪽에 살았는데 公住墻東我巷西
향기로운 술 가지고 아침저녁으로 매양 초청해주었지 芳樽日夕每招携
쓸쓸한 옛집엔 부질없이 꽃이 지는데 凄涼故宅空花落
산새만이 손을 짝하여 우는구나 惟有山禽伴客啼

청심루[823] 위에서 술잔 들고 맞이하니 淸心樓上把盃迎
백발노인의 청안[824]에서 옛 정을 볼레라 青眼華顚見故情
술자리에서 소리 높여 읊조리던 일 엇그제 같건만 醉席高吟如昨日
한번 이별하자마자 울음소리 삼키게 될 줄 어이 알았으랴 那知一別便呑聲

823 청심루(淸心樓) : 조선시대 여주목(驪州牧)의 객관 북쪽에 있던 누정으로, 한강을 마주한 풍광이 수려하여 여주의 명승지로 일컬어졌다. 정몽주(鄭夢周)·이색(李穡) 등 역대 쟁쟁한 문인들의 시를 새긴 시판이 걸려 있었다고 한다.

824 청안(青眼) : 눈동자의 검은 부분이 드러나도록 똑바로 상대방을 바라본다는 뜻인데, 상대를 반가워하거나 존중하는 눈빛을 의미한다. 진(晉)나라의 고사(高士) 완적(阮籍)이 세속의 법도에 구애받지 않아 속사(俗士)를 대할 적에는 흰자위를 드러낸 백안(白眼)으로 보고, 고사(高士)를 대할 적에는 청안으로 본 데에서 유래한 말이다. 《晉書 卷49 阮籍列傳》

이 진사의 만사[825] 이 진사는 이돈항이다.
李進士 敦恒 輓

옛날에 내 나이 한창이었을 때 昔我年方壯
다섯 마리 말로 동경을 유람했는데[826] 五馬遊東京
노나라 위나라[827]에 군자가 많았고 魯衛多君子
거문고 타며 노래하는 소리 무성에 가득했지[828] 絃歌滿武城

825 이 진사의 만사 : 이돈항(李敦恒, 1724~?)은 본관은 경주(慶州), 자는 여관(汝冠)이다. 1756년(영조32) 식년 생원시에 합격한 뒤 평생 경주에서 거주하였다. 이계는 경주 부윤(慶州府尹) 시절 그와 만나 인연을 맺고, 함께 술과 문학의 평론을 즐겼다. 이계는 이 작품을 통해 젊은 시절 경주에서 그와 노닐던 때를 회상하고, 그가 세상을 떠난 데 대한 안타깝고 슬픈 마음을 표현하였다. 평성 '경(庚)'운의 18운 오언고시이다.

826 옛날에……유람했는데 : 다섯 마리 말은 한(漢)나라 때 태수(太守)의 수레를 다섯 마리가 끌던 것에서 유래한 말로 지방관을 가리키며, 동경(東京)은 경주(慶州)를 가리킨다. 이계는 1760년(영조36)에 경주 부윤으로 경주에 부임하였다. 《사마방목(司馬榜目)》의 영조32년(1756) 식년 생원시 합격자 명단에 이돈항의 거주지가 경주로 기록되어 있다.

827 노(魯)나라 위(衛)나라 : 예의(禮義)의 고장을 뜻한다. 노나라와 위나라는 본래 중국에서 예교(禮敎)의 고장으로 일컬어졌다. 소식(蘇軾)의 편지에 "본래 벽지인 담주와 애주 사람이라 다시는 노나라와 위나라의 선비를 만나지 못하는 것이 아닐까 의심하고 있었으니, 더욱이 맑은 시대의 우아한 명망, 훌륭한 덕과 고상한 의표는 진실로 이미 명성을 들음에 스스로가 부끄러워졌습니다.〔自疑本儋崖之人, 難復見魯衛之士, 而況淸時雅望, 令德高標, 固已聞名而自慙.〕"라고 하였다. 《東坡全集 卷71 答連州朝奉啓》

828 거문고……가득했지 : 예교(禮敎)로 지방을 잘 다스리는 것을 뜻한다. 공자가 제자인 자유(子遊)가 읍재(邑宰)로 있는 무성에 갔을 때 거문고를 타며 노래하는 소리

그대는 뛰어난 상사(庠士)로서 子以庠士俊
나이가 나와 동갑이었는데 年與我同庚
선현들의 전형이 남아 있어 先賢有典刑
눈매가 수려하고 맑았네 眉眼秀而淸
읍양하는 연회 자리에서 만나 揖讓樽俎會
마음껏 문장을 평론하였고 淋漓翰墨評
최씨 남씨[829]와 발걸음을 나란히 하며 聯武崔南輩
북과 피리로 새로운 소리를 울렸네 鼓吹動新聲
봄바람 불면 봉황대[830]에서 피리 불고 春風鳳臺笛

〔絃歌之聲〕가 울려 퍼지는 것을 듣고 닭 잡는 데에 소 잡는 칼을 쓸 것이 없다고 농담하며 기뻐한 데에서 유래한 말이다. 《論語 陽貨》

829 최씨(崔氏) 남씨(南氏) : 남씨는 남용만(南龍萬, 1709~1784)을 가리킨다. 본관은 영양(英陽), 자는 붕로(鵬路), 호는 활산(活山)이다. 1756년(영조32) 식년 생원시에 합격하였고, 1778년(정조2)에 희릉 참봉(禧陵參奉)에 제수되었으나 신병(身病)으로 사양하였다. 문집으로 《활산집(活山集)》이 전한다. 이계가 경주 부윤으로 재직할 때 인연을 맺어 이계와 시문과 편지를 주고받았고, 이계는 그의 문집의 서문과 묘갈명을 짓기도 하였다.

최씨는 미상이나, 이계가 경주에서 교유한 남용만의 문집인 《활산집》을 보면 남용만이 유학(幼學) 최달문(崔達文, ?~?), 진사(進士) 최종률(崔宗繂, 1724~1773) 등 경주 최씨(慶州崔氏) 문인들과 친밀하게 교유하고 있었음을 확인할 수 있다.

830 봉황대(鳳凰臺) : 경상북도 경주시 노서동에 있는 신라시대의 무덤으로, 1963년에 사적 제38호로 지정되었다가 2011년에 봉황대고분이 속한 노동동고분군이 경주 대릉원 일원에 포함됨에 따라 사적 제512호로 다시 지정되었다. 높이가 22m, 지름이 82m, 밑둘레가 250m에 달하여 단일 고분으로는 가장 크기에 왕릉으로 추정되며, 인근 금관총(金冠塚)·식리총(飾履塚)이 5~6세기경 고분임을 생각할 때 봉황대 역시 이 시기의 것으로 추정된다.

가을달 뜨면 자옥산[831]에서 술잔 드니 秋月玉山觥
문채가 강좌[832]를 비추고 文彩照江左
풍성이 후생들을 일으켰네 風聲起後生
돌아보니 스무 해 回首二十年
세월은 훌쩍 흘러 流光去崢嶸
난 벌써 양 살적 새었고 我已雙鬢改
그대도 두 동자를 만났네[833] 君又二豎嬰
지난해에 온 서신[834]에서 去歲尺素來
따스한 옛정을 느꼈는데 款款見故情
기러기가 돌아가기도 전에[835] 雁翮未言旋

831 자옥산(紫玉山) : 현재의 경상북도 경주시 안강읍 옥산리와 영천시 고경면 오룡리의 경계에 위치한 산이며, 《신증동국여지승람(新增東國輿地勝覽)》 권21 〈경주부(慶州府)〉에는 경주부의 속현(屬縣)인 안강현(安康縣)의 서쪽 13리 지점에 있다고 기록되어 있다. 일찍이 회재(晦齋) 이언적(李彦迪, 1491~1553)이 이곳의 독락당(獨樂堂)에 은거하며 학문을 닦은 적이 있고, 사후에 동쪽 계곡에 건립된 옥산서원(玉山書院)에 제향되었다.

832 강좌(江左) : 낙동강(洛東江)을 기준으로 경상도를 좌우로 나누어 안동(安東)을 중심으로 한 북부 지역, 곧 대체로 지금의 경상북도에 해당하는 지역을 강좌라고 하고, 진주(晉州)를 중심으로 한 남부 지역, 곧 대체로 지금의 경상남도에 해당하는 지역을 강우(江右)라고 하였다.

833 두 동자를 만났네 : 436쪽 주738 참조.

834 서신 : 원문은 '척소(尺素)'로 본래 짧은 비단을 뜻하는데, 편지를 뜻하는 말이기도 하다. 진(晉)나라 육기(陸機)의 〈음마장성굴행(飮馬長城窟行)〉에 "손님이 멀리서 찾아와 나에게 잉어 두 마리 주네. 아이 불러 삶게 했더니 짧은 비단에 적은 편지 들어 있었네.〔客從遠方來, 遺我雙鯉魚, 呼兒烹鯉魚, 中有尺素書.〕"라고 한 데에서 유래하였다.

바람 말[836]은 벌써 멀리 떠났네	風馬已遐征
고개에 걸린 구름은 공연히 막막하고	嶺雲空漠漠
숲속의 새는 괜스레 재잘대는데	林鳥漫嚶嚶
쓸쓸한 보문리[837]의 길이여	凄涼普門路
얽히고설킨 초목들에 덮였도다	蕪沒草樹縈
고기 구경하던 옛 물가 그대로요	觀魚留舊磯
글 읽던 짧은 등잔대 남아 있건만	讀書餘短檠
무성하던 청하의 기운[838]	鬱鬱靑霞氣
허무하게 아무것도 이루지 못했네	濩落竟無成
말 떼가 아직 텅 비지는 않았으니	馬群猶不空
천리마 새끼는 이미 울었다네[839]	驥子已先鳴

835 기러기가 돌아가기도 전에 : 답장을 아직 보내지 못했다는 뜻이다. 기러기는 서신(書信)을 의미하는 말로, 한 무제(漢武帝) 때의 중랑장(中郎將) 소무(蘇武)가 흉노(匈奴)에 사신으로 갔다가 19년 동안 억류되어 있으면서 기러기의 발에 편지를 묶어서 전한 고사에서 유래하였다. 《漢書 卷54 蘇建傳 蘇武》

836 바람 말 : 419쪽 주673 참조.

837 보문리(普門里) : 경주의 지명으로 현재의 경주시 보문호(普門湖) 주위의 보문동·신평동에 해당한다. 이돈항의 가계는 본래 대대로 경주부 북쪽의 양좌촌(良佐村)에 살았는데, 현조(玄祖)인 이암(李巖, 1641~1696) 때부터 여러 차례 이사를 다니다가 이돈항 때에 와서 경주부에서 동쪽으로 10리 떨어진 곳에 있는 보문리에 터를 잡고 살았다. 《定軒集 附錄 年譜》

838 청하(靑霞)의 기운 : 464쪽 주816 참조.

839 말……울었다네 : 이돈항은 세상을 떠났으나 그의 아들이 두각을 나타내고 있음을 뜻한다. 이돈항의 아들 이헌석(李憲錫)은 1773년(영조49) 증광 생원시에 합격하였다. 말 떼가 비지 않았다는 것은 한유(韓愈)의 〈송온조처사서(送溫造處士序)〉에 "백락(伯樂)이 기북의 들판을 한번 지나자, 말 떼가 마침내 텅 비게 되었다. 기북은 천하에서

슬피 노래하며 상여줄 잡지 못하니　悲歌違相紼
늙은이의 눈물 갓끈을 적신다네　老淚自霑纓

말이 가장 많은 곳인데, 백락이 말을 잘 본다고는 하지만 어떻게 말 떼가 텅 비겠는가? 그것을 풀이하는 자가 말하기를 '내가 이른바 텅 비었다는 것은 말이 없다는 것이 아니라, 좋은 말이 없다는 것이다.' 하였다.〔伯樂一過冀北之野, 而馬群遂空. 夫冀北, 馬多於天下, 伯樂雖善知馬, 安能空其群邪? 解之者曰: "吾所謂空, 非無馬也, 無良馬也."〕"라고 한 데에서 취한 말이다.

이 찰방의 만사[840] 3수. 이 찰방은 이영봉이다.

李察訪 榮鳳 輓 三首

백발로 떠돌던 늙은 독우[841] 白髮飄零老督郵
십 년 동안 고양주[842]에 굶주리며 누웠지 十年飢臥古楊州

840 이 찰방의 만사 : 이영봉(李榮鳳, 1711~?)은 본관은 전주(全州), 자는 휘백(輝伯)이다. 1754년(영조30) 증광 진사과에 합격하였고, 51세 때인 1761년(영조37) 정시 문과에 합격하였으나 나이가 들고 이끌어주는 사람이 없어 부친의 봉양을 위해 10년간 낭료(郎僚) 자리만을 전전하다가 이조 판서 정상순(鄭尙淳)의 눈에 띄어 청엄도 찰방(靑嚴道察訪)이 되었다. 이계는 본집 권11 〈청엄 독우 이휘백에게 주는 송서〔送靑嚴督郵李輝伯序〕〉에서, 뛰어난 재주에도 시대를 만나지 못해 경륜을 펼치지 못한 그를 안타까워하여, 그동안 배웠던 백성들을 다스리는 방법을 역마(驛馬)에게라도 적용해보라며 위로한 바 있다.

이 3수의 작품은 이영봉이 청엄도 찰방의 임기를 마치고 고향인 양주에 돌아와서 노년을 보낼 때의 모습을 그린 것이다. 제1수에서는 젊은 날의 재기를 잃은 채 고향 노인들에게 자신의 젊은 날을 이야기하는 이영봉의 모습을, 제2수에서는 속세에 초탈하여 맑은 정신으로 노년을 소일하는 모습을, 제3수에서는 이계가 양주에 있는 그를 방문했을 때의 추억과 그의 죽음에 대한 슬픔을 노래하였다. 각각 평성 '우(尤)'운, 평성 '침(侵)'운, 평성 '경(庚)'운의 칠언절구이다.

841 독우(督郵) : 본래 한(漢)나라 때 군(郡) 소속 관리로 예속된 고을을 순시하며 교령을 전달하고 풍속과 법률 위반을 감찰하는 임무를 맡았는데, 당나라 이후로 폐지되었다. 조선에서는 우역(郵驛)을 감독하는 일이라 하여 찰방(察訪)의 이칭으로 사용하였다.

842 고양주(古楊州) : 조선시대 양주목(楊州牧)의 고양주면(古楊州面)으로, 현재의 서울시 광진구 전역, 성동구 성수동·송정동, 중랑구 면목동, 송파구 신천동·잠실동 일대에 해당한다. 《사마방목(司馬榜目)》의 영조 30년(1754) 증광 진사시 합격자 명단을 보면 이영봉의 거주지가 양주로 되어 있음을 확인할 수 있다.

시단에서의 질탕했던 풍류 다하여 詞場佚蕩風流盡
때때로 마을 노인에게 옛날에 노닐던 이야기 했네 時向村翁說舊遊

여윈 육신에 깨끗한 정신 모습이 마음과 똑같았으니
形癯神淨貌如心
뜬세상의 티끌 흙금에 닿지 않았네 浮世塵埃不到襟
나무 심고 아이들 가르치며 애오라지 여생을 보내니
種樹課兒聊卒歲
아득한 늘그막에 지음 적었어라 悠悠末路少知音

매학당[843]에서 한 차례 웃고 맞이해주어 梅鶴堂中一笑迎
대보름 밤 달 아래에서 깊은 술잔 들었지 元宵月下把深觥
구름 수레[844]는 맑은 가을에 만나자는 약속을 기다려주지 않았으니
雲車不待淸秋約
나무 가득한 매미들만 구슬프게 우는구나 惟有哀蟬滿樹鳴

843 매학당(梅鶴堂) : 양주(楊州) 관아(官衙)의 동헌(東軒)이다. 현재의 양주시 유양동에 있었으며, 유실되었다가 현재는 복원되어 경기도 시도기념물 제167호로 지정되었다.

844 구름 수레 : 419쪽 주673 참조.

헌납 이윤보의 만사[845] 4수

李獻納潤甫輓 四首

조계동[846]의 바위 위에서 한 번 만났는데	曹溪石上一相逢
짚신이 고요하게 노송에 기대어 있었네	葛屨蕭然倚古松
묻지 않고도 이미 나의 윤보인 줄 알았으니	不問已知吾潤甫
열 길 청하[847] 홀연히 흉금에 생겨났지	青霞十丈忽生胸
군방의 어리석음[848]과 차공의 광기[849]로	君房癡與次公狂

845 헌납 이윤보의 만사 : 이중해(李重海, 1717~?)로, 윤보(潤甫)는 그의 자이다. 본관은 전주(全州)이며, 이계와 교유했던 이광려(李匡呂)의 족질이기도 하다. 1746년(영조22) 알성 문과에 급제하여 정언(正言)·지평(持平)·장령(掌令) 등을 역임하였다. 이중해는 정희량(鄭希亮)이 난 때 경상도 병마절도사로서 제대로 반란군에 응전하지 않은 이시번(李時蕃)의 친척이라는 이유로 관직생활이 순탄하지 않았으며, 자신도 예의와 규범에 구속되지 않는 성격으로 관직에서 물러나 있을 때에는 베옷에 짚신을 신고 서울 근처의 산수를 두루 유람하며 지냈다. 그의 일화는 《초원유고(椒園遺藁)》 책2 〈시강원필선이공사간원헌납이공소전(侍講院弼善李公司諫院獻納李公小傳)〉에 자세하다. 각각 평성 '동(冬)'운, 평성 '양(陽)'운, 평성 '진(眞)'운, 평성 '양(陽)'운의 칠언 절구이다.

846 조계동(曹溪洞) : 북한산성 밖 삼각산 아래에 있던 계곡으로, 현재의 서울시 강북구 수유동 구천계곡(九天溪谷)이다. 인평대군(麟坪大君)이 이곳에 별서(別墅)인 송계별업(松溪別業)을 세우고 거처한 바 있다.

847 청하(青霞) : 464쪽 주816 참조.

848 군방(君房)의 어리석음 : 군방은 후한(後漢) 때 사도(司徒)를 지낸 후패(侯霸)의 자(字)로, 그는 고사(高士) 엄광(嚴光)과 본래 친구였다. 그가 엄광이 광무제(光武

뜬세상 마음껏 노닐면서도 본성을 잘 간직하였네　浮世遨遊却善藏
때때로 속된 무리와 애오라지 소소하게 놀았지만　時向俗曹聊小戲
손바닥 안에는 능히 아방궁[850]을 구획하였지　掌中能畫一阿房

일곱 해를 바닷가에 굶주리며 누워 있었는데　七年饑臥海之濱
떨기 진 계수나무[851] 있는 산굽이에 다시 봄이 오지 않았네
叢桂巖阿不復春
사나이 죽기는 매한가지니 그대는 무엇을 한하랴　男兒等死君何恨
당시의 육식하던 사람들[852] 부끄럽게 할 만하네　堪愧當時肉食人

帝)의 부탁에 못 이겨 북군(北軍)에 왔다는 것을 듣고 사람을 보내어 황제를 뵙기 전에 자신을 찾아와 달라고 부탁하였는데, 엄광이 사자에게 “군방은 본래 어리석었는데, 지금은 삼공이 되더니 조금 나은가?〔君房素癡, 今爲三公, 寧小差否?〕”라고 조롱하였다는 고사가 있다. 《高士傳 卷下 嚴光》 여기에서는 이중해가 벼슬하기 전의 순박한 본성을 비유한 듯하다.

849 차공(次公)의 광기 : 강직하고 거리낌이 없어 세상을 자신만만하게 내려다보는 것을 말한다. 차공은 전한(前漢)의 합관요(蓋寬饒)의 자이다. 그가 평은후(平恩侯) 허백(許伯)의 잔치에 마지못해 참석해서 술잔을 받을 때 “내게 많이 따르지 말라. 나는 술 취하면 광기가 나온다.〔無多酌我, 我乃酒狂.〕”라고 하자, 승상 위후(魏侯)가 그의 강직한 성품을 빗대어 놀리기를 “차공은 정신이 술에 취하지 않았을 때에도 광기를 부리니, 어찌 꼭 술을 마셔야만 미치겠는가?〔次公醒而狂, 何必酒也?〕”라고 한 고사가 전한다. 《漢書 卷77 蓋諸葛類鄭孫毋將何傳 蓋寬饒》

850 아방궁(阿房宮) : 진시황(秦始皇)이 장안(長安) 서쪽에 세운 궁궐로 뒤에 항우(項羽)가 불을 질렀을 때 석 달에 걸쳐 탈 정도로 거대하고 호화로웠다고 한다. 이중해가 흉중에 품은 경륜과 포부를 비유한 말이다.

851 떨기 진 계수나무 : 이중해의 은일자(隱逸者)적 기상을 비유한 말이다. 430쪽 주716 참조.

852 육식(肉食)하던 사람들 : 벼슬이 높고 많은 녹을 받는 사람들을 가리키며, 주로

푸른 산은 아득하고 강물은 망망한데 青山漠漠水茫茫

가을바람 한 가락 피리소리에 눈물만 하염없이 흐르네
一笛西風涕淚長

어드메뇨 흰 구름 속 오골[853]이 묻힌 곳이 何處白雲埋傲骨

밝은 달만 남아 시인의 창자를 비추네 獨留明月照詩腸

자기 앞가림에만 급급한 고관들을 비하할 때 쓰이는 말이다. 《춘추좌씨전(春秋左氏傳)》 장공(莊公) 10년에 "육식하는 이들은 비루하여 원대하게 도모하지 못한다.〔肉食者鄙, 未能遠謀.〕"라고 한 데에서 유래한 말이다.

853 오골(傲骨) : 432쪽 주726 참조.

활산 남 참봉의 만사[854] 남 참봉은 남용만이다.

活山南參奉 龍萬 輓

계림[855]은 옛날의 서라벌로	鷄林古徐羅
산천이 빼어나고 신령하니	山川秀而靈
금오산은 구불구불 쌓여 있고	金鰲積蜿蟺
자옥산[856]은 우뚝하게 솟았네	紫玉抗崢嶸
정기가 잉태되어 길러지는 곳이라	精氣所孕毓
뇌락한 영웅호걸들이 나오니	磊落出豪英
문헌은 동남방의 으뜸이요	文獻冠東南
현송[857]은 여향이 남아 있네	絃誦有餘聲
옛날에 내가 이 지방을 다스렸을 때	昔我尹玆土
민풍을 살피러 옛 수도를 방문했더니	風謠訪舊京
시서에는 연원이 있고	詩書有淵源

854 활산……만사 : 남용만(南龍萬, 1709～1784)은 469쪽 주829 참조. 이계는 경주 부윤으로 부임했을 때 경주의 문풍(文風)을 진작하고자 하여 남용만을 학궁(學宮)으로 초빙하여 후학들을 가르치게 하였고, 이때 맺은 인연으로 경주 부윤에서 물러난 뒤에도 남용만과 편지를 주고받으며 교유를 이어갔다. 이계는 이 작품을 통해 자신이 부임했던 경주의 문풍, 남용만의 학식과 그가 후학들에게 미친 영향, 이별한 뒤의 남용만의 행보, 그의 부음과 빈자리를 노래하였다. 통운이 되는 평성 '청(靑)'운과 평성 '경(庚)'운을 환운해가며 지은 26운 오언고시이다.

855 계림(鷄林) : 경주의 옛 이름이다.

856 자옥산(紫玉山) : 470쪽 주831 참조.

857 현송(絃誦) : 410쪽 주644 참조.

선비들[858]은 학교에 가득했네 衿佩盈庠黌
어찌 찬란하게 성대하지 않으랴만[859] 豈不斐然盛
먹줄과 자귀로 다듬어야 완성되는 법 繩斧乃作成
명활산[860]에 처사가 있으니 活山有處士
고상한 걸음으로 그윽한 지조를 보존하였네 高蹈葆幽貞
배움의 두레박줄은 백가를 궁구하였고 學綆窮百氏
배 속의 책 상자에는 오경을 쌓아두었으니[861] 腹笥貯五經
초청하여 예의 그물[862]에 들이자 招延入禮羅

858 선비들 : 원문은 '금패(衿佩)'로 선비들의 복식인 도포와 패옥(佩玉)을 뜻하는데, 선비를 가리키는 말이기도 하다. 《시경》 〈정풍(鄭風) 자금(子衿)〉에 "푸르디푸른 그대의 옷깃이여, 길이 생각하는 내 마음이로다. 비록 나는 가지 못하나, 그대는 왜 소식을 계속 전하지 않는고? 푸르디푸른 그대의 패옥이여, 길이 생각하는 내 마음이로다. 비록 나는 가지 못하나, 그대는 어이하여 오지 않는고?〔青青子衿, 悠悠我心. 縱我不往, 子寧不嗣音? 青青子佩, 悠悠我思. 縱我不往, 子寧不來?〕"라고 한 데에서 유래하였다.

859 어찌……않으랴만 : 잠재력과 이상이 높은 인재들이 많다는 뜻이다. 공자(孔子)가 진(陳)나라에 있을 때 노(魯)나라로 돌아가 제자들을 교육할 것을 다짐하며 "우리의 제자들은 뜻이 높으나 실천에는 소략하여 찬란하게 문채가 나지만 재단할 줄을 모른다.〔吾黨之小子狂簡, 斐然成章, 不知所以裁之.〕"라고 말한 데에서 취한 말이다. 《論語 公冶長》

860 명활산(明活山) : 경상북도 경주시의 보문동과 천군동에 걸쳐 있는 산으로 신라시대에 축성된 산성이 남아 있다. 남용만의 호인 활산은 이 산에서 따온 것으로 생각된다.

861 배……쌓아두었으니 : 박학다식하다는 의미이다. 후한(後漢)의 변소(邊韶)가 "배가 불룩한 것은 오경의 상자가 들어 있어서이니, 자려고 할 때에도 경전의 일만 생각한다.〔腹便便, 五經笥, 但欲眠, 思經事.〕"라고 한 데에서 유래하였다. 《後漢書 卷80 文苑列傳 邊韶》

862 예(禮)의 그물 : 그물로 새나 고기를 잡듯 예를 갖춰 인재를 맞아들여 등용하는 것을 뜻한다. 당(唐)나라 대숙륜(戴叔倫)의 〈기선사사화상인(寄禪師寺華上人)〉에 "예

많은 선비 본보기를 얻었지　多士得模型
멀리 성왕(聖王)들의 법을 거슬러 오르고　遠遡皇王法
깊이 공자와 주공의 마음을 더듬었으며　深探孔周情
덕행과 재주에서는 근본과 말단을 겸하고　德藝兼本末
문학과 역사에서는 권형으로 대우 받았네　文史待權衡
덕계[863]가의 봄바람[864]이　春風德谿上
끊임없이 선비들을 모으니　翩翩聚冠纓
문단에는 정이를 설치하고　文壇設鼎彝
무기고에는 창과 깃발 벌여놓았네[865]　武庫森戈旌
쉴 새 없이 익히고 또 익혀[866]　蛾述又鳥習

의 그물에 벽옥을 더해 와서, 훌륭한 인재를 천거해 구름과 나란히 올린다.〔禮羅加璧至, 薦鶚與雲連.〕"라고 한 데에서 온 말이다. 여기에서는 이계가 남용만을 학궁(學宮)으로 초빙하여 유생들을 가르치게 한 것을 이른다.

863 덕계(德谿) : 계는 명활산 아래에 있는 골짜기로, 남용만이 이 근처에 서당(書堂)을 지어 후학들을 양성하였다. 본집 권10의 〈활산집 서문〔活山集序〕〉에 자세하다.

864 봄바람 : 봄바람은 남용만의 학식과 인품을 비유한 말로, 송(宋)나라의 주광정(朱光庭)이 여주(汝州)에서 정호(程顥)를 만나고 온 뒤에 "내가 봄바람 속에서 한 달이나 앉아 있다 왔다.〔光庭在春風中, 坐了一個月.〕"라고 한 데에서 유래한 말이다.《二程外書 卷12》

865 문단에는……벌여놓았네 : 정이(鼎彝)는 고대의 제사에 쓰던 솥과 술잔으로 주로 표면에 공덕이 있는 사람의 사적을 새기는데, 정이를 설치하였다는 것은 남용만이 경주 문단의 맹주가 되었음을 비유한 것이다. 무기고에 창과 깃발을 벌여놓았다는 것은 문장의 법도가 빈틈없이 갖추어짐을 비유한 말이다.

866 쉴……익혀 : 원문의 '아술(蛾述)'은《예기》〈학기(學記)〉의 "개미의 새끼는 수시로 일을 배운다.〔蛾子時術之〕"라는 구절에서 취한 말로, 송(宋)나라의 진호(陳澔)는 이 구절을 "개미새끼는 조그만 벌레이지만 수시로 흙을 물어오는 일을 익혀 큰 둑을

훌륭한 소리 쟁쟁하게 들렸으니 鏘然聞善鳴
내가 돌아온 지 지금 스무 해인데 我歸今廿載
여운이 아직도 울리네 餘韻尙鉉鏗
벽서가 대궐에서 내려왔으나[867] 辟書下天門
평소의 뜻 바위 문[868]에 확고하였고 素志固巖扃
봉황의 깃털도 문장을 이루어 鳳毛亦成章
용문에 이미 이름을 올렸네[869] 龍門已策名

이루니, 배우는 이가 배움을 쌓아 큰 도를 완성함을 비유한 것이다.〔蛾子, 蟲之微者, 亦時時述學銜土之事而成大垤, 比喩學者由積學而成大道也.〕"라고 풀이하였다. 《陳氏禮記集說 學記》 원문의 '조습(鳥習)'은 새가 나는 법을 익힌다는 뜻으로, 몸에 익도록 끊임없이 익힘을 비유하는 말이다. 《논어》 〈학이(學而)〉의 "배우고 때때로 익히면 또한 즐겁지 아니한가?〔學而時習之, 不亦說乎?〕"라는 구절에 대해 주희(朱熹)가 "익힌다는 것〔習〕은 새가 자주 나는 것이니, 배우기를 그치지 않음을 새가 자주 나는 것과 같이하는 것이다.〔習, 鳥數飛也, 學之不已, 如鳥數飛也.〕"라고 주석한 데에서 취한 말이다.

867 벽서(辟書)가 대궐에서 내려왔으나 : 벽서는 인재를 등용하기 위해 초빙하는 문서이다. 여기에서는 남용만이 1778년(정조2)에 희릉 참봉(禧陵參奉), 1780년(정조4)에 제릉 참봉(齊陵參奉)에 제수된 것을 가리킨다.

868 바위 문 : 원문은 '암경(巖扃)'으로 산골짝에 천연으로 난 바위 문인데, 은자의 거처를 가리킨다.

869 봉황의……올렸네 : 봉황의 깃털은 부친의 재능을 물려받은 훌륭한 자식을 뜻하는 말이다. 진(晉)나라의 명신(名臣) 왕도(王導)의 다섯째 아들 왕소(王劭)는 자(字)가 대노(大奴)로 그 풍모가 부친과 닮았기 때문에 환온(桓溫)이 그가 시중(侍中)이 되어 입조하는 모습을 보고는 "대노는 본래부터 봉황의 깃털을 가지고 있었다.〔大奴固自有鳳毛〕"라고 찬탄했다는 고사가 있다. 《世說新語 卷下之上 容止》 용문(龍文)은 본래 산서성(山西省) 하진현(河津縣)과 섬서성(陝西省) 한성시(韓城市) 경계의 협곡인 우문구(禹門口)의 별칭이다. 황하가 이곳에 와서 물살이 매우 세져서 고기들이 거슬러

나이 듦에 명망이 더욱 중해지고 年高望彌重
봉양이 온전한데 녹봉까지 겸하였네 養全祿仍幷
시편을 번갈아 왕래하니 篇章迭往來
천 리 밖에서도 마주 보고 평론하는 듯 千里如對評
지난해에 내게 글을 부탁하기에 去歲求我文
편지를 두 서생[870]에게 맡겼는데 緘書托兩生
편지가 갔을 때에는 공이 이미 병들었으니 書去公已病
남은 한이 유명 간에 맺혔네 餘恨結幽明
새는 상서림[871]에서 우짖고 鳥啼上書林
구름은 반월성[872]에 어둑한데 雲暗半月城

오를 수가 없고 오르기만 하면 용이 된다는 전설이 있다. 여기에서 빗대어 인재의 시험장인 과거시험장의 정문을 가리키기도 하고 과거에 합격하는 것을 '용문에 올랐다.〔登龍門〕'라고 하기도 한다. 여기에서는 남용만의 아들들이 과거에 합격하였기 때문에 이렇게 말한 것으로, 그의 아들 남경채(南景采, 1736~?)는 1783년(정조7) 식년 생원시를, 남경희(南景羲, 1748~1812)는 1777년(정조1) 증광 진사시와 증광 문과에 합격하였다.

870 두 서생 : 본집 권10의 〈활산집 서문〉에 남용만의 아들 남경희가 과거에 합격하여 서울에 왔을 때 이계를 찾아왔는데, 얼마 되지 않아 남용만이 죽자 그를 통해 시를 보내 애도하였다는 기록이 있다. 다른 아들인 남경채도 남용만이 사망하기 바로 전해인 1783년에 과거에 응시하여 합격하였다. 즉 두 사람 모두 이 당시에 상경해 있었을 것이므로, 두 서생은 남경채와 남경희를 지칭하는 것으로 생각된다.

871 상서림(上書林) : 경주시 남산 북쪽의 왕정골에 최치원(崔致遠)이 살던 상서장(上書莊)이란 집이 있었다. 최치원이 고려 태조(太祖) 왕건(王建)에게 "계림은 누런 잎이요, 곡령은 푸른 소나무로다.〔鷄林黃葉, 鵠嶺靑松.〕"라는 참언(讖言)이 담긴 글을 올린 적이 있기 때문에 이렇게 불린다. 현존하는 건물은 후손들에 의해 재건된 것이며, 상서림이란 이 일대의 숲을 가리키는 것으로 생각된다.

마을 아이 그가 남긴 시구를 외고	村童誦遺句
강학하던 자리엔 여향이 남았네	講席留餘馨
옛날 노닐던 것을 회상해봄에	緬懷疇昔遊
붓을 잡자 눈물이 절로 흐르네	操毫涕自横
바람 말[873]은 어디로 돌아갔는고	風馬歸何處
남휘정[874]을 찾아갔으리	應尋覽輝亭

872 반월성(半月城) : 현재의 경주시 인왕동에 있던 신라시대의 성이다. 파사왕(婆娑王) 22년(107)에 축성되어 신라가 망하는 935년까지 궁궐이 있었으며, 왕이 산다고 하여 '재성(在城)', 초승달 모양이라 하여 '신월성(新月城)' 등으로 불렸다. 현재는 성터와 함께 주변에 석빙고(石氷庫)·첨성대(瞻星臺) 등의 유적이 남아 있다.

873 바람 말 : 419쪽 주673 참조.

874 남휘정(覽輝亭) : 남용만은 1771년(영조46)에 마을 동쪽에 서당을 지었는데, 서당의 뒤에 동애산(桐厓山)과 덕계가 있으므로 동(桐)은 봉황이 깃드는 곳이고 덕(德)은 봉황이 보는 것이라고 하여 서당의 이름을 초봉암(招鳳庵)이라고 짓고, 그 동쪽 행랑을 남휘정이라고 하였다.《活山集 卷5 招鳳庵記》

족제 구고처사 사량의 만사[875] 사량은 홍유호이다.

族弟九皐處士士良 儒浩 輓

우리 조상님 시와 예[876]를 일으켜	吾祖起詩禮
집안 대대로 법도를 두었으니	傳家有軌度
그대는 먼 후손으로서	君以末之裔
우뚝하게 스스로 수립해냈지	嶄然能自樹
질박한 행실은 효도와 우애에 근본이 되었고	質行根孝友
지극한 정성은 벗들에게 도타웠으며	悃愊敦舊故
넓은 학문은 제자(諸子)와 사서(史書)를 섭렵하였고	博學淹子史

875 족제……만사 : 홍유호(洪儒浩, 1726~1785)는 본관은 풍산(豊山), 자는 사량(士良), 호는 농은(農隱) 혹은 구고처사(九皐處士)이며, 다른 이름은 유한(儒漢)으로, 조선 최초의 천주교(天主教) 수덕자(修德者)이다. 예산(禮山)에서 태어나 어렸을 때 한양으로 이주한 그는 16세 때 이익(李瀷)의 문하에서 수학하며 천주교를 처음 접했고, 1757년(영조33)에 예산으로 내려가서 은둔 생활을 하였으며 1775년(영조51)에 영주의 소백산 골짜기로 이주하여 신앙생활을 이어갔다.

이계는 홍주 목사로 있을 때 이웃 고을인 예산에 있는 홍유호를 방문하여 의기투합하였으나, 관인(官人)과 처사(處士)라는 입장 차이 때문에 두 사람은 오랜 시간을 함께할 수는 없었다. 이 작품의 중심에는 이로 인한 비극이 놓여 있다. 홍유호는 소백산에 은거하며 이계에게 치사(致仕)하고 내려올 것을 재촉하였지만 이계는 나랏일에 분주하여 그러지 못하였는데, 마침 영주 근처로 내려갈 일이 생겼을 때 홍유호의 부음을 받게 된다. 작품 후반부에 홍유호를 다시 볼 수 없게 된 데 대한 슬픔과 그가 포의(布衣)로 죽은 데 대한 아쉬움이 드러난다. 거성 '우(遇)'운의 32운 오언고시이다.

876 시(詩)와 예(禮) : 가학(家學)을 뜻한다. 공자의 아들 공리(孔鯉)가 뜰을 지날 때 공자가 시와 예를 배웠는지 묻고는 시를 배우지 않으면 말할 수 없고 예를 배우지 않으면 설 수가 없다며 시와 예를 배우게 한 데에서 유래한 말이다. 《論語 季氏》

경전의 연구는 전주를 꿰뚫었네 研經貫箋註
일찍부터 세상을 버리려는 뜻을 품고서 早有遺世志
고고하게 굴레와 밧줄을 벗어나 偃蹇脫羈靮
집안을 이끌고 바닷가로 옮겨가 携家海之澨
농부들 사이에 자취를 숨겼네 混跡於農圃
내가 홍주의 인끈을 차고 있을 적에[877] 我綰洪陽紱
필마로 그대의 집을 찾아가니 疋馬造君寓
떨어진 옷차림으로 사립문을 나와 弊衣出柴門
악수하며 참다운 마음 나타냈네 握手見情素
거침없는 이야기는 지도와 지리지를 다 연구하고 縱談窮圖誌
미세한 말은 이수를 분석하니 微言析理數
그대는 내달려 무한히 먼 곳에 이르는데 馳騁涉無際
나는 참으로 쓰러지고 또 엎어지는 듯했네 我實僵且仆
때때로 또 의기투합하면 有時亦妙契
마주함에 설명이 필요 없었으니 相對不言喻
언언의 집으로 담대멸명에게 굽히고[878] 偃室屈澹臺

877 내가……적에 : 이계는 1764년(영조40)에 홍주 목사로 부임하였다. 홍유호는 1757년(영조33)에 한양 생활을 정리하고 예산(禮山)으로 내려가서 1775년(영조51)까지 거주하였다.

878 언언(言偃)의……굽히고 : 이계가 목사로서 홍유호를 초청했다는 뜻이다. 언언은 공자(孔子)의 제자 자유(子遊)의 성명이다. 자유가 무성(武城)의 읍재(邑宰)가 되었을 때 공자가 인재를 어떤 인재를 얻었냐고 묻자 "담대멸명이란 자가 있으니 다닐 때 지름길로 가지 않고, 공적인 일이 아니면 저의 집에 오는 법이 없습니다.〔有澹臺滅明者, 行不由徑, 非公事, 未嘗至於偃之室也.〕"라고 대답하였다. 《論語 雍也》

진번의 걸상으로 서유자를 맞이했네[879] 陳榻延徐孺
이로부터 마음을 의탁하여 從此托心期
초대하기도 하고 멀리 가기도 하여 招邀或遠赴
벽성에선 맑은 가을에 뱃놀이하고[880] 碧城淸秋泛
이계에선 좋은 밤에 환담을 나눴네 耳溪良夜晤
지난해에 내가 북쪽으로 옮겨갈 때 曩歲我北遷
그대 또한 영남 길을 달리고 있었으니[881] 君亦走嶺路
소백산 아래에 띠 풀을 베고 터 잡으면 誅茅小白下
산수가 아름다워 머물 만했으리 山水佳可住
내게 당귀초[882]를 보내주고 遺我當歸草
내게 《한거부》[883]를 보여주어 示我閑居賦

879 진번(陳蕃)의……맞이했네 : 서유자는 후한(後漢)의 고사(高士)인 서치(徐穉)이다. 진번은 예장 태수(豫章太守)를 지내며 빈객을 사절하고 접대하지 않았는데, 서치가 찾아왔을 때에만 벽에 걸어두었던 걸상을 내어주어 예우의 뜻을 보였다고 한다. 《後漢書 卷53 徐穉列傳》

880 벽성(碧城)에선……하고 : 이계가 1770년(영조46)에 황해도 관찰사로 나갔을 때의 일인 듯하다.

881 지난해에……있었으니 : 이계는 1777년(정조1) 10월에 경흥 부사로 부임하였다. 이보다 앞서 1775년(영조51)에 홍유호는 순흥(順興)의 소백산 골짜기로 이주하였는데, 이는 현재의 영주시 단산면 구구리이다.

882 당귀초(當歸草) : 미나릿과에 속하는 다년생 방향성 초본(草本)으로 뿌리를 약용으로 사용하는데, '당귀(當歸)'의 한자를 풀이하면 '마땅히 돌아오라.'라는 뜻이 되므로 돌아오라는 의미를 담아 편지와 함께 보내기도 한다. 위 명제(魏明帝) 태화(太和) 연간에 강유(姜維)가 촉(蜀)나라로 귀순하는 도중에 모친을 잃어버렸는데, 위(魏)나라 사람이 강유의 모친에게 편지로 강유를 불러들이게 하면서 아울러 당귀초까지 보내어 꼭 돌아오라는 뜻을 전하도록 했던 고사가 있다. 《晉書 卷28 五行志中》

치사(致仕)는 젊을 때야말로 해야 하는 것이니　乞身貴及早
나이가 들기를 기다리지 말라 하였네　莫待年遲暮
마음속에 좋은 가르침 간직하였으나　中心佩良規
까마득한 하늘이라 바랄 수 없으니[884]　冥冥不可慕
산 위의 구름은 멀고도 길어　嶺雲遼且脩
바람 향해 마음만 내달려갈 뿐이었지　臨風但長遡
올봄에 나랏일이 있어　今春有王事
내 말이 남쪽으로 달려가려 할 때[885]　我馬將南騖
편지가 날아왔다고 하기에　謂言飛尺書
그대 찾아가려 떠날 채비 하였네　趣君理行屨
구름 낀 숲과 시냇가 사립문에서　雲林與澗扉
며칠은 함께 지내리라 생각했건만　庶謀幾日聚
떠날 수레에 기름칠도 하기 전에　征車未及脂
누가 그대의 부고 전했던가　有誰傳君訃
경악스러워 끝내 말을 잃고　愕然遂失聲

883 한거부(閑居賦) : 진(晉)나라 반악(潘岳)의 작품이다. 박사(博士)에 제수되어 발령을 앞두고 모친의 병으로 사직하게 되었을 때 아득바득한 벼슬살이를 포기하고 전원으로 돌아가 느긋하게 살아가겠다는 다짐을 노래한 작품이다.

884 까마득한……없으니 : 홍유호의 은일자적 풍모를 따를 수가 없다는 말이다. 한(漢)나라 양웅(揚雄)의 《법언(法言)》 권5 〈문명(問明)〉에 군자의 처신을 두고 "기러기가 까마득한 하늘 속으로 높이 날아가면 어떻게 주살로 쏘아 맞출 수 있겠는가?〔鴻飛冥冥, 人何簒焉?〕"라고 한 데에서 유래한 말이다.

885 올봄에……때 : 이계는 1785년(정조9) 3월에 경모궁(景慕宮) 태실(胎室) 석역(石役)에 관상감 제조로서 서표관(書標官)이 되어 풍기(豐基)에 다녀왔다.

마음은 이미 여러 번 꺾였으니 寸心折已屢
십 년 동안 오랫동안 떨어져 산지라 十年離索久
답답히 맺힌 마음 더 이상 토로하지 못하였지 鬱結不復吐
이 걸음 참으로 우연이 아닌데 此行良非偶
조화옹은 어째서 질투하였나 化翁豈相妬
시원한 흉금과 굳은 지조로 沖襟與苦操
말세에 홀로 고상하게 처신했으니 衰季獨高步
명성이 경상좌도에 가득한데 聲名滿嶠左
어찌하여 위포[886]로 죽었나 何有死韋布
높은 산이 구고[887]에 가까우니 高山近九皐
높은 허공의 한 마리 학을 생각하네 層霄想一羽
무지개 깃발[888] 아득하여 더위잡기 어려우니 霓旌杳難攀
걸음마다 고개 자꾸 돌리네 行行首頻顧
눈물 닦으며 만사를 쓰노니 揮涕瀉哀詞
저승에서 내 마음 살펴주게나 泉臺照心腑

886 위포(韋布) : 가죽 띠와 베옷으로, 벼슬하지 않은 사람의 복식 혹은 그 사람을 뜻한다.

887 구고(九皐) : 홍유호는 1775년(영조51)에 순흥부(順興府) 동원면(東園面)으로 이주하며 뒷산 무학봉(舞鶴峯)이 있는 것을 보고, 《시경》 〈소아(小雅) 학명(鶴鳴)〉에 "구고에서 학이 우니, 그 소리가 하늘까지 들리는구나.〔鶴鳴于九皐, 聲聞于天.〕"라고 한 것을 따서 이곳을 구고(九皐)라 명명하고 자신의 호로 삼았다.

888 무지개 깃발 : 원문은 '예정(霓旌)'으로, 전설 속의 신선은 무지개를 깃발로 삼는다고 한다. 여기에서는 홍유호가 세상을 떠난 것을 신선이 되었다고 비유하기 위해 쓴 말이다.

장성 부사 홍재여의 만사[889] 홍재여는 홍경후이다.

洪長城載汝 景厚 輓

옛날에 내가 글 짓는 자리에서 노닐 때 昔我遊翰墨
전아함과 속됨을 분별하는 데 뜻을 두었는데 志在辨雅俗
그대는 뛰어난 후배로서 子以後來秀
고상하게 법도를 밟았네 昂然步繩尺
소영[890]과 지계[891]는 小瀛與芝溪
한 시대 문단의 우두머리로 竝世詞林伯
소매 떨치면 비바람 일어나니 揮袂起風雨
높은 시단 자각봉에 우뚝했네[892] 高壇屹紫閣
글과 술 즐기는 자리에서 호령을 내고 文酒發號令
소나무 대나무 사이에서 북과 나팔 울렸는데 松篁韻鼓角

889 장성……만사 : 홍경후(洪景厚, 1734～?)는 본관은 남양(南陽), 자는 재여(載汝)이다. 1763년(영조39) 증광 생원시에 합격하였고, 금천 현감(衿川縣監) · 시흥 현령(始興縣令) · 장성 부사(長城府使) 등을 역임하였다. 자각시사의 후배로 이계보다 10세 연하였지만 이계보다 먼저 세상을 떠났다. 이계는 이 작품에서 그를 쟁쟁한 후배로 그려내고 그와 함께 노닌 추억을 회상하며, 자각시사의 구성원이 다 세상을 떠나 자신만 세상에 남겨졌음을 슬퍼하고 있다. 통운이 되는 입성 '옥(屋)'운 · '옥(沃)'운 · '각(覺)'운 · '약(藥)'운과 입성 '맥(陌)'운 · '석(錫)'운 · '직(職)'운을 환운해가며 지은 18운 오언고시이다.

890 소영(小瀛) : 430쪽 주719 참조.

891 지계(芝溪) : 428쪽 주707 참조.

892 높은……우뚝했네 : 430쪽 주717 참조.

젊은이 기이한 소리를 토해내니	少年吐奇音
쟁쟁하게 금옥 소리 울렸네[893]	鏗鏘戛金玉
소영옹은 서하에서 곡하고[894]	瀛翁哭西河
지계 노인은 동쪽 골짜기로 돌아갔으며	芝老歸東谷
그대도 군현의 인끈을 차니[895]	子又佩郡紱
새벽별처럼 드문드문 흩어졌네	散如晨星落
내 수레는 바퀴가 멈추는 일 없어	我車無停轍
청패[896]와 갈석산[897] 다녔는데	淸浿與碣石
고개 돌려보니 10년 사이에	回頭十年間
모든 일이 다 쓸쓸해졌구나	萬事成寥廓
지난해에 국화꽃 필 때	去歲菊有華
내가 이계 굽이로 나갔는데	我出耳溪曲
그대가 필마로 따라와	君以疋馬從

893 금옥(金玉) 소리 울렸네 : 시문이 매우 뛰어남을 뜻한다. 진(晉)나라의 손작(孫綽)이 〈천태산부(天台山賦)〉를 지은 뒤에 벗인 범영기(范榮期)에게 "그대는 한번 이 부(賦)를 땅에 던져 보게나. 응당 금석 소리가 날 것이네.〔卿試擲地, 當作金石聲.〕"라고 한 데에서 유래한 표현이다.《晉書 卷56 孫綽列傳》

894 서하(西河)에서 곡하고 : 435쪽 주734 참조.

895 그대도……차니 : 홍경후는 1780년(정조4)에 청산 현감(靑山縣監), 1783년(정조7)에 한산 군수(韓山郡守)에 제수되었다.

896 청패(淸浿) : 청천강(淸川江)과 패강(浿江) 즉 대동강(大同江)의 합칭으로, 관서지역을 가리킨다. 여기에서는 이계가 1791년(정조16)에 평안도 관찰사로 부임하였기 때문에 언급하였다.

897 갈석산(碣石山) : 437쪽 주739 참조. 여기에서는 이계가 1794년(정조18)에 동지사(冬至使)의 정사(正使)로 청나라에 갔기 때문에 언급하였다.

술 들고 층층폭포 구경했지 　携酒觀層瀑
날이 짧아 흥이 아직 남기에 　日短興猶餘
올봄에 만날 약속을 또 했는데 　更留今春約
돌아와서 달도 바뀌기 전에 　歸來月未易
별안간 바람 앞 촛불처럼 꺼져버렸지 　倏爾隨風燭
좋은 거문고 처음 줄을 맞추었는데[898] 　美桐初中絃
날아오르는 고니 마침내 날개가 꺾이니 　翔鵠竟折翼
옛 시사의 풍류 다 사라져 　舊社風流盡
백발로 나 혼자 남았네 　白首惟我獨
멀리 돌이켜보니 주계가 일어날 때[899] 　緬憶朱溪作
신기한 빛 아직도 눈에 눈부시니 　光怪尙炫目
짧은 만사 눈물 섞어 적어서 　短詞和淚題
애오라지 산양의 피리[900]를 대신하노라 　聊代山陽笛

898 좋은……맞추었는데 : 원문의 '동(桐)'은 거문고를 뜻하는 말로, 신농씨(神農氏)가 오동나무를 깎고 실을 누여 거문고를 발명했다는 전설이 있기 때문에 거문고를 현동(絃桐)이라고도 부른다.《新論》 거문고의 줄은 백아(伯牙)가 지기(知己)인 종자기(鍾子期)가 죽자 거문고의 줄을 끊고 다시는 타지 않았다는 백아절현(伯牙絶絃)의 고사에서 알 수 있듯 지기들의 우정을 상징하는데, 이를 처음 맞추었다는 것은 이계와 홍경후가 젊어서 떨어져 지내다가 말년에야 비로소 함께 지낼 수 있게 되었음을 비유한 것이다.《列子 湯問》

899 주계(朱溪)가 일어날 때 : 어떤 일을 가리키는지 미상이다.

900 산양(山陽)의 피리 : 벗을 잃은 그리움을 뜻한다. 427쪽 주706 참조.

지은이 **홍양호(洪良浩)**

1724(경종4)~1802(순조2). 본관은 풍산(豐山), 초명은 양한(良漢), 자는 한사(漢師), 호는 이계(耳溪), 시호는 문헌(文獻)이다. 홍진보(洪鎭輔)의 장남으로 태어났다. 외숙인 저촌(樗村) 심육(沈錥)에게 수학(受學)하였다. 24세(1747, 영조23)에 생원시에 합격하고 29세(1752, 영조28)에 문과 정시(文科庭試)에 급제하였다. 내외의 관직을 두루 거쳐 70세(1793, 정조17)에 대제학에 올랐으며 이후 여러 차례 대제학을 맡아 문형(文衡)을 주관하였다. 59세(1782, 정조6)에 동지겸사은부사(冬至兼謝恩副使), 71세에 동지정사(冬至正使)로 중국에 다녀왔다.

소론(少論) 가문의 후예로 조실부모하고 준소(峻少)의 수장 격이었던 외가마저 몰락하였으며 18세기 노론이 정국을 주도하는 정치 상황 속에서도 일시적 풍파는 겪었으나 당색에 구애받지 않고 원만한 관계를 유지하며 비교적 순탄한 환로(宦路)를 걸었다. 영조와 정조로부터 '박학(博學)'의 역량을 인정받으면서 《여지도서(輿地圖書)》·《동문휘고(同文彙考)》 등 국가 편찬 사업에 주도적으로 참여하였고, 평소 지니고 있던 이용후생(利用厚生)과 제해흥리(除害興利)의 신념을 자신의 관력(官歷) 속에서 충실히 구현하여 국계(國計)와 민생(民生)을 위한다는 평을 받았다.

문장은 육경(六經)에 근본하고 제자(諸子)를 참작하여 순정하고 웅혼하며 법도가 구비되어 있다는 평을 얻었는데 이는 시속(時俗)에 구애받거나 수식을 일삼는 것 없이 자연스러운 인심의 발현을 주장한 천기론(天機論)으로 발현된다. 또한 청(淸)나라 기윤(紀昀)으로부터 화평하고 온유하여 기교와 수식이 없고 국계와 민생을 항상 잊지 않아 음풍농월(吟風弄月) 하는 기습이 없다는 평을 받기도 하였는데, 이는 국토와 백성의 현실을 진솔하게 드러내고 민요나 설화 등 민족 문학의 성취를 수용한 성과에서 확인할 수 있다. 영·정조 중흥기에 실용적이고 현실주의적 입장을 견지하며 정치와 문학 양방면에서 주목할 만한 성과를 이뤄낸 관인이자 학자이자 문인이라 할 수 있다.

옮긴이 **이규필(李奎泌)**

1972년 경북 예천에서 태어났다. 계명대학교 한문교육과와 경북대학교 한문학과 석사를 졸업하고, 대구 문우관에서 수학하였다. 성균관대학교 한문학과에서 〈대산(臺山) 김매순(金邁淳)의 학문(學問)과 산문(散文) 연구〉로 박사학위를 받았다. 한국고전번역원 연구원, 성균관대학교 대동문화연구원을 거쳐 현재 경북대학교 한문학과에 재직 중이다. 논문으로 〈조일 경학계의 풍토와 주석 양상 비교〉가 있고, 역서로 《무명자집(無名子集) 3·4·11·12》, 공역서로 《한국의 차 문화 천년》, 《국역 수사록(隨槎錄)》

이 있다.

옮긴이 **임영걸(林永杰)**
1983년 서울에서 태어났다. 성균관대학교 한문교육과를 졸업하고 한문학과 박사를 수료하였으며, 한국고전번역원 전문과정을 졸업하고 번역위원을 역임하였다. 논문으로 〈조선 후기 택리지의 읽기 방식-서발문 및 관련 저작을 중심으로〉, 〈지봉 이수광의 산문 비평에 대한 일고-당송고문의 우열비평을 중심으로〉 등이 있고, 공역서로 《완역 정본 택리지(擇里志)》, 《주영편(晝永編)-종횡무진 지식인 정동유, 심심풀이로 조선 최고의 백과사전을 만들다》, 《일성록(日省錄) 정조174·180, 순조3·6·13·20》 등이 있다.

권역별거점연구소협동번역사업 연구진

연구책임자　이영호(성균관대학교 HK 교수)
공동연구원　이희목(성균관대학교 한문학과 교수)
　진재교(성균관대학교 한문교육과 교수)
　안대회(성균관대학교 한문학과 교수)
책임연구원　김채식
　이상아
　이성민
　이승현
　서한석
연구원　임영걸

번역　이규필(19쪽~110쪽)
　임영걸(111쪽~491쪽)
교열　임정기(전 한국고전번역원 명예교수)
윤문　김종하(성균관대 한문학과 박사과정 수료)

이계집 4

홍양호 지음 | 이규필 · 임영걸 옮김
2020년 12월 31일 초판 1쇄 발행
편집 · 발행 성균관대학교 출판부 | 등록 1975. 5. 21. 제1975-9호
주소 (03063) 서울시 종로구 성균관로 25-2
전화 760-1253~4 | 팩스 762-7452 | 홈페이지 press.skku.edu
조판 고연 | 인쇄 및 제본 영신사

값 25,000원
ISBN 979-11-5550-455-0 94810
979-11-5550-451-2 (세트)